Eiko Ariki

Beast After School

TOKYOPOP®

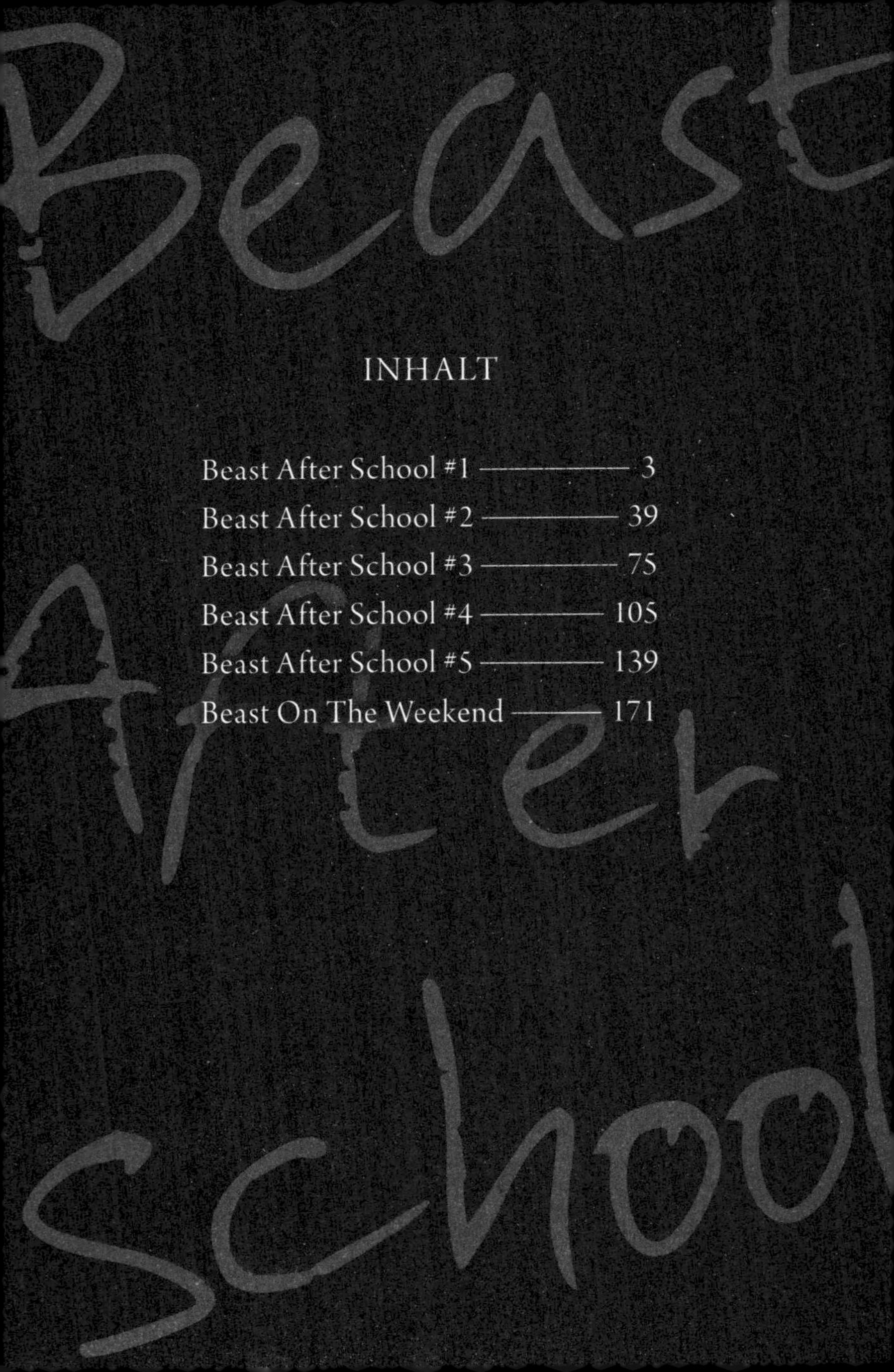

INHALT

Beast After School #1 — 3
Beast After School #2 — 39
Beast After School #3 — 75
Beast After School #4 — 105
Beast After School #5 — 139
Beast On The Weekend — 171

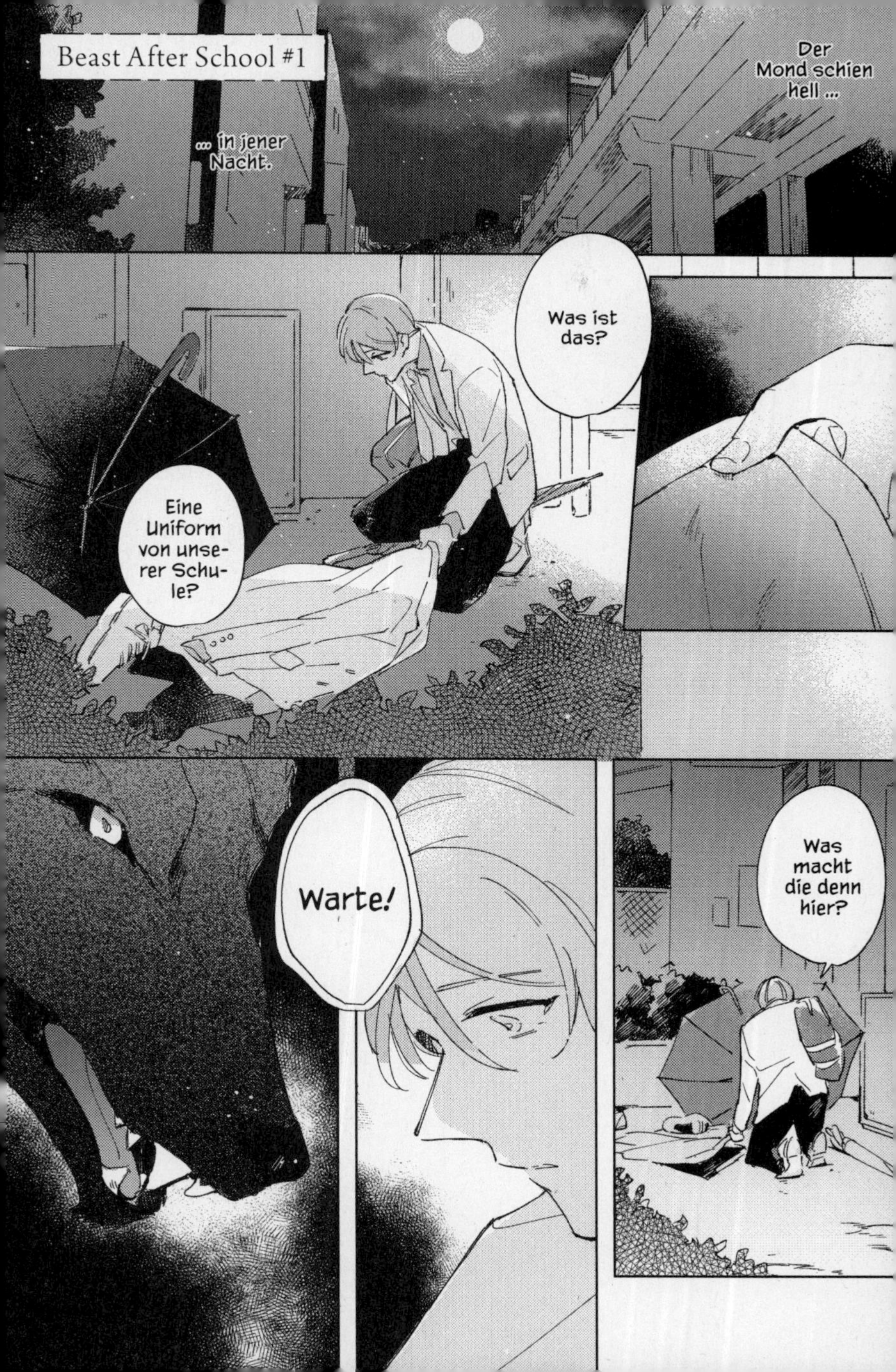
Beast After School #1
Der Mond schien hell ...
... in jener Nacht.
Was ist das?
Eine Uniform von unserer Schule?
Was macht die denn hier?
Warte!

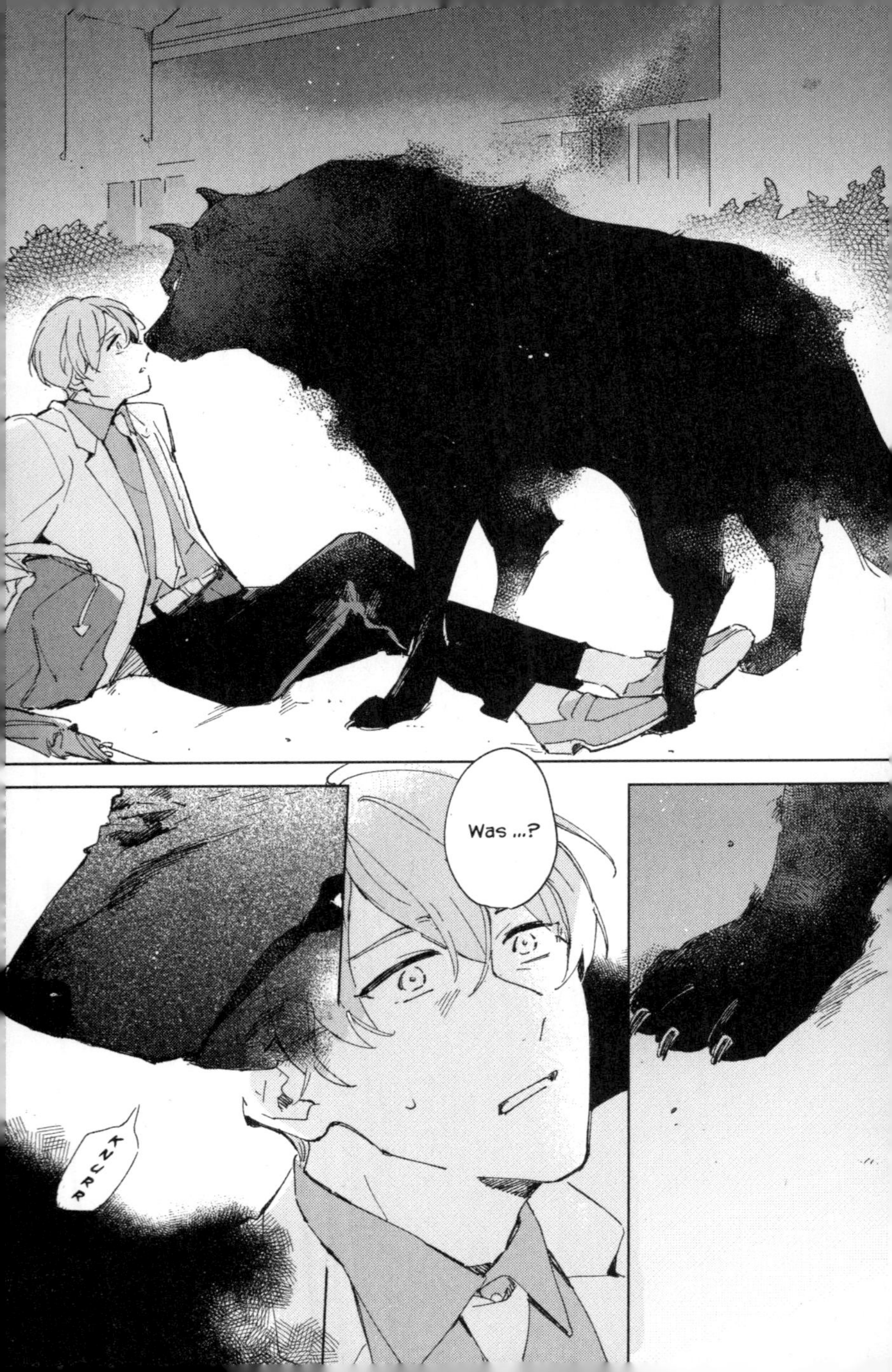
Was ...?
KNURR

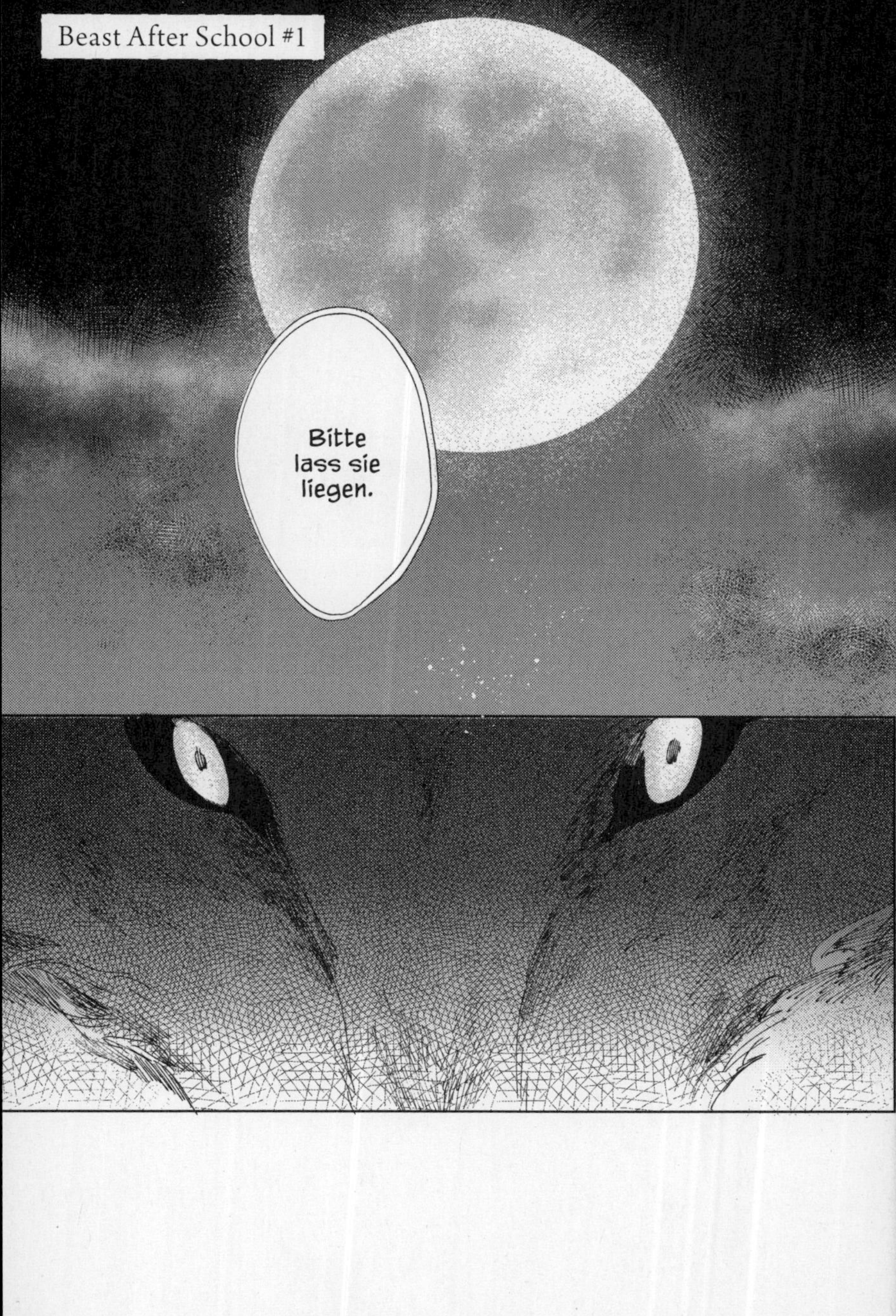
Beast After School #1
Bitte lass sie liegen.

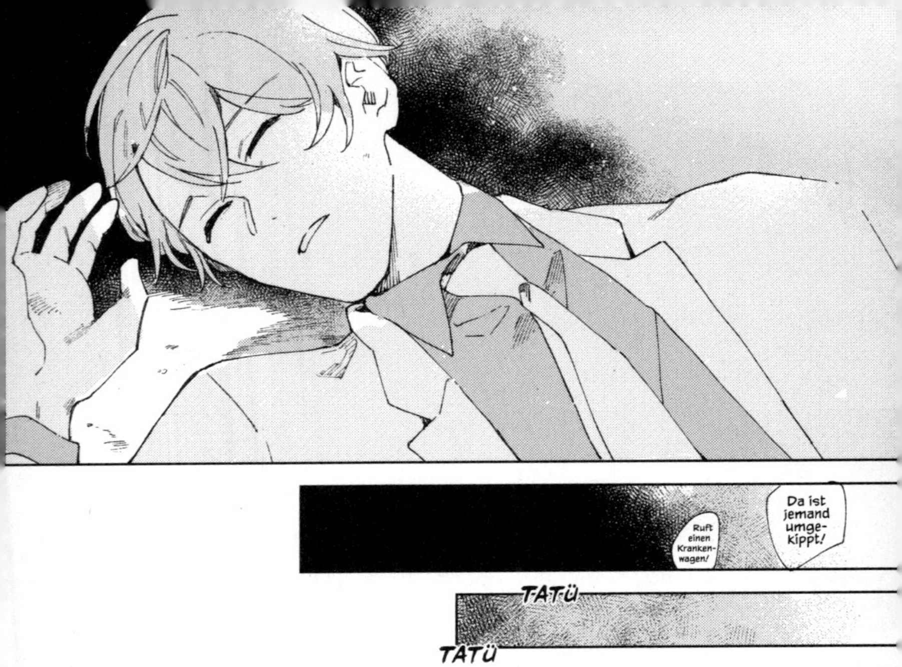

Da ist jemand umgekippt!

Ruft einen Krankenwagen!

TATÜ

TATÜ

Hast du es gehört? Sunagawa-kun* ist gestern Abend umgekippt ...

Anscheinend ist er nördlich des Bahnhofs unter der Autobahnbrücke zusammengeklappt.

Es war sogar ein Krankenwagen da.

Der Ort ist ziemlich berüchtigt ... Stichwort »Schülerstrich« und so.

PACK

Psssst, da kommt er!

*Anrede für Jungen und jüngere Männer

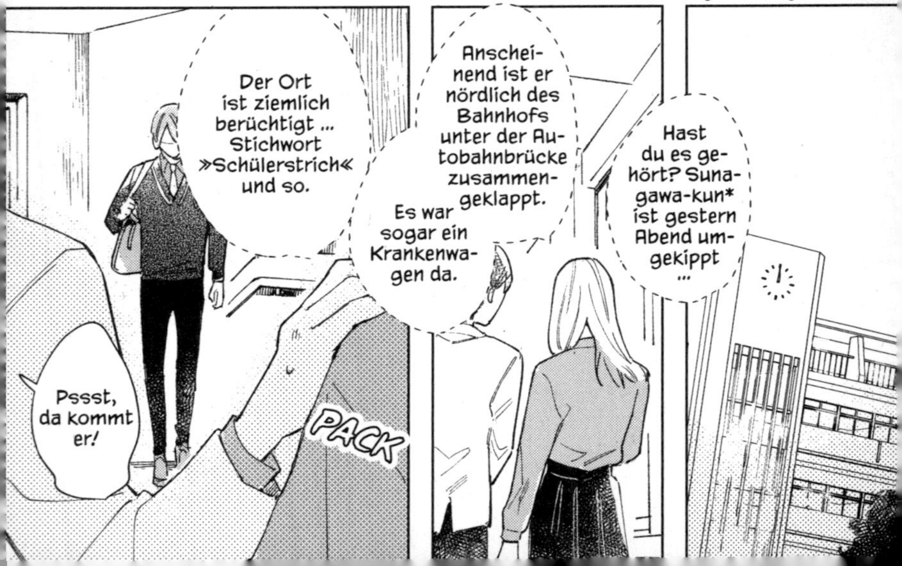

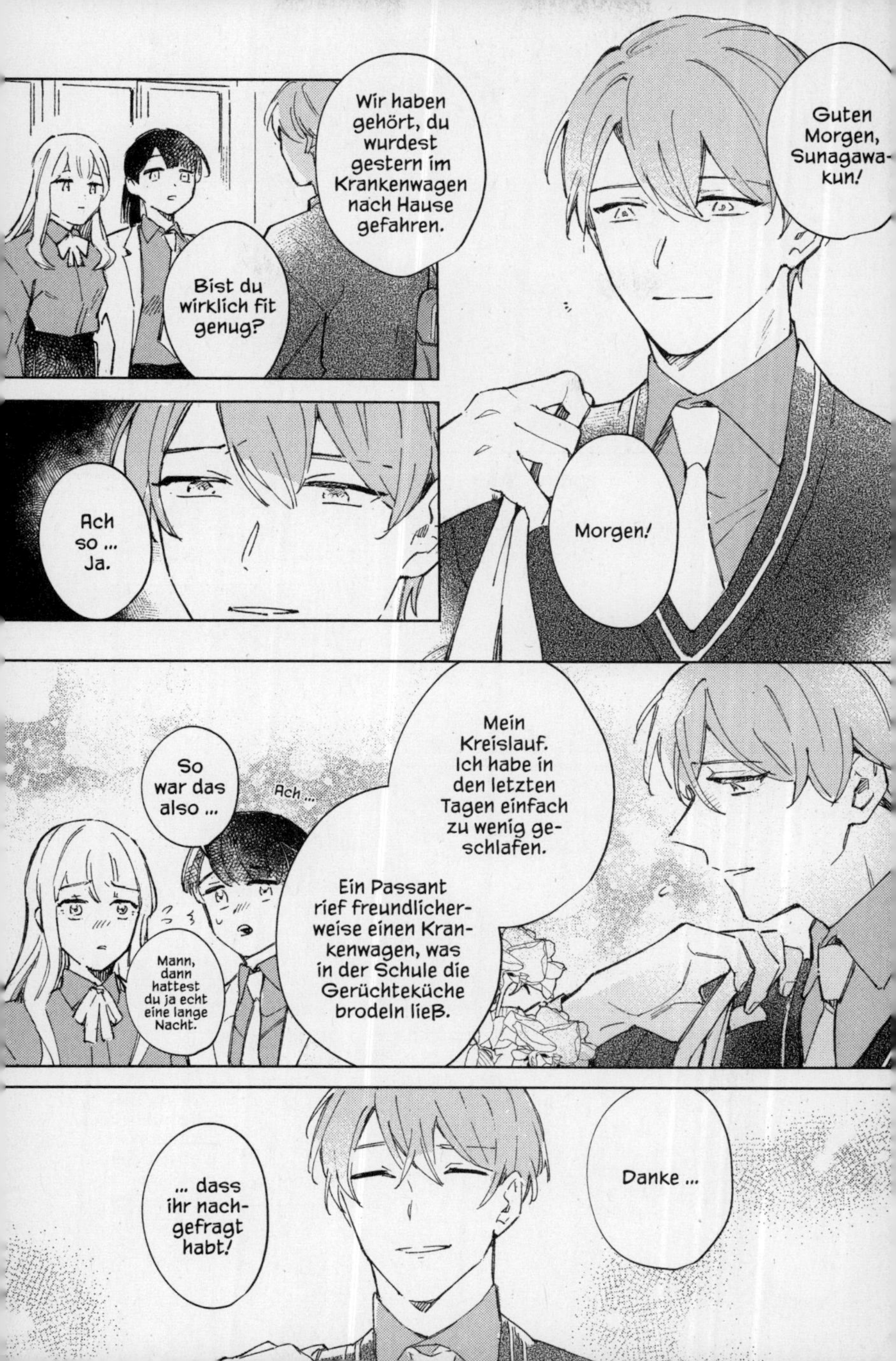
Guten Morgen, Sunagawa-kun!
Wir haben gehört, du wurdest gestern im Krankenwagen nach Hause gefahren.
Bist du wirklich fit genug?
Morgen!
Ach so ... Ja.
Mein Kreislauf. Ich habe in den letzten Tagen einfach zu wenig geschlafen.
Ein Passant rief freundlicherweise einen Krankenwagen, was in der Schule die Gerüchteküche brodeln ließ.
Ach ...
So war das also ...
Mann, dann hattest du ja echt eine lange Nacht.
Danke ...
... dass ihr nachgefragt habt!

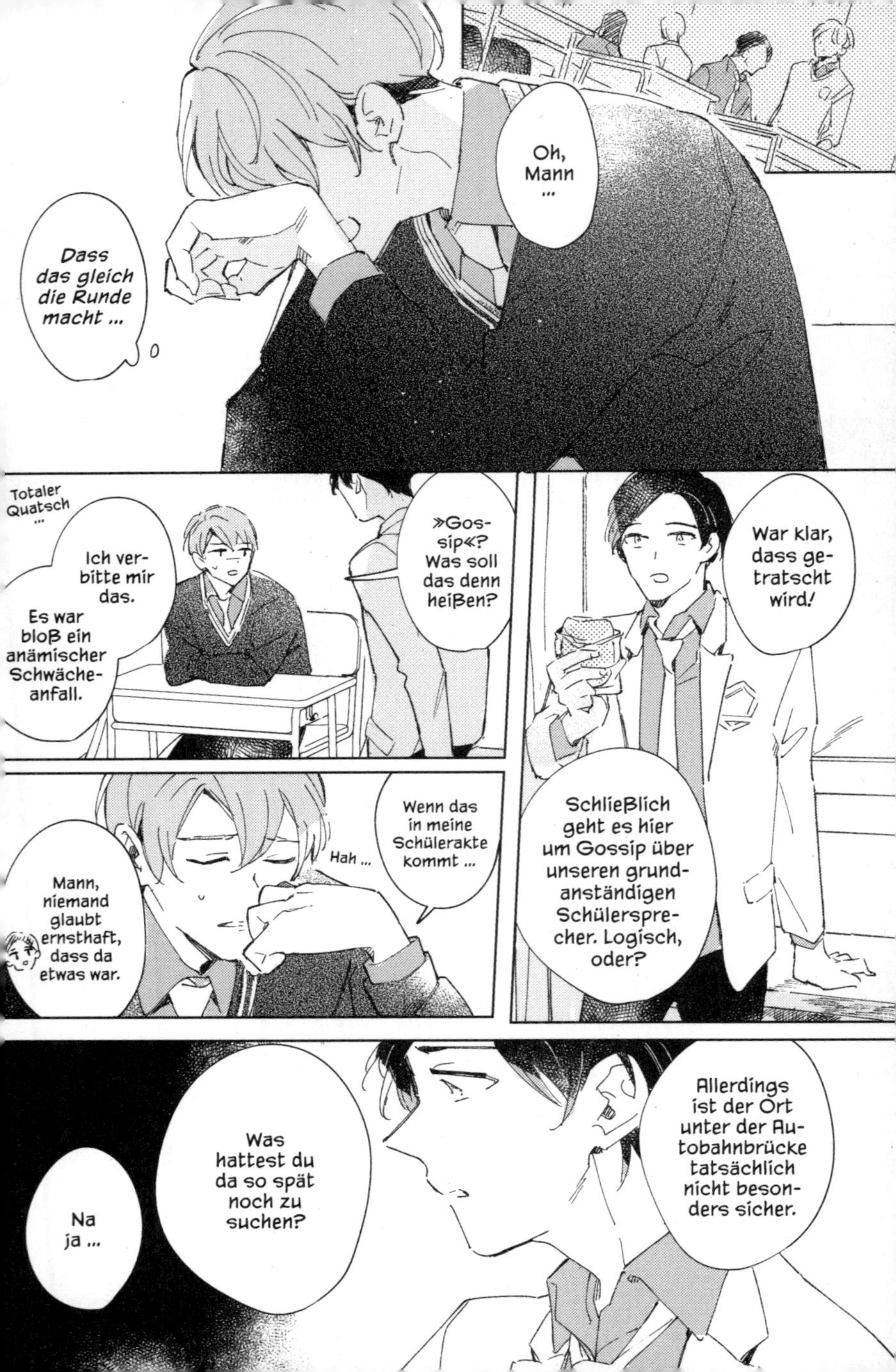
Oh, Mann …
Dass das gleich die Runde macht …
War klar, dass getratscht wird!
»Gossip«? Was soll das denn heißen?
Ich verbitte mir das.
Es war bloß ein anämischer Schwächeanfall.
Totaler Quatsch …
Schließlich geht es hier um Gossip über unseren grundanständigen Schülersprecher. Logisch, oder?
Wenn das in meine Schülerakte kommt …
Hah …
Mann, niemand glaubt ernsthaft, dass da etwas war.
Allerdings ist der Ort unter der Autobahnbrücke tatsächlich nicht besonders sicher.
Was hattest du da so spät noch zu suchen?
Na ja …

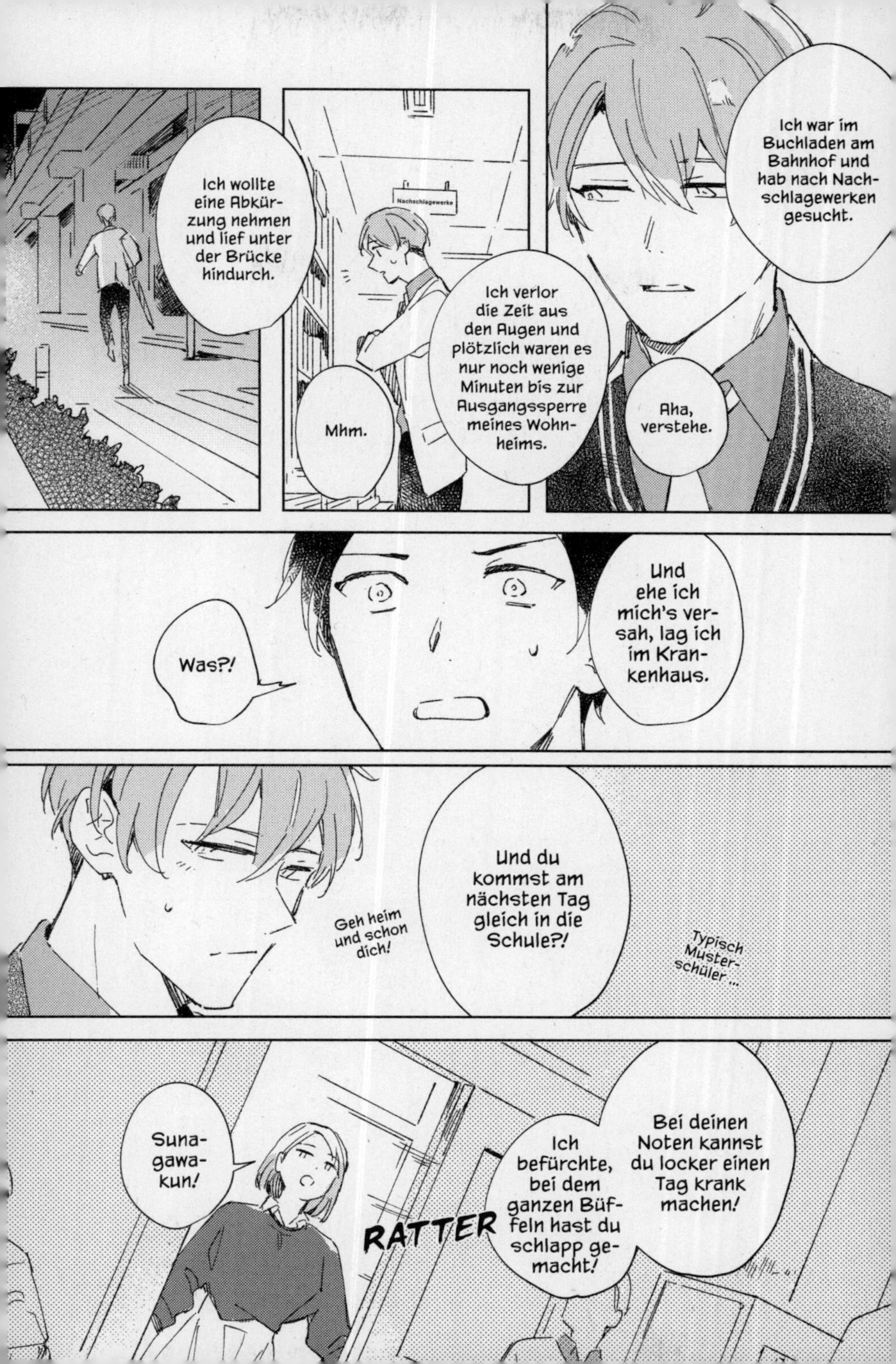
Ich war im Buchladen am Bahnhof und hab nach Nachschlagewerken gesucht.
Aha, verstehe.
Nachschlagewerke
Ich verlor die Zeit aus den Augen und plötzlich waren es nur noch wenige Minuten bis zur Ausgangssperre meines Wohnheims.
Mhm.
Ich wollte eine Abkürzung nehmen und lief unter der Brücke hindurch.
Und ehe ich mich's versah, lag ich im Krankenhaus.
Was?!
Typisch Musterschüler ...
Und du kommst am nächsten Tag gleich in die Schule?!
Geh heim und schon dich!
Bei deinen Noten kannst du locker einen Tag krank machen!
Ich befürchte, bei dem ganzen Büffeln hast du schlapp gemacht!
RATTER
Sunagawa-kun!

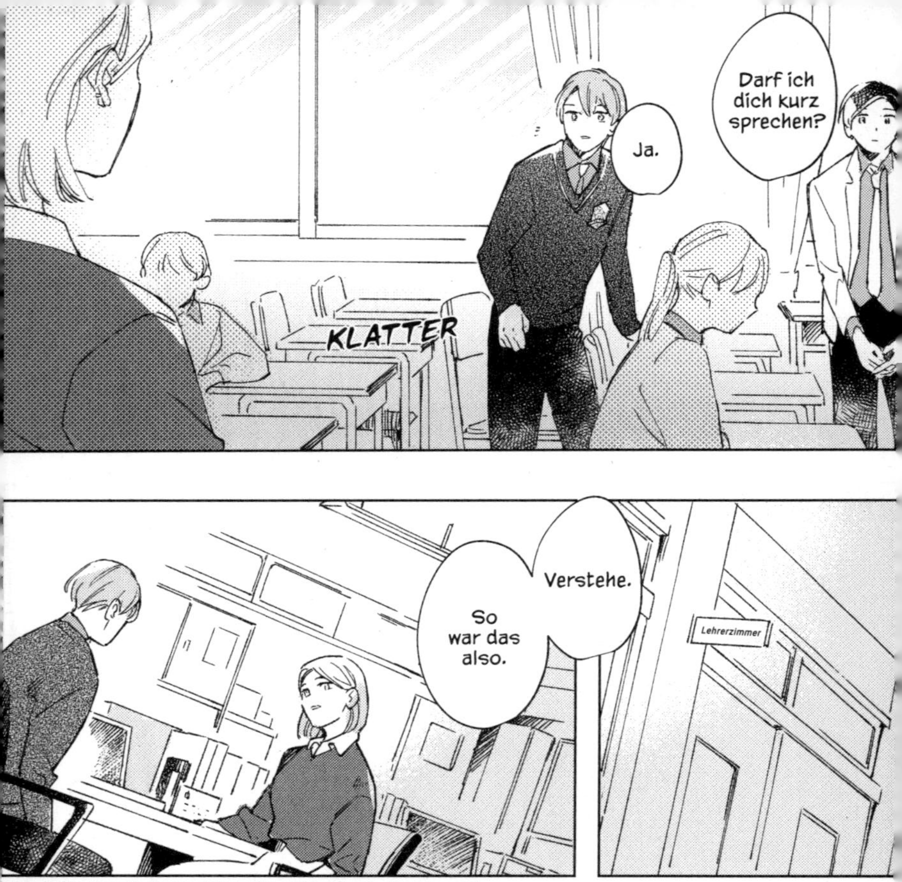

Darf ich dich kurz sprechen?
Ja.
KLATTER

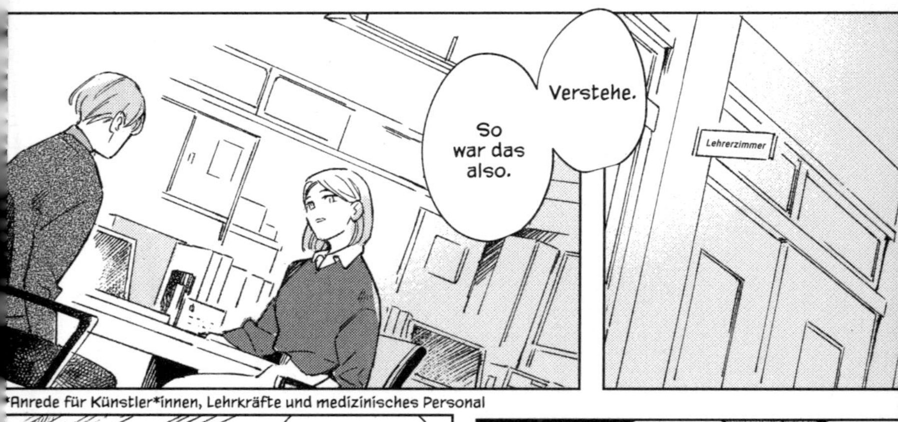

*Anrede für Künstler*innen, Lehrkräfte und medizinisches Personal

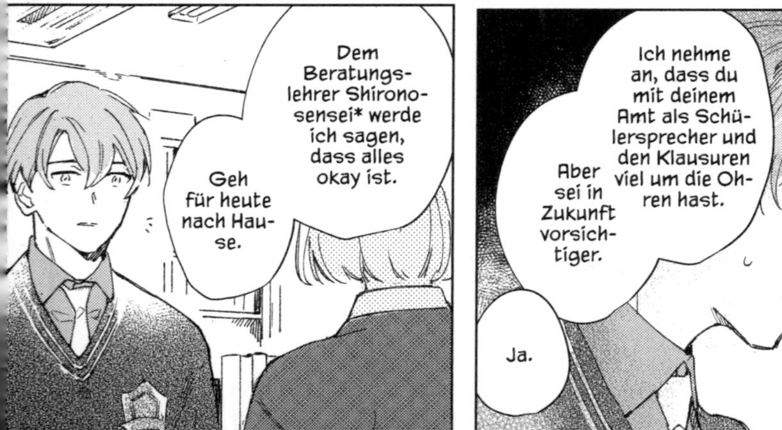

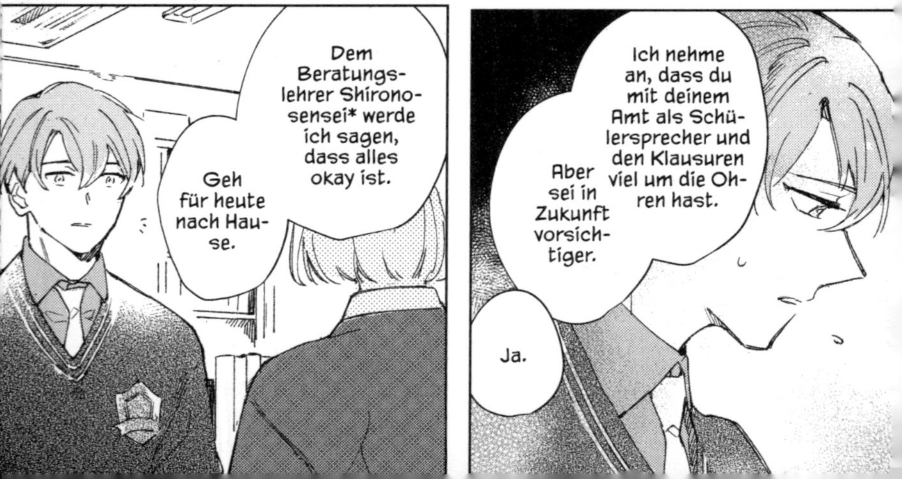

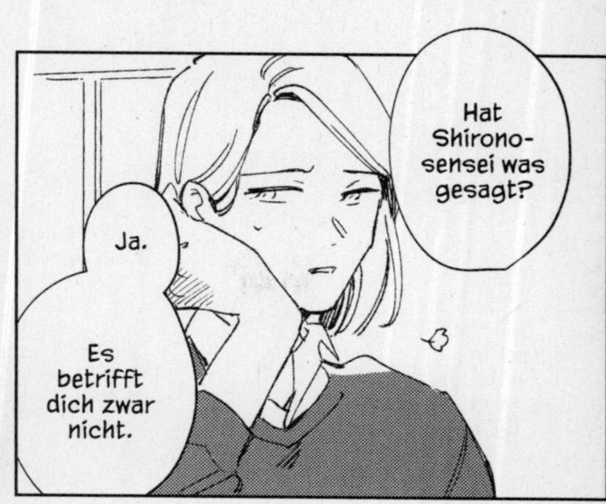
Hat Shironosensei was gesagt?
Ja.
Es betrifft dich zwar nicht.

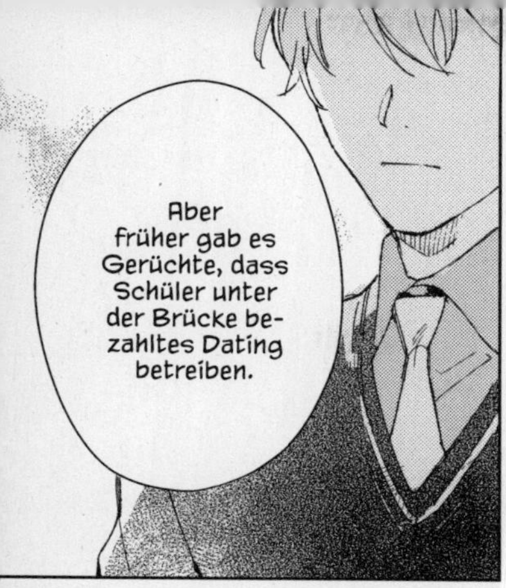
Aber früher gab es Gerüchte, dass Schüler unter der Brücke bezahltes Dating betreiben.

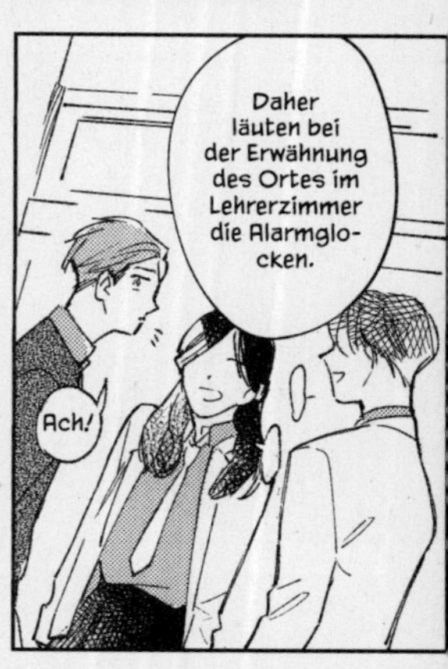
Daher läuten bei der Erwähnung des Ortes im Lehrerzimmer die Alarmglocken.
Ach!

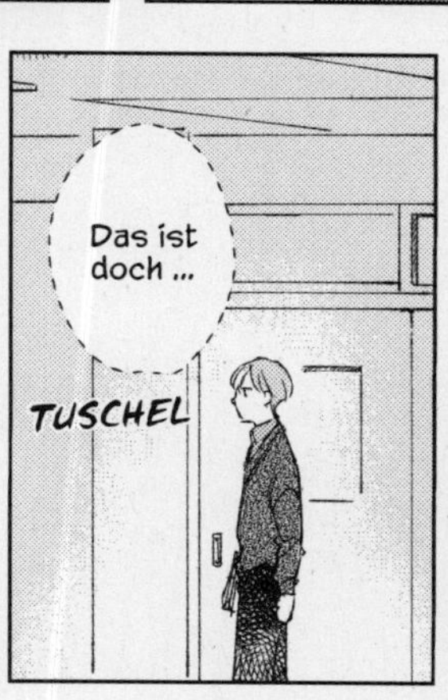
Das ist doch ...
TUSCHEL

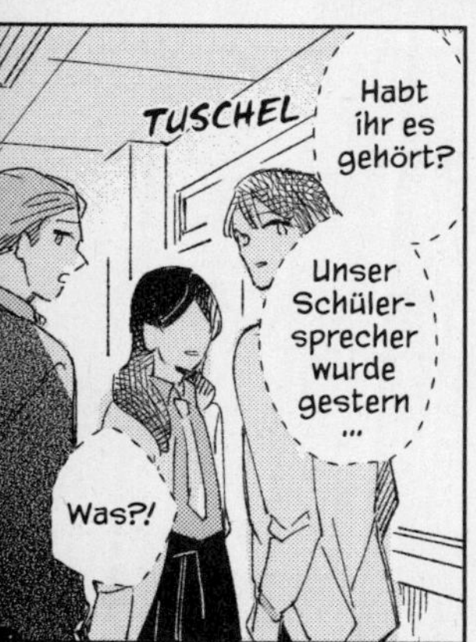
TUSCHEL
Habt ihr es gehört?
Unser Schülersprecher wurde gestern ...
Was?!

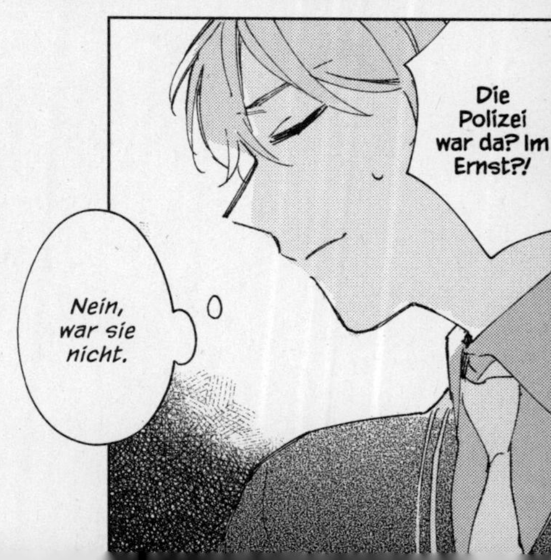
Die Polizei war da? Im Ernst?!
Nein, war sie nicht.

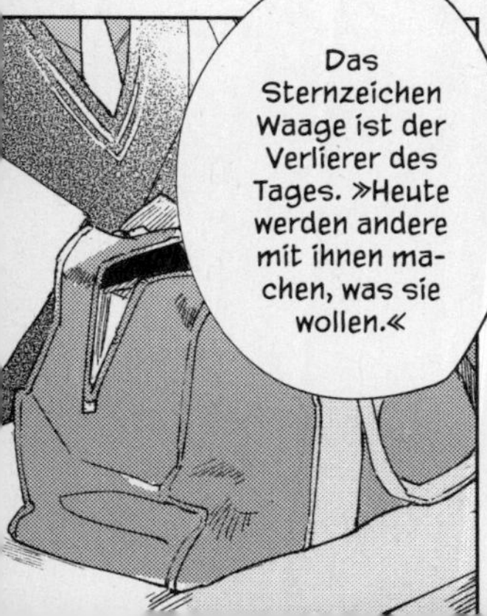
Das Sternzeichen Waage ist der Verlierer des Tages. »Heute werden andere mit ihnen machen, was sie wollen.«

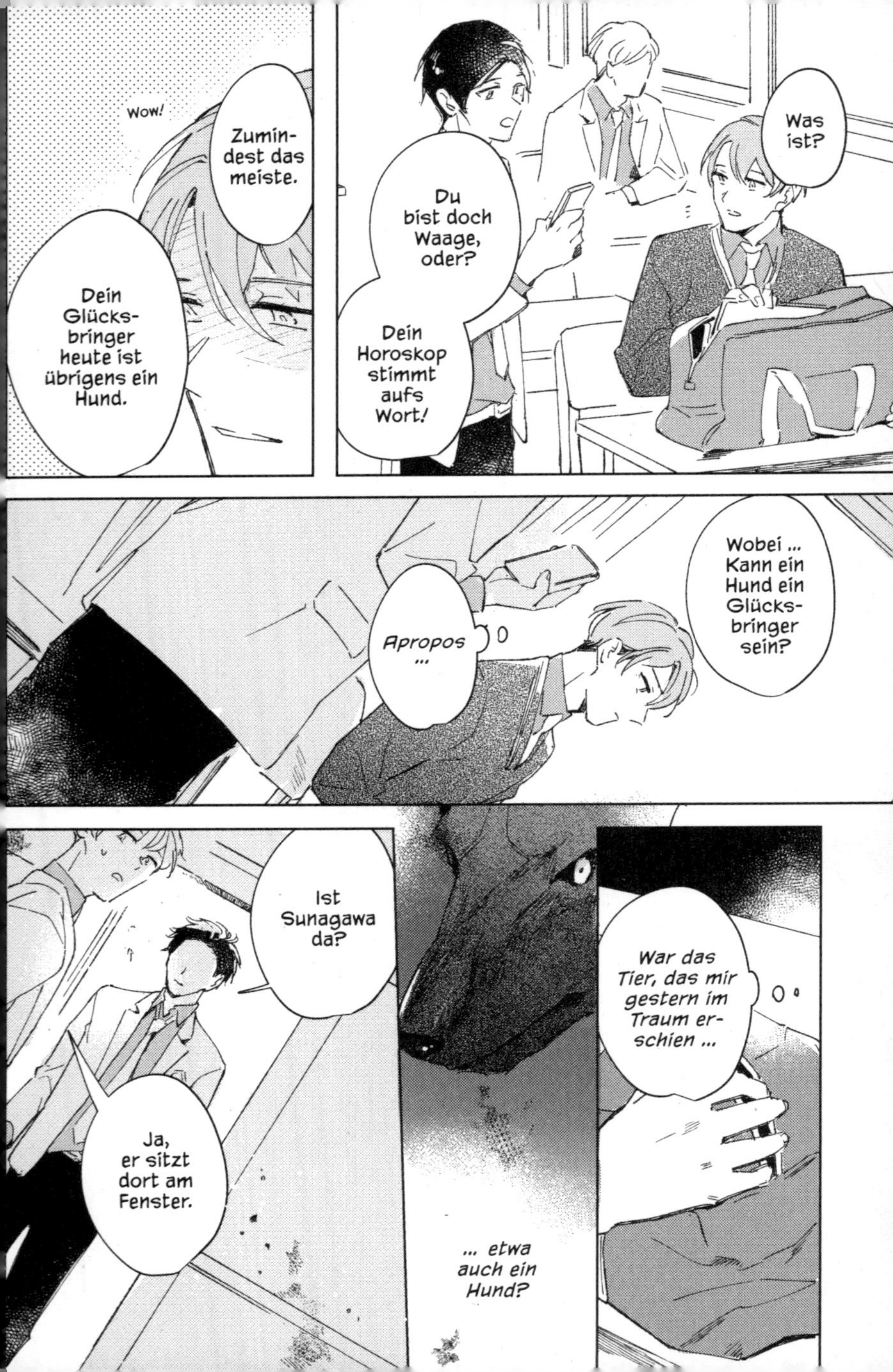
Was ist?
Du bist doch Waage, oder?
Dein Horoskop stimmt aufs Wort!
Zumindest das meiste.
Wow!
Dein Glücksbringer heute ist übrigens ein Hund.
Wobei ... Kann ein Hund ein Glücksbringer sein?
Apropos ...
War das Tier, das mir gestern im Traum erschien ...
... etwa auch ein Hund?
Ist Sunagawa da?
Ja, er sitzt dort am Fenster.

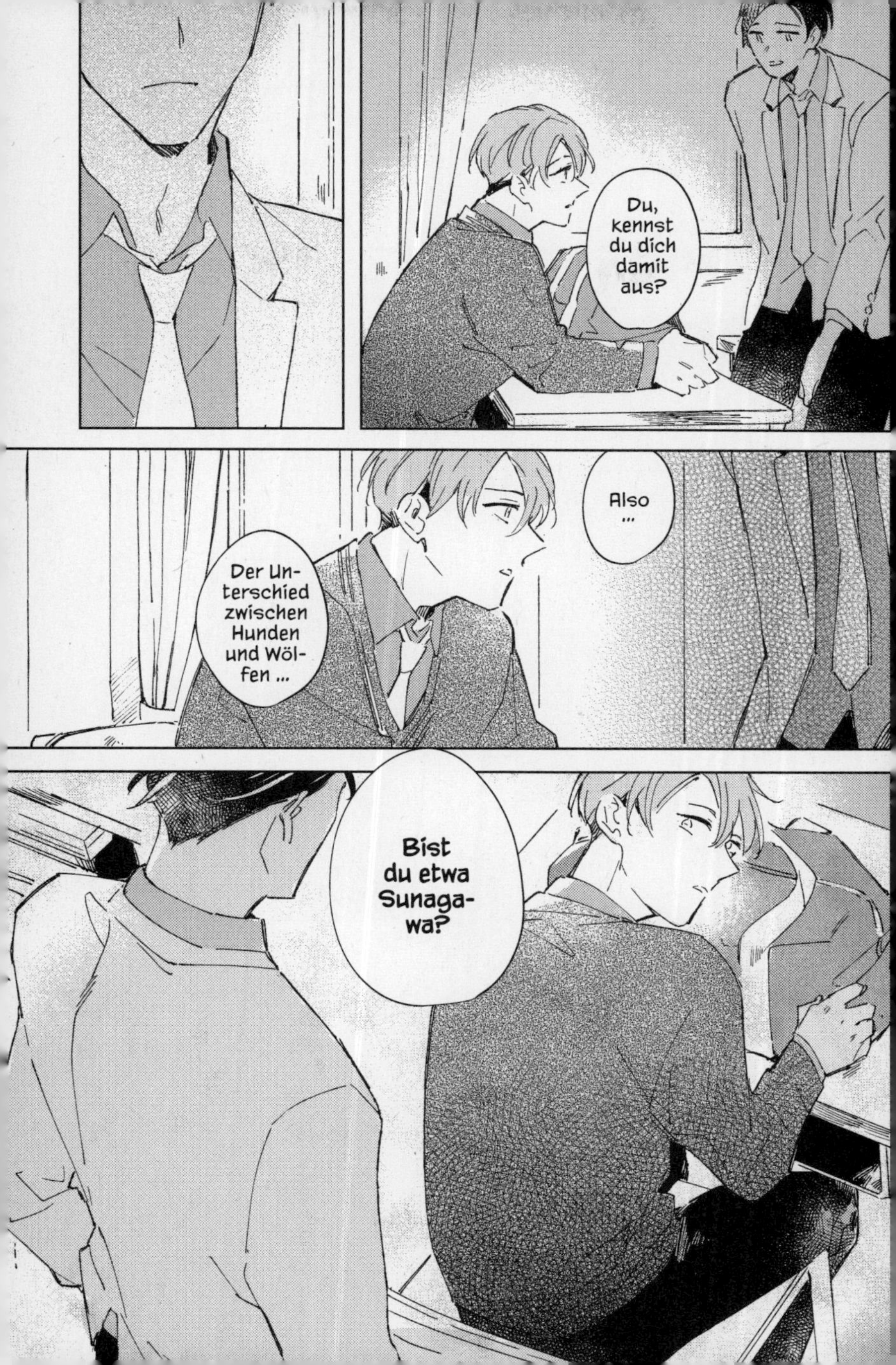
Du, kennst du dich damit aus?
Also ...
Der Unterschied zwischen Hunden und Wölfen ...
Bist du etwa Sunagawa?

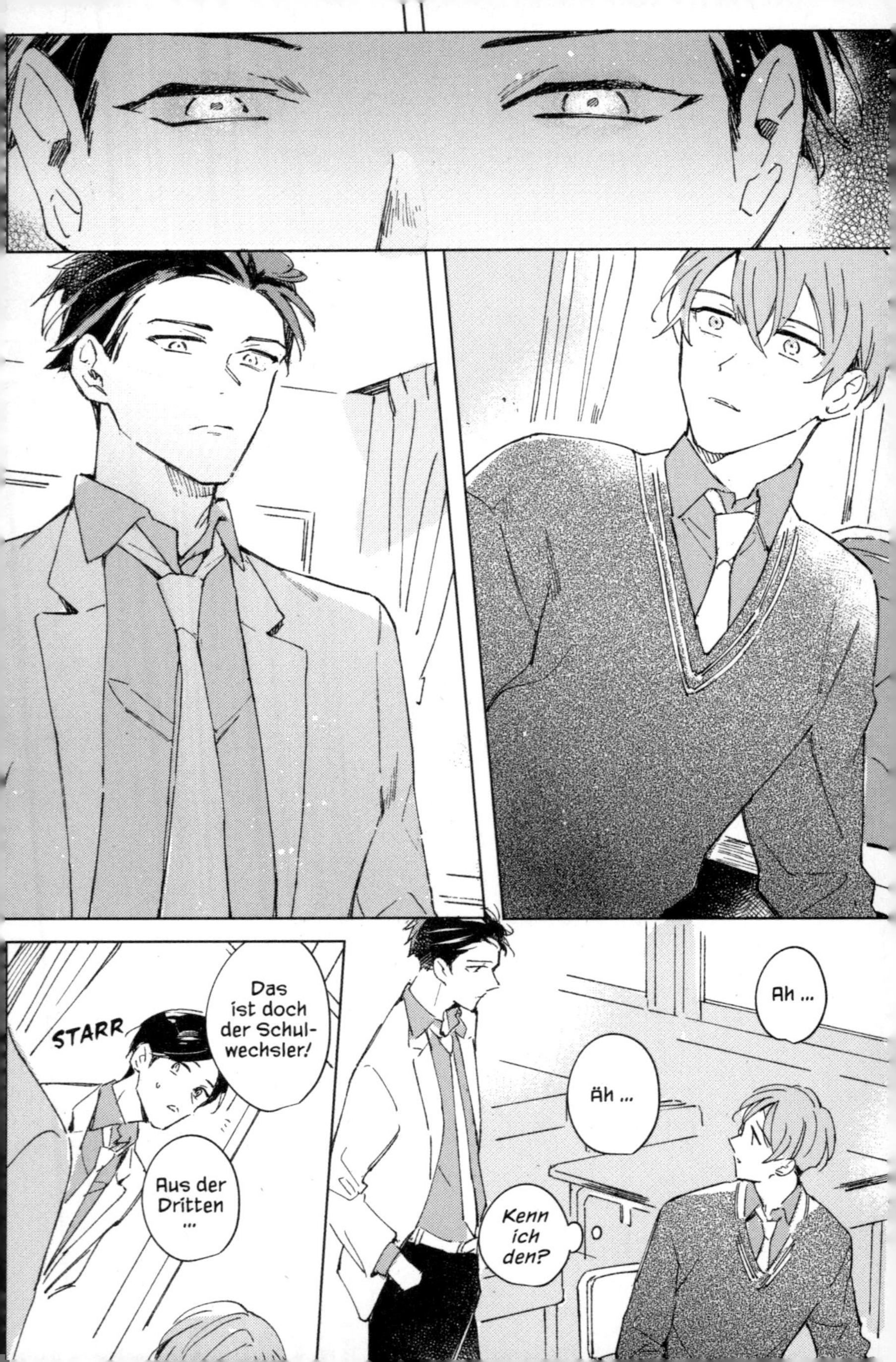
Ah ...
Äh ...
Kenn ich den?
Das ist doch der Schulwechsler!
STARR
Aus der Dritten ...

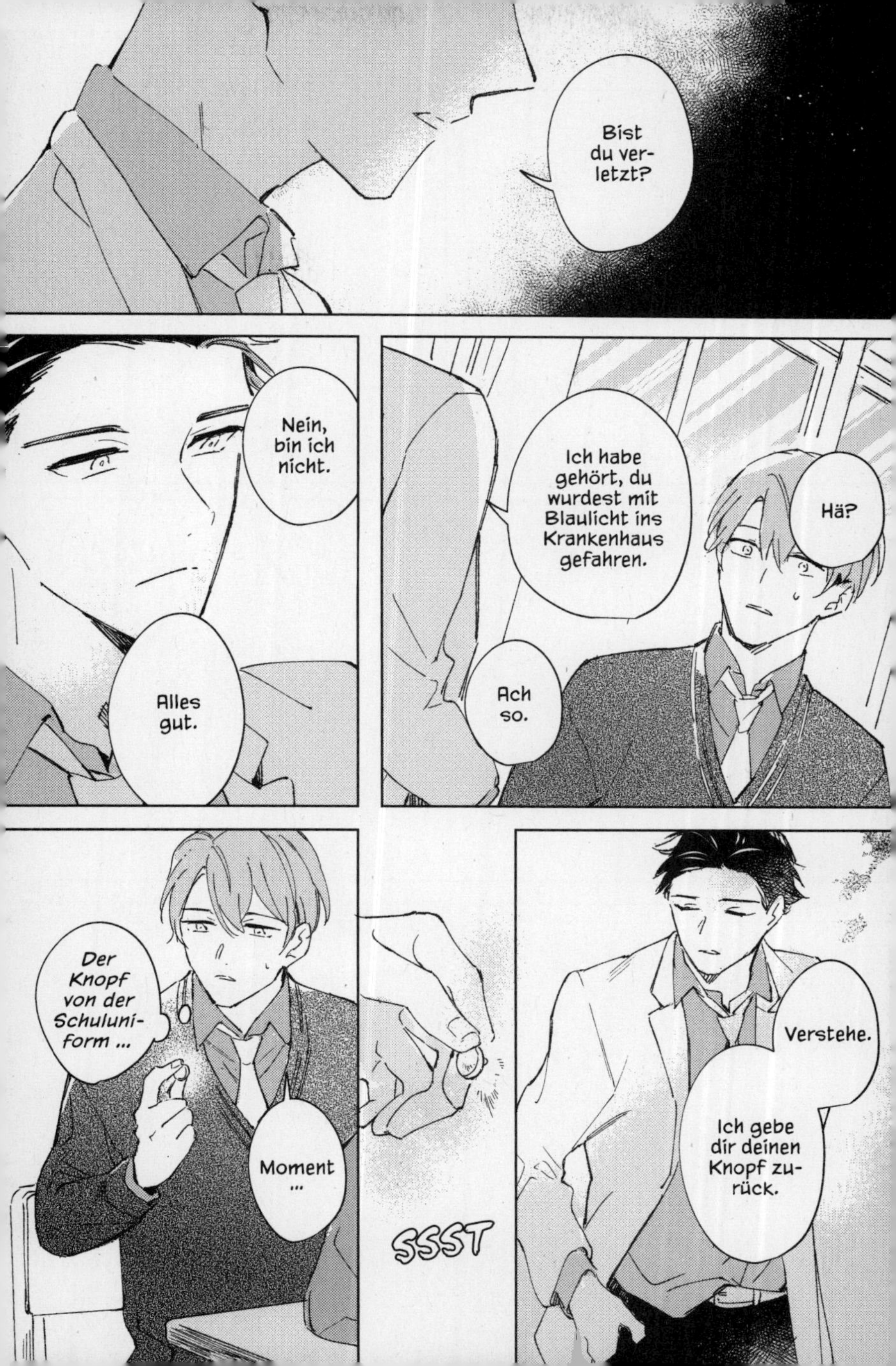
Bist du verletzt?
Nein, bin ich nicht.
Alles gut.
Ich habe gehört, du wurdest mit Blaulicht ins Krankenhaus gefahren.
Hä?
Ach so.
Der Knopf von der Schuluniform ...
Moment ...
SSST
Verstehe.
Ich gebe dir deinen Knopf zurück.

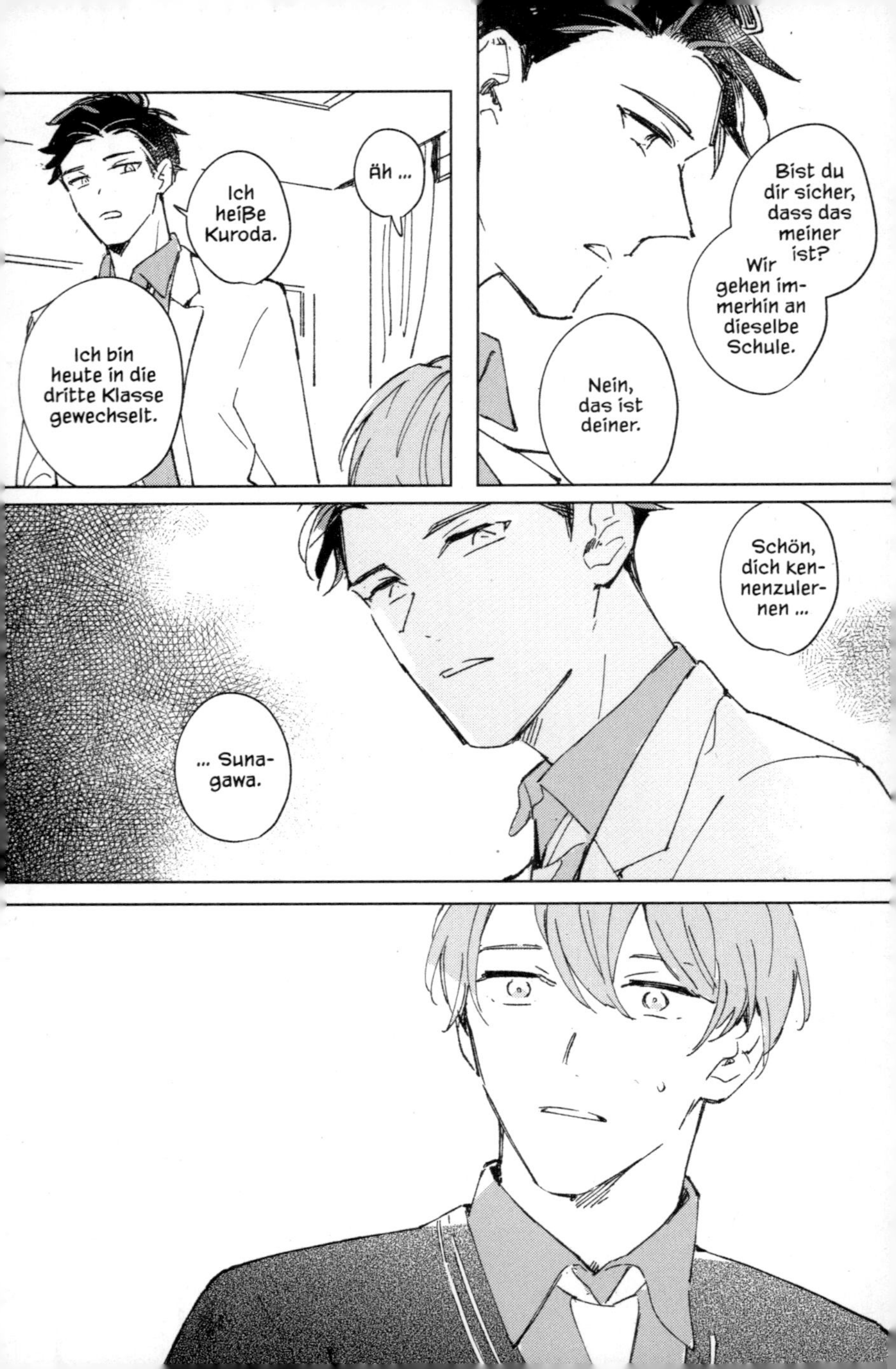
Bist du dir sicher, dass das meiner ist?
Wir gehen immerhin an dieselbe Schule.
Nein, das ist deiner.
Äh ...
Ich heiße Kuroda.
Ich bin heute in die dritte Klasse gewechselt.
Schön, dich kennenzulernen ...
... Sunagawa.

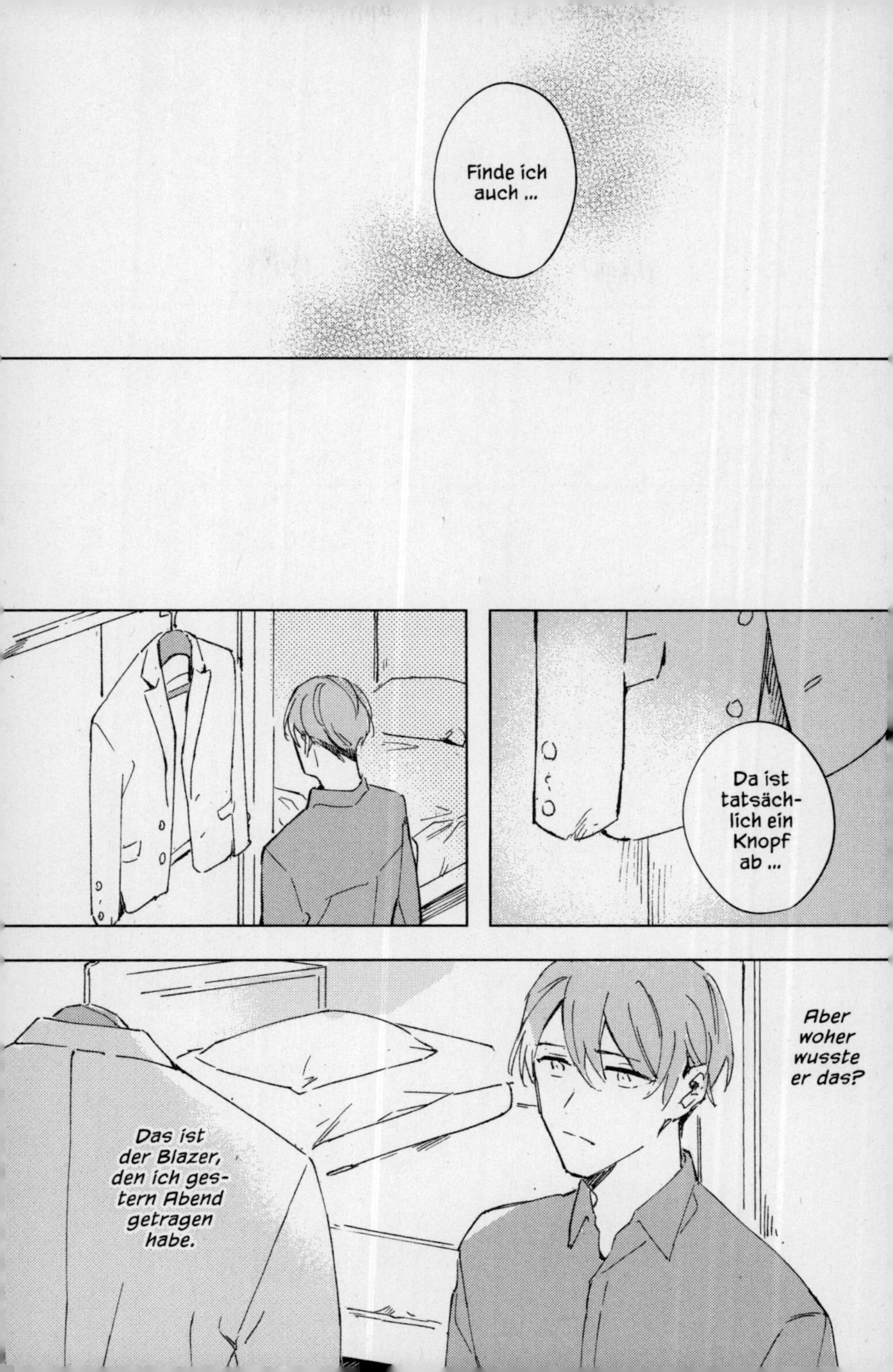
Finde ich auch ...
Da ist tatsächlich ein Knopf ab ...
Aber woher wusste er das?
Das ist der Blazer, den ich gestern Abend getragen habe.

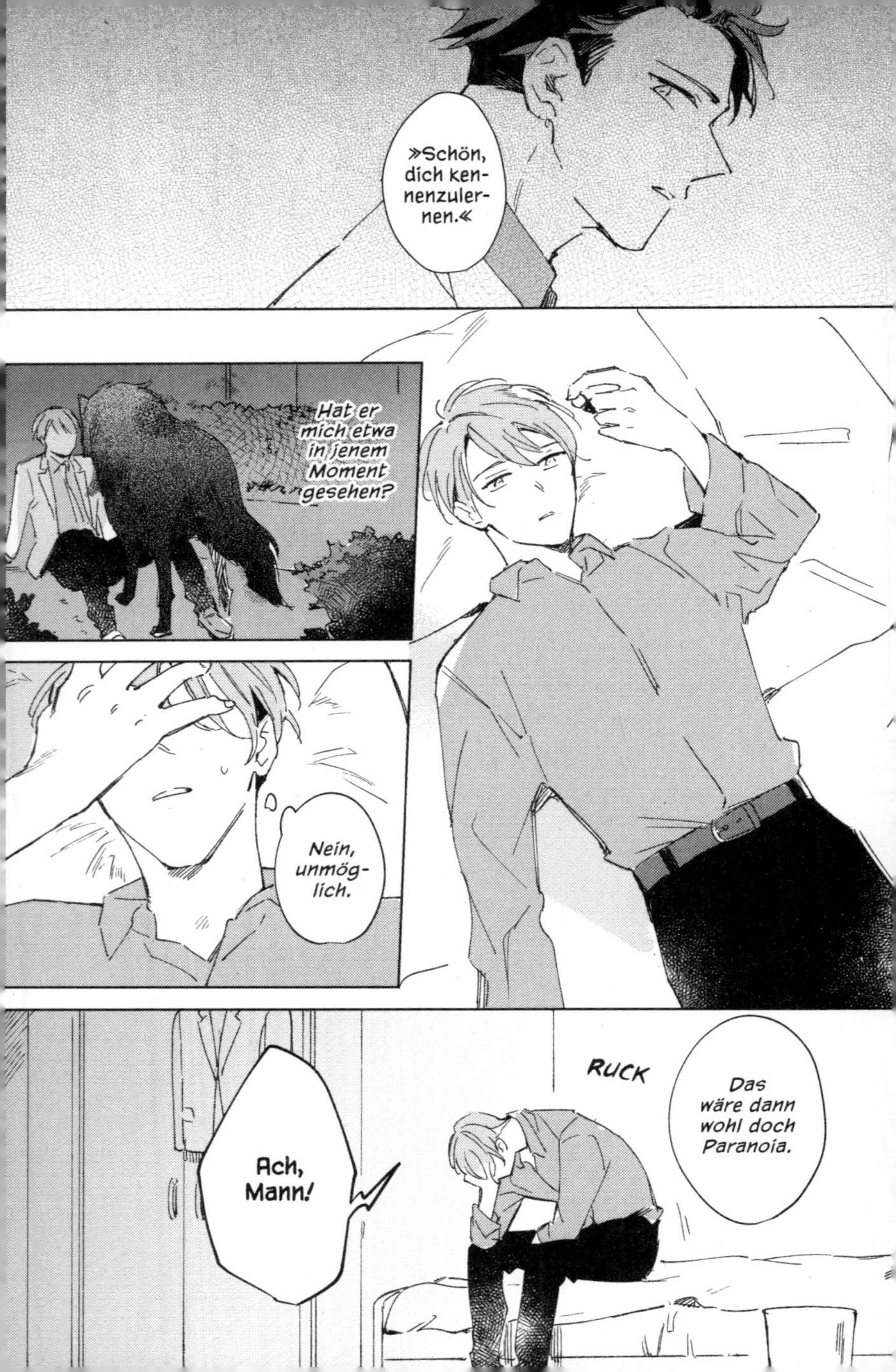
»Schön, dich kennenzulernen.«
Hat er mich etwa in jenem Moment gesehen?
Nein, unmöglich.
Das wäre dann wohl doch Paranoia.
RUCK
Ach, Mann!

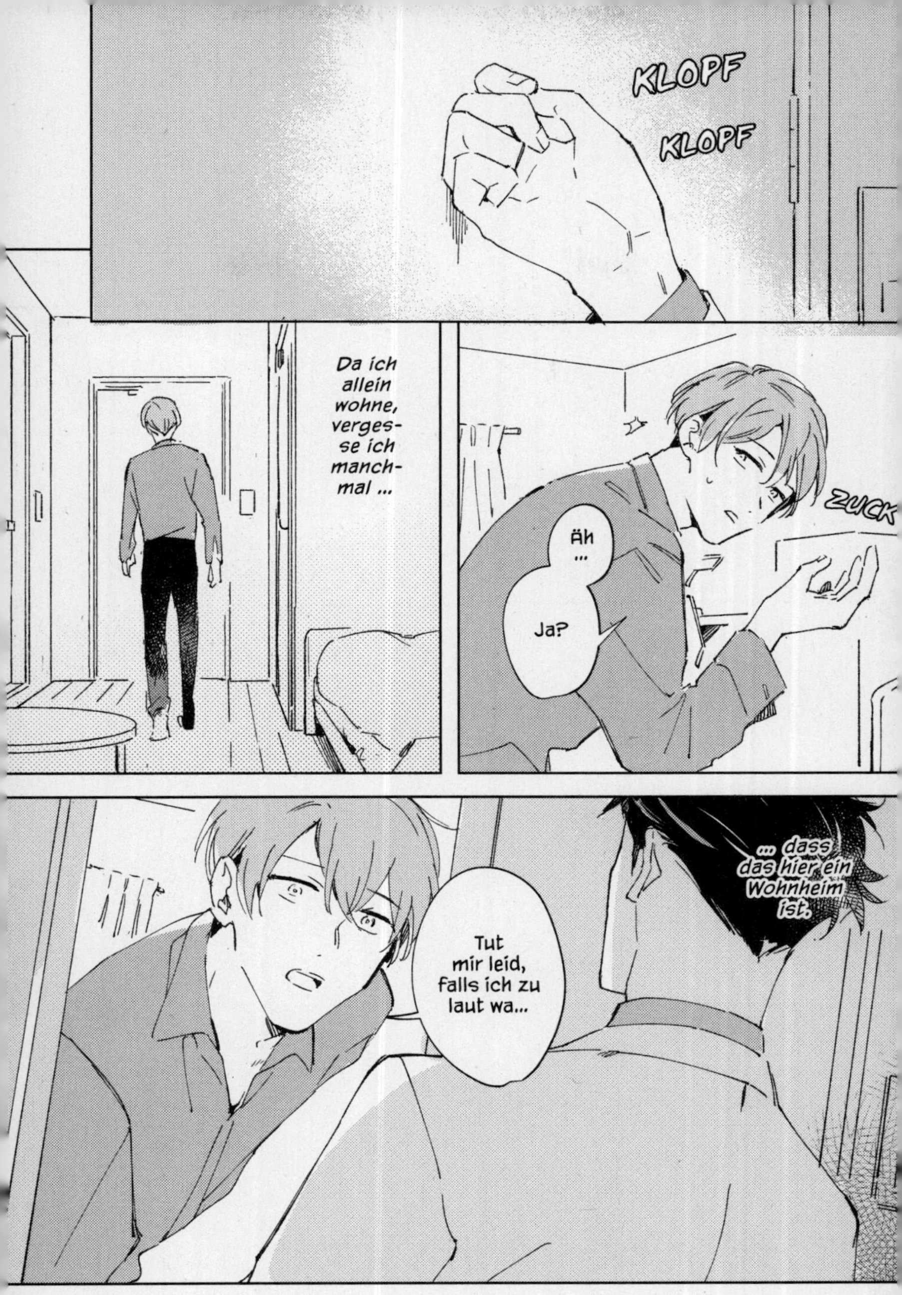
KLOPF
KLOPF
Da ich allein wohne, verges-se ich manch-mal ...
ZUCK
Äh ...
Ja?
... dass das hier ein Wohnheim ist.
Tut mir leid, falls ich zu laut wa...

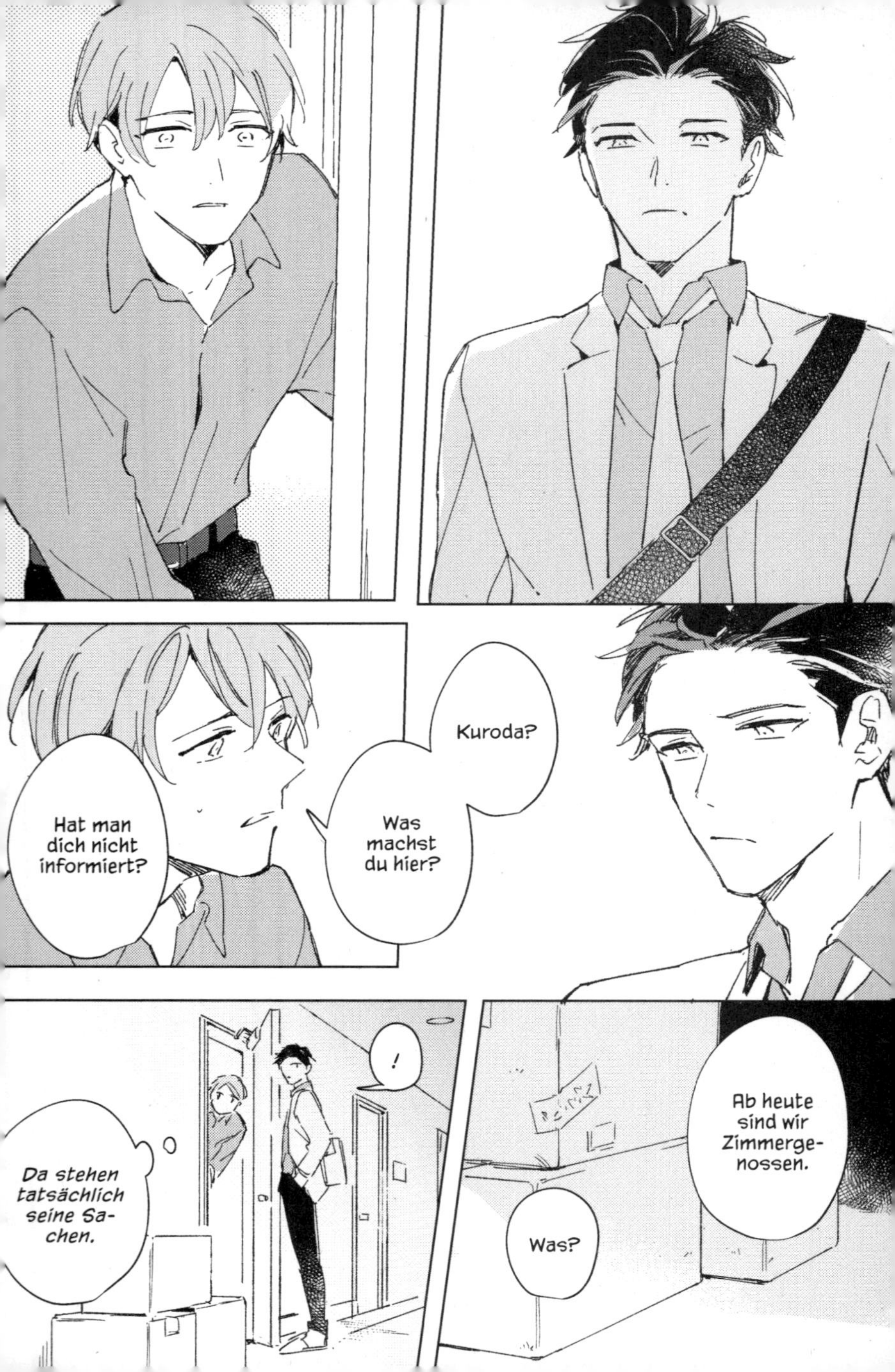
Kuroda?
Was machst du hier?
Hat man dich nicht informiert?
Ab heute sind wir Zimmergenossen.
Was?
!
Da stehen tatsächlich seine Sachen.

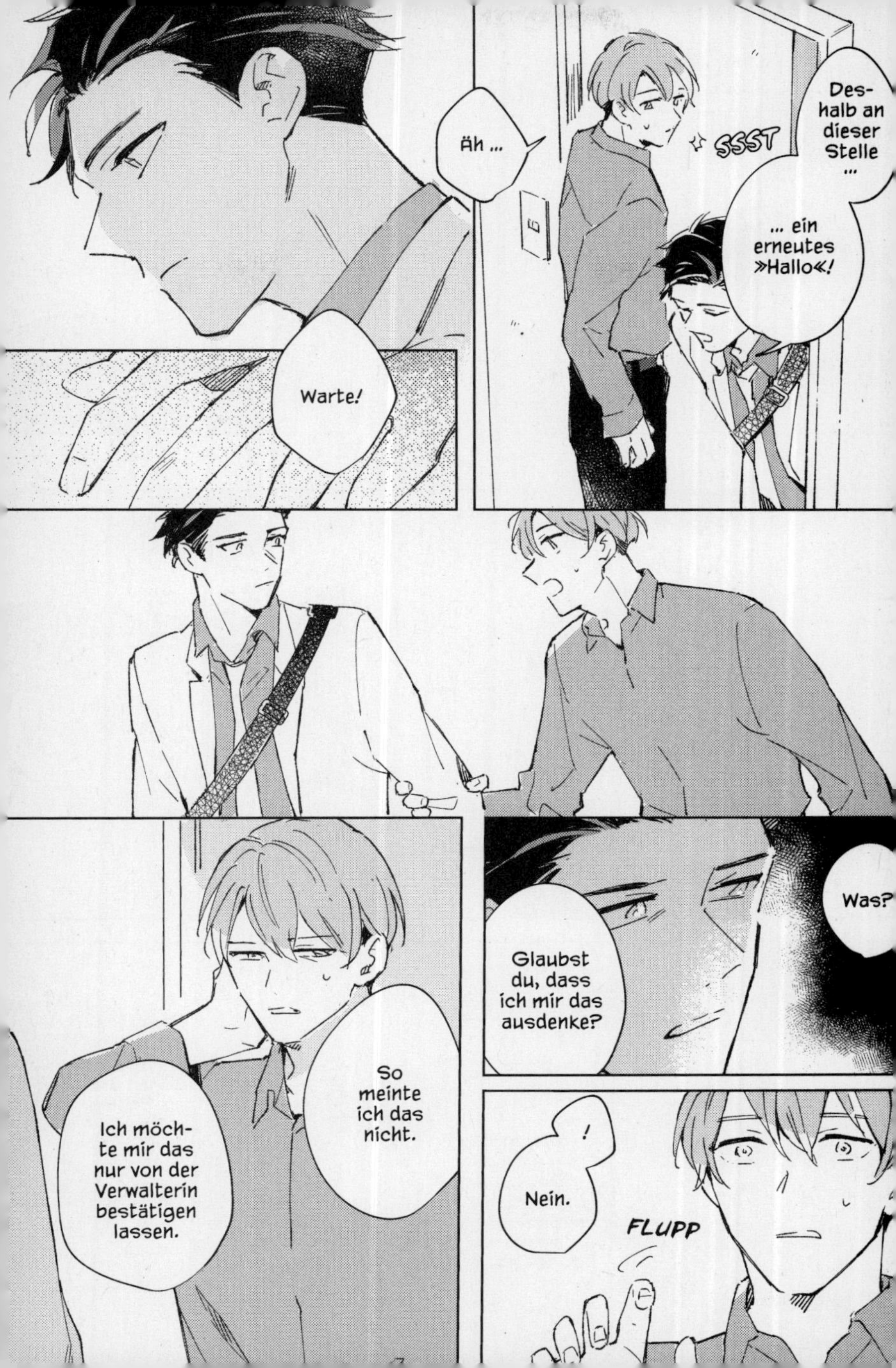
Des-
halb an
dieser
Stelle
...
SSST
... ein
erneutes
»Hallo«!
Äh ...
Warte!
Was?
Glaubst
du, dass
ich mir das
ausdenke?
So
meinte
ich das
nicht.
Ich möch-
te mir das
nur von der
Verwalterin
bestätigen
lassen.
!
Nein.
FLUPP

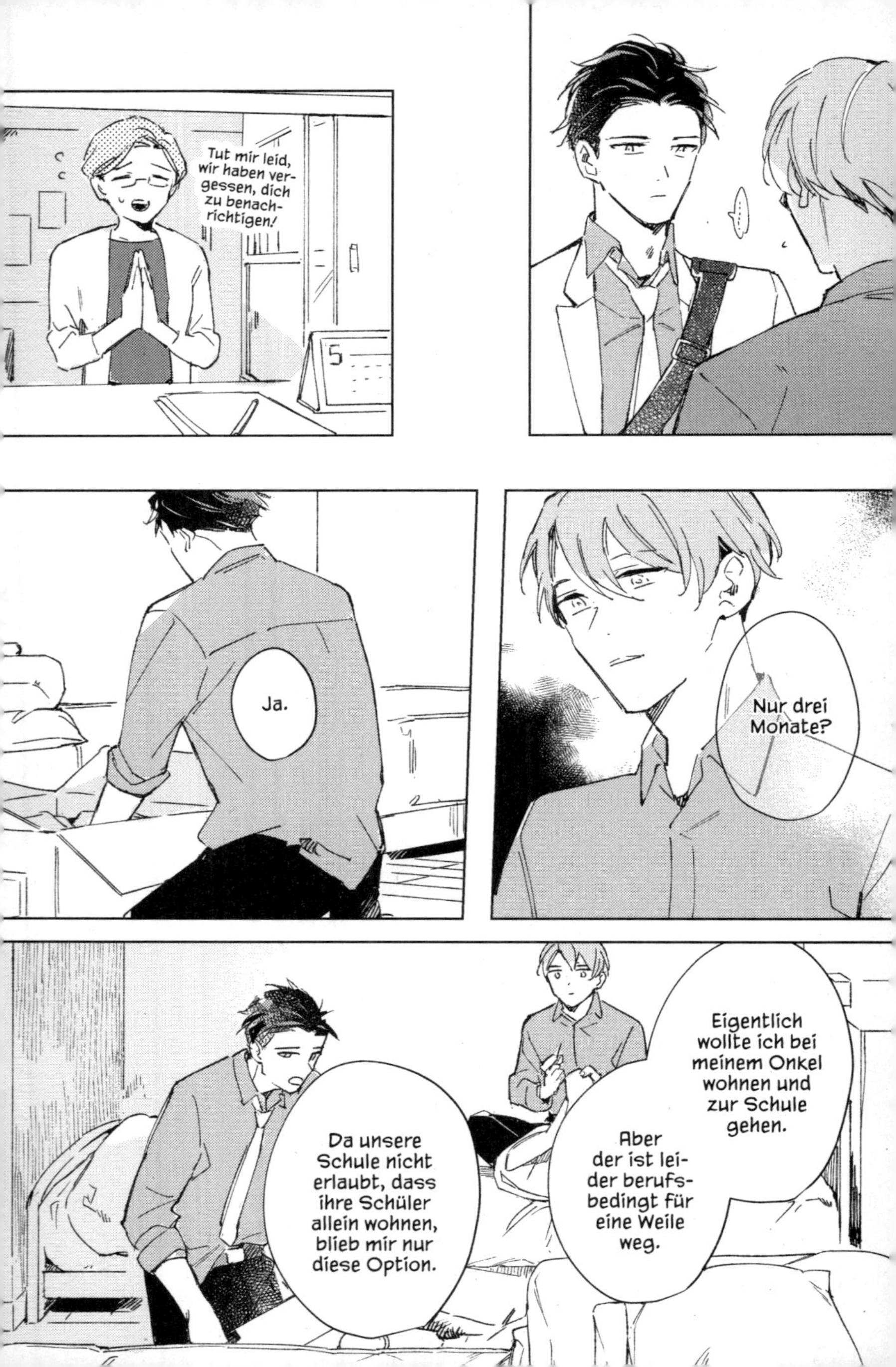
Tut mir leid, wir haben vergessen, dich zu benachrichtigen!
Nur drei Monate?
Ja.
Eigentlich wollte ich bei meinem Onkel wohnen und zur Schule gehen.
Aber der ist leider berufsbedingt für eine Weile weg.
Da unsere Schule nicht erlaubt, dass ihre Schüler allein wohnen, blieb mir nur diese Option.

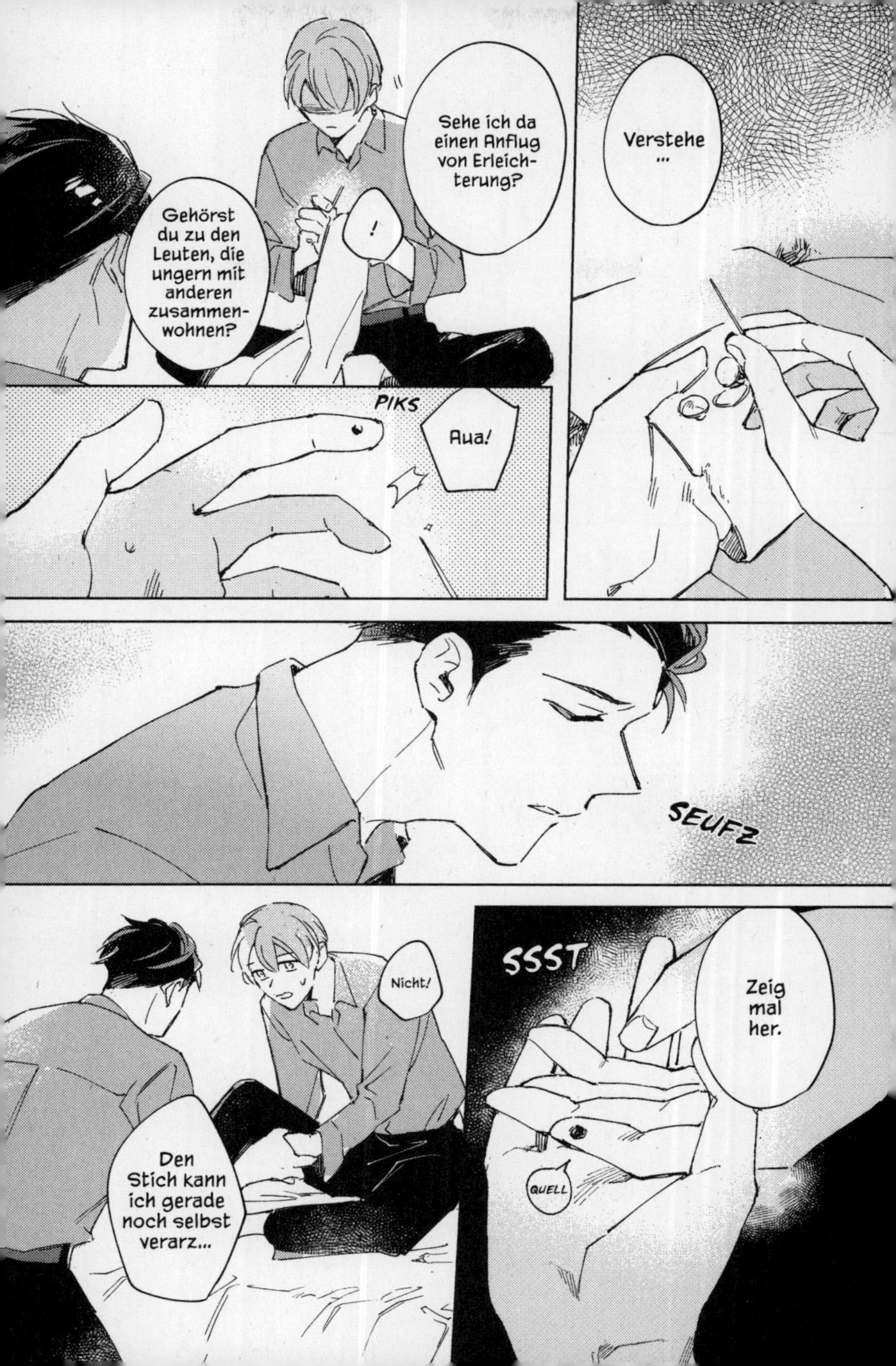
Verstehe ...
Sehe ich da einen Anflug von Erleichterung?
!
Gehörst du zu den Leuten, die ungern mit anderen zusammenwohnen?
PIKS
Aua!
SEUFZ
SSST
Zeig mal her.
QUELL
Nicht!
Den Stich kann ich gerade noch selbst verarz...

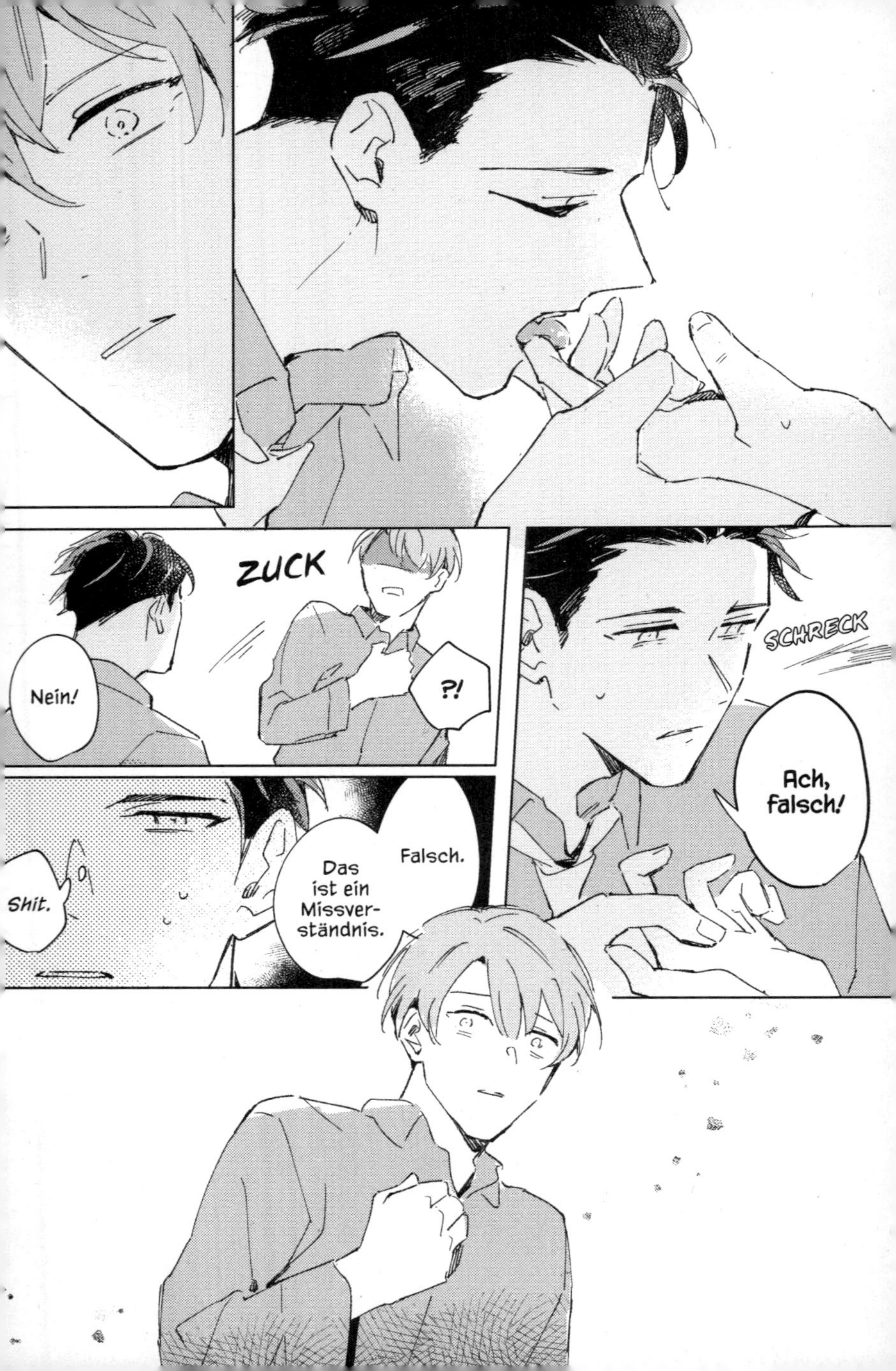
SCHRECK
Ach, falsch!
?!
ZUCK
Nein!
Falsch.
Das ist ein Missverständnis.
Shit.

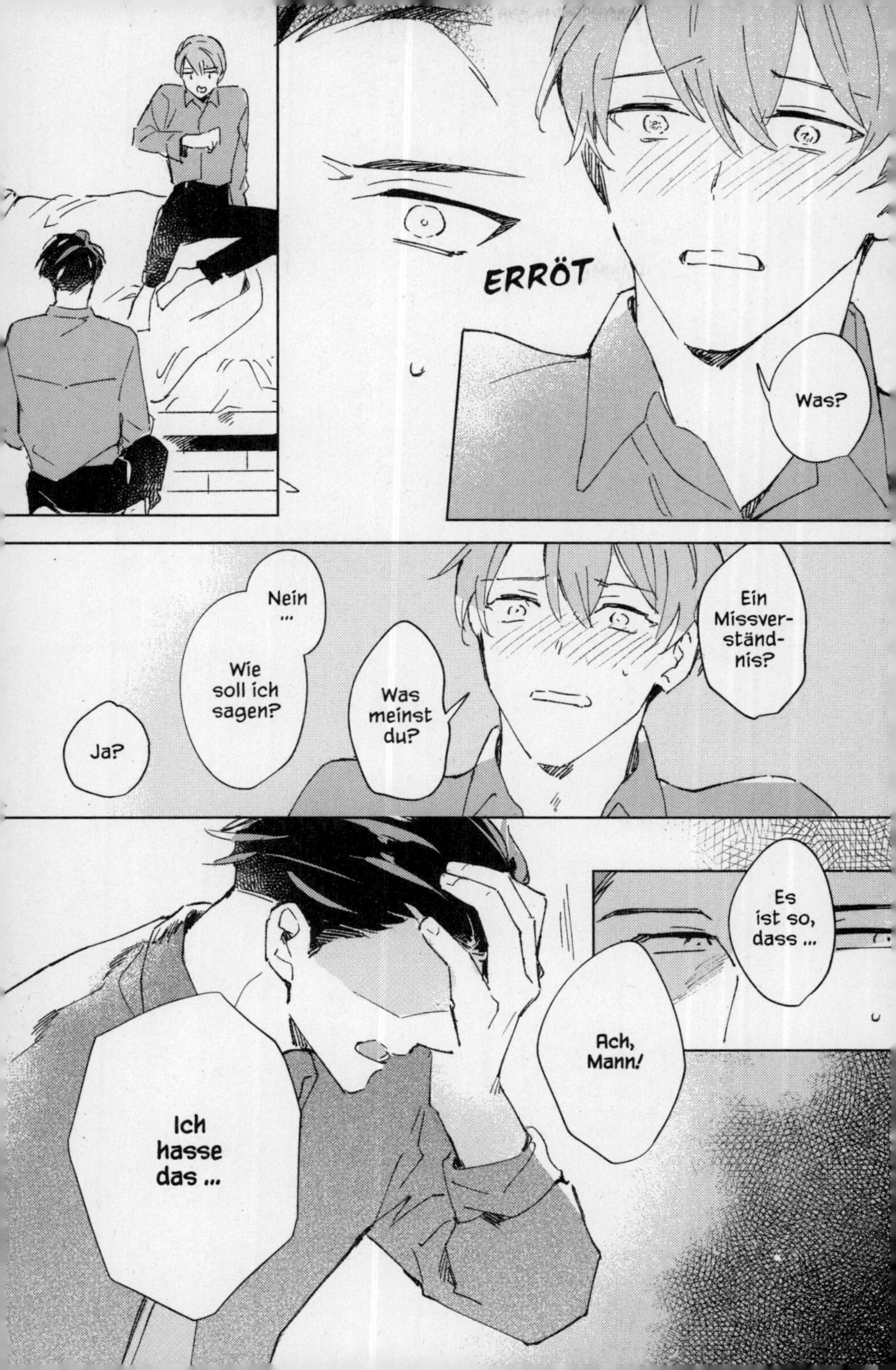

ERRÖT
Was?
Ein Missverständnis?
Was meinst du?
Nein ...
Wie soll ich sagen?
Ja?
Es ist so, dass ...
Ach, Mann!
Ich hasse das ...

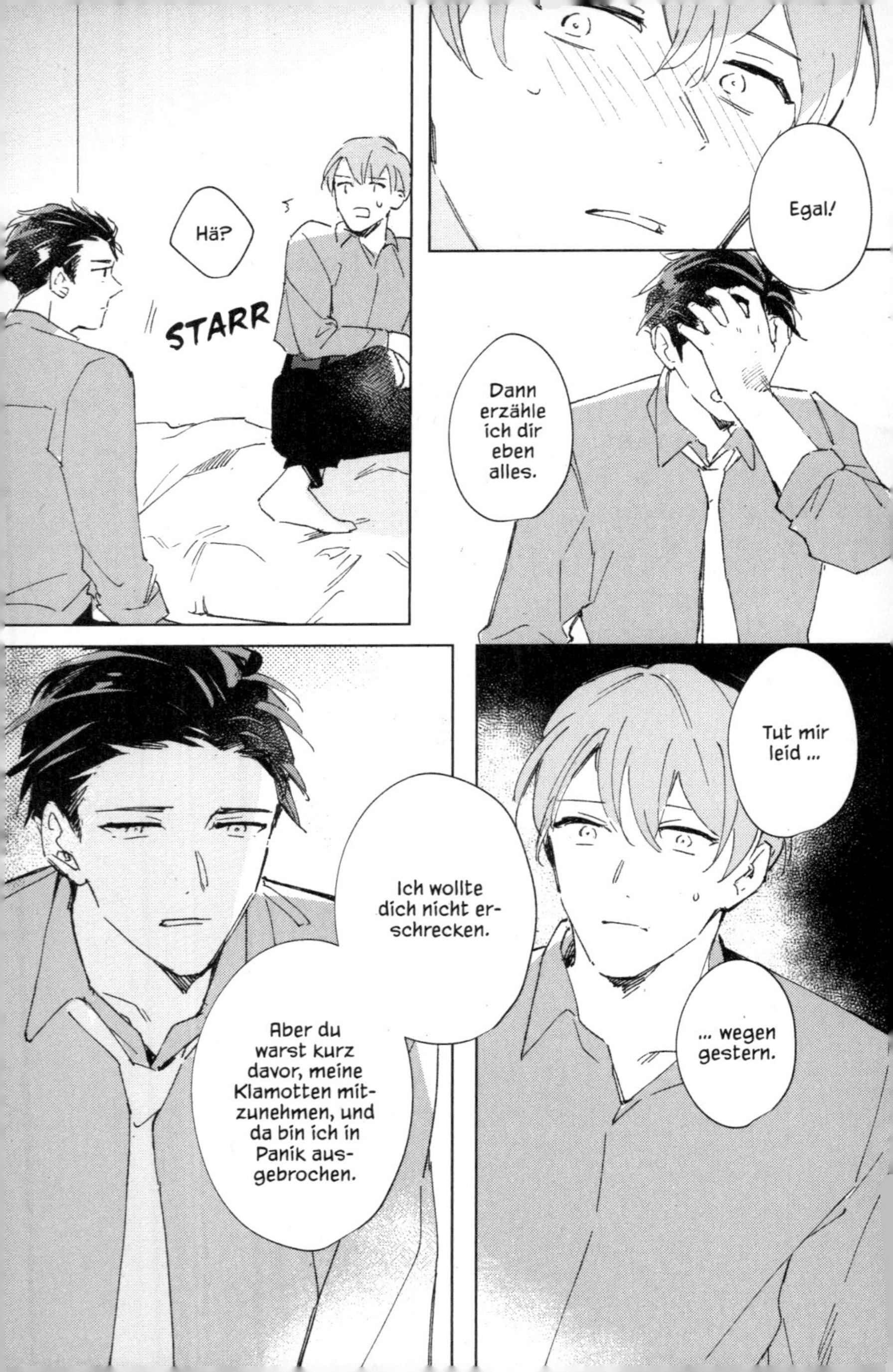
Egal!
Dann erzähle ich dir eben alles.
Hä?
STARR
Tut mir leid ...
... wegen gestern.
Ich wollte dich nicht erschrecken.
Aber du warst kurz davor, meine Klamotten mitzunehmen, und da bin ich in Panik ausgebrochen.

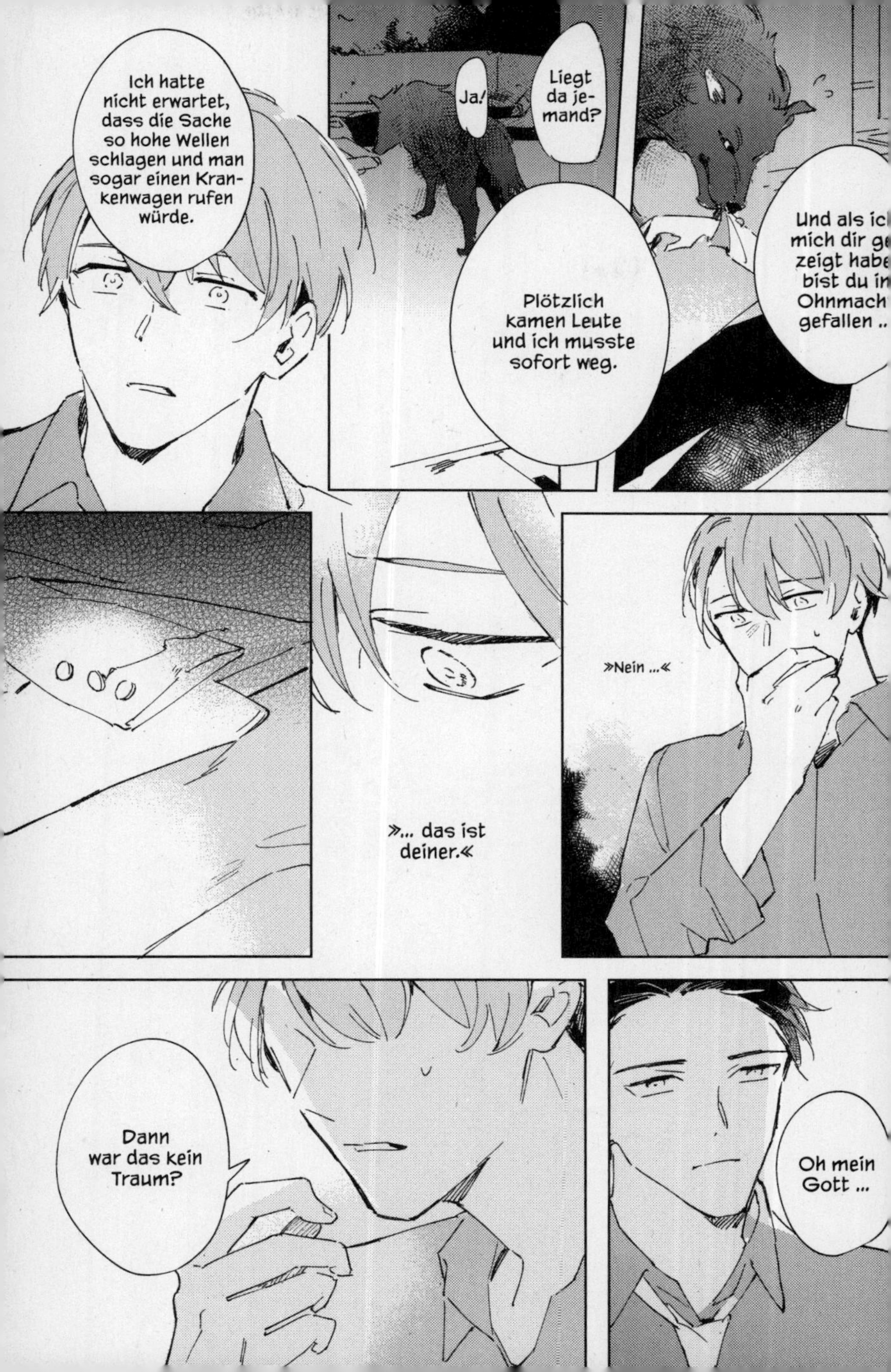

Und als ic mich dir ge zeigt habe bist du in Ohnmach gefallen ..
Liegt da jemand?
Ja!
Plötzlich kamen Leute und ich musste sofort weg.
Ich hatte nicht erwartet, dass die Sache so hohe Wellen schlagen und man sogar einen Krankenwagen rufen würde.
»Nein ...«
»... das ist deiner.«
Oh mein Gott ...
Dann war das kein Traum?

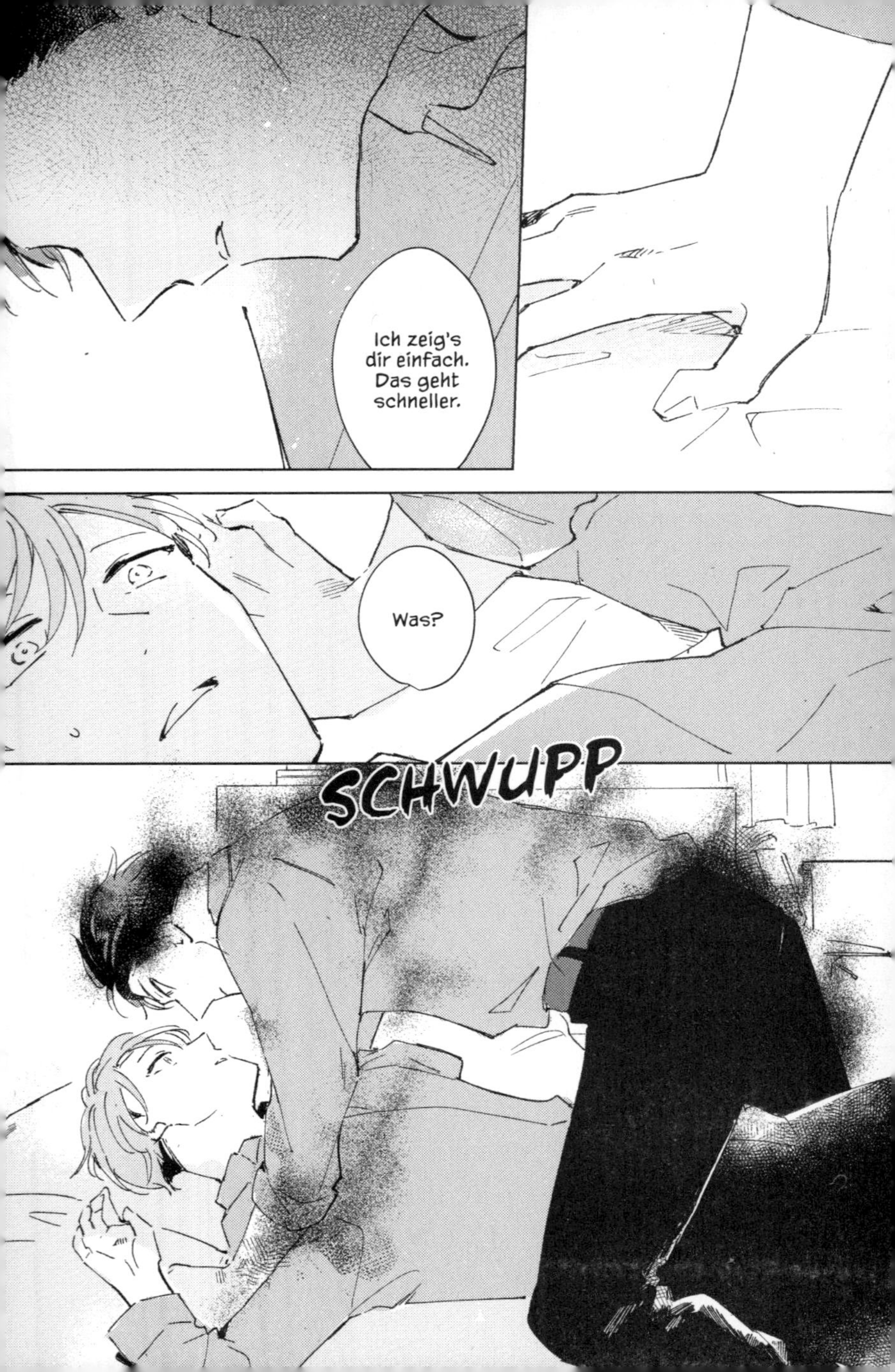
Ich zeig's dir einfach. Das geht schneller.
Was?
SCHWUPP

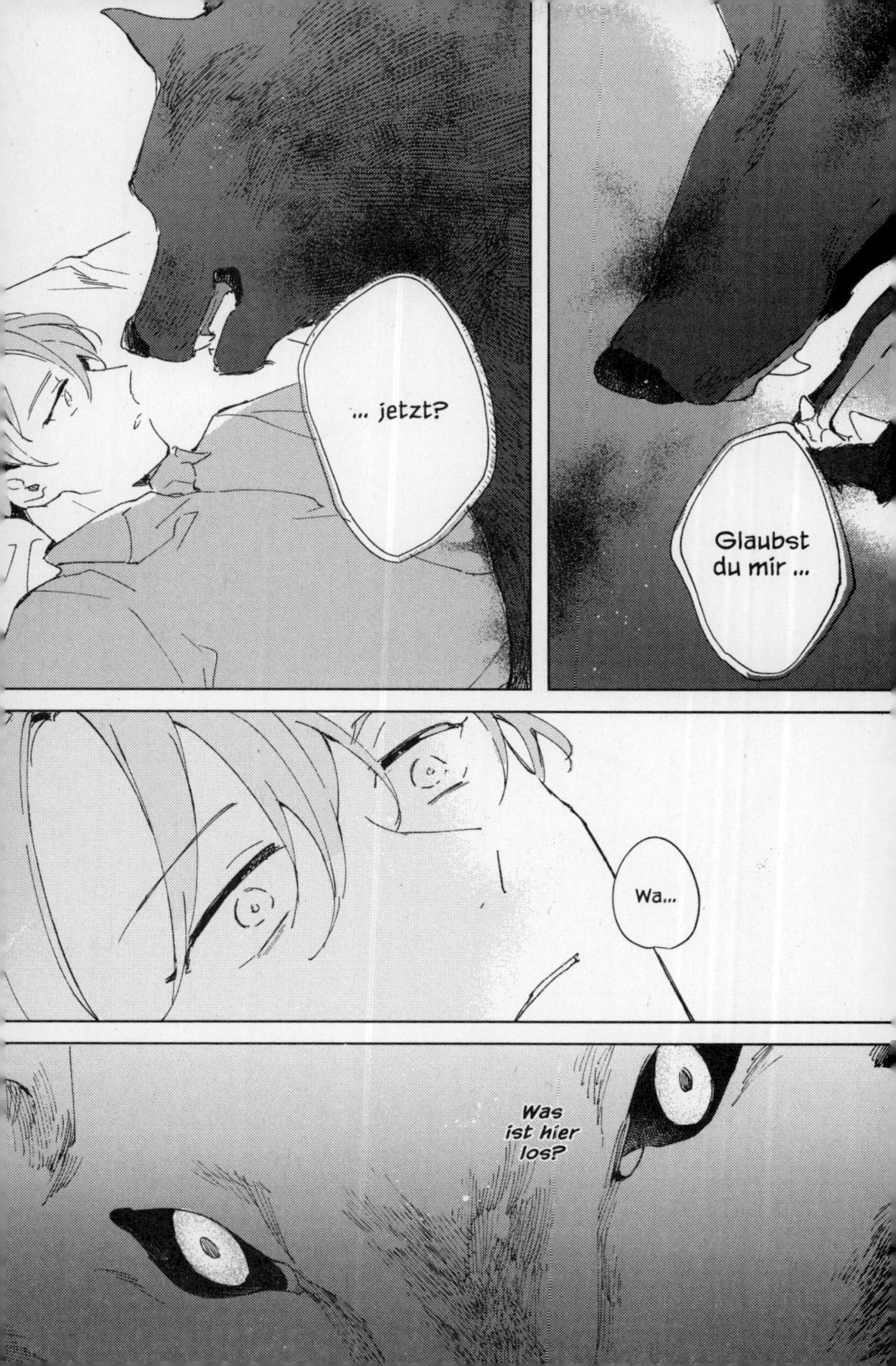
Glaubst du mir ...
... jetzt?
Wa...
Was ist hier los?

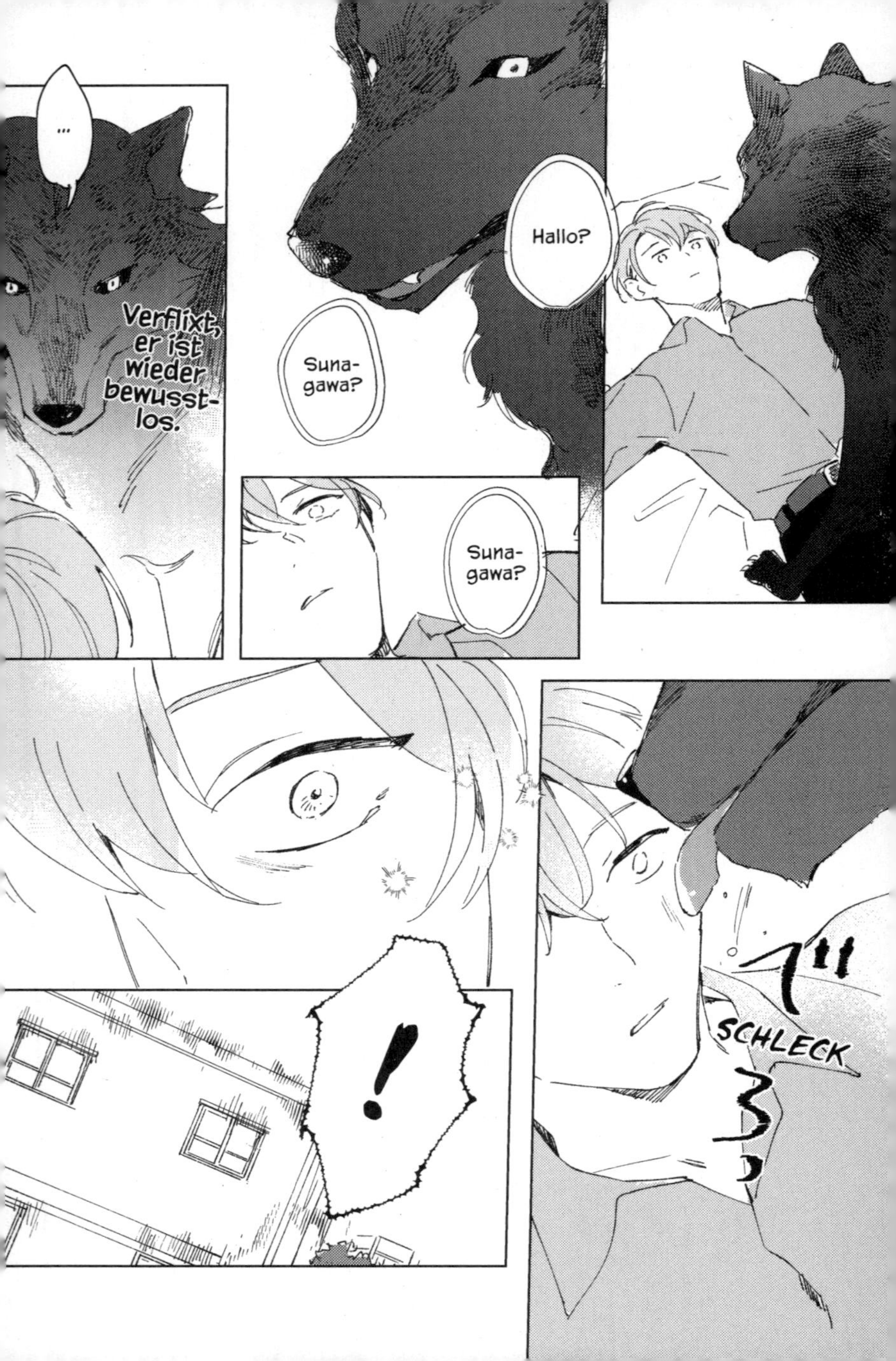

Hallo?
Suna-gawa?
Suna-gawa?
...
Verflixt, er ist wieder bewusstlos.
SCHLECK
!

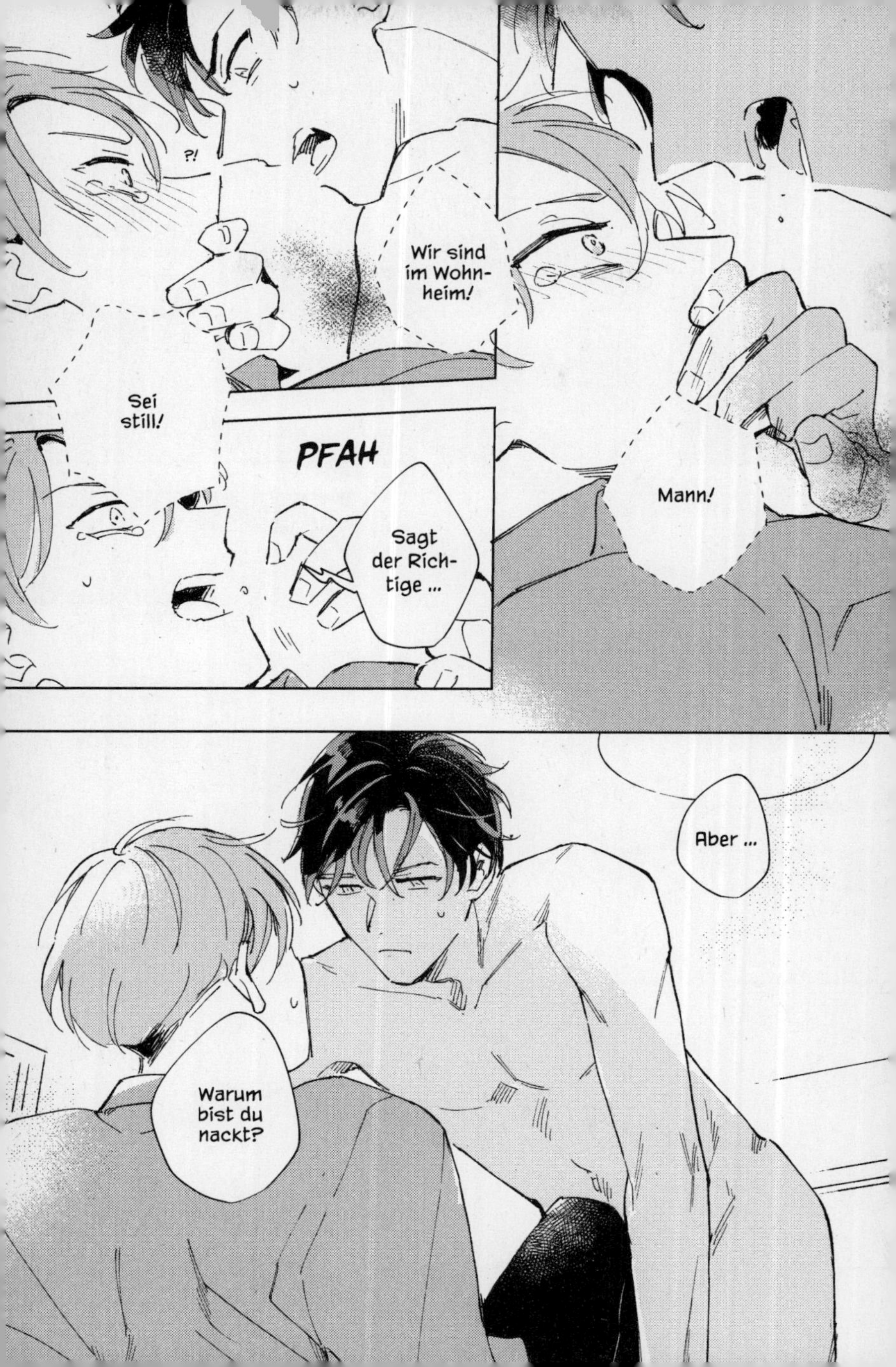
?!
Wir sind im Wohnheim!
Sei still!
Mann!
PFAH
Sagt der Richtige ...
Aber ...
Warum bist du nackt?

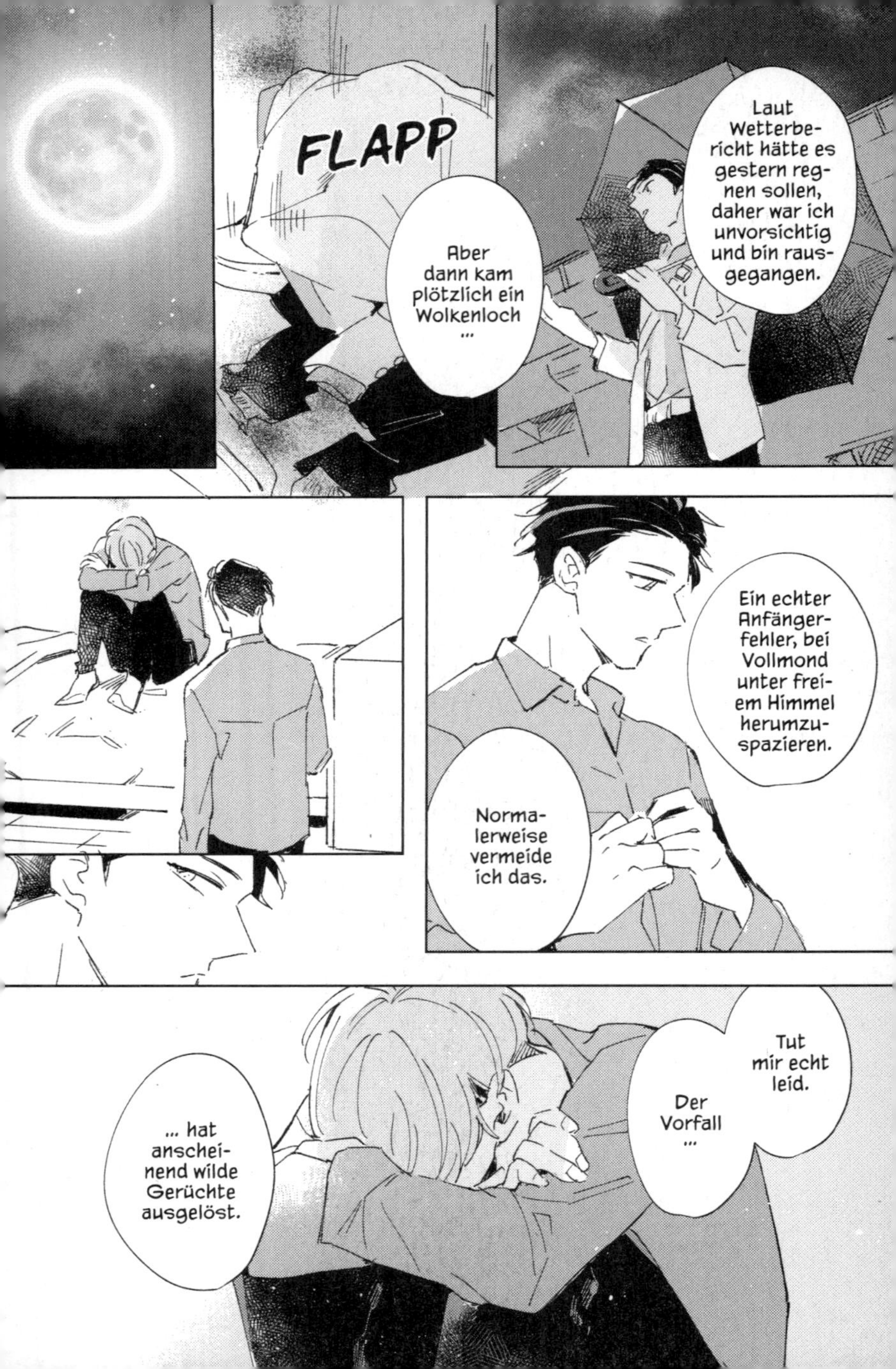
Laut Wetterbericht hätte es gestern regnen sollen, daher war ich unvorsichtig und bin rausgegangen.
FLAPP
Aber dann kam plötzlich ein Wolkenloch ...
Ein echter Anfängerfehler, bei Vollmond unter freiem Himmel herumzuspazieren.
Normalerweise vermeide ich das.
Tut mir echt leid.
Der Vorfall ...
... hat anscheinend wilde Gerüchte ausgelöst.

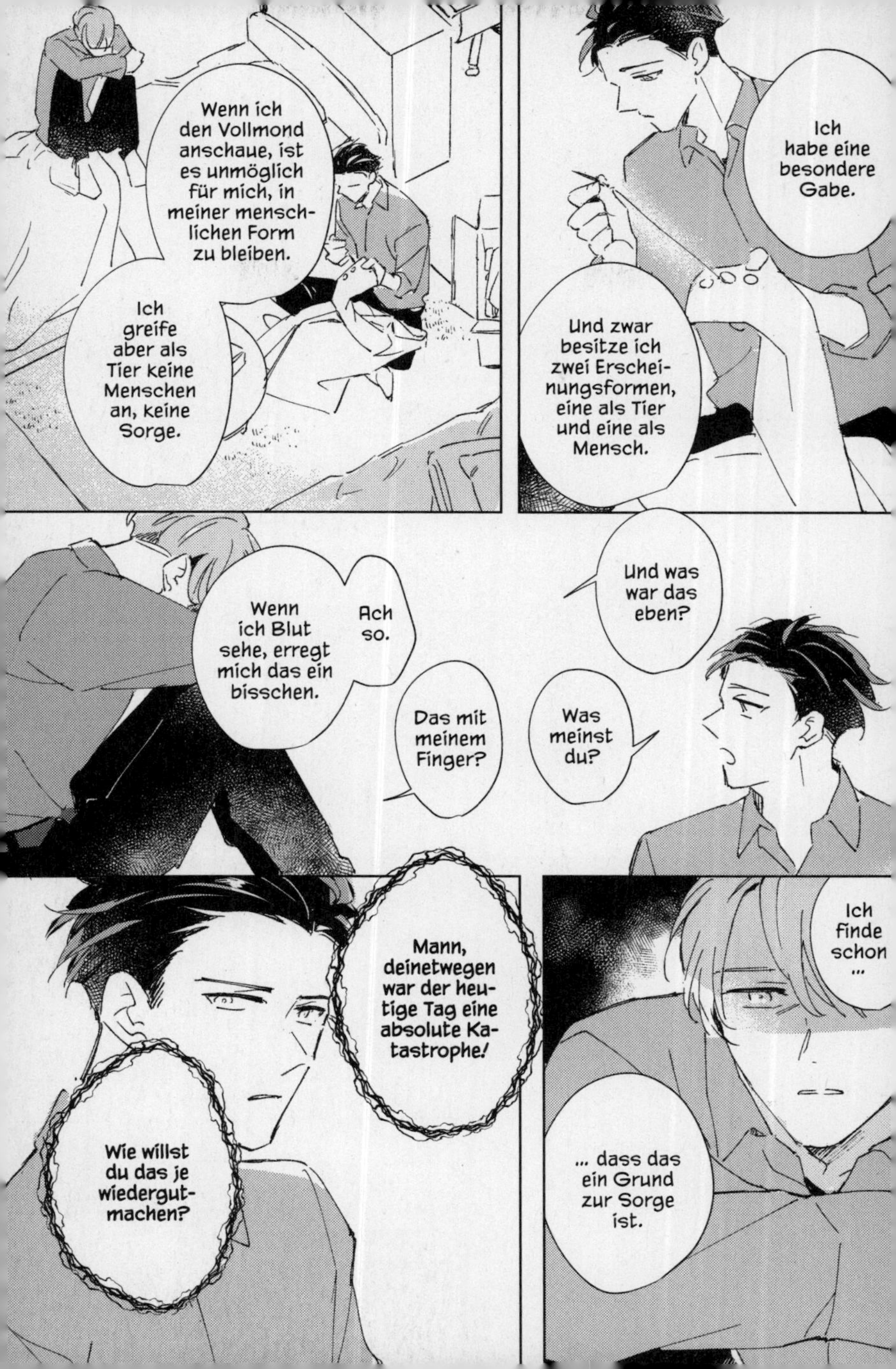
Ich habe eine besondere Gabe.
Und zwar besitze ich zwei Erscheinungsformen, eine als Tier und eine als Mensch.
Wenn ich den Vollmond anschaue, ist es unmöglich für mich, in meiner menschlichen Form zu bleiben.
Ich greife aber als Tier keine Menschen an, keine Sorge.
Und was war das eben?
Was meinst du?
Das mit meinem Finger?
Ach so.
Wenn ich Blut sehe, erregt mich das ein bisschen.
Ich finde schon ...
... dass das ein Grund zur Sorge ist.
Mann, deinetwegen war der heutige Tag eine absolute Katastrophe!
Wie willst du das je wiedergutmachen?

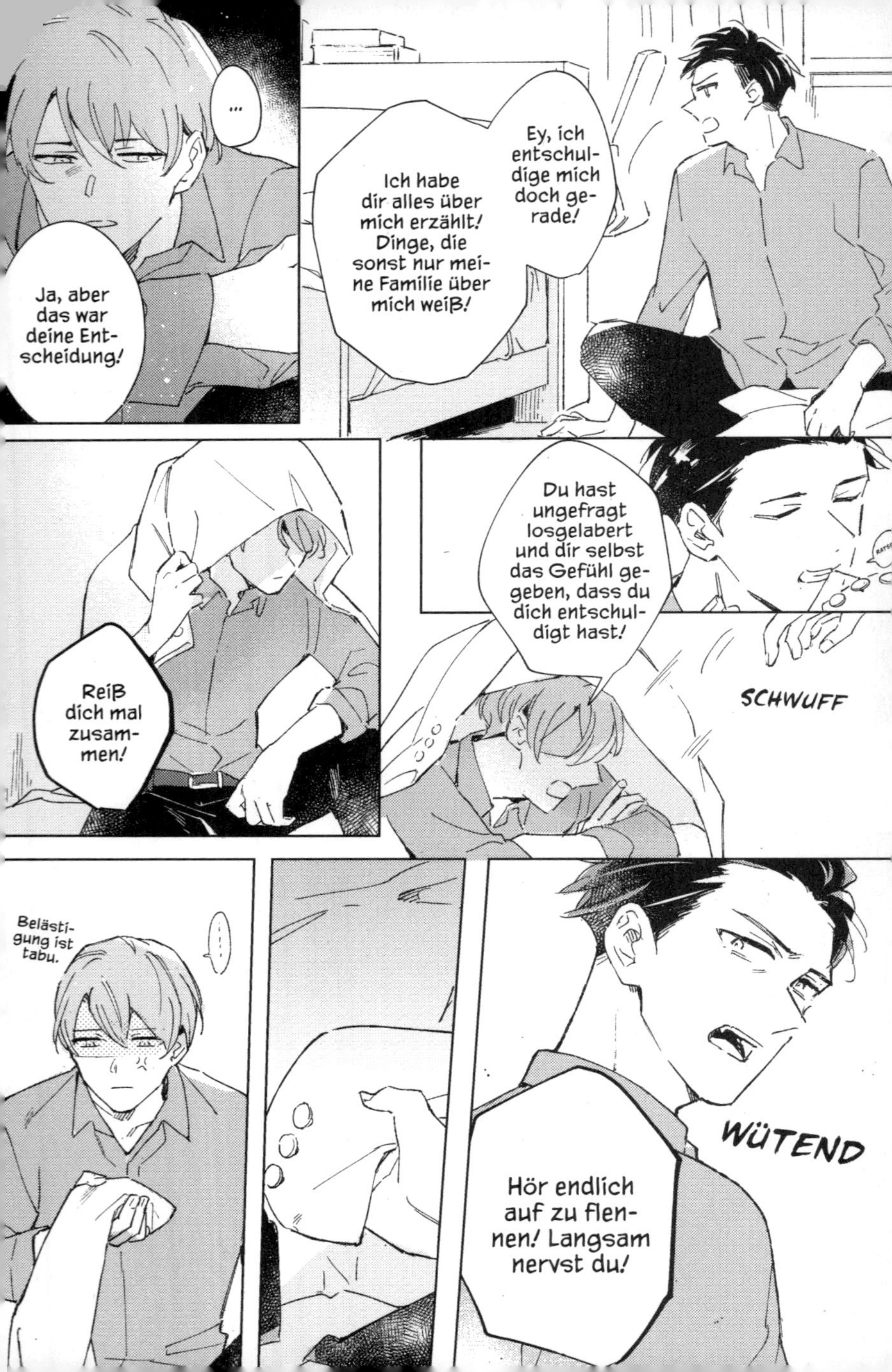
Ey, ich entschuldige mich doch gerade!
Ich habe dir alles über mich erzählt! Dinge, die sonst nur meine Familie über mich weiß!
...
Ja, aber das war deine Entscheidung!
Du hast ungefragt losgelabert und dir selbst das Gefühl gegeben, dass du dich entschuldigt hast!
SCHWUFF
Reiß dich mal zusammen!
WÜTEND
Hör endlich auf zu flennen! Langsam nervst du!
...
Belästigung ist tabu.

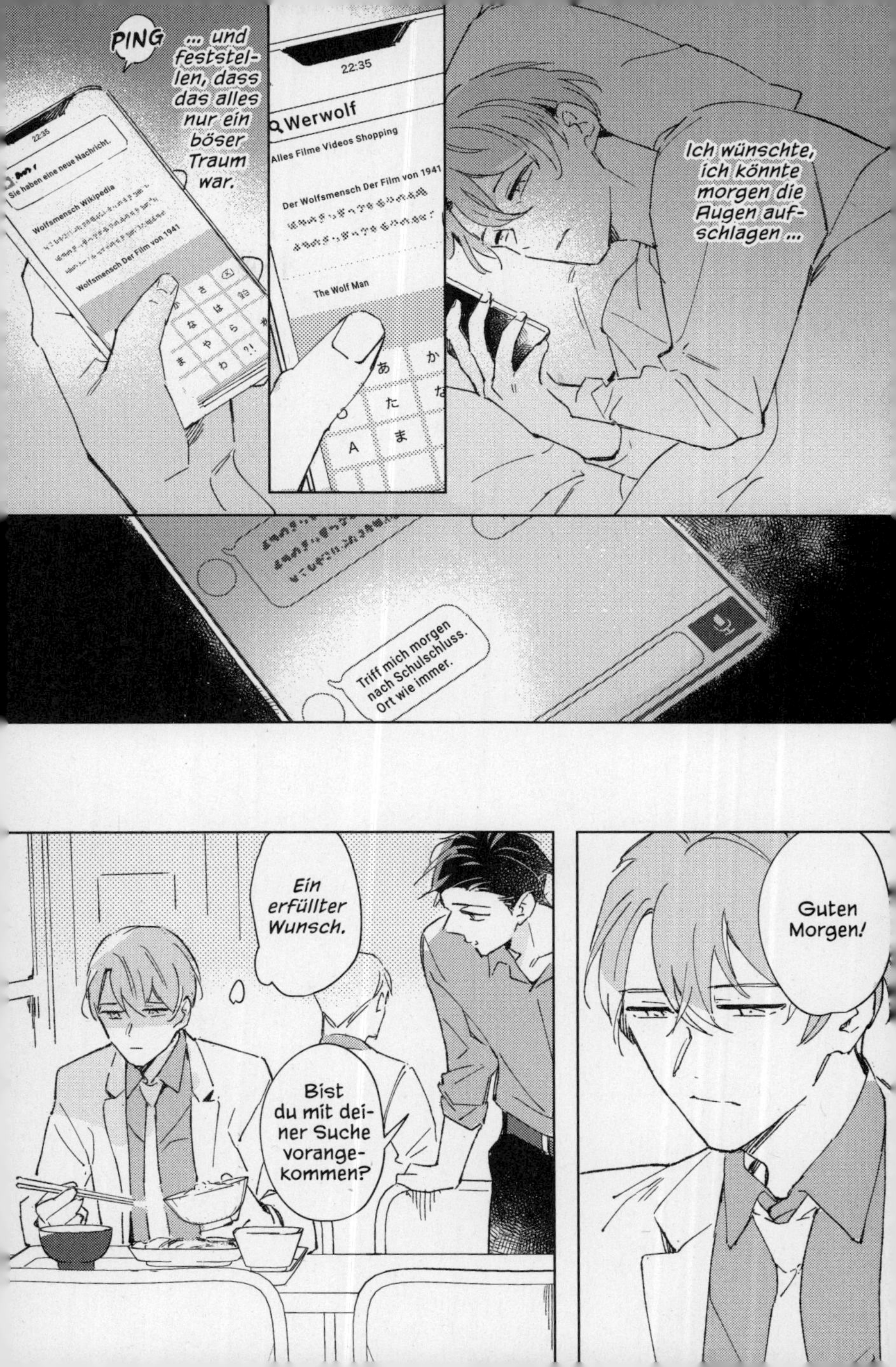

Ich wünschte, ich könnte morgen die Augen aufschlagen ...

22:35

Werwolf

Alles Filme Videos Shopping

Der Wolfsmensch Der Film von 1941

The Wolf Man

... und feststellen, dass das alles nur ein böser Traum war.

PING

22:35

Sie haben eine neue Nachricht.

Wolfsmensch Wikipedia

Wolfsmensch Der Film von 1941

Triff mich morgen nach Schulschluss. Ort wie immer.

Guten Morgen!

Ein erfüllter Wunsch.

Bist du mit deiner Suche vorangekommen?

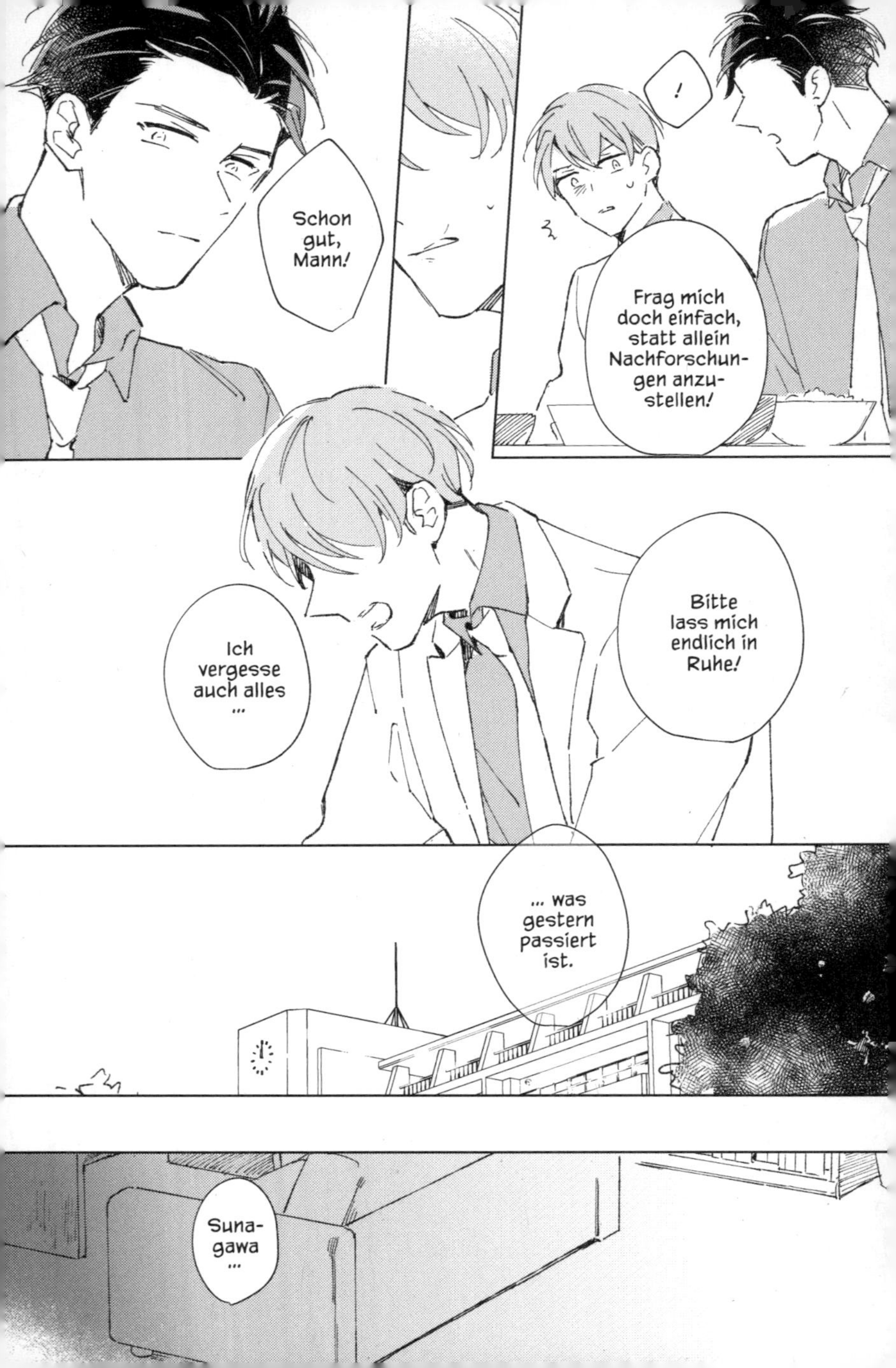
!
Frag mich doch einfach, statt allein Nachforschungen anzustellen!
Schon gut, Mann!
Bitte lass mich endlich in Ruhe!
Ich vergesse auch alles ...
... was gestern passiert ist.
Sunagawa ...

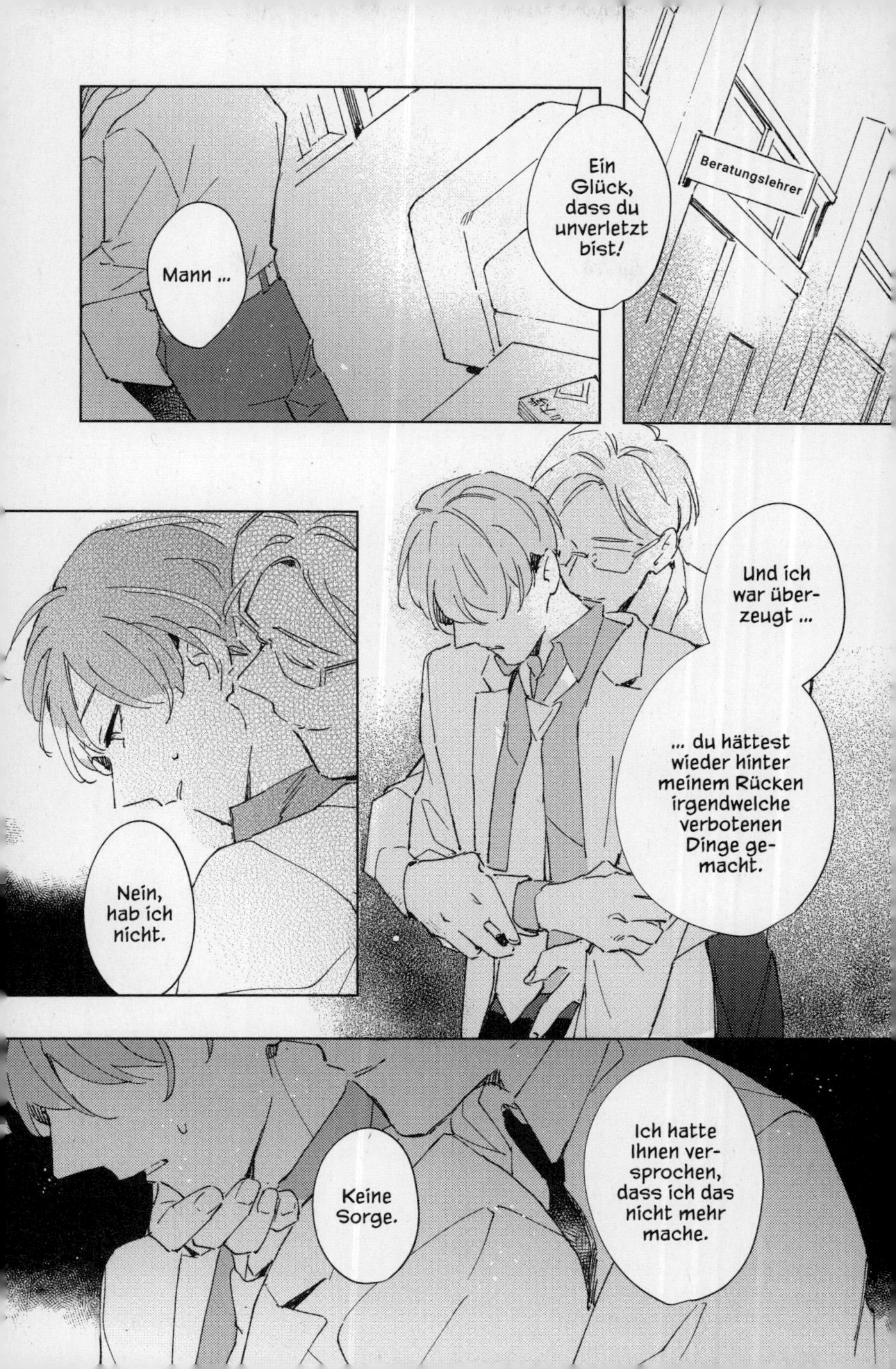
Beratungslehrer
Ein Glück, dass du unverletzt bist!
Mann ...
Und ich war überzeugt ...
... du hättest wieder hinter meinem Rücken irgendwelche verbotenen Dinge gemacht.
Nein, hab ich nicht.
Ich hatte Ihnen versprochen, dass ich das nicht mehr mache.
Keine Sorge.

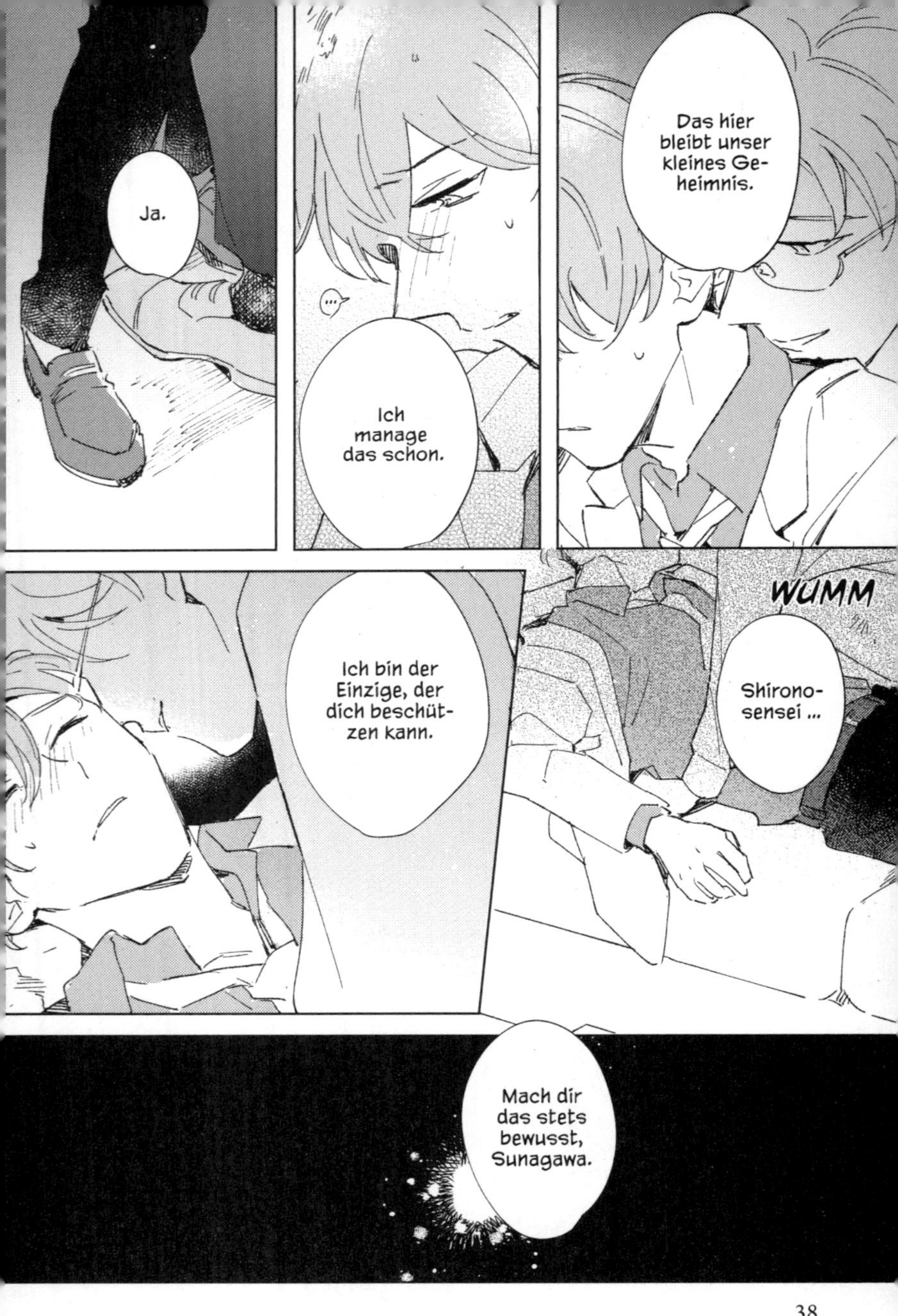
Das hier bleibt unser kleines Geheimnis.
…
Ich manage das schon.
Ja.
WUMM
Shirono-sensei …
Ich bin der Einzige, der dich beschützen kann.
Mach dir das stets bewusst, Sunagawa.

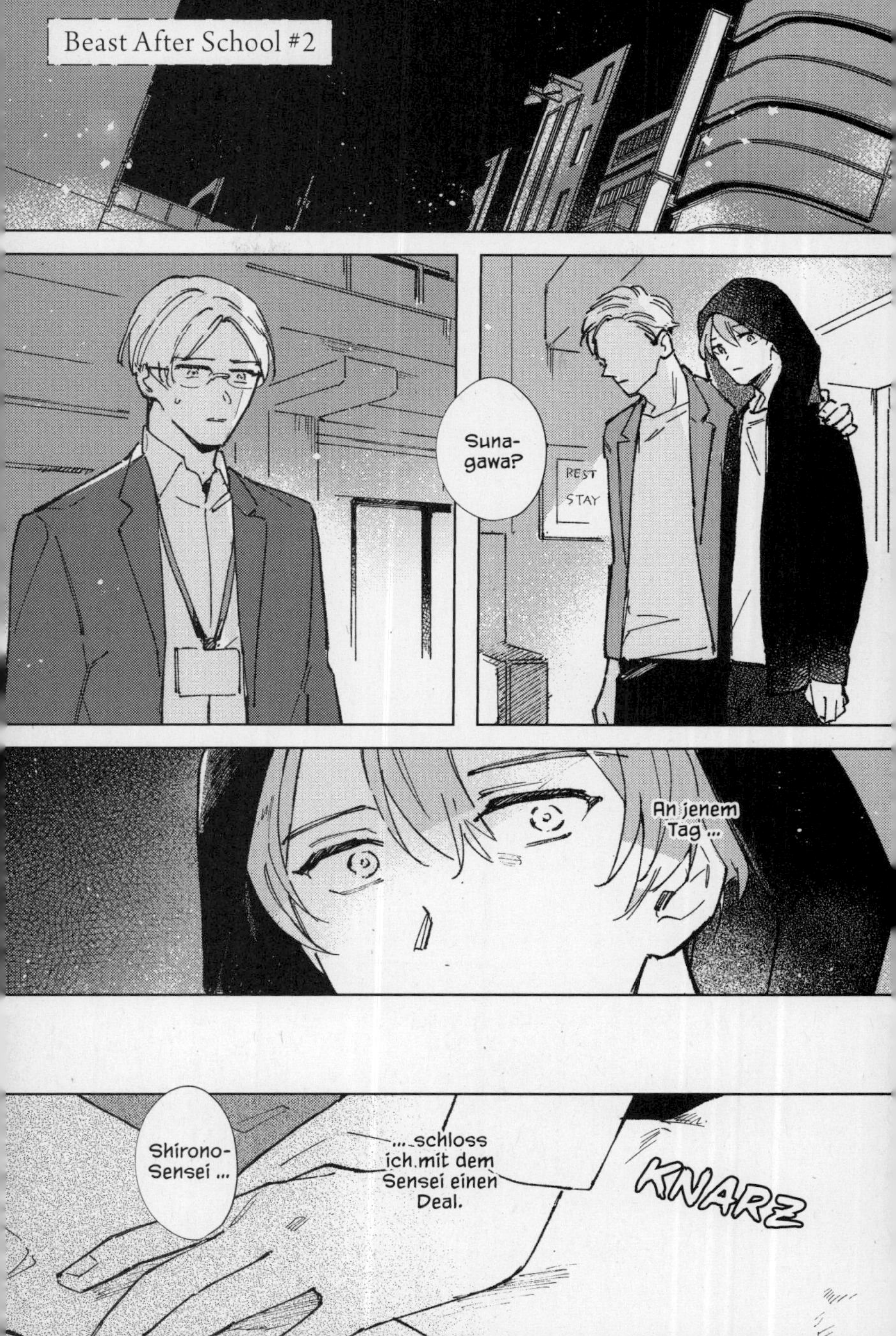
Beast After School #2
Suna-
gawa?
REST
STAY
An jenem
Tag ...
Shirono-
Sensei ...
... schloss
ich mit dem
Sensei einen
Deal.
KNARZ

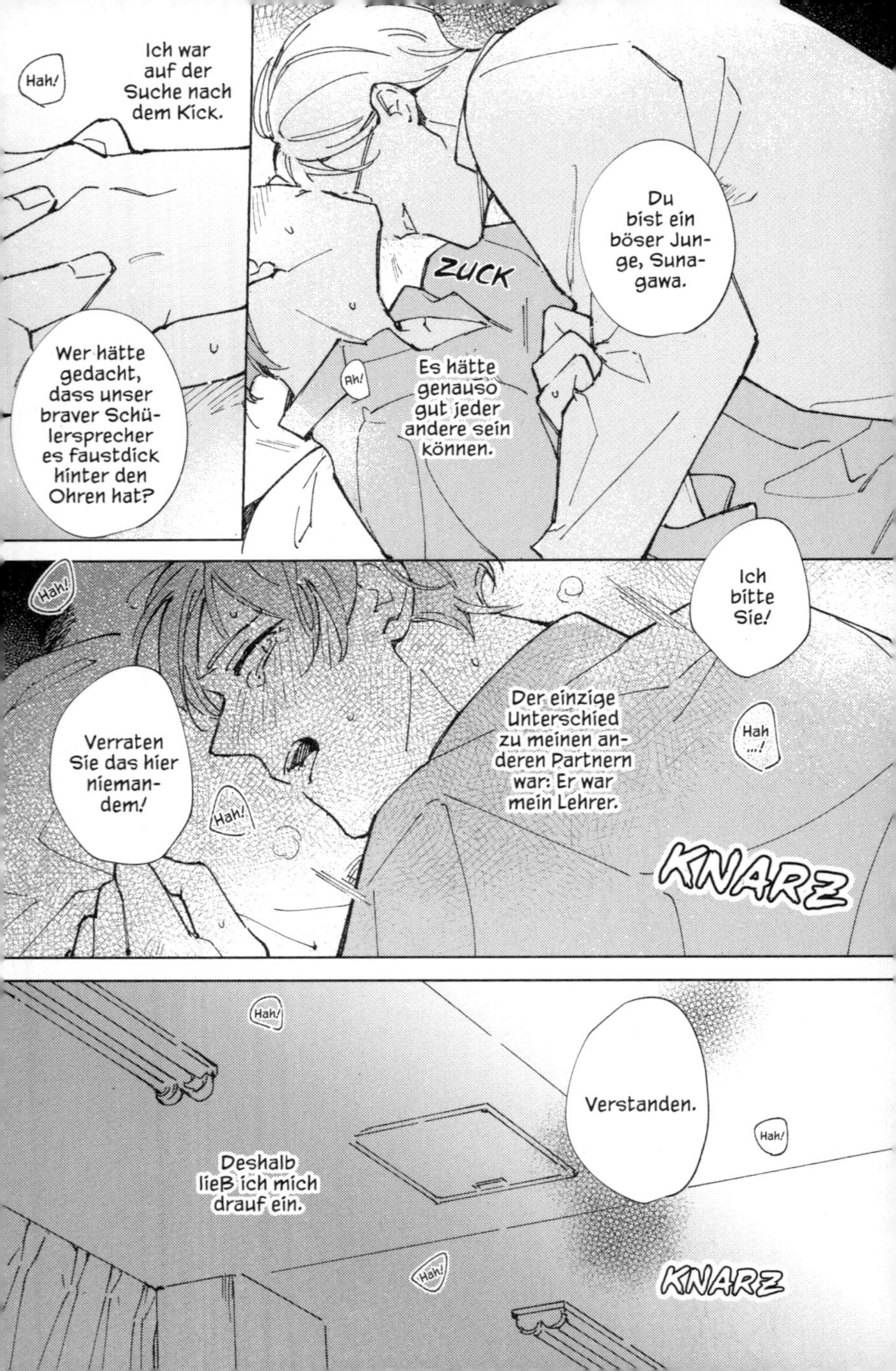

Du bist ein böser Junge, Sunagawa.
ZUCK
Ich war auf der Suche nach dem Kick.
Hah!
Es hätte genauso gut jeder andere sein können.
Ah!
Wer hätte gedacht, dass unser braver Schülersprecher es faustdick hinter den Ohren hat?
Ich bitte Sie!
Hah!
Der einzige Unterschied zu meinen anderen Partnern war: Er war mein Lehrer.
Hah ...!
Verraten Sie das hier niemandem!
Hah!
KNARZ
Verstanden.
Hah!
Hah!
Deshalb ließ ich mich drauf ein.
Hah!
KNARZ

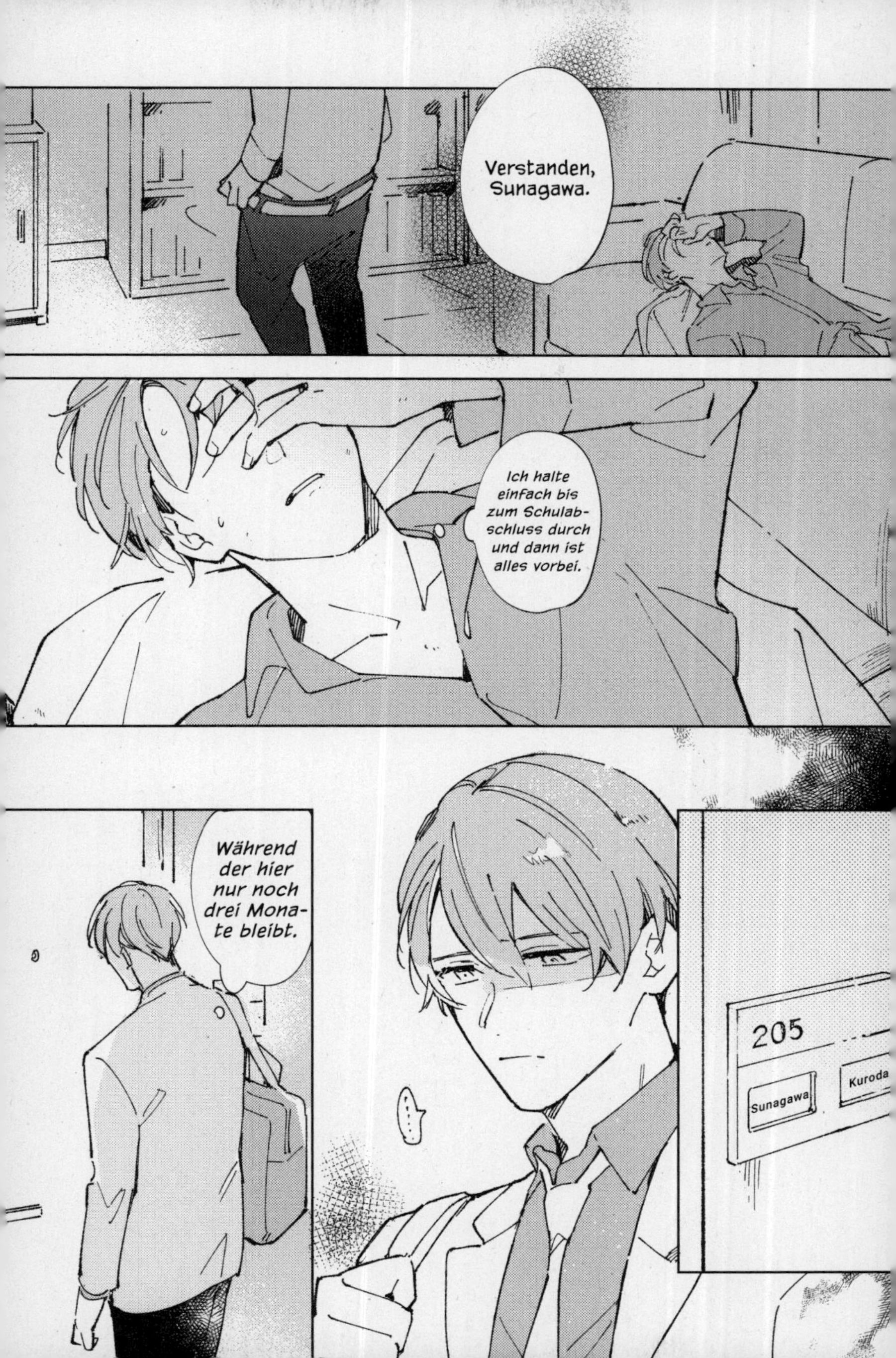
Verstanden, Sunagawa.
Ich halte einfach bis zum Schulabschluss durch und dann ist alles vorbei.
Während der hier nur noch drei Monate bleibt.
…
205
Sunagawa
Kuroda

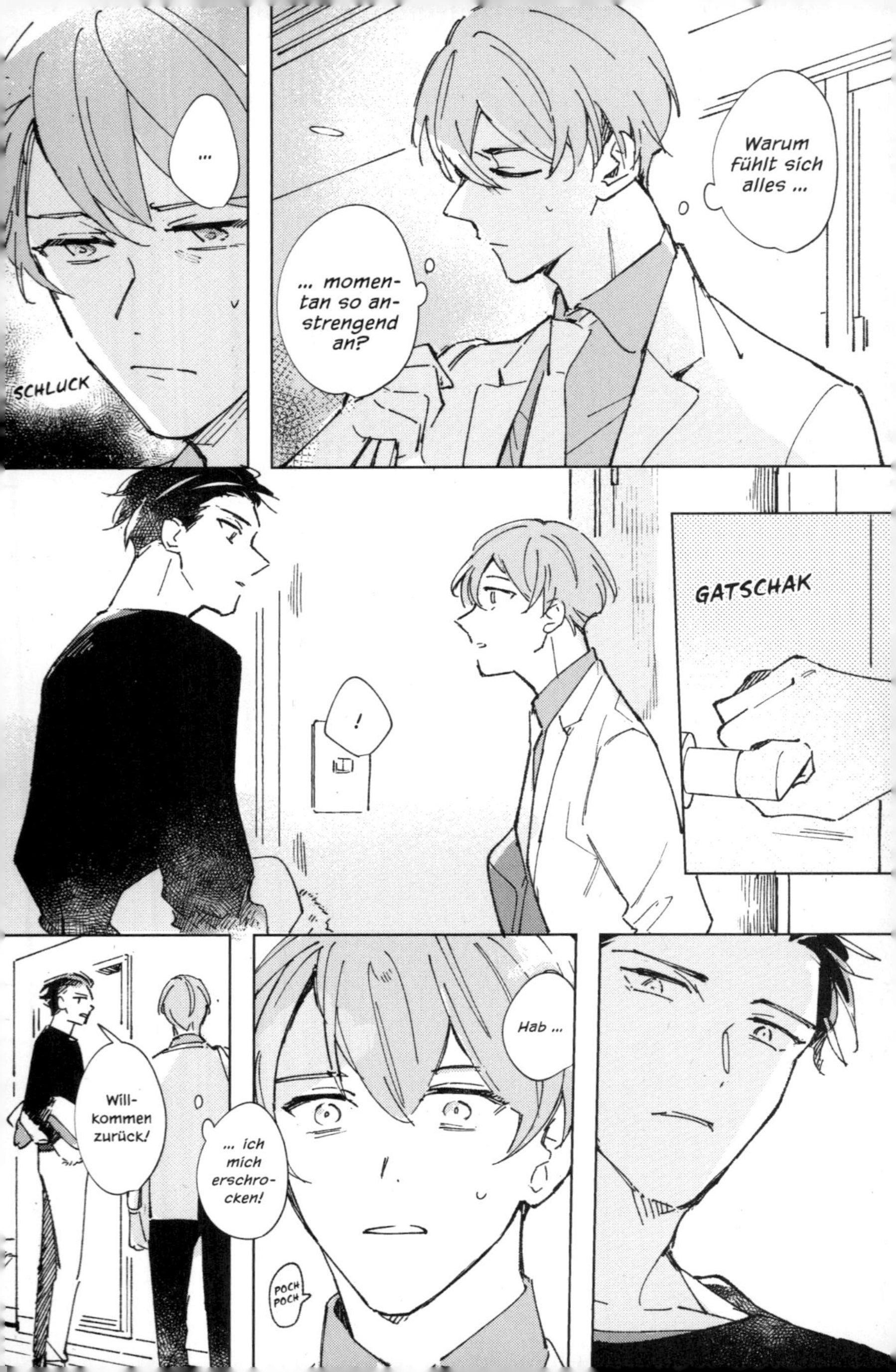

Warum fühlt sich alles ...
... momentan so anstrengend an?
...
SCHLUCK
GATSCHAK
!
Willkommen zurück!
Hab ...
... ich mich erschrocken!
POCH POCH

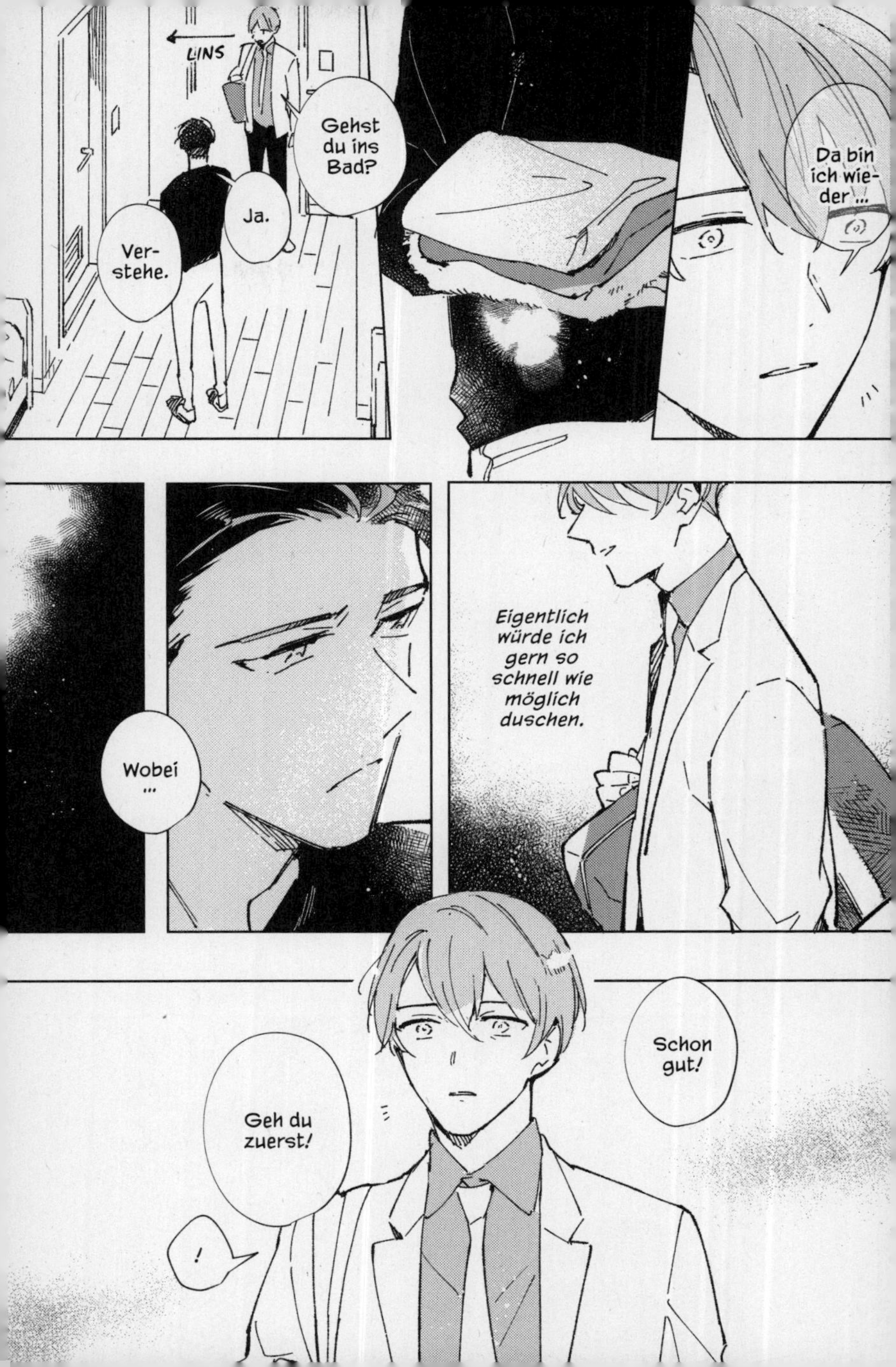
Da bin ich wieder ...
LINS
Gehst du ins Bad?
Ja.
Verstehe.
Eigentlich würde ich gern so schnell wie möglich duschen.
Wobei ...
Schon gut!
Geh du zuerst!
!

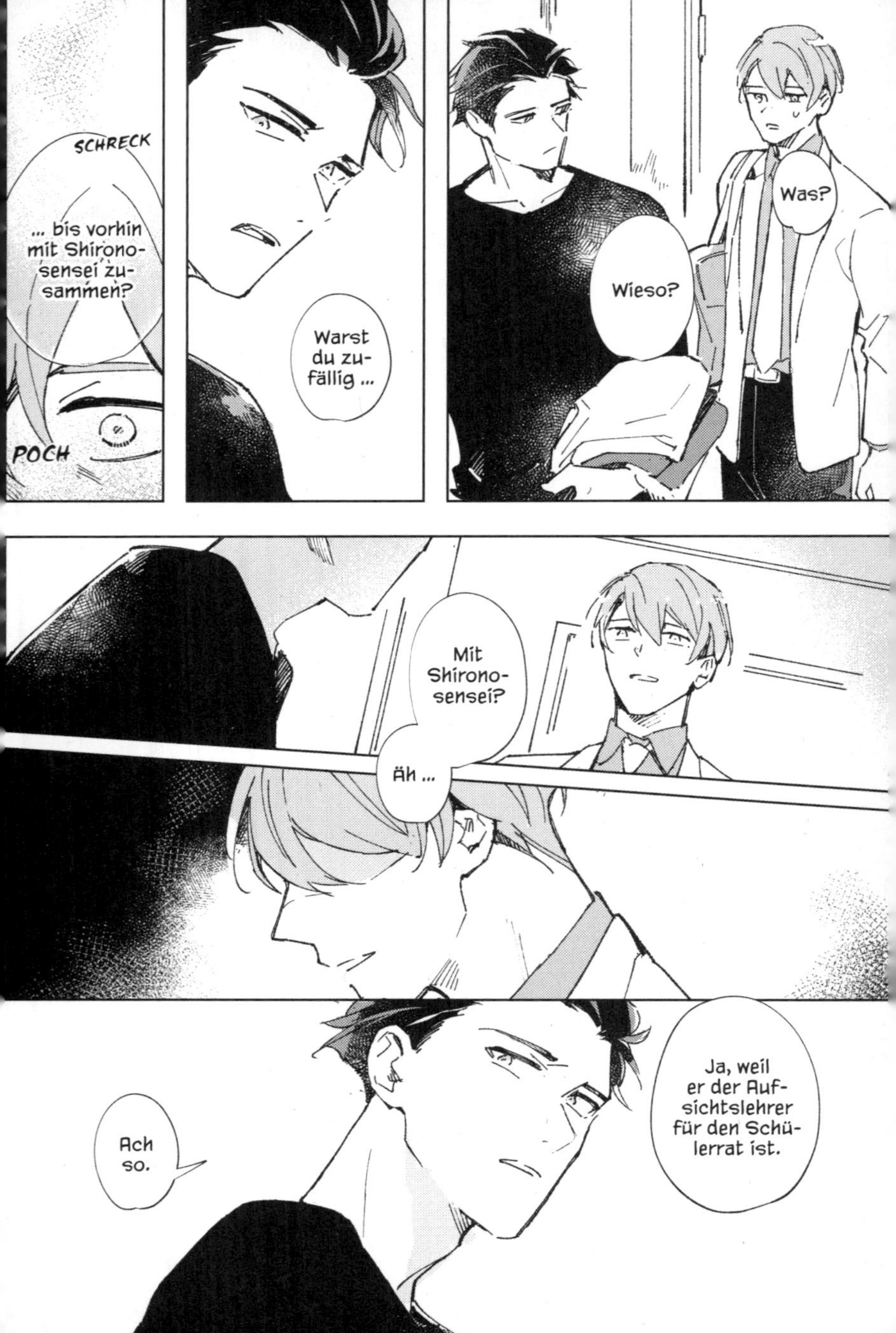
Was?
Wieso?
Warst du zufällig ...
SCHRECK
... bis vorhin mit Shirono-sensei zusammen?
POCH
Mit Shirono-sensei?
Äh ...
Ja, weil er der Aufsichtslehrer für den Schülerrat ist.
Ach so.

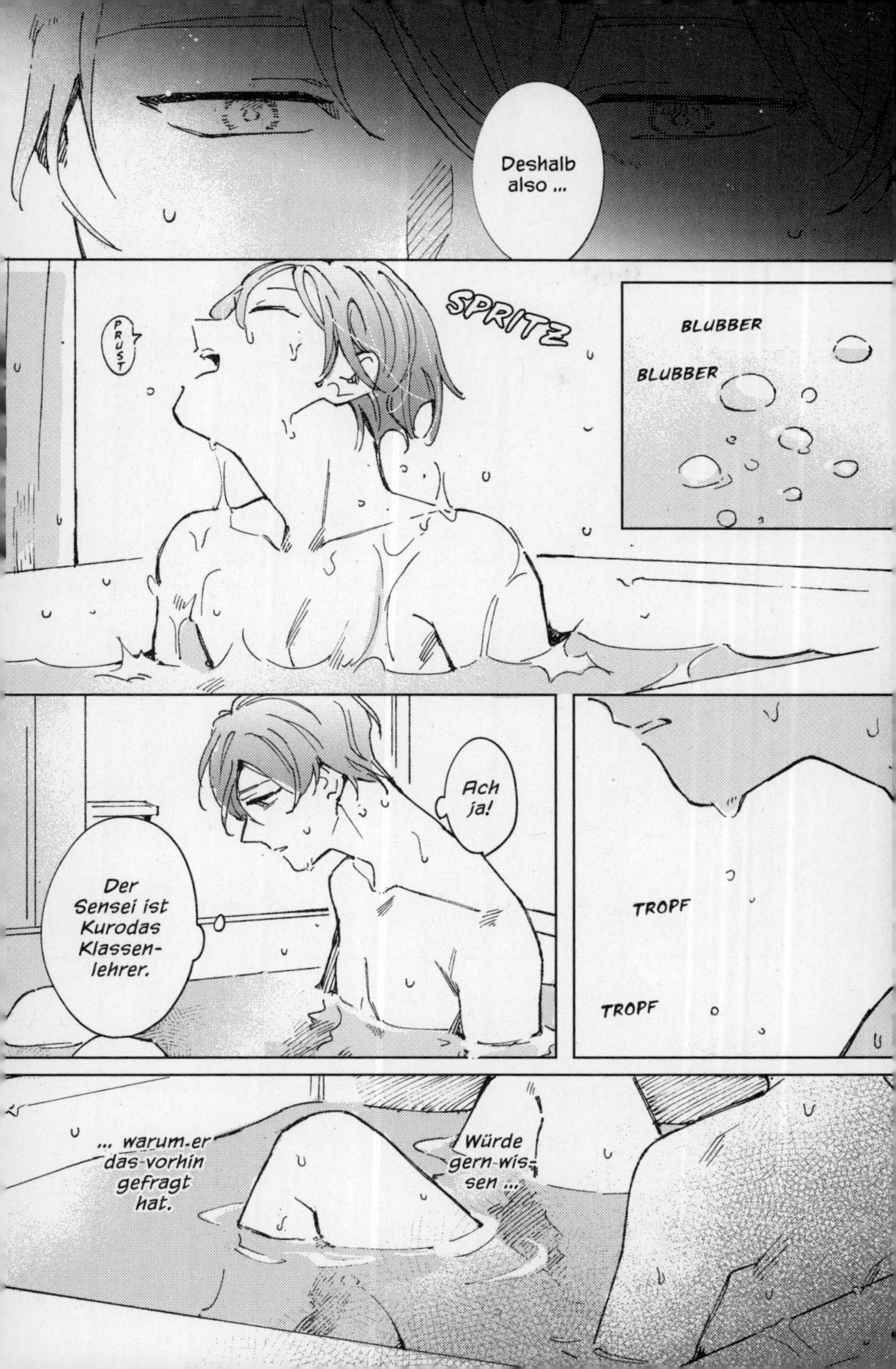
Deshalb also ...
SPRITZ
PRUST
BLUBBER
BLUBBER
Ach ja!
Der Sensei ist Kurodas Klassenlehrer.
TROPF
TROPF
Würde gern wissen ...
... warum er das vorhin gefragt hat.

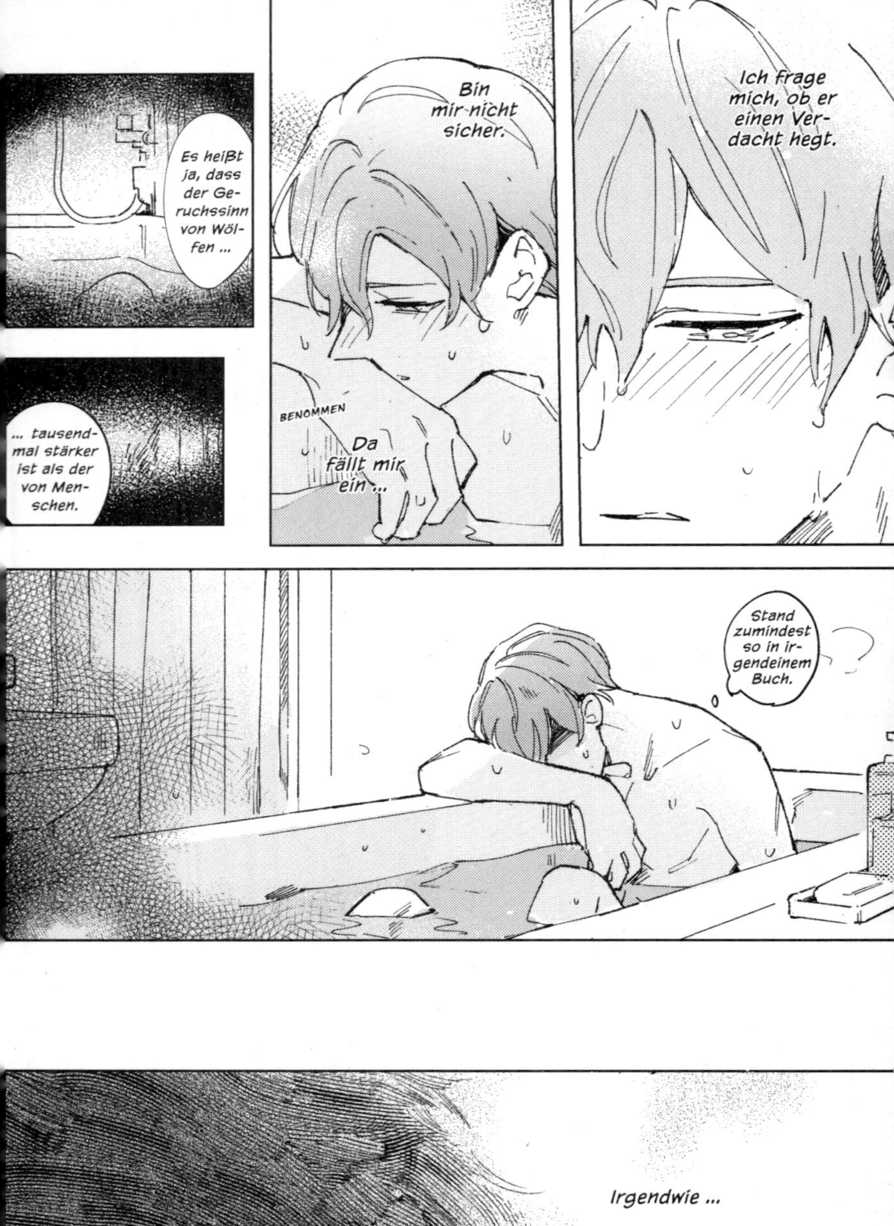
Ich frage mich, ob er einen Verdacht hegt.
Bin mir nicht sicher.
BENOMMEN
Da fällt mir ein ...
Es heißt ja, dass der Geruchssinn von Wölfen ...
... tausendmal stärker ist als der von Menschen.
Stand zumindest so in irgendeinem Buch.
Irgendwie ...

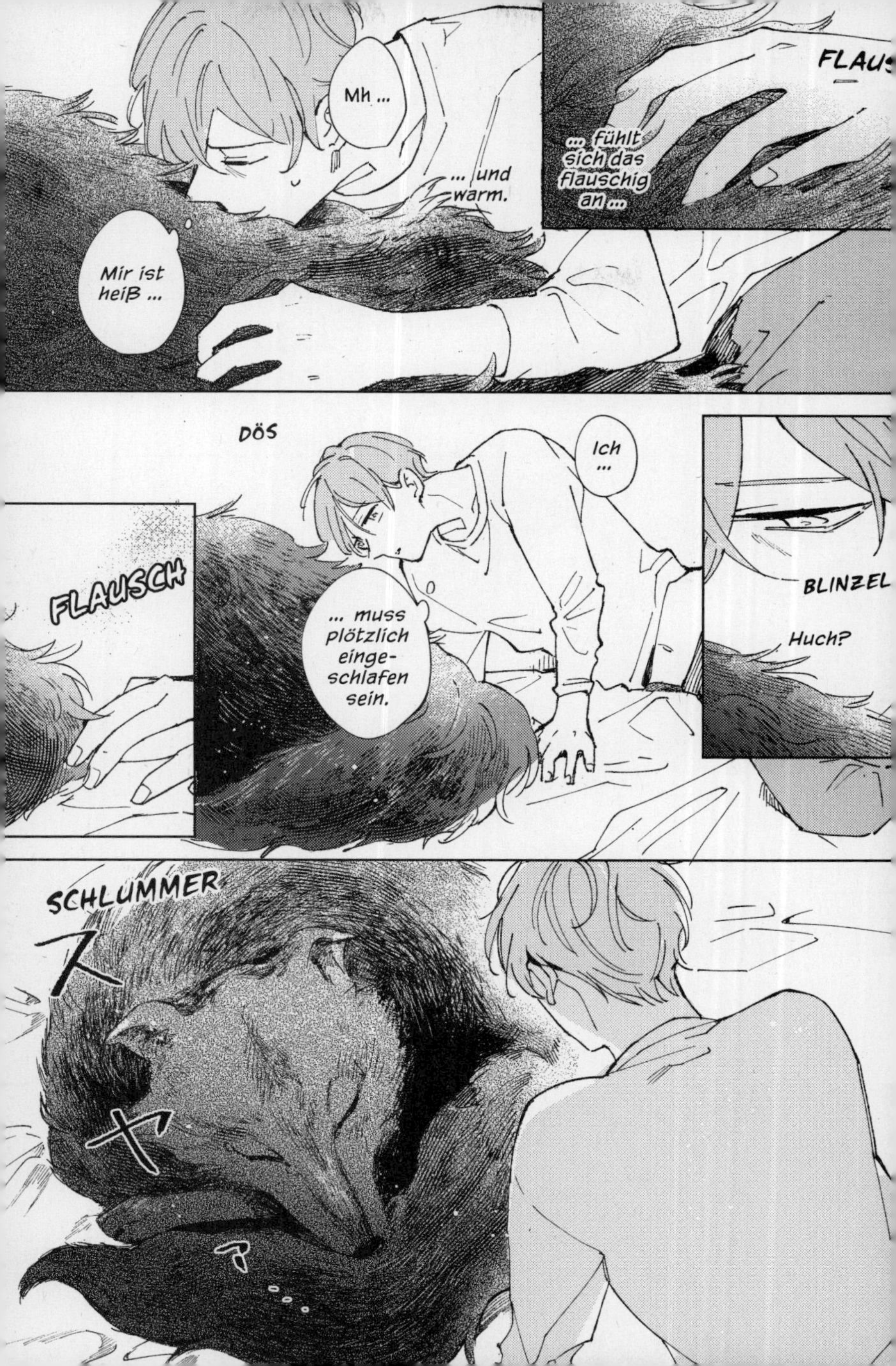
FLAUS
... fühlt sich das flauschig an ...
Mh ...
... und warm.
Mir ist heiß ...
BLINZEL
Huch?
Ich ...
... muss plötzlich einge-schlafen sein.
DÖS
FLAUSCH
SCHLUMMER

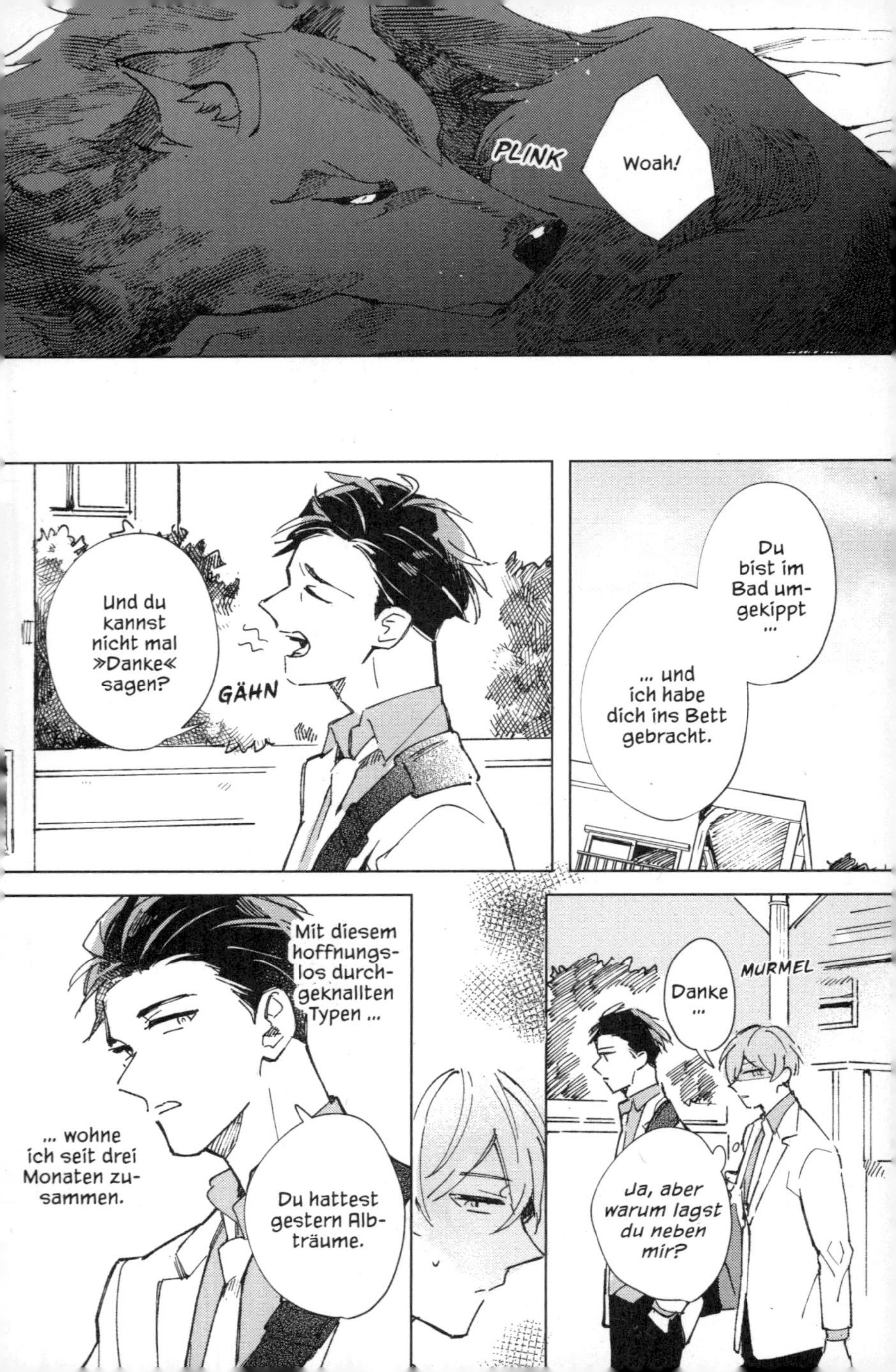

PLINK
Woah!

Du bist im Bad umgekippt ...
... und ich habe dich ins Bett gebracht.
Und du kannst nicht mal »Danke« sagen?
GÄHN

Danke ...
MURMEL
Ja, aber warum lagst du neben mir?
Du hattest gestern Albträume.
Mit diesem hoffnungslos durchgeknallten Typen ...
... wohne ich seit drei Monaten zusammen.

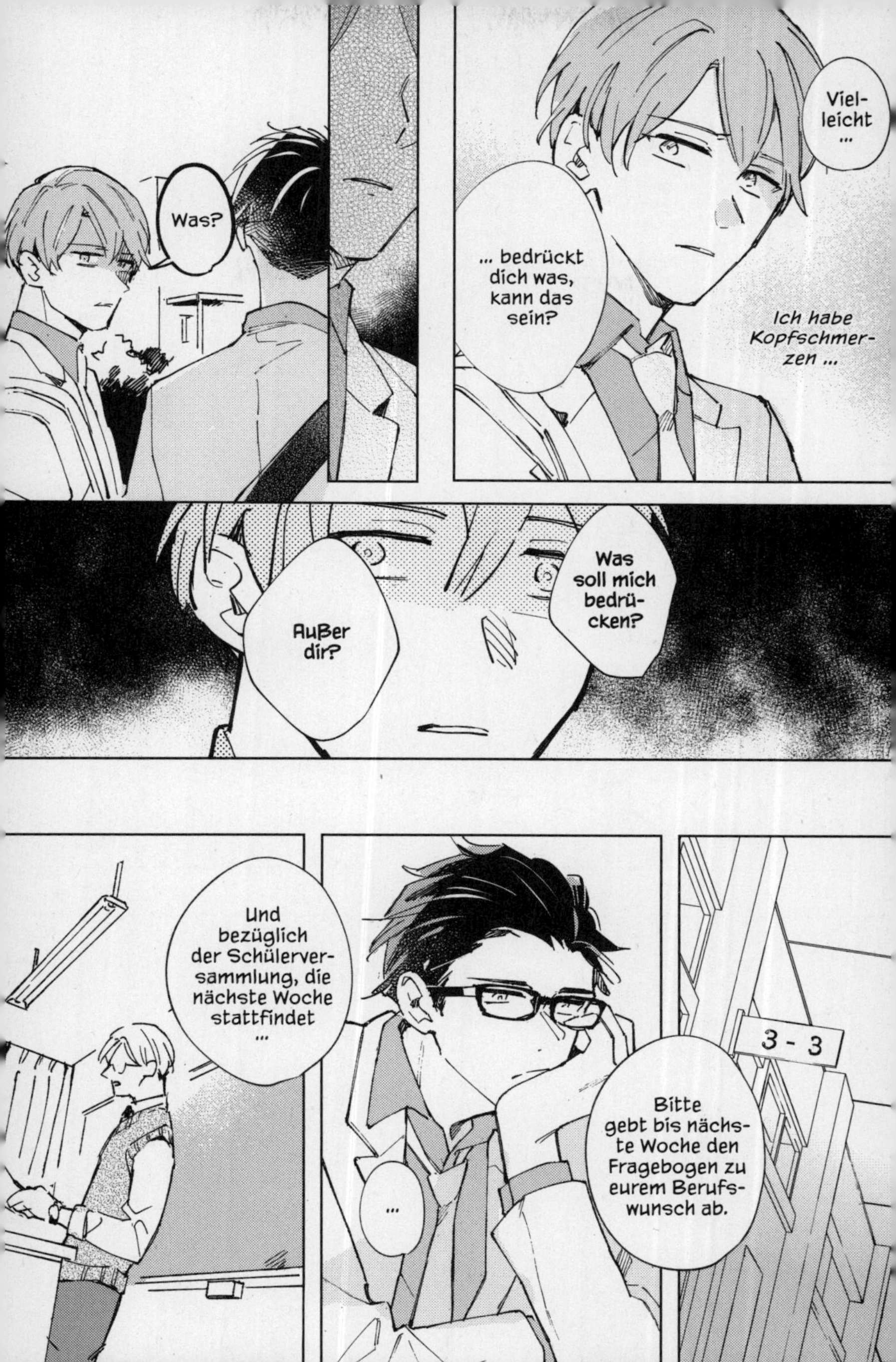
Viel-
leicht
...
... bedrückt
dich was,
kann das
sein?
Ich habe
Kopfschmer-
zen ...
Was?
Was
soll mich
bedrü-
cken?
Außer
dir?
Bitte
gebt bis nächs-
te Woche den
Fragebogen zu
eurem Berufs-
wunsch ab.
3 - 3
...
Und
bezüglich
der Schülerver-
sammlung, die
nächste Woche
stattfindet
...

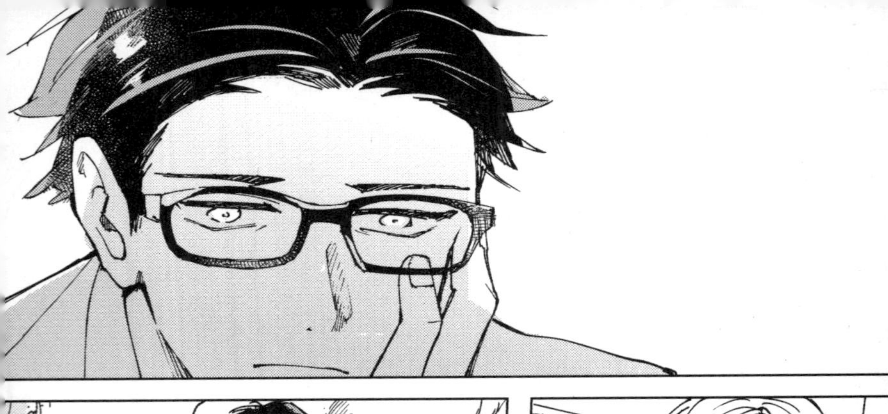

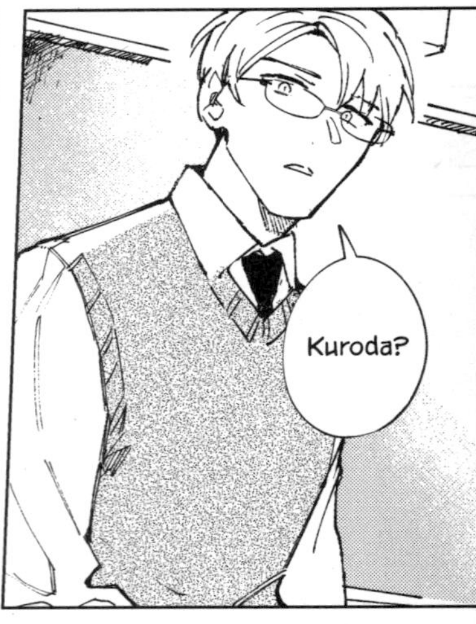
Kuroda?

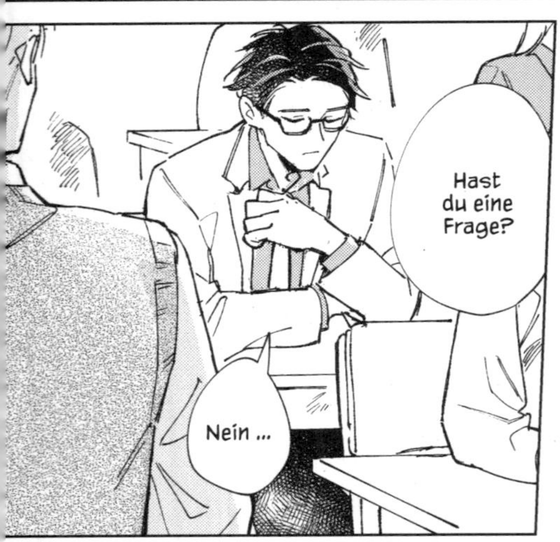
Hast du eine Frage?
Nein ...

Alles gut.

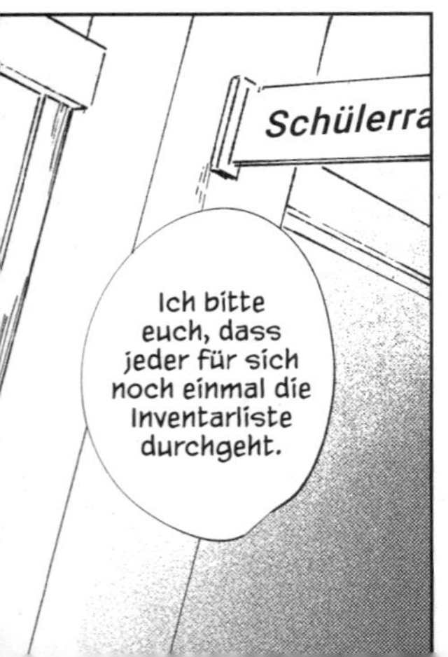
Schülerra
Ich bitte euch, dass jeder für sich noch einmal die Inventarliste durchgeht.

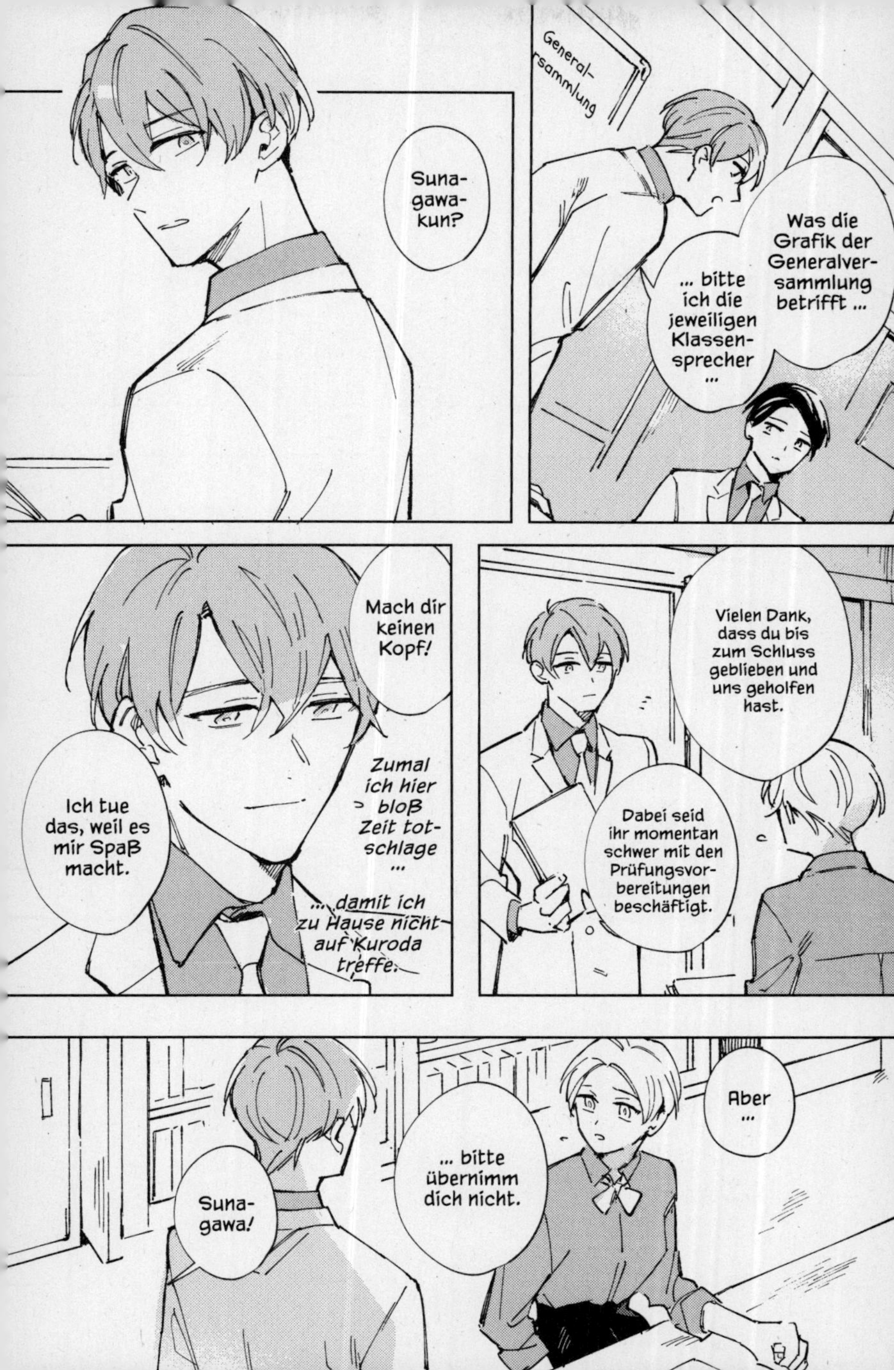
General-
rsammlung
Was die Grafik der Generalversammlung betrifft ...
... bitte ich die jeweiligen Klassensprecher ...
Sunagawa-kun?
Vielen Dank, dass du bis zum Schluss geblieben und uns geholfen hast.
Dabei seid ihr momentan schwer mit den Prüfungsvorbereitungen beschäftigt.
Mach dir keinen Kopf!
Ich tue das, weil es mir Spaß macht.
Zumal ich hier bloß Zeit totschlage ...
... damit ich zu Hause nicht auf Kuroda treffe.
Aber ...
... bitte übernimm dich nicht.
Sunagawa!

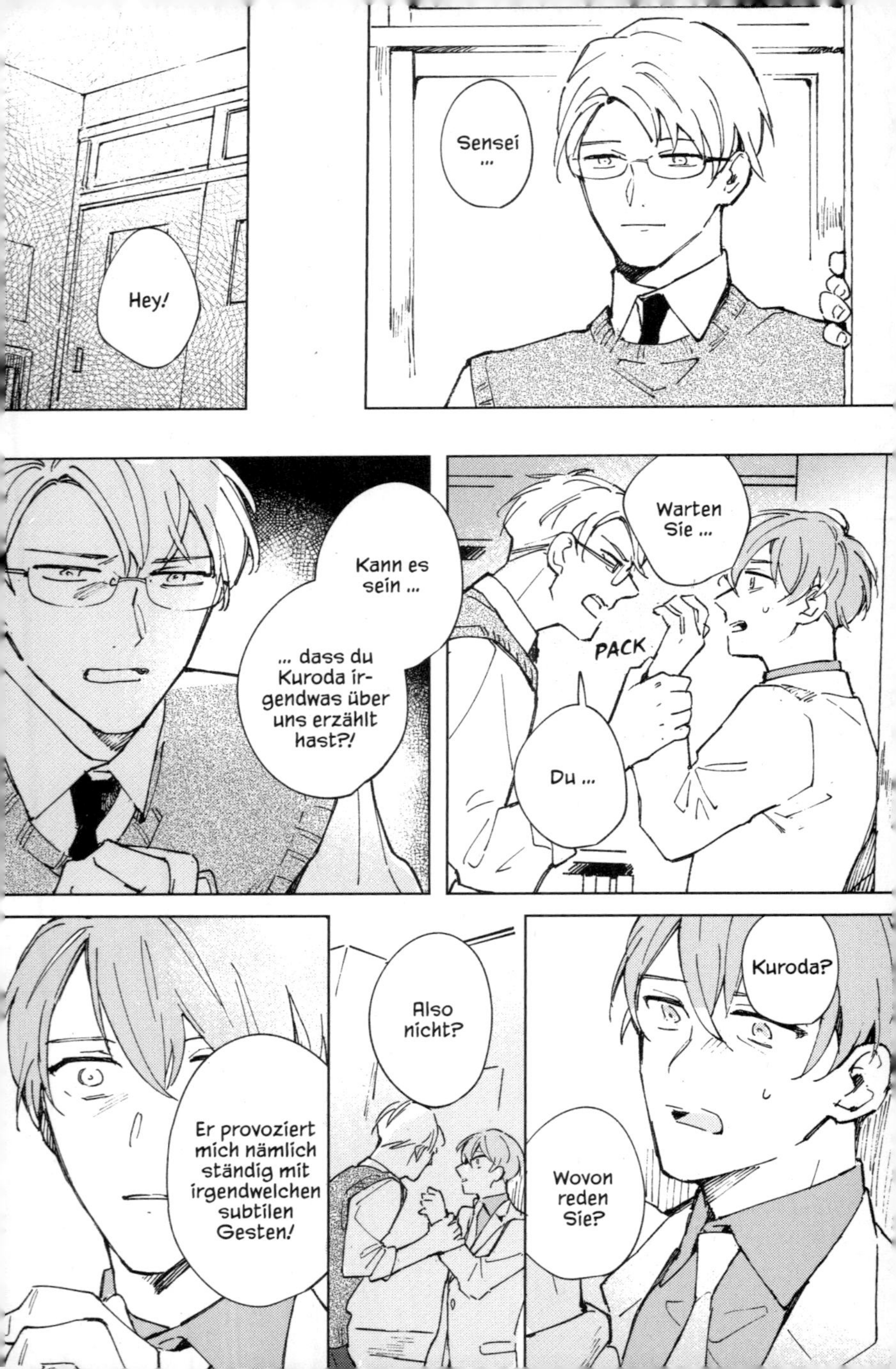
Sensei ...
Hey!
Warten Sie ...
PACK
Du ...
Kann es sein ...
... dass du Kuroda irgendwas über uns erzählt hast?!
Kuroda?
Wovon reden Sie?
Also nicht?
Er provoziert mich nämlich ständig mit irgendwelchen subtilen Gesten!

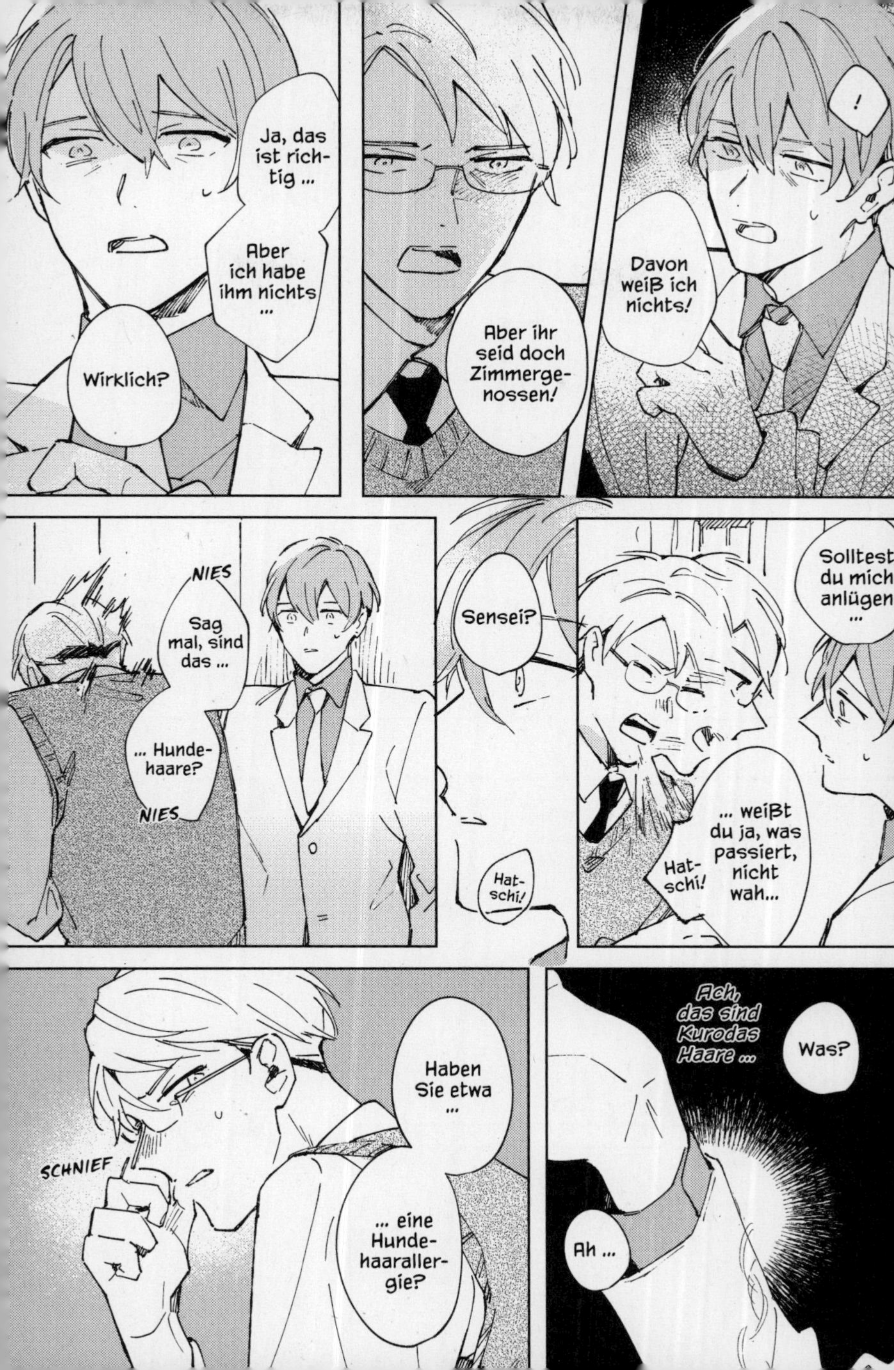
!
Davon weiß ich nichts!
Aber ihr seid doch Zimmergenossen!
Ja, das ist richtig ...
Aber ich habe ihm nichts ...
Wirklich?
Solltest du mich anlügen ...
... weißt du ja, was passiert, nicht wah...
Hat-schi!
Sensei?
Hat-schi!
NIES
Sag mal, sind das ...
... Hundehaare?
NIES
Ach, das sind Kurodas Haare ...
Was?
Ah ...
Haben Sie etwa ...
... eine Hundehaarallergie?
SCHNIEF

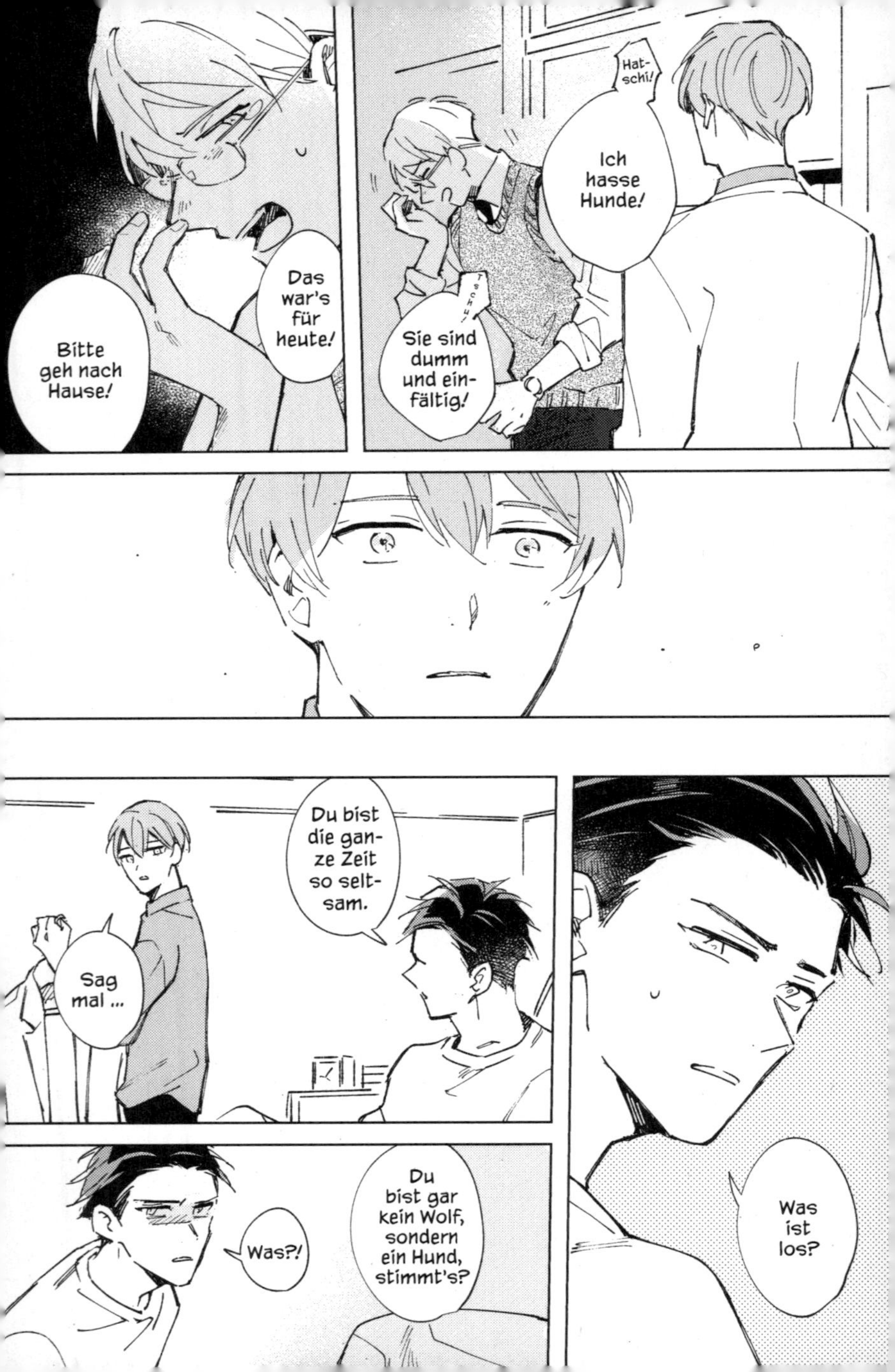

Hat-schi!
Ich hasse Hunde!
Tschu!
Sie sind dumm und einfältig!
Das war's für heute!
Bitte geh nach Hause!
Sag mal ...
Du bist die ganze Zeit so seltsam.
Was ist los?
Du bist gar kein Wolf, sondern ein Hund, stimmt's?
Was?!

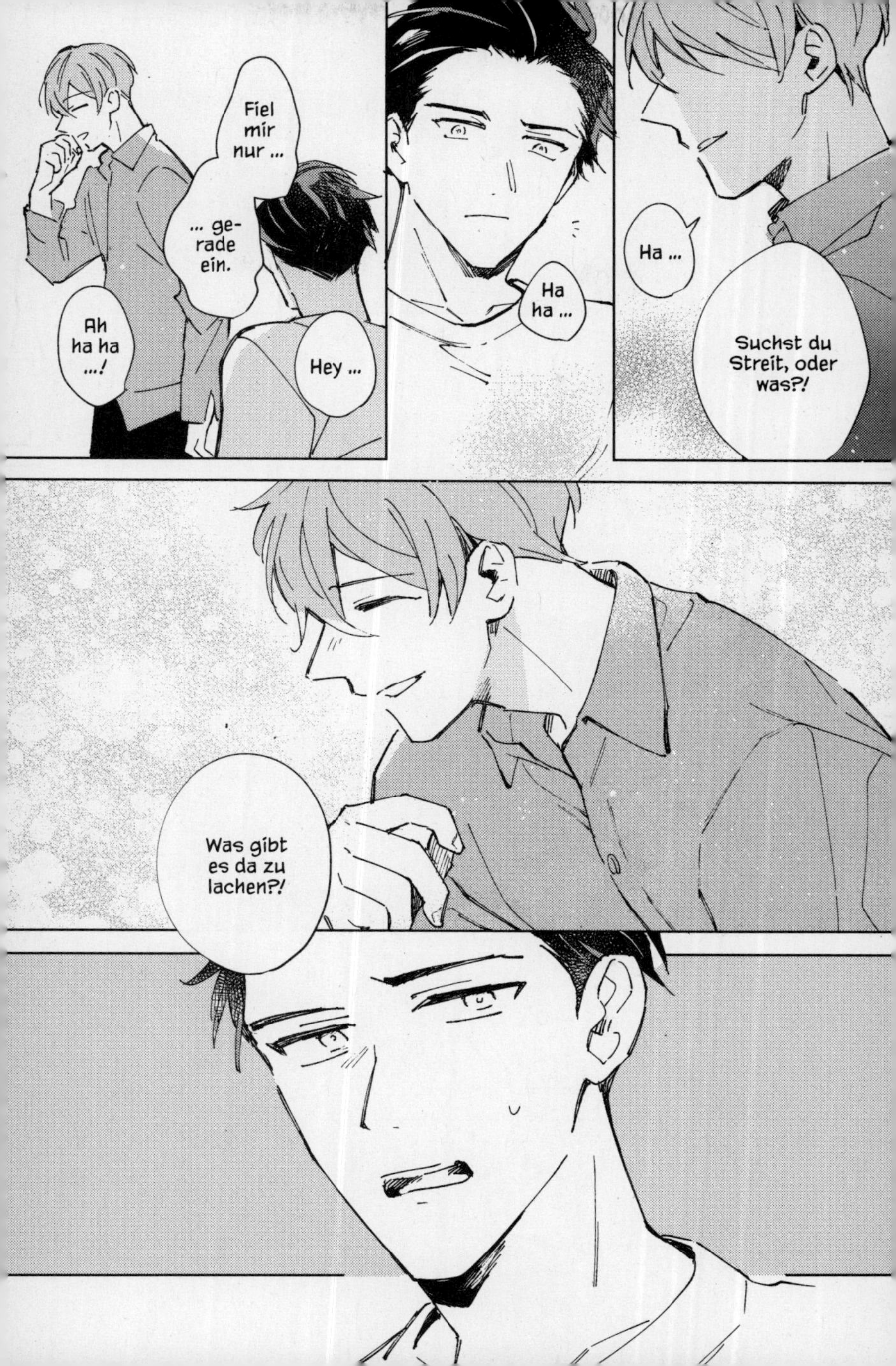
Ha ...
Suchst du Streit, oder was?!
Ha ha ...
Fiel mir nur ...
... gerade ein.
Hey ...
Ah ha ha ...!
Was gibt es da zu lachen?!

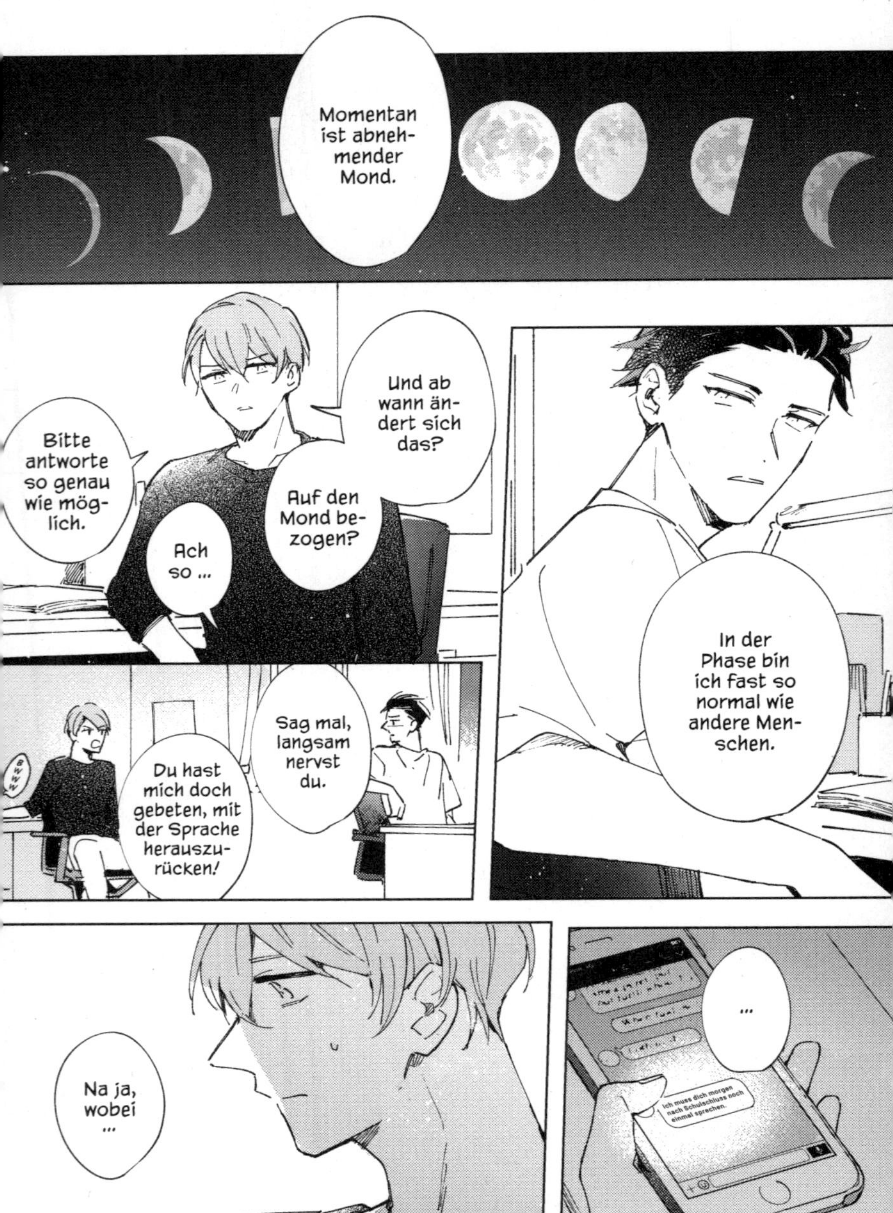
Momentan ist abnehmender Mond.
In der Phase bin ich fast so normal wie andere Menschen.
Und ab wann ändert sich das?
Auf den Mond bezogen?
Bitte antworte so genau wie möglich.
Ach so ...
Sag mal, langsam nervst du.
Du hast mich doch gebeten, mit der Sprache herauszurücken!
...
Ich muss dich morgen nach Schulschluss noch einmal sprechen.
Na ja, wobei ...

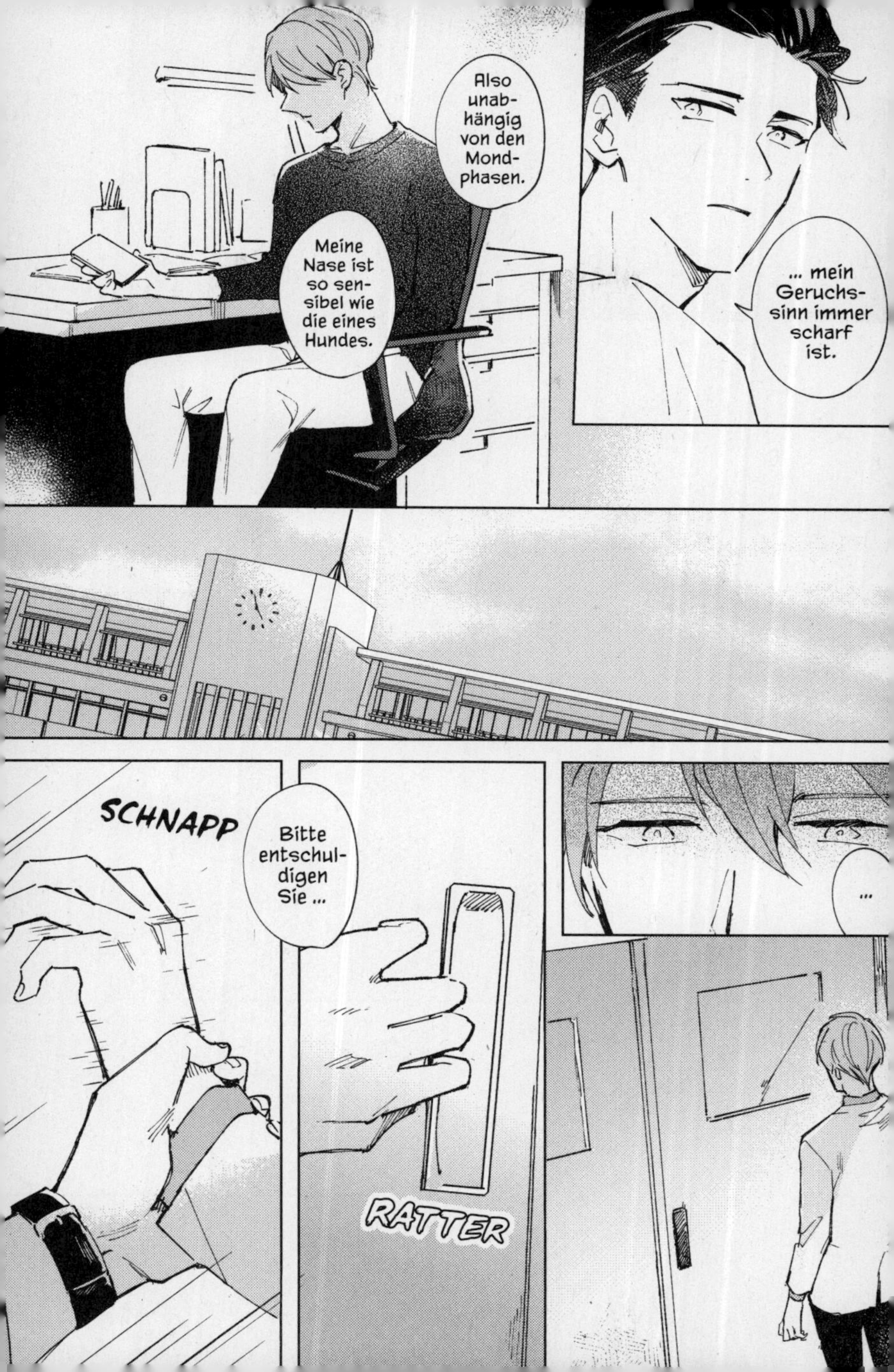
... mein Geruchssinn immer scharf ist.
Also unabhängig von den Mondphasen.
Meine Nase ist so sensibel wie die eines Hundes.
...
Bitte entschuldigen Sie ...
SCHNAPP
RATTER

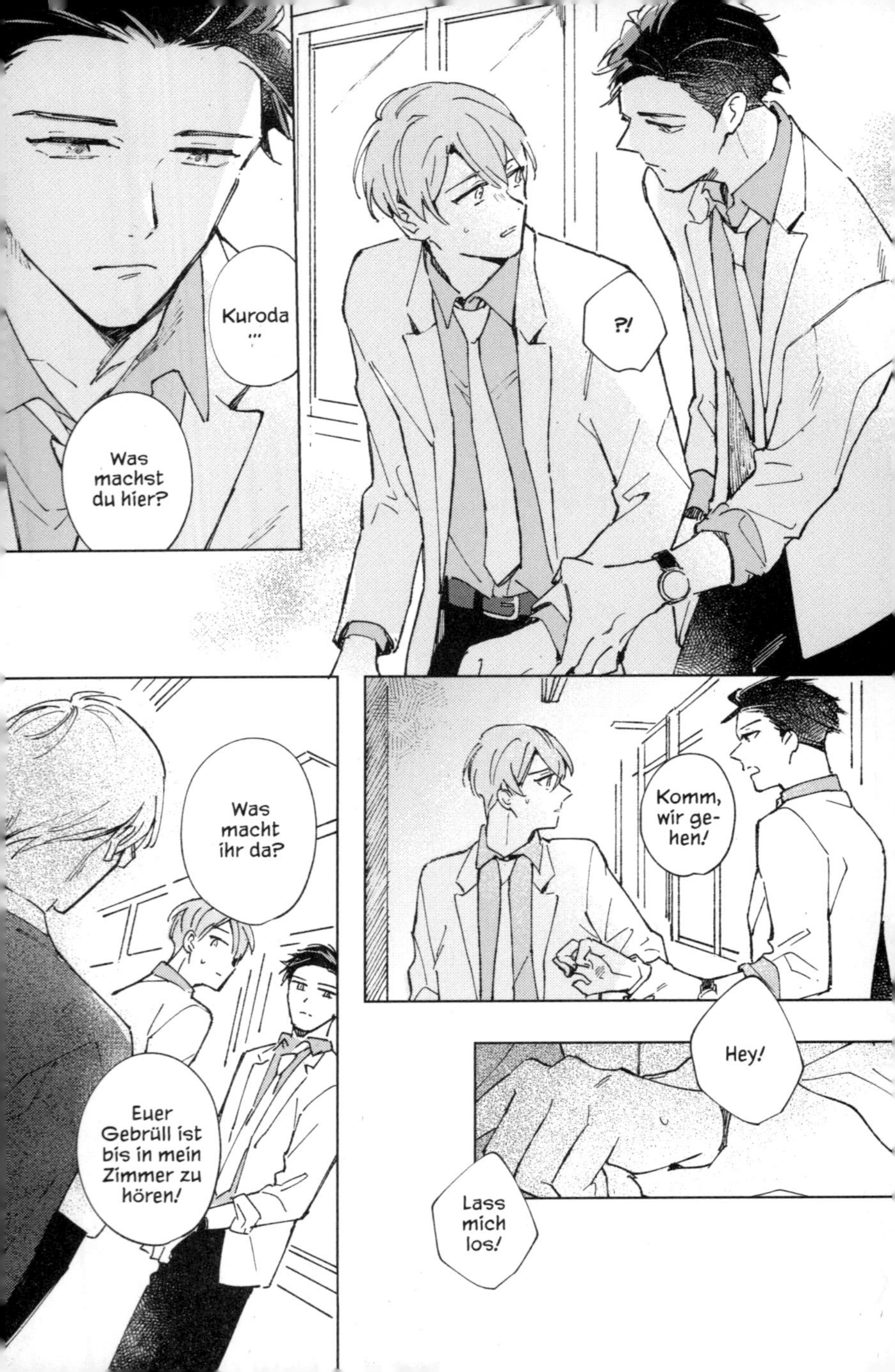
?!
Kuroda ...
Was machst du hier?
Komm, wir gehen!
Hey!
Lass mich los!
Was macht ihr da?
Euer Gebrüll ist bis in mein Zimmer zu hören!

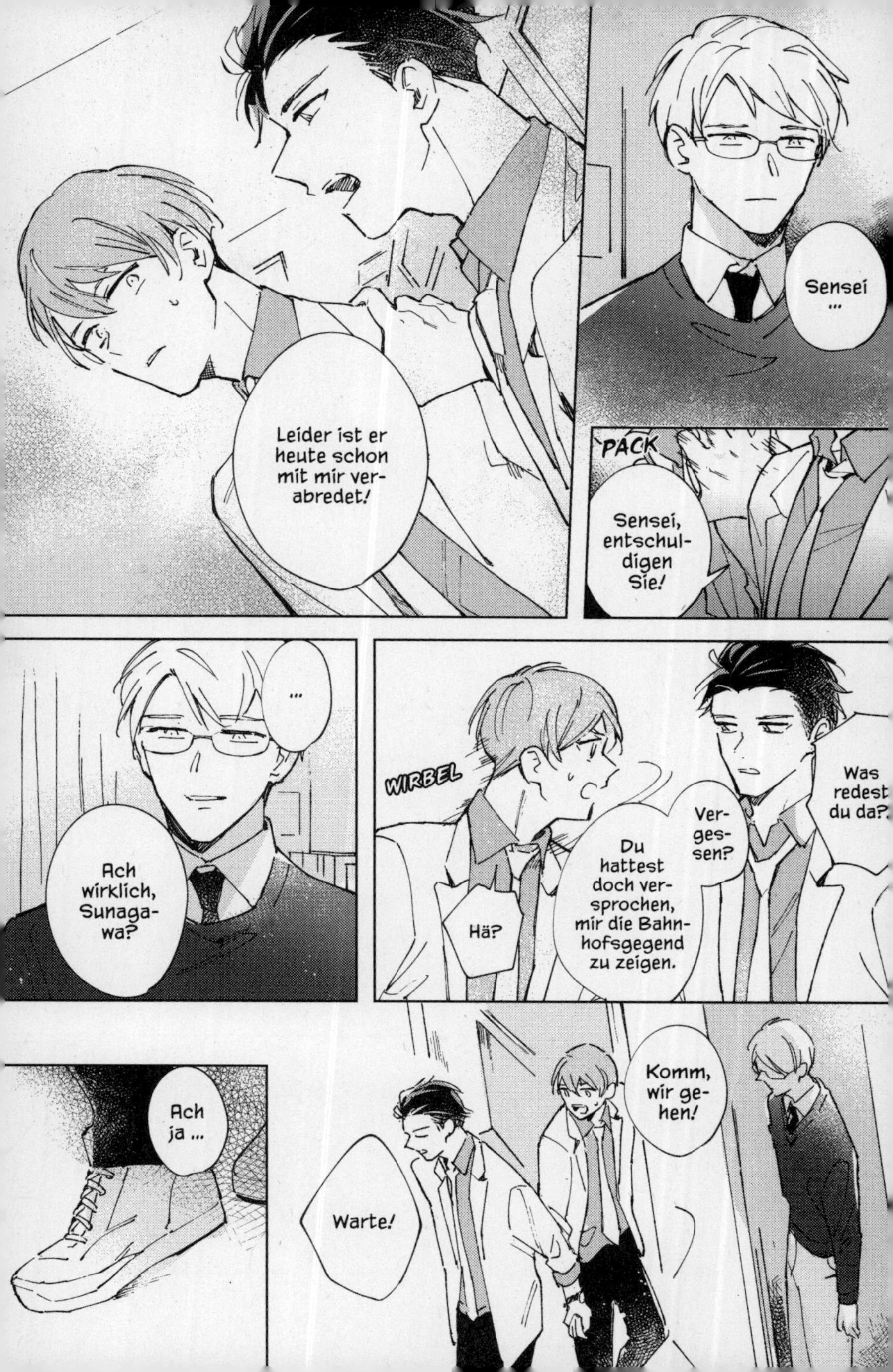
Sensei …
Leider ist er heute schon mit mir verabredet!
PACK
Sensei, entschuldigen Sie!
Was redest du da?
Vergessen?
Du hattest doch versprochen, mir die Bahnhofsgegend zu zeigen.
WIRBEL
Hä?
…
Ach wirklich, Sunagawa?
Komm, wir gehen!
Warte!
Ach ja …

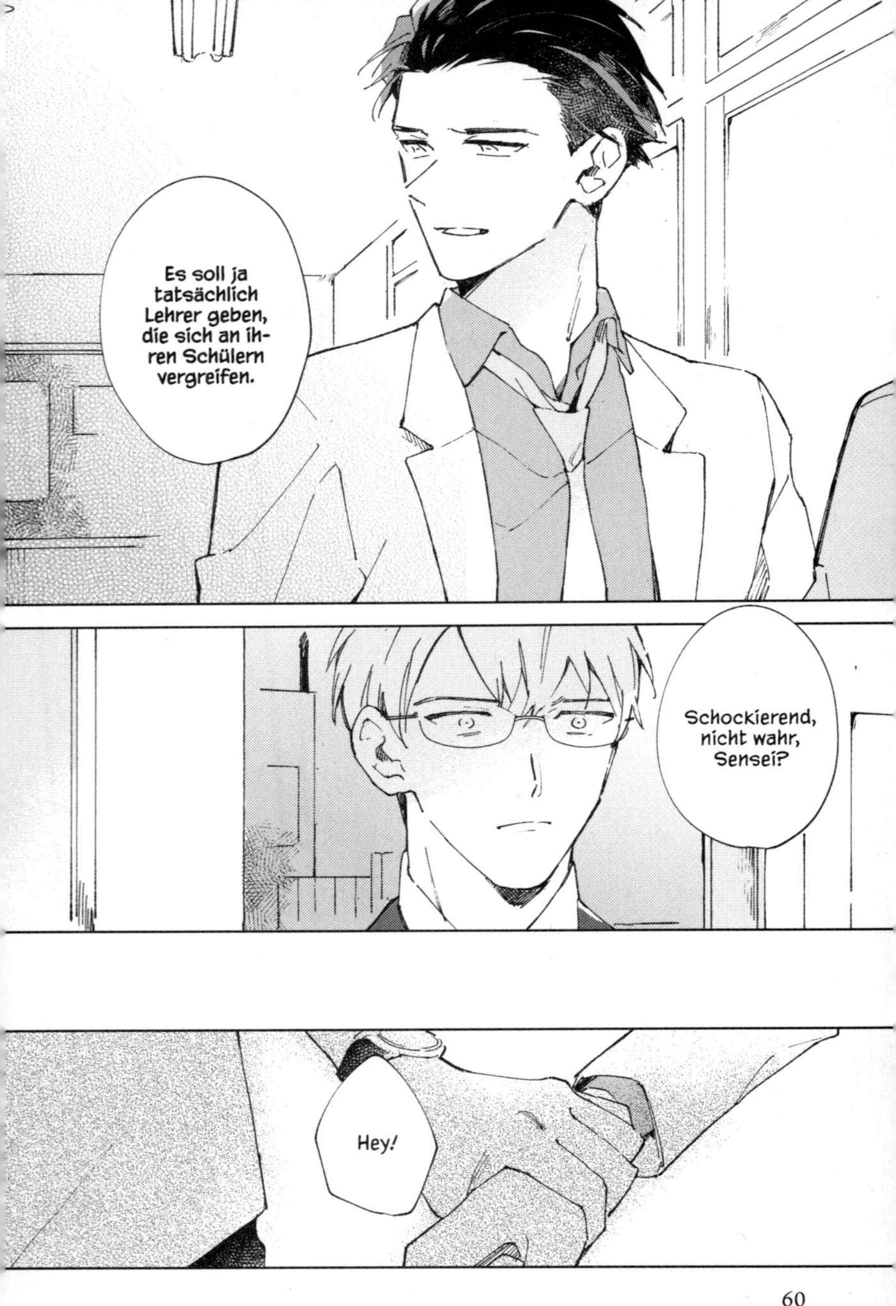
Es soll ja tatsächlich Lehrer geben, die sich an ihren Schülern vergreifen.
Schockierend, nicht wahr, Sensei?
Hey!

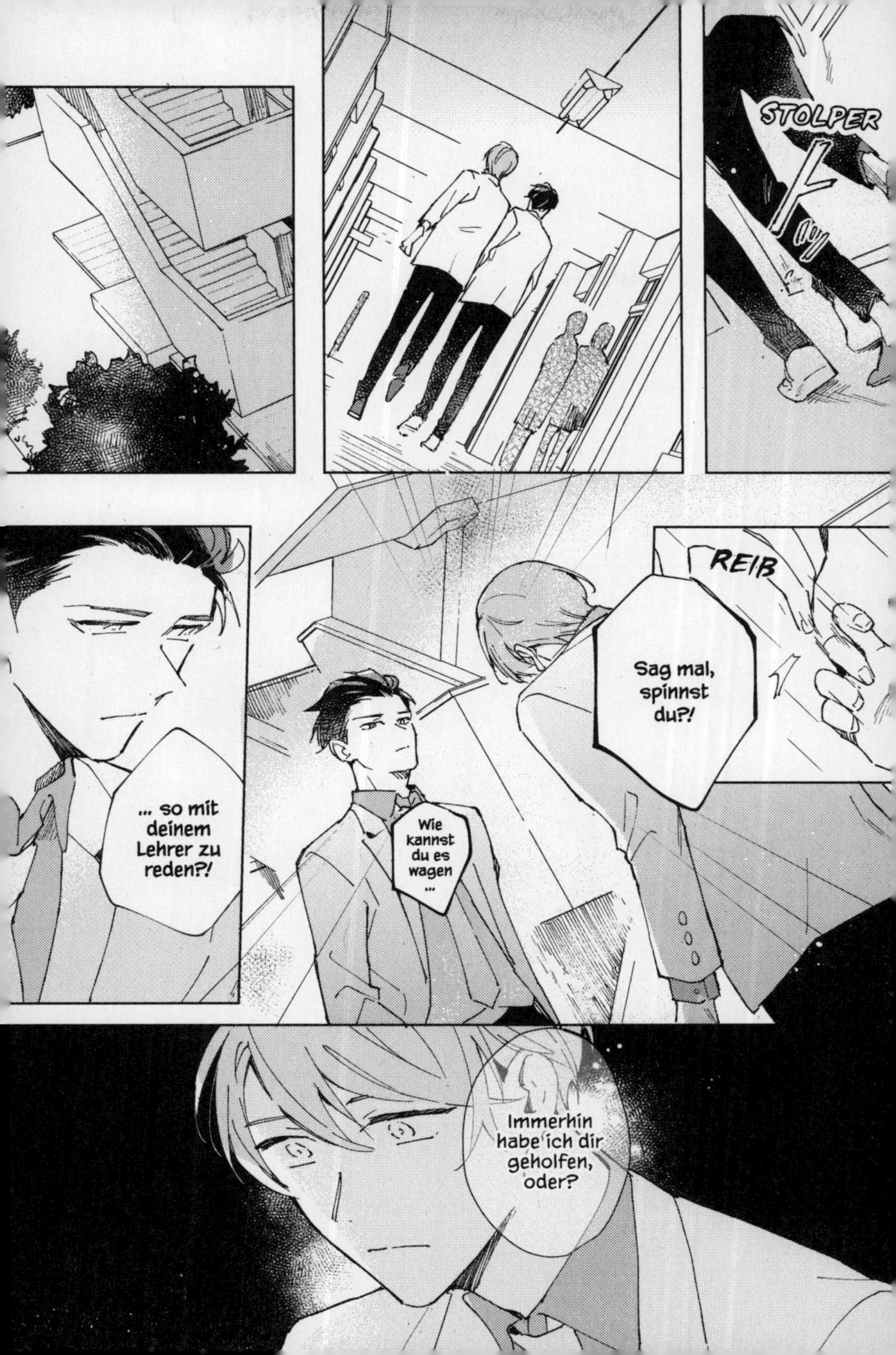
STOLPER
REIB
Sag mal, spinnst du?!
Wie kannst du es wagen ...
... so mit deinem Lehrer zu reden?!
Immerhin habe ich dir geholfen, oder?

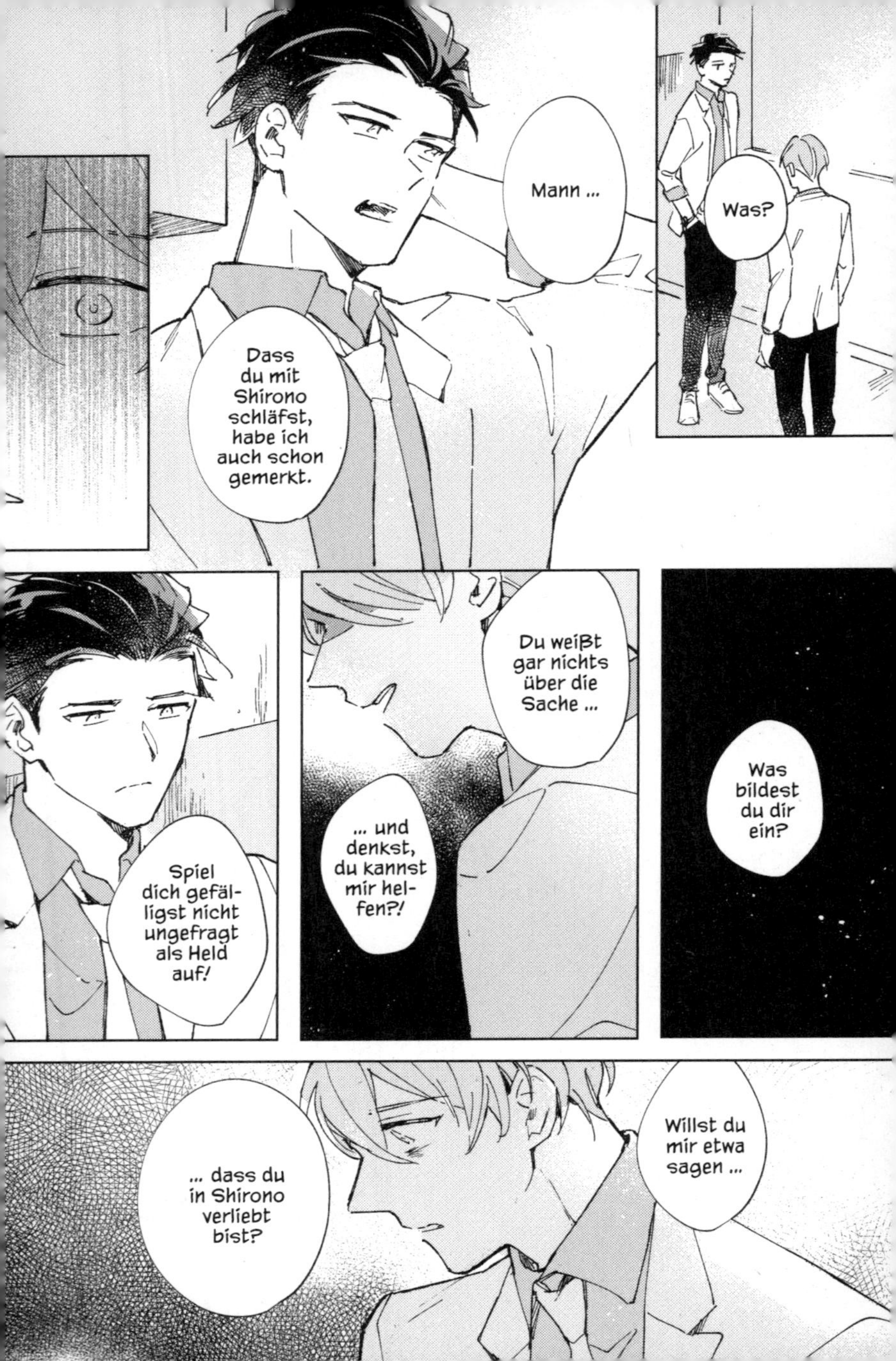
Was?
Mann ...
Dass du mit Shirono schläfst, habe ich auch schon gemerkt.
Was bildest du dir ein?
Du weißt gar nichts über die Sache ...
... und denkst, du kannst mir hel-fen?!
Spiel dich gefäl-ligst nicht ungefragt als Held auf!
Willst du mir etwa sagen ...
... dass du in Shirono verliebt bist?

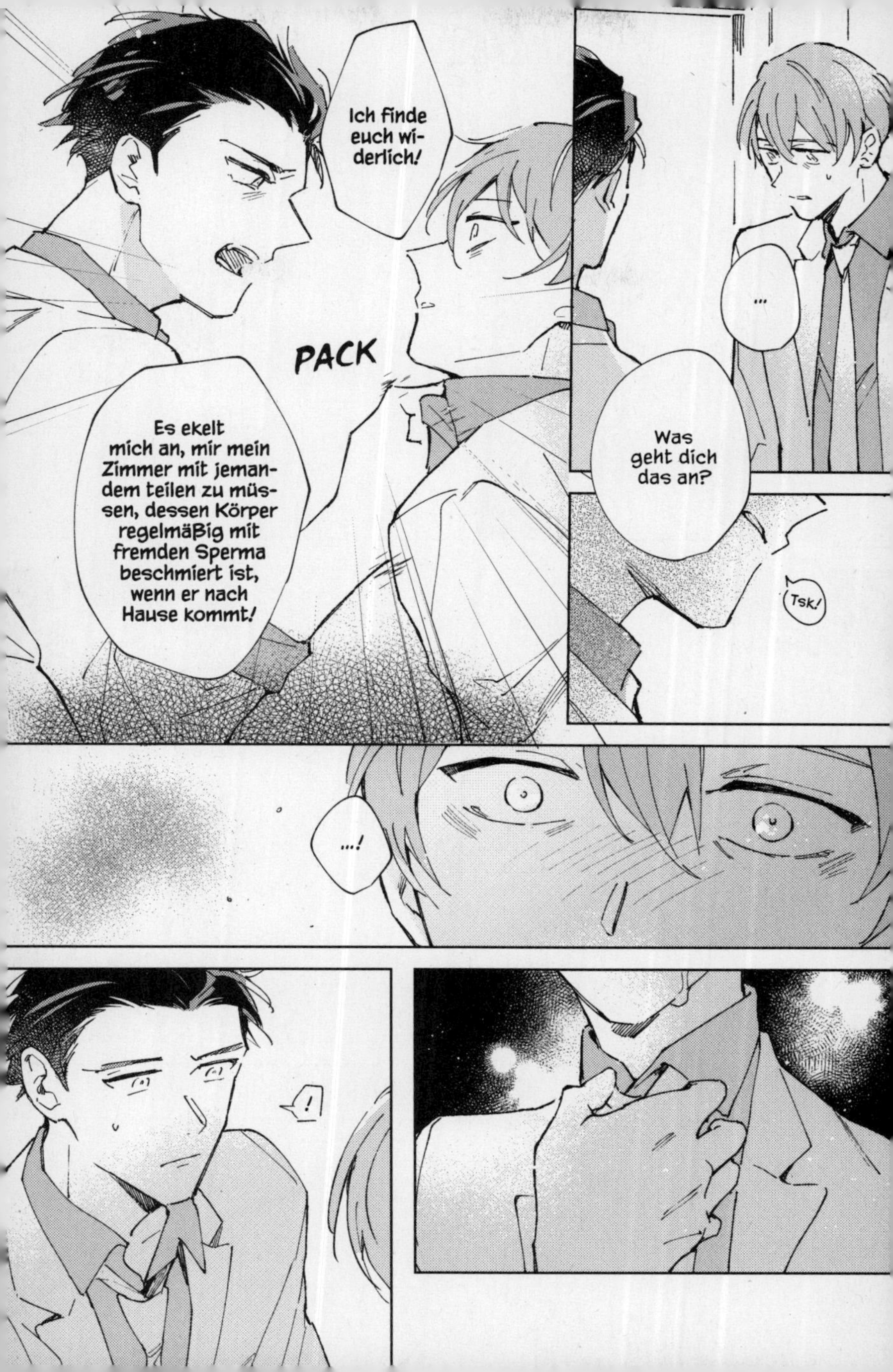
Ich finde euch widerlich!
PACK
Es ekelt mich an, mir mein Zimmer mit jemandem teilen zu müssen, dessen Körper regelmäßig mit fremden Sperma beschmiert ist, wenn er nach Hause kommt!
...
Was geht dich das an?
Tsk!
...!
!

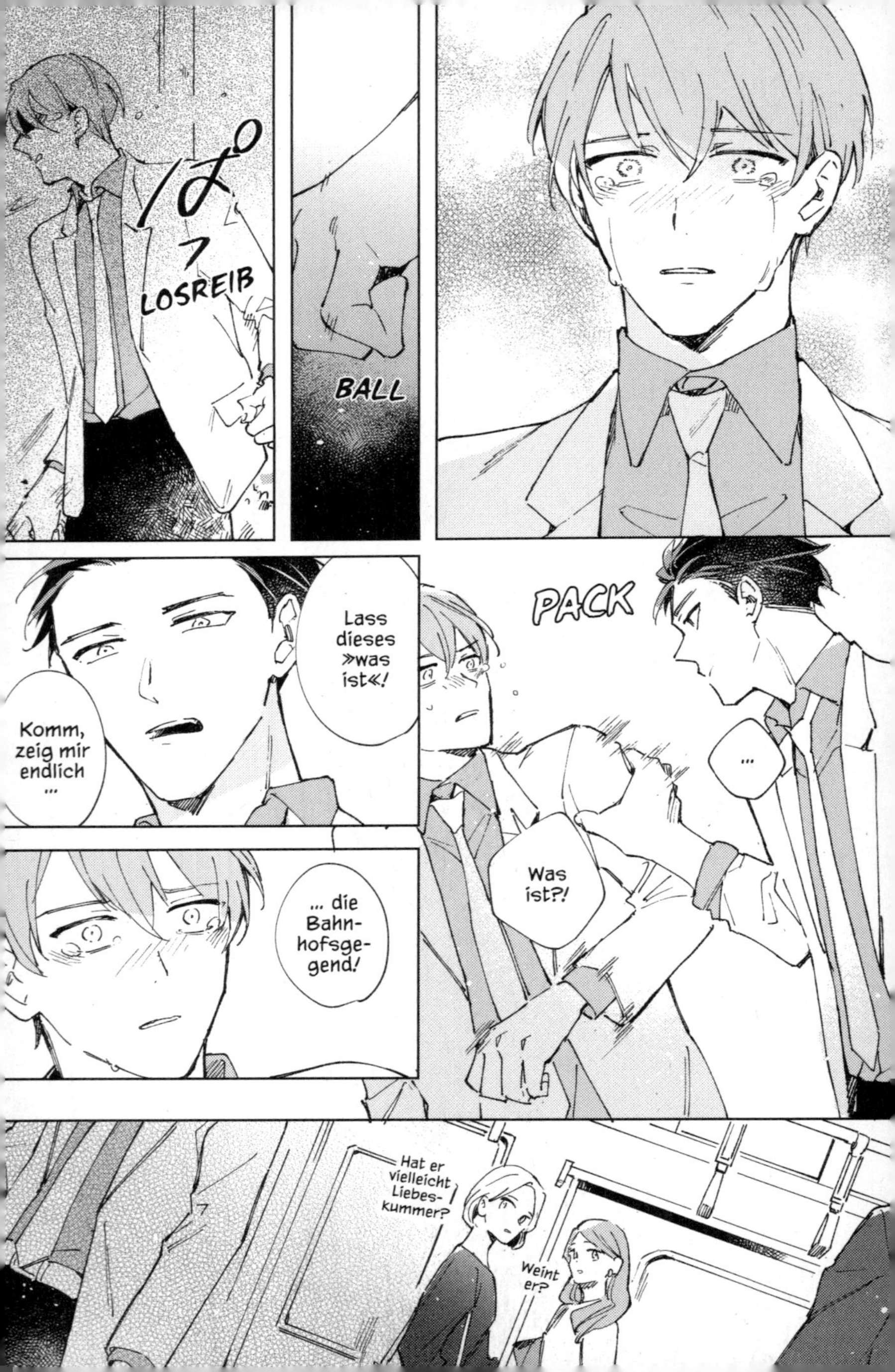
BALL
ぱっ
LOSREIB
PACK
...
Was ist?!
Lass dieses »was ist«!
Komm, zeig mir endlich ...
... die Bahnhofsgegend!
Weint er?
Hat er vielleicht Liebeskummer?

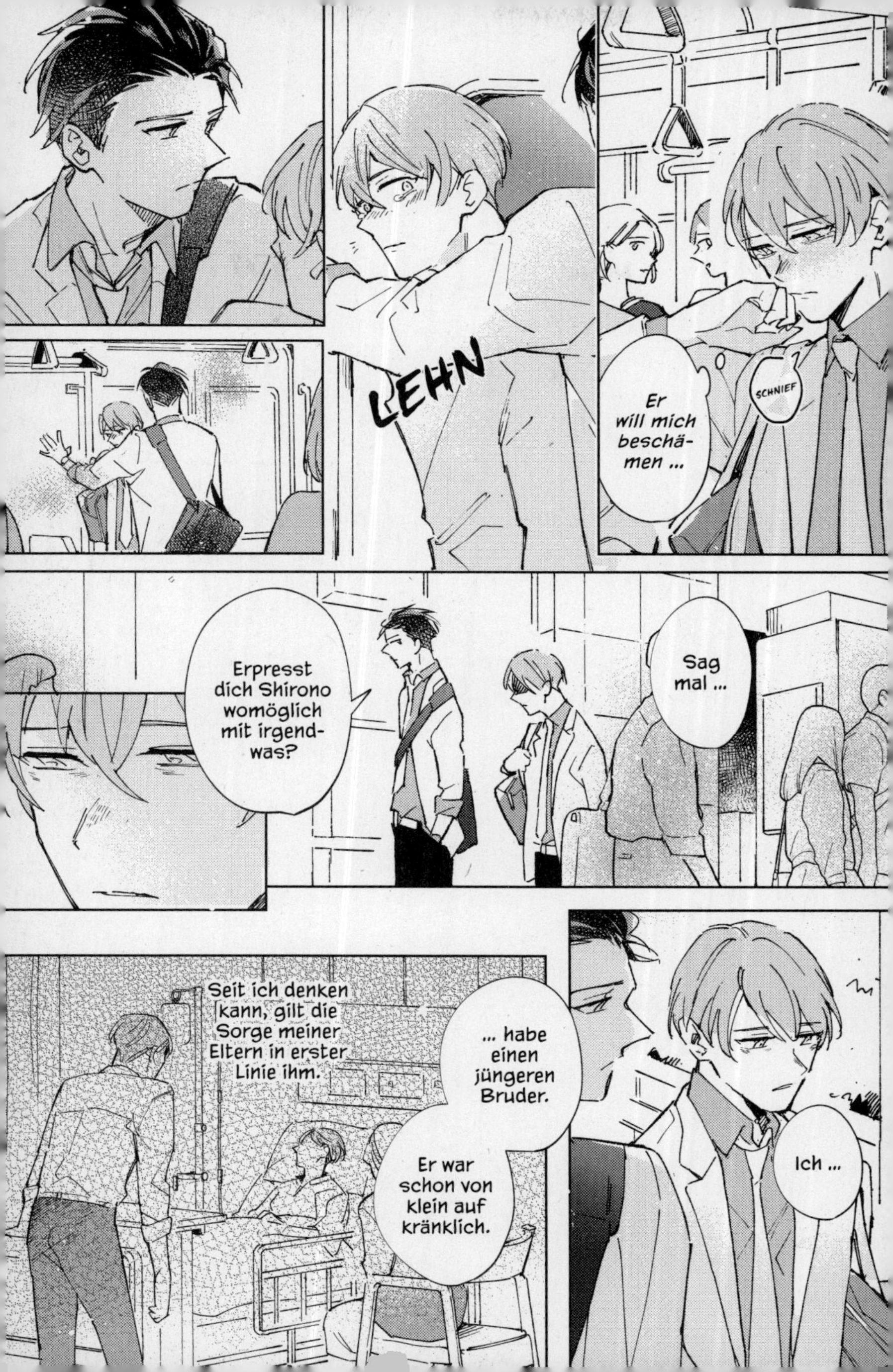
SCHNIEF
Er will mich beschämen ...
LEHN
Sag mal ...
Erpresst dich Shirono womöglich mit irgendwas?
Ich ...
... habe einen jüngeren Bruder.
Er war schon von klein auf kränklich.
Seit ich denken kann, gilt die Sorge meiner Eltern in erster Linie ihm.

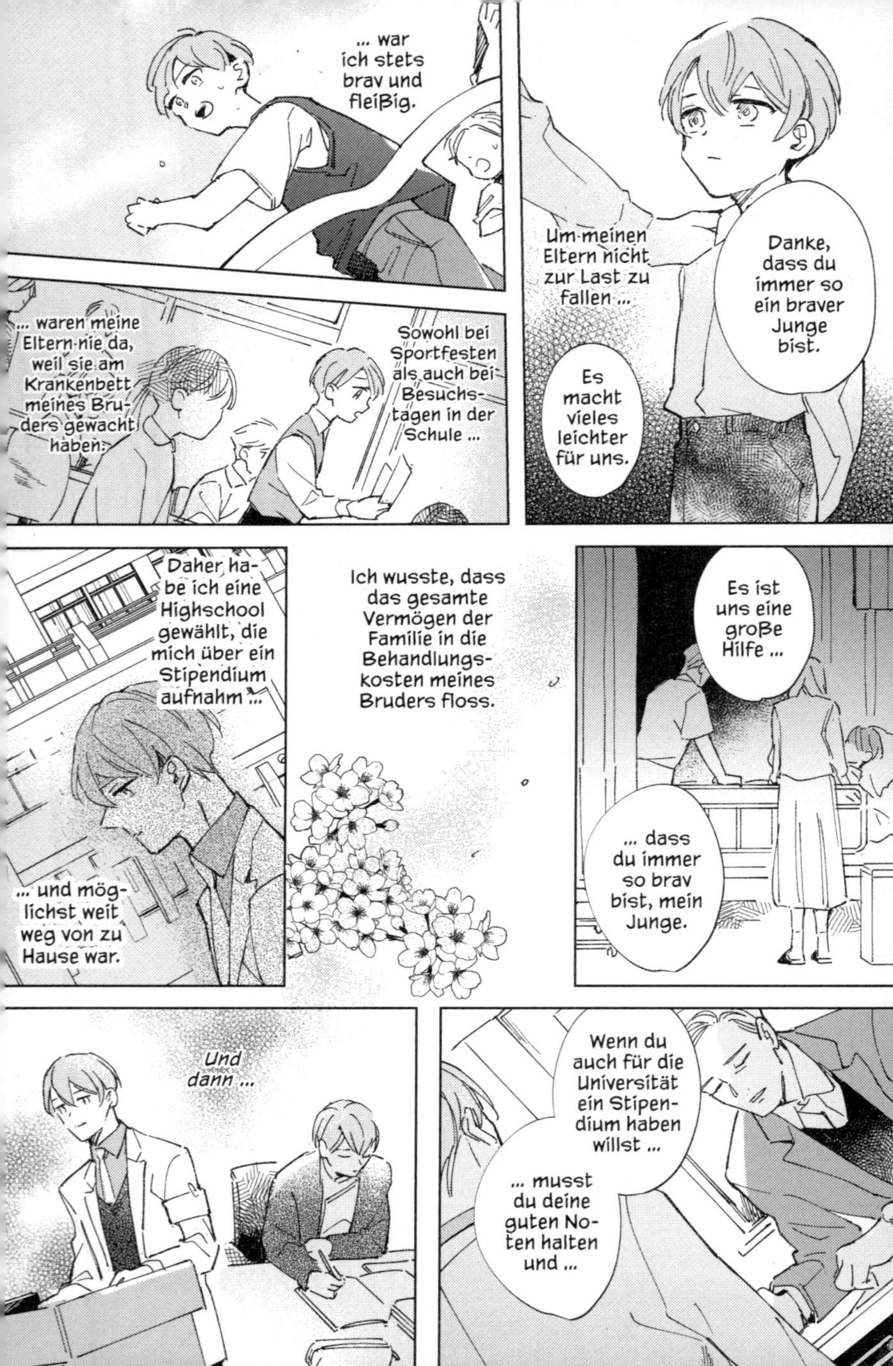
Danke, dass du immer so ein braver Junge bist.
Es macht vieles leichter für uns.
Um meinen Eltern nicht zur Last zu fallen ...
... war ich stets brav und fleißig.
Sowohl bei Sportfesten als auch bei Besuchstagen in der Schule ...
... waren meine Eltern nie da, weil sie am Krankenbett meines Bruders gewacht haben.
Es ist uns eine große Hilfe ...
... dass du immer so brav bist, mein Junge.
Ich wusste, dass das gesamte Vermögen der Familie in die Behandlungskosten meines Bruders floss.
Daher habe ich eine Highschool gewählt, die mich über ein Stipendium aufnahm ...
... und möglichst weit weg von zu Hause war.
Wenn du auch für die Universität ein Stipendium haben willst ...
... musst du deine guten Noten halten und ...
Und dann ...

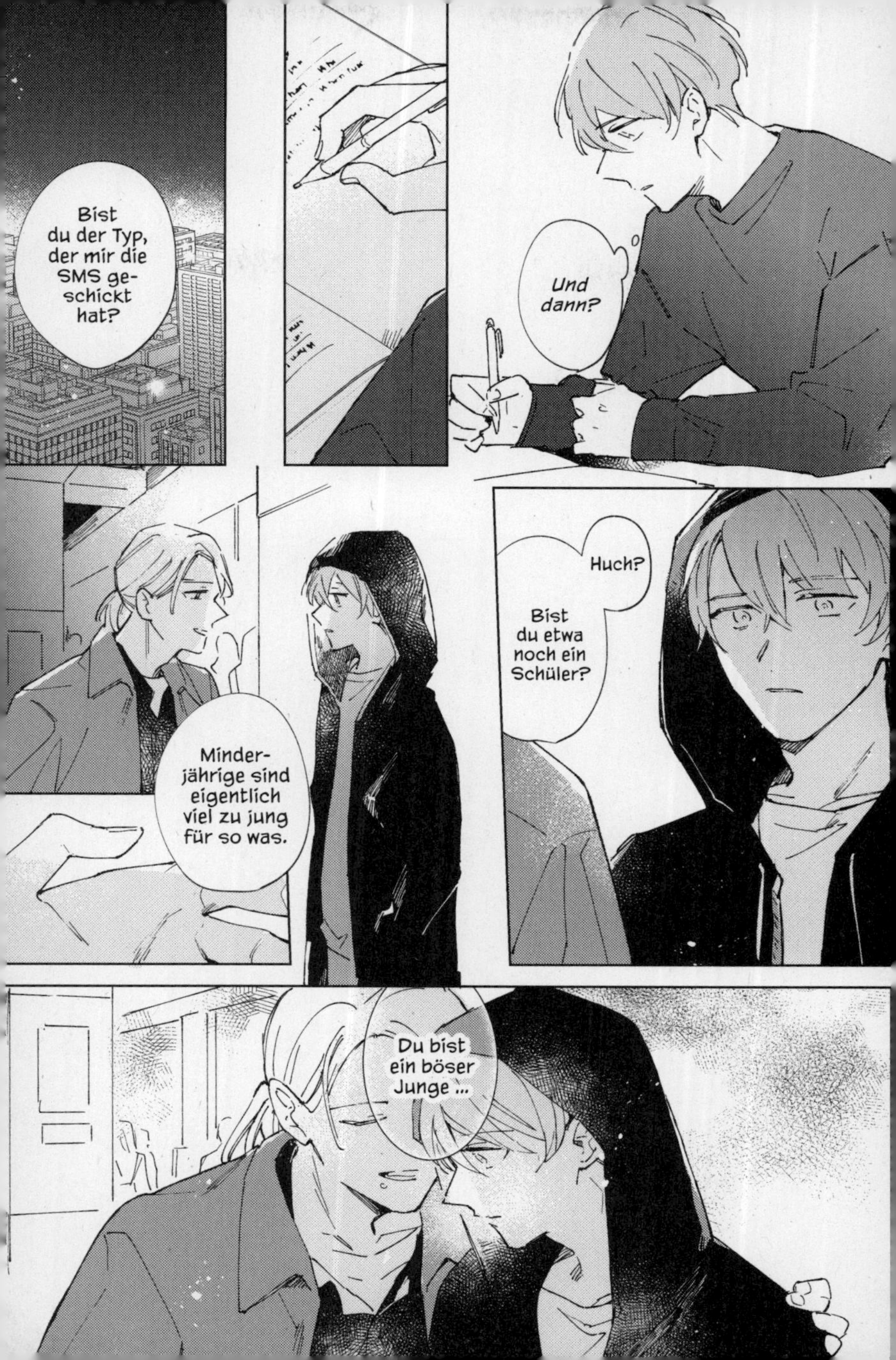
Und dann?
Bist du der Typ, der mir die SMS geschickt hat?
Huch?
Bist du etwa noch ein Schüler?
Minderjährige sind eigentlich viel zu jung für so was.
Du bist ein böser Junge ...

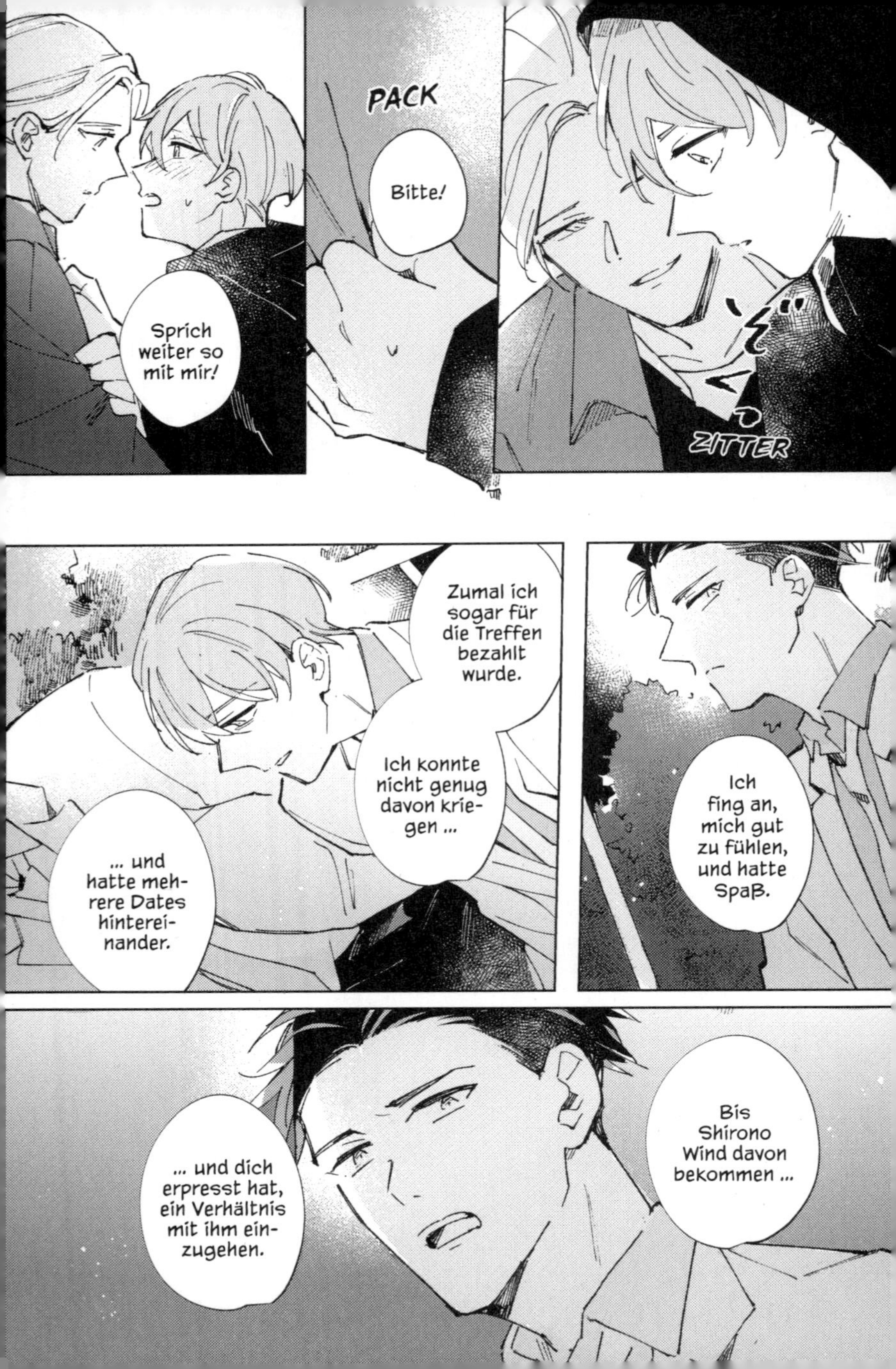

ZITTER

PACK

Bitte!

Sprich weiter so mit mir!

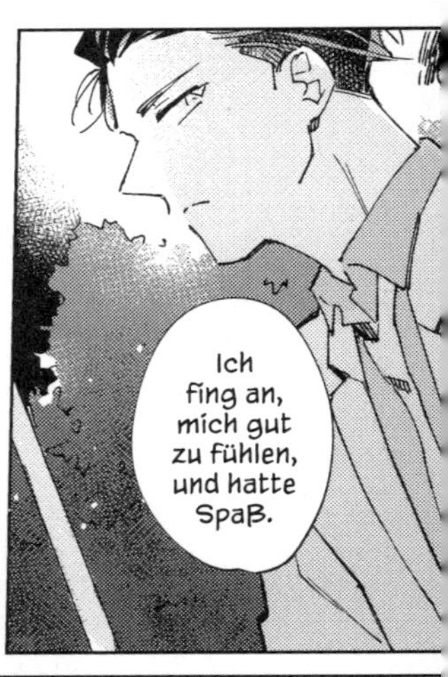

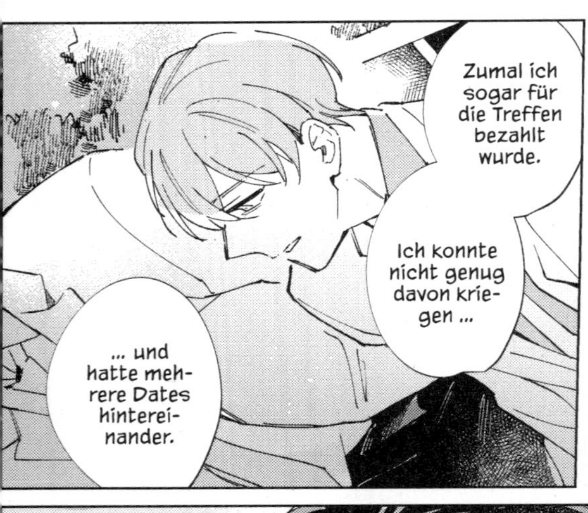

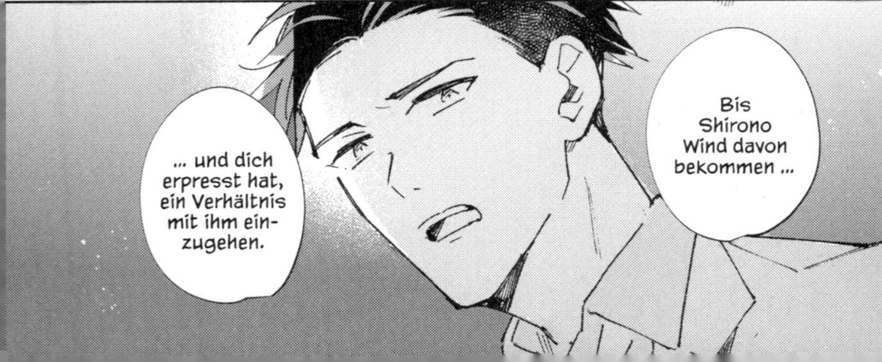

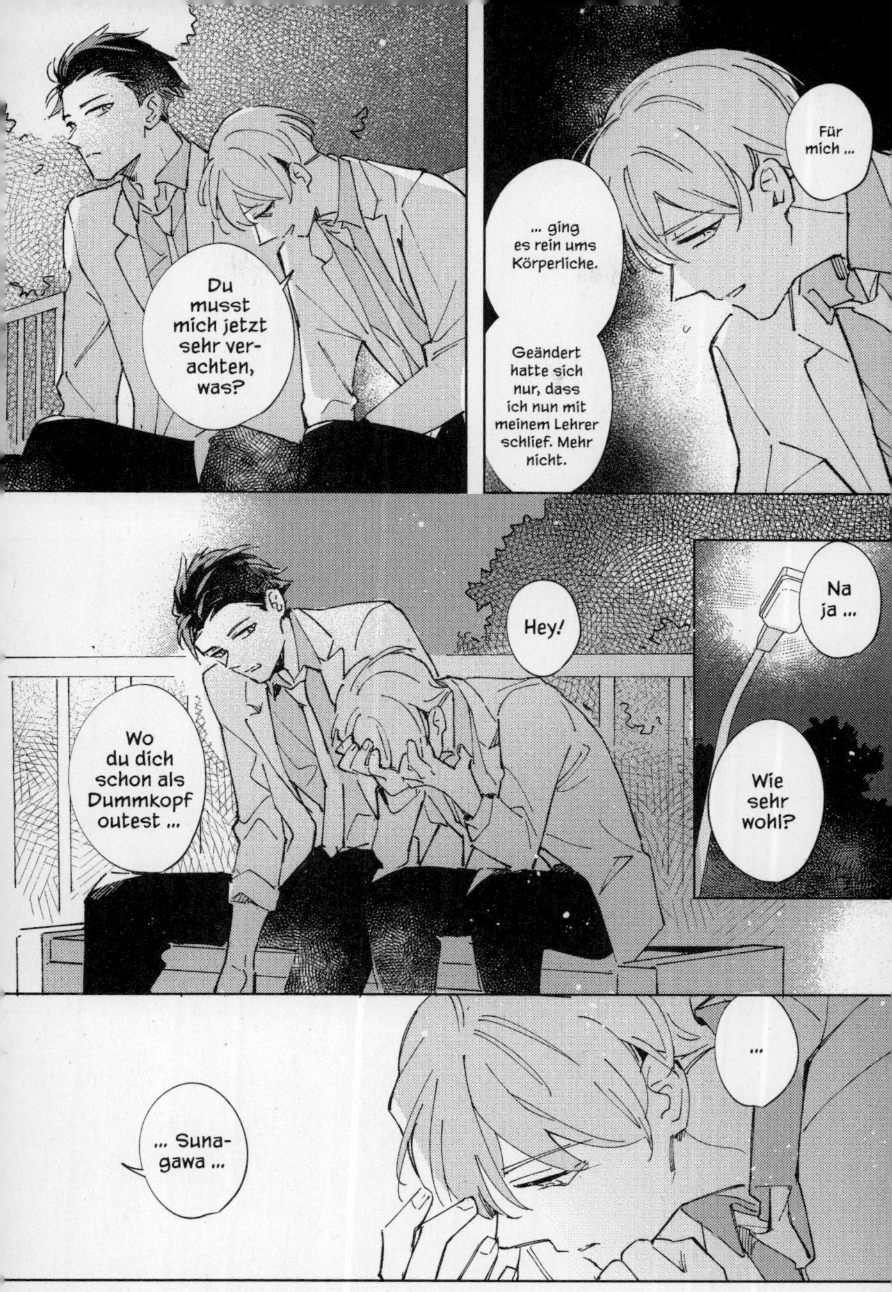
Für mich ...
... ging es rein ums Körperliche.
Geändert hatte sich nur, dass ich nun mit meinem Lehrer schlief. Mehr nicht.
Du musst mich jetzt sehr verachten, was?
Na ja ...
Wie sehr wohl?
Hey!
Wo du dich schon als Dummkopf outest ...
...
... Sunagawa ...

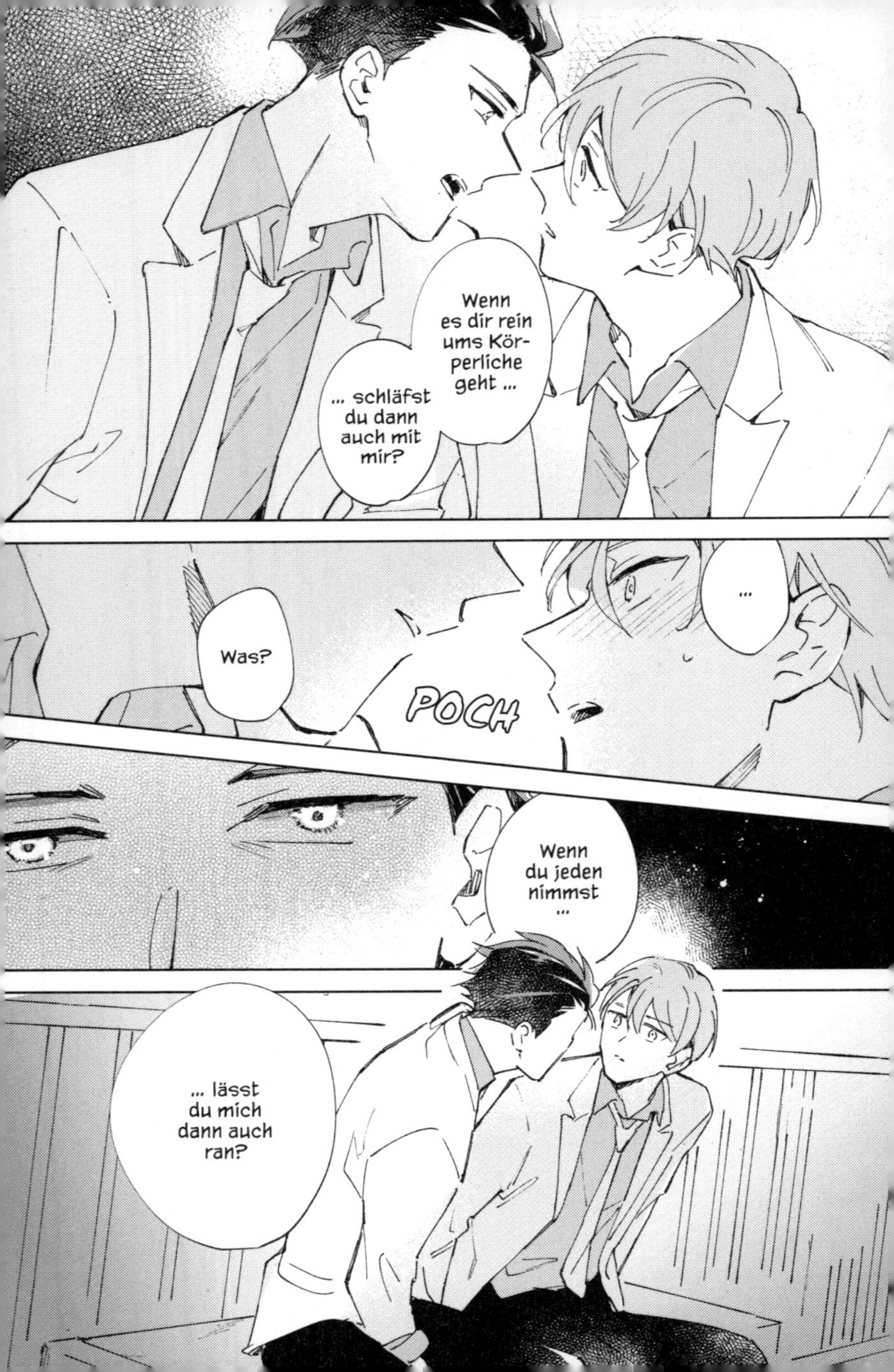
Wenn es dir rein ums Körperliche geht ...
... schläfst du dann auch mit mir?
...
Was?
POCH
Wenn du jeden nimmst ...
... lässt du mich dann auch ran?

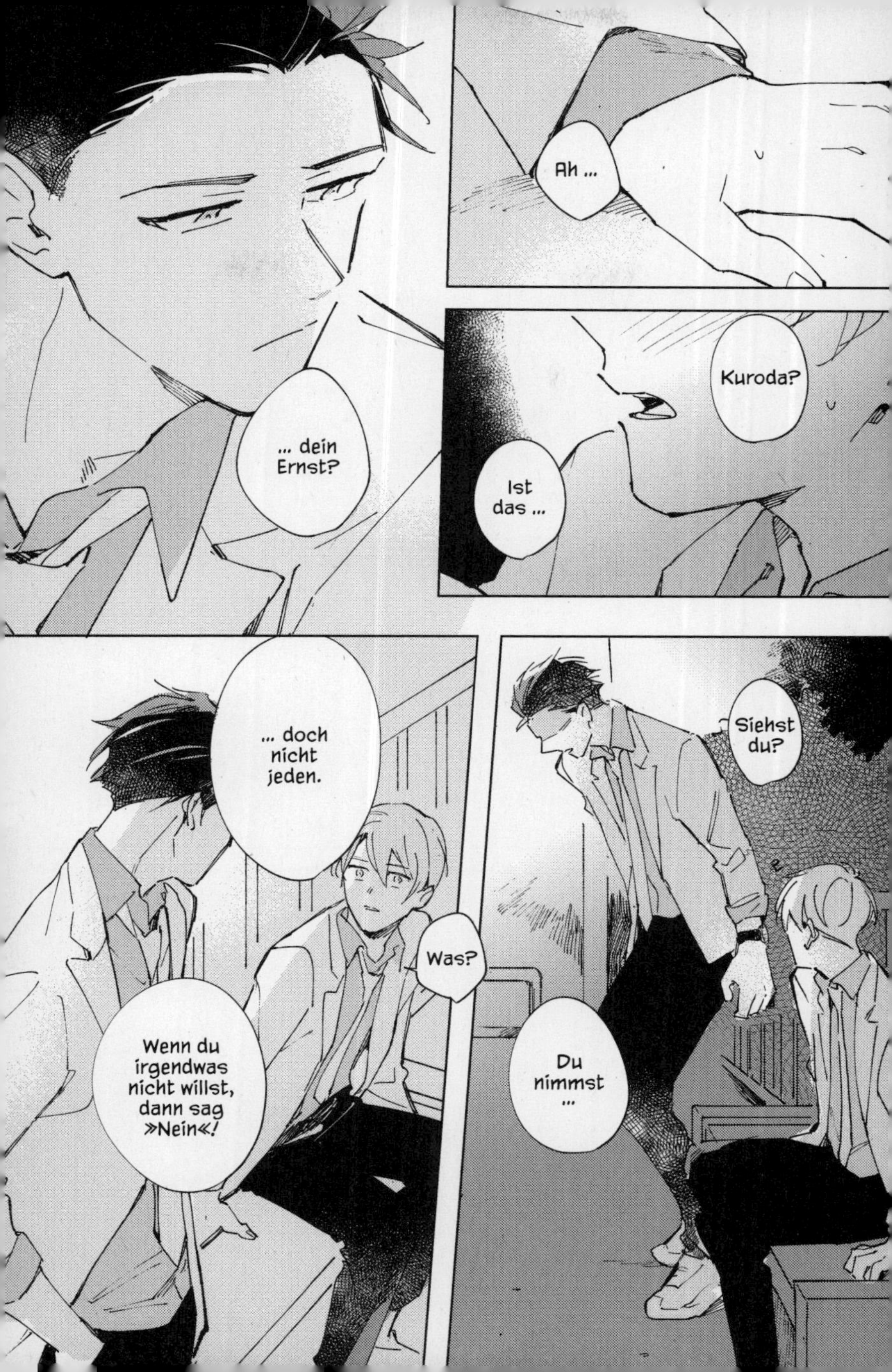
Ah ...
Kuroda?
Ist das ...
... dein Ernst?
Siehst du?
Du nimmst ...
... doch nicht jeden.
Was?
Wenn du irgendwas nicht willst, dann sag »Nein«!

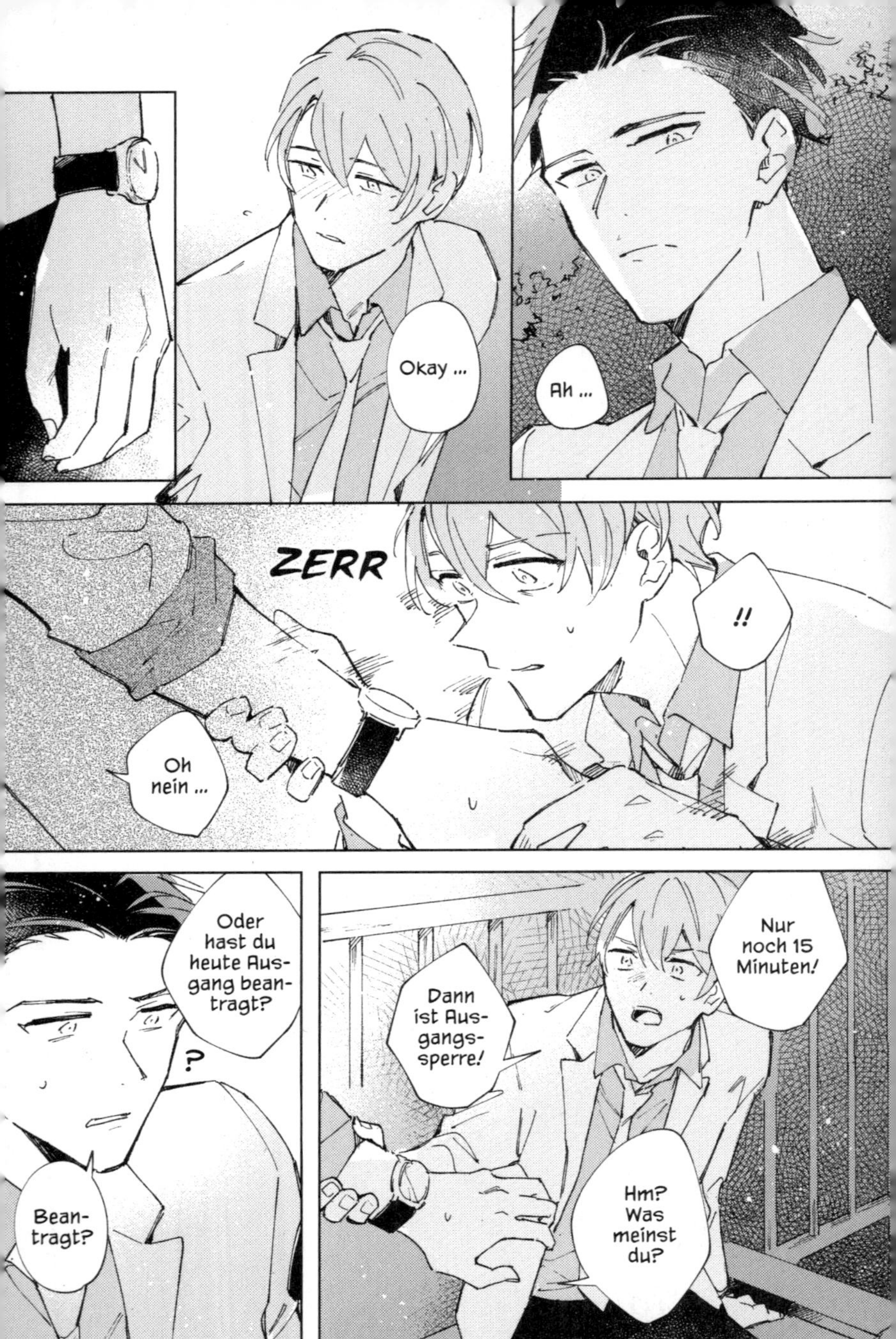
Ah ...
Okay ...
ZERR
!!
Oh nein ...
Nur noch 15 Minuten!
Dann ist Ausgangssperre!
Hm? Was meinst du?
Oder hast du heute Ausgang beantragt?
?
Beantragt?

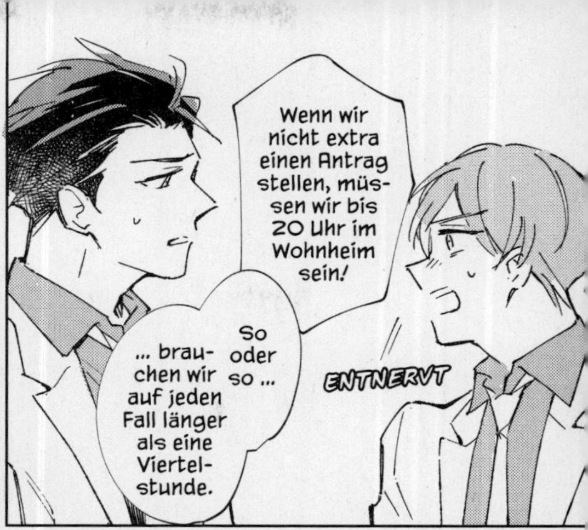

Wenn wir nicht extra einen Antrag stellen, müssen wir bis 20 Uhr im Wohnheim sein!
ENTNERVT
So oder so ...
... brauchen wir auf jeden Fall länger als eine Viertelstunde.

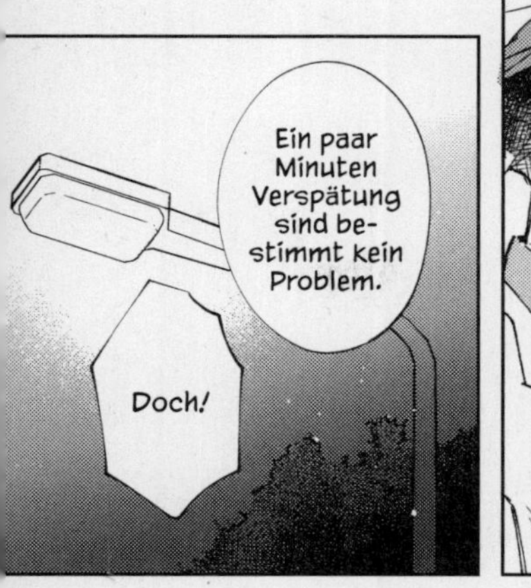

Ein paar Minuten Verspätung sind bestimmt kein Problem.
Doch!

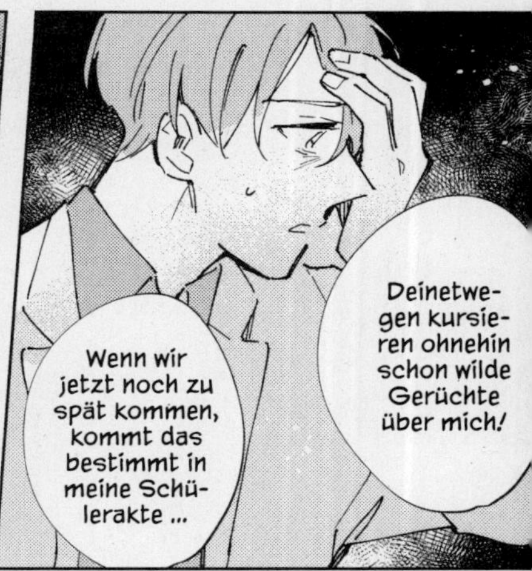

Deinetwegen kursieren ohnehin schon wilde Gerüchte über mich!
Wenn wir jetzt noch zu spät kommen, kommt das bestimmt in meine Schülerakte ...

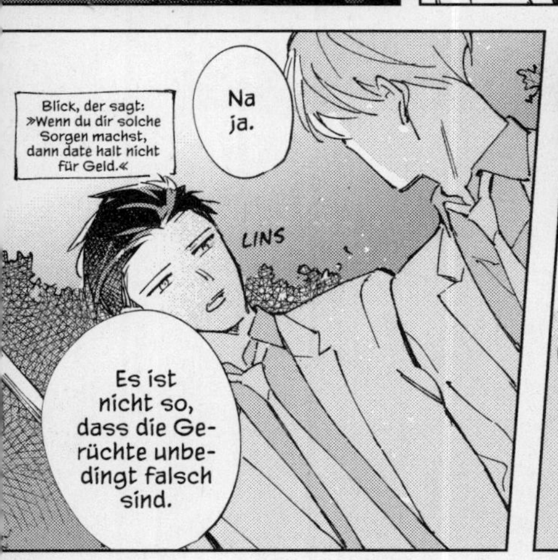

Na ja.
Blick, der sagt: »Wenn du dir solche Sorgen machst, dann date halt nicht für Geld.«
LINS
Es ist nicht so, dass die Gerüchte unbedingt falsch sind.

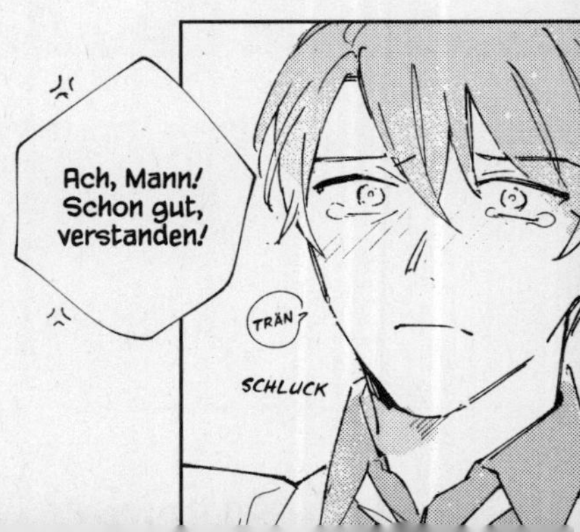

Ach, Mann! Schon gut, verstanden!
TRÄN
SCHLUCK

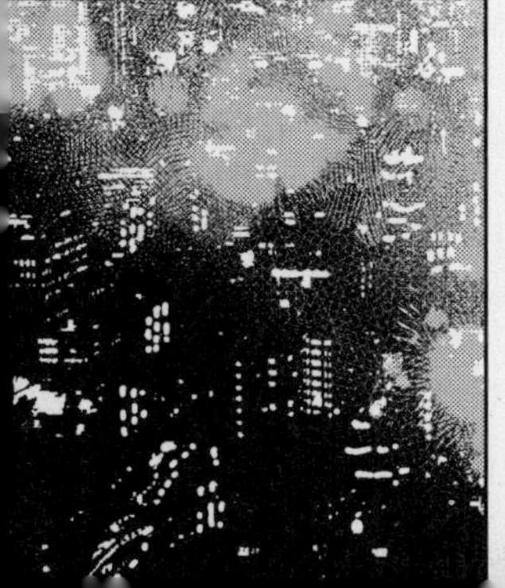

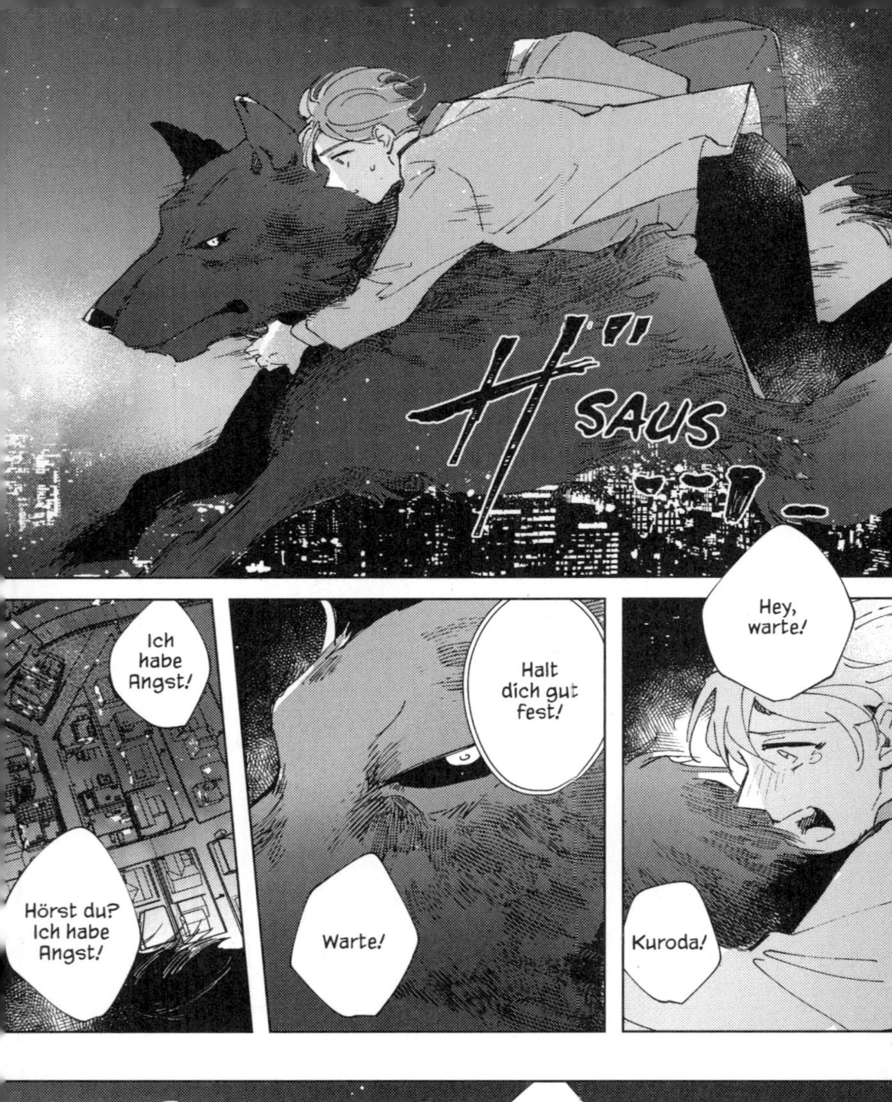
SAUS
Hey, warte!
Kuroda!
Halt dich gut fest!
Warte!
Ich habe Angst!
Hörst du? Ich habe Angst!
Kuroda!

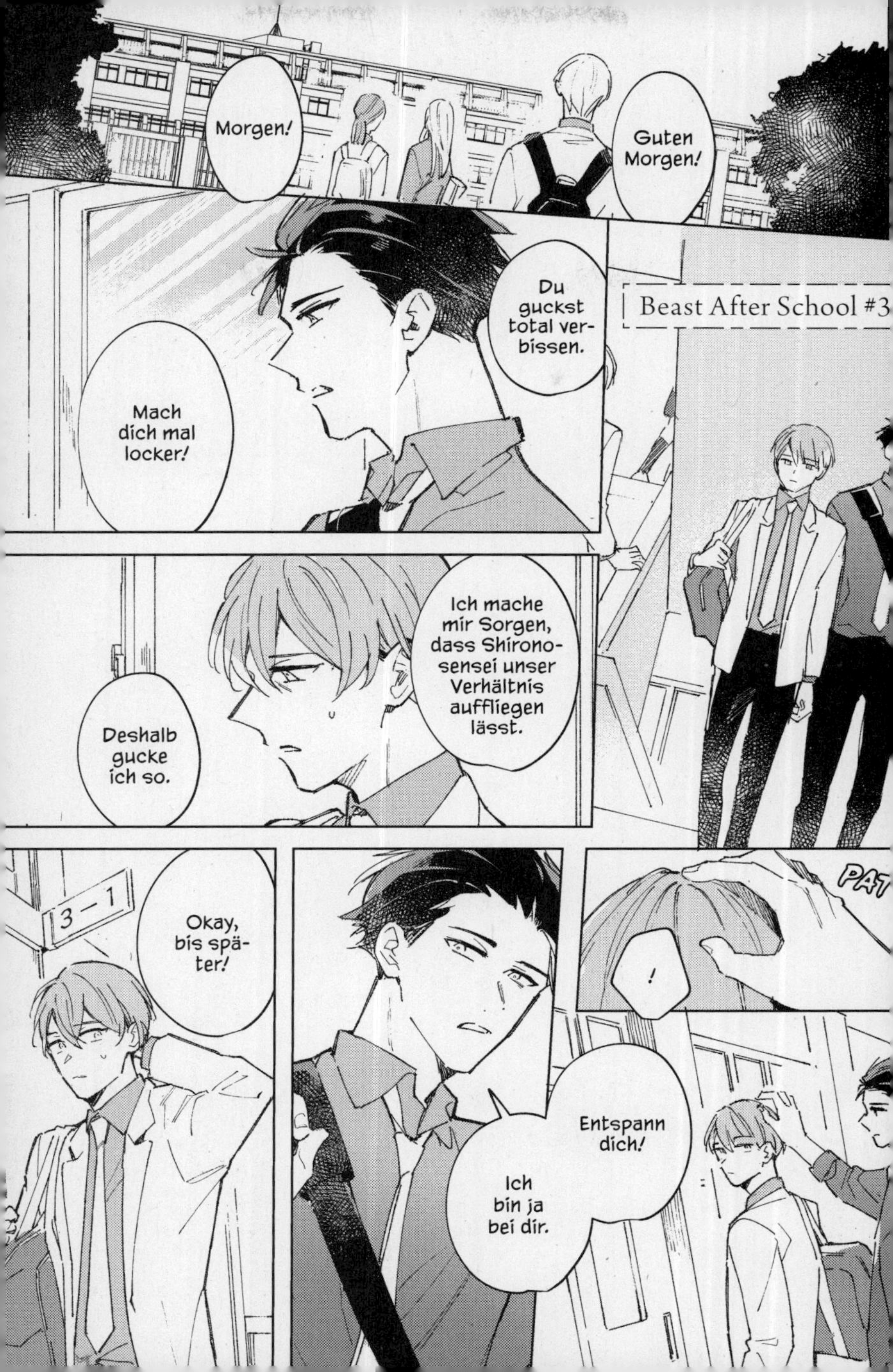
Guten Morgen!
Morgen!
Beast After School #3
Du guckst total verbissen.
Mach dich mal locker!
Ich mache mir Sorgen, dass Shirono-sensei unser Verhältnis auffliegen lässt.
Deshalb gucke ich so.
PAT
!
Entspann dich!
Ich bin ja bei dir.
3 — 1
Okay, bis später!

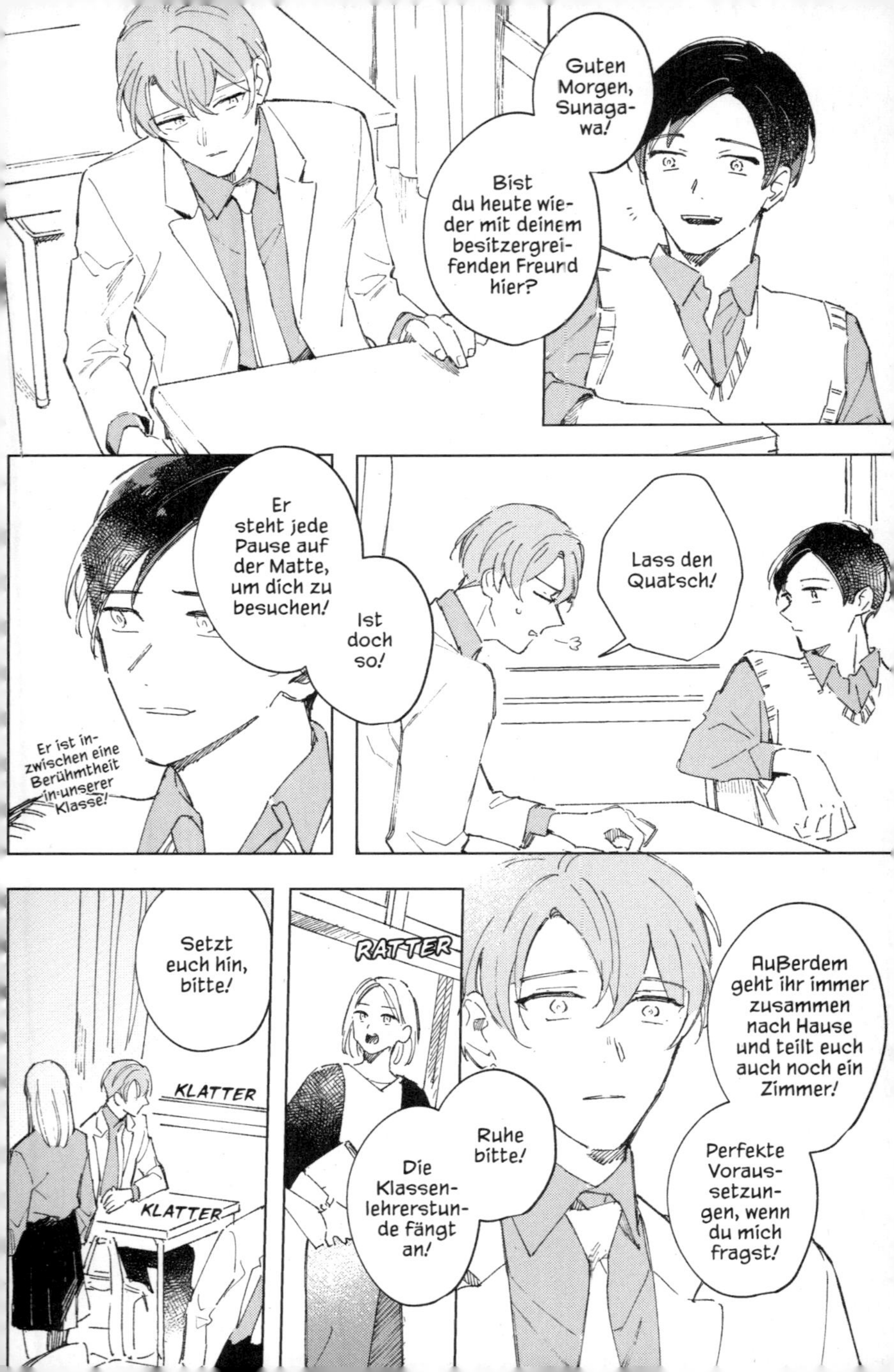
Guten Morgen, Sunagawa!
Bist du heute wieder mit deinem besitzergreifenden Freund hier?
Lass den Quatsch!
Er steht jede Pause auf der Matte, um dich zu besuchen!
Ist doch so!
Er ist inzwischen eine Berühmtheit in unserer Klasse!
Außerdem geht ihr immer zusammen nach Hause und teilt euch auch noch ein Zimmer!
Perfekte Voraussetzungen, wenn du mich fragst!
RATTER
Ruhe bitte!
Die Klassenlehrerstunde fängt an!
Setzt euch hin, bitte!
KLATTER
KLATTER

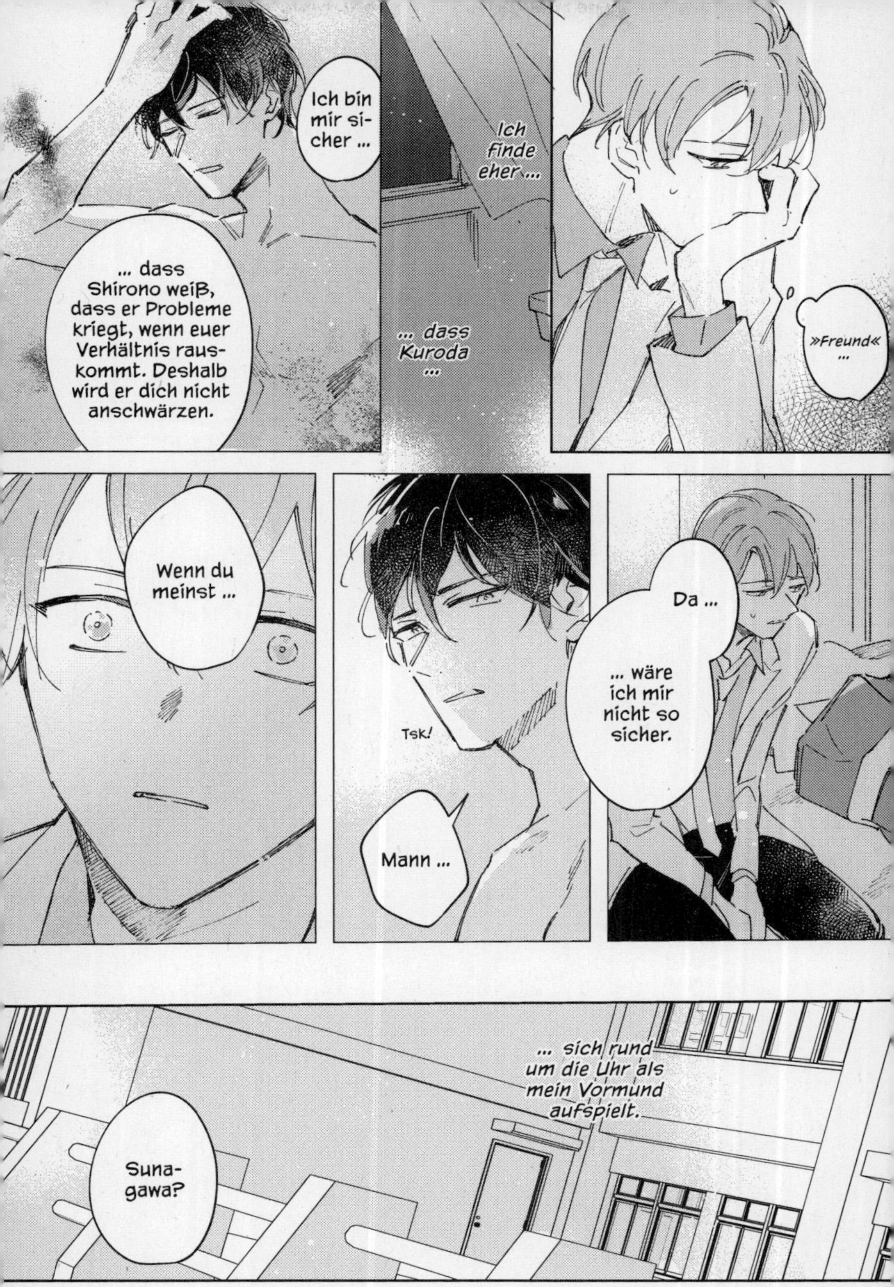

»Freund« ...

Ich finde eher ...

... dass Kuroda ...

Ich bin mir sicher ...

... dass Shirono weiß, dass er Probleme kriegt, wenn euer Verhältnis rauskommt. Deshalb wird er dich nicht anschwärzen.

Da ...

... wäre ich mir nicht so sicher.

Tsk!

Mann ...

Wenn du meinst ...

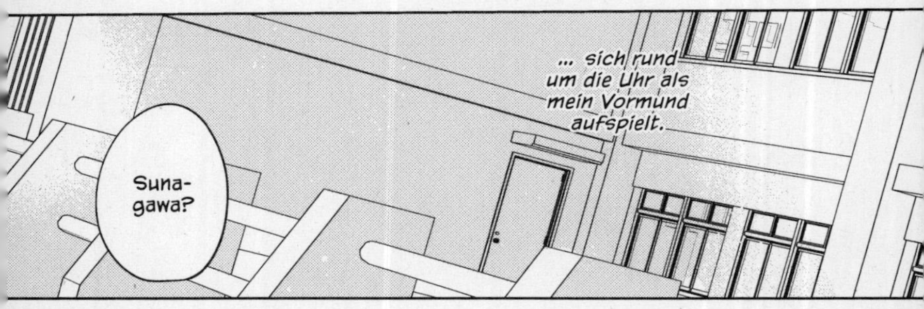

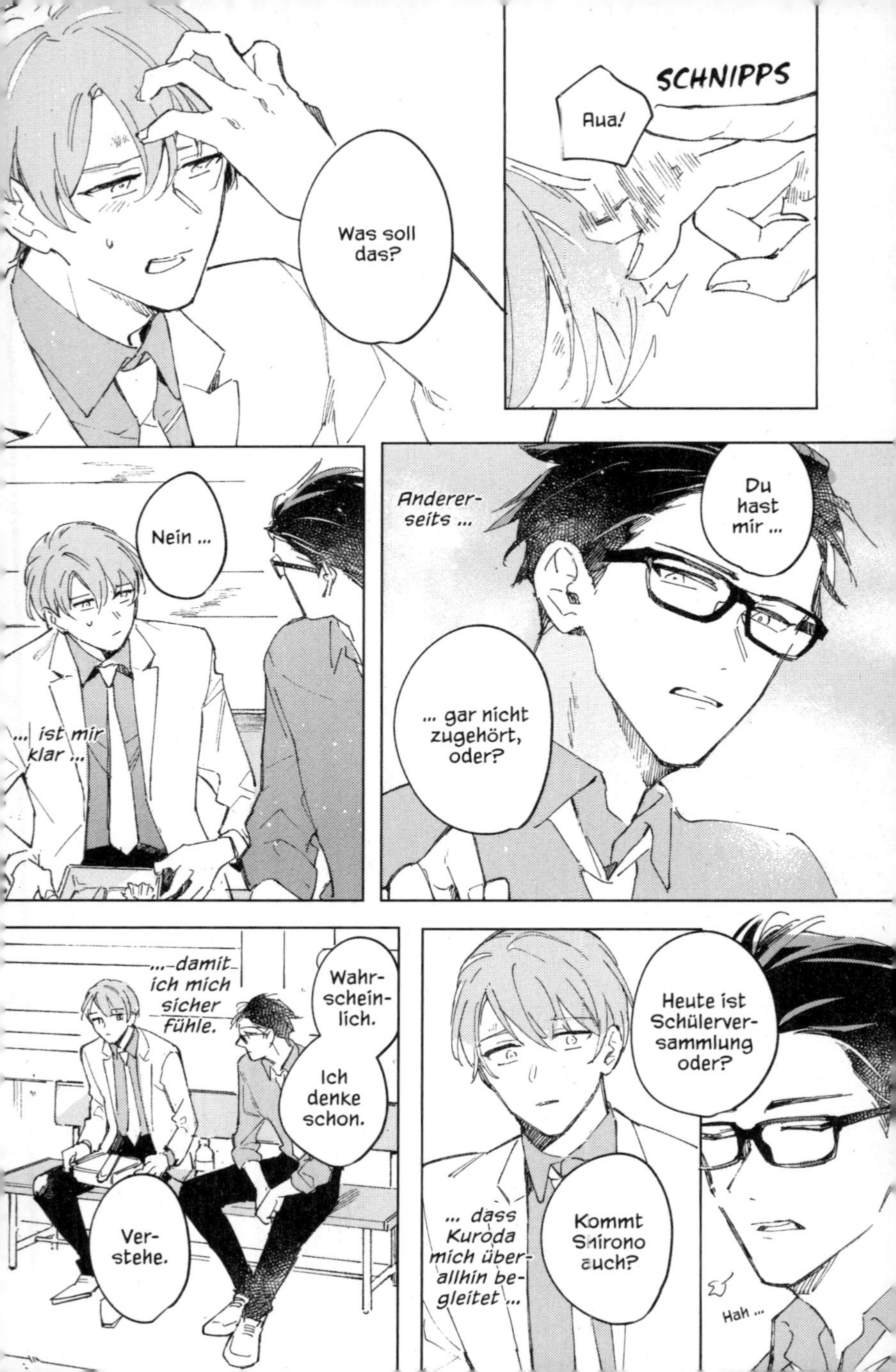
SCHNIPPS
Aua!
Was soll das?
Du hast mir ...
Anderer-seits ...
... gar nicht zugehört, oder?
Nein ...
... ist mir klar ...
Heute ist Schülerver-sammlung oder?
Hah ...
Kommt Shirono auch?
... dass Kuroda mich über-allhin be-gleitet ...
Wahr-schein-lich.
Ich denke schon.
... damit ich mich sicher fühle.
Ver-stehe.

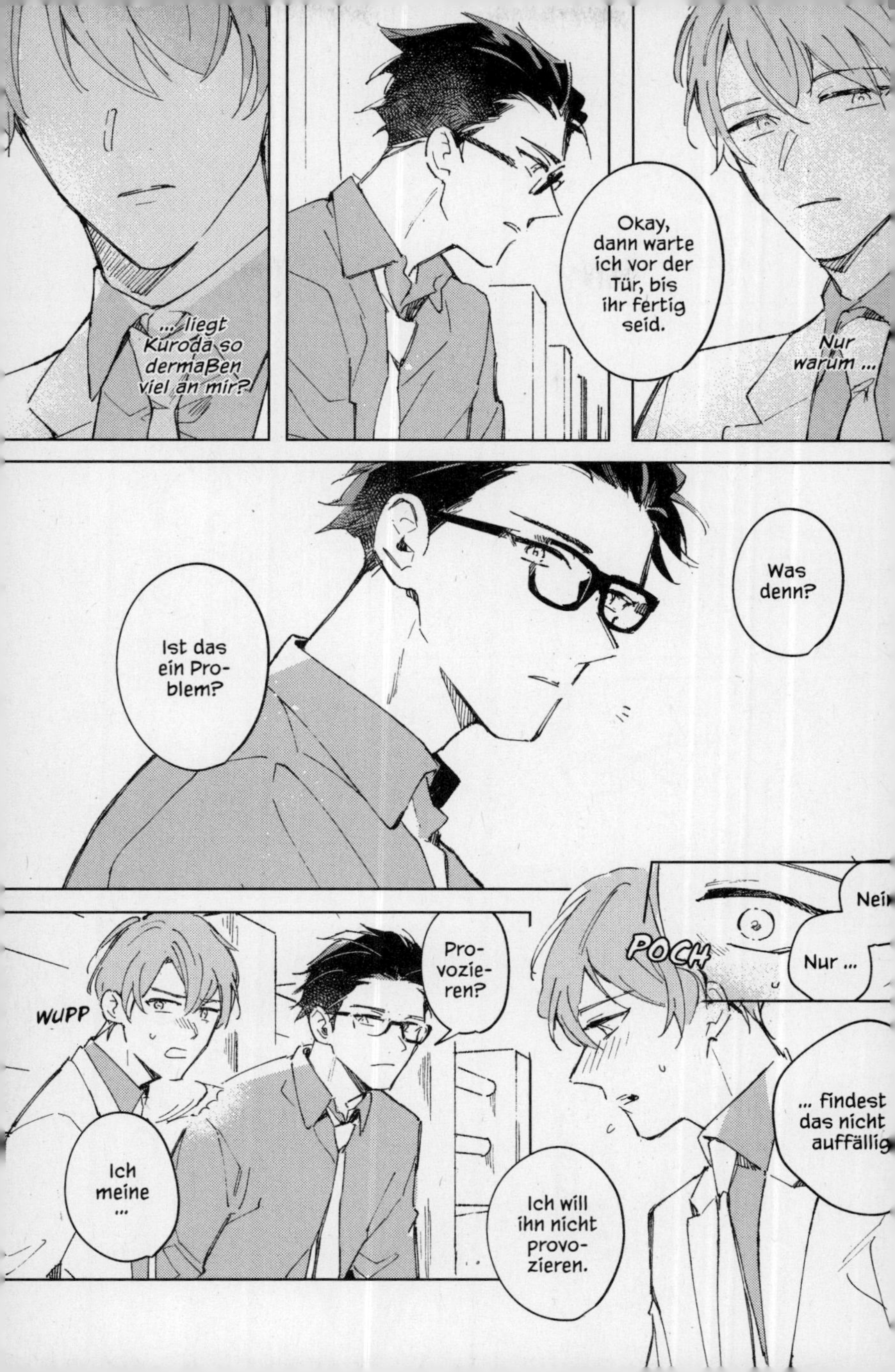
Nur warum ...
Okay, dann warte ich vor der Tür, bis ihr fertig seid.
... liegt Kuroda so dermaßen viel an mir?
Was denn?
Ist das ein Problem?
Nei
Nur ...
POCH
... findest das nicht auffällig
Ich will ihn nicht provozieren.
Provozieren?
WUPP
Ich meine ...

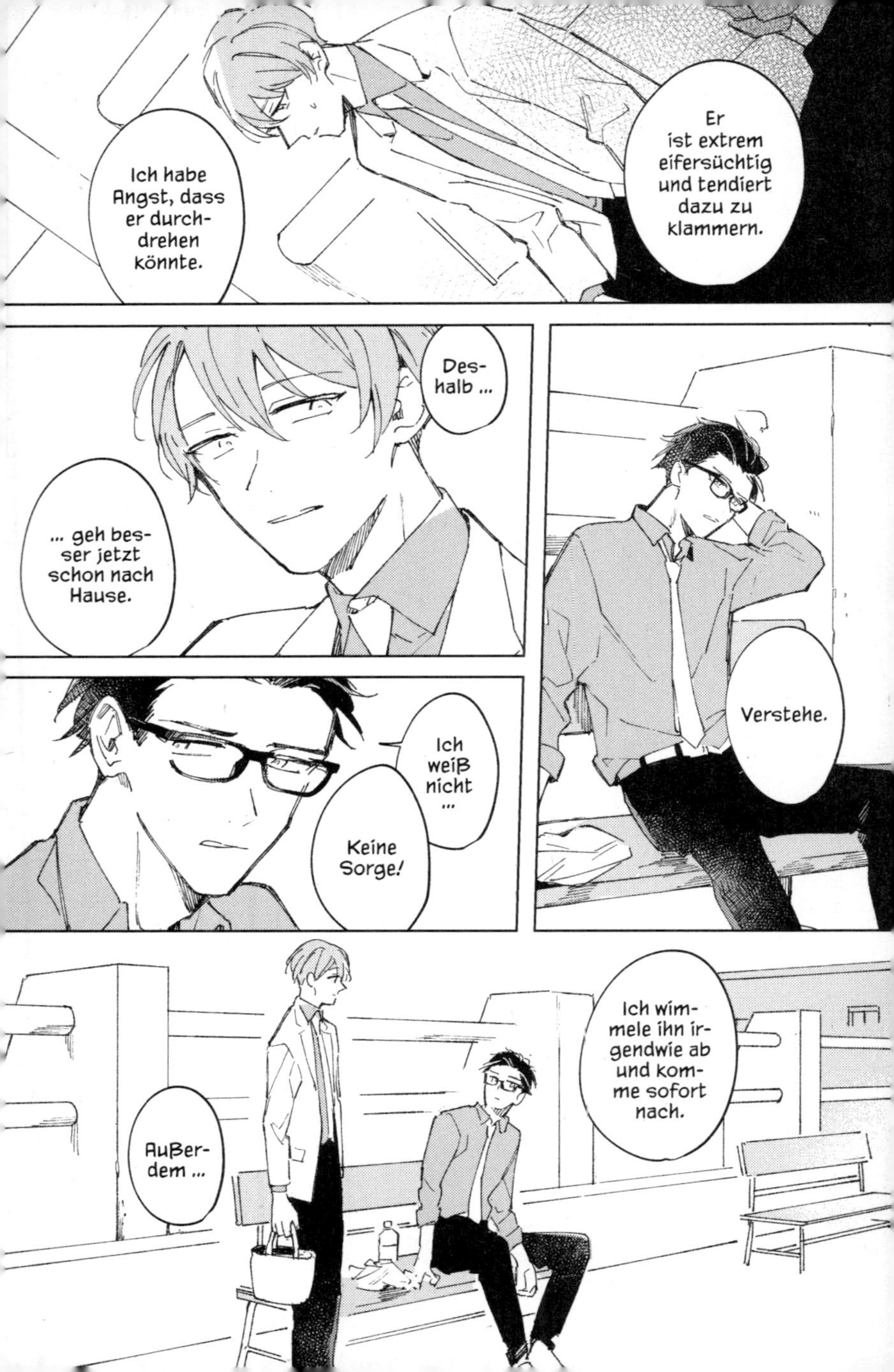
Er ist extrem eifersüchtig und tendiert dazu zu klammern.
Ich habe Angst, dass er durchdrehen könnte.
Deshalb ...
... geh besser jetzt schon nach Hause.
Verstehe.
Ich weiß nicht ...
Keine Sorge!
Ich wimmele ihn irgendwie ab und komme sofort nach.
Außerdem ...

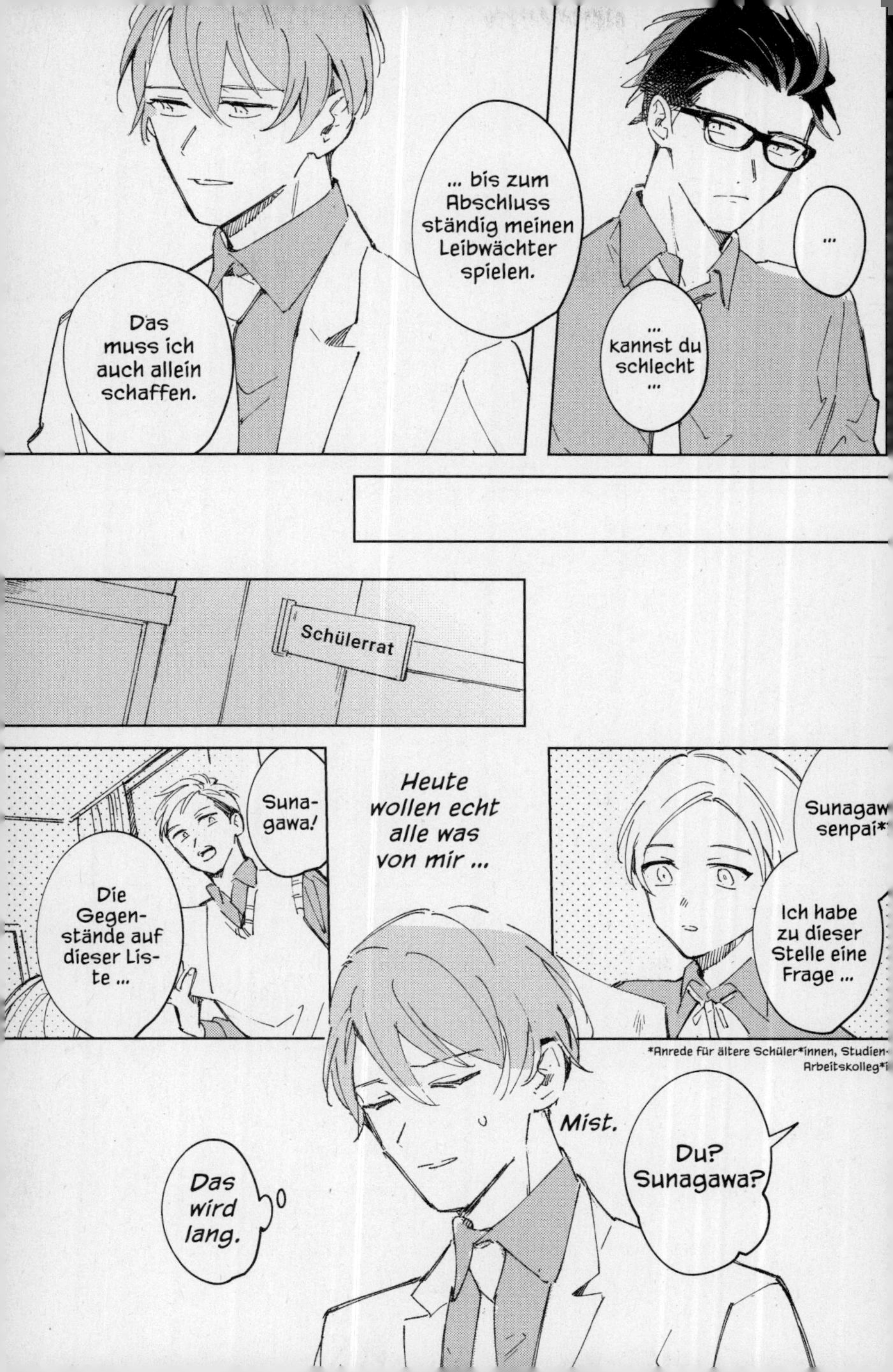
...
... kannst du schlecht ...
... bis zum Abschluss ständig meinen Leibwächter spielen.
Das muss ich auch allein schaffen.
Schülerrat
Sunagaw
senpai*
Ich habe zu dieser Stelle eine Frage ...
Heute wollen echt alle was von mir ...
Sunagawa!
Die Gegenstände auf dieser Liste ...
*Anrede für ältere Schüler*innen, Studien-
Arbeitskolleg*i
Du? Sunagawa?
Mist.
Das wird lang.

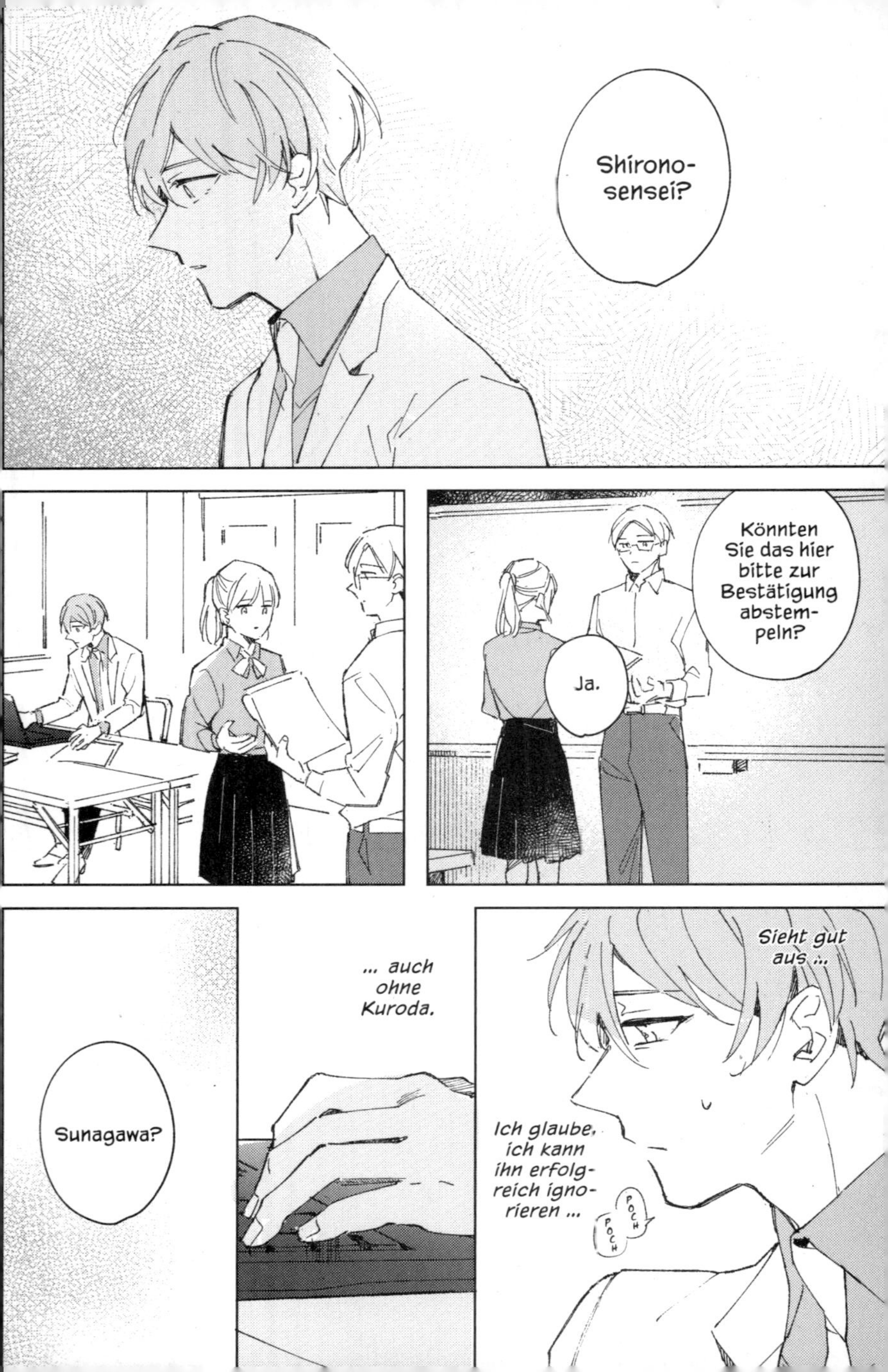

Shirono-sensei?

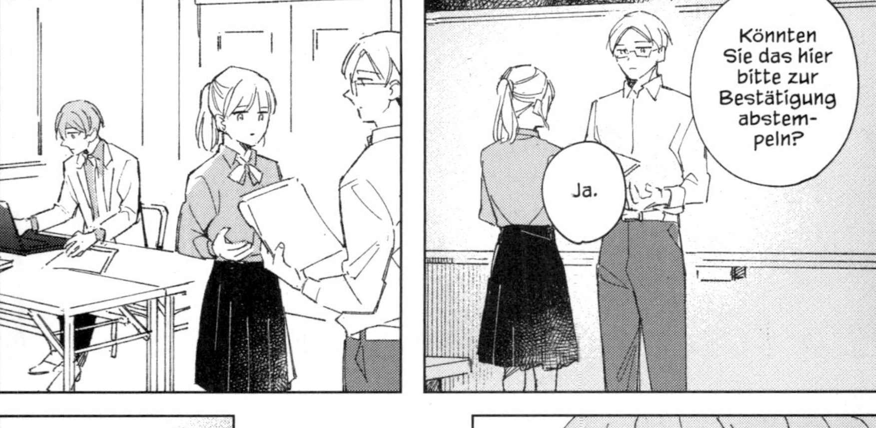

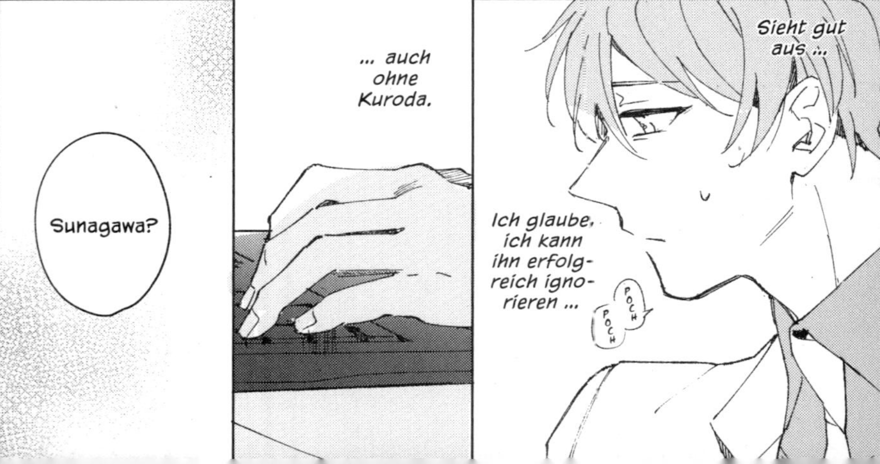

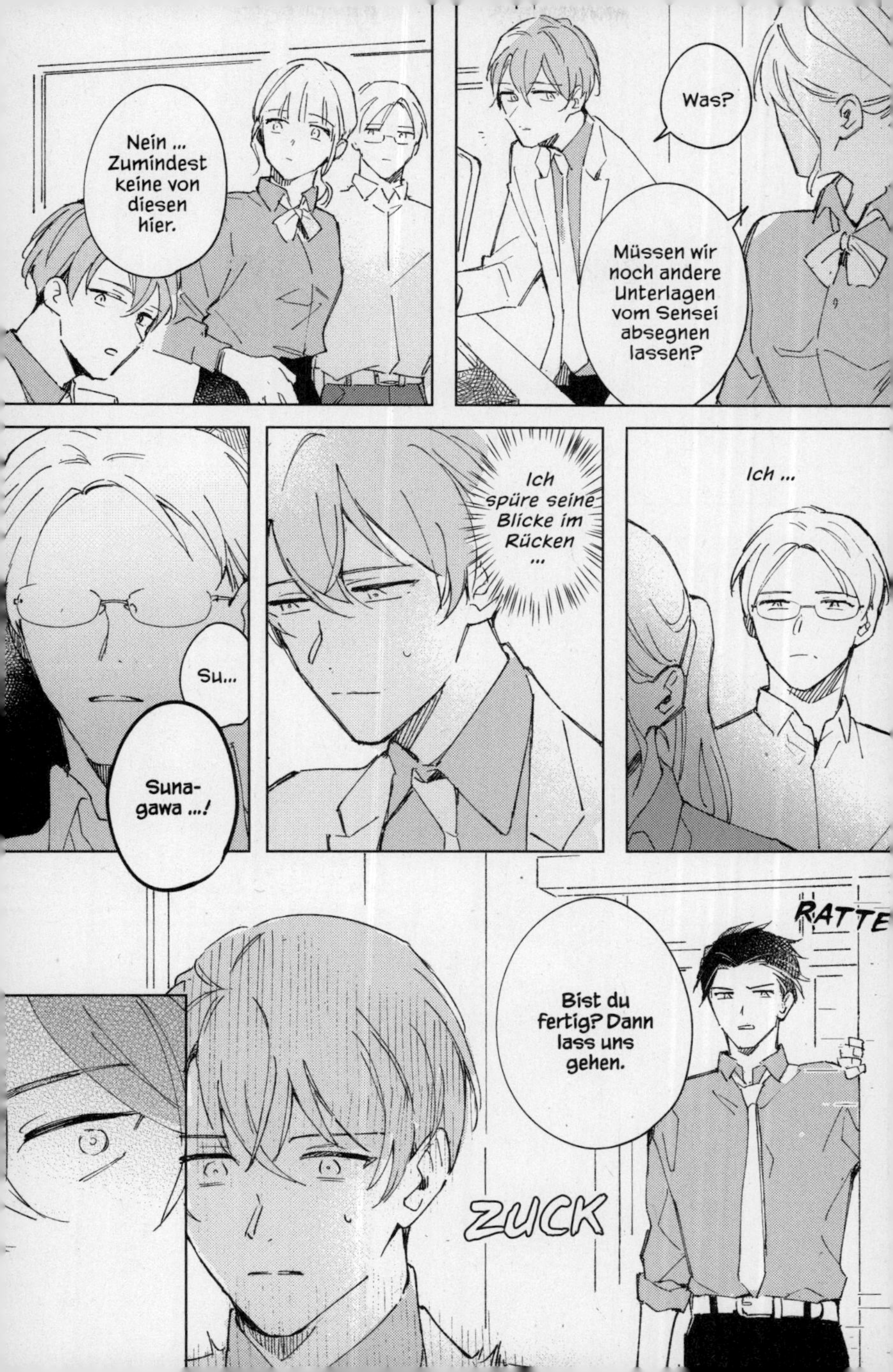
Was?
Müssen wir noch andere Unterlagen vom Sensei absegnen lassen?
Nein ... Zumindest keine von diesen hier.
Ich ...
Ich spüre seine Blicke im Rücken ...
Su...
Suna-gawa ...!
RATTE
Bist du fertig? Dann lass uns gehen.
ZUCK

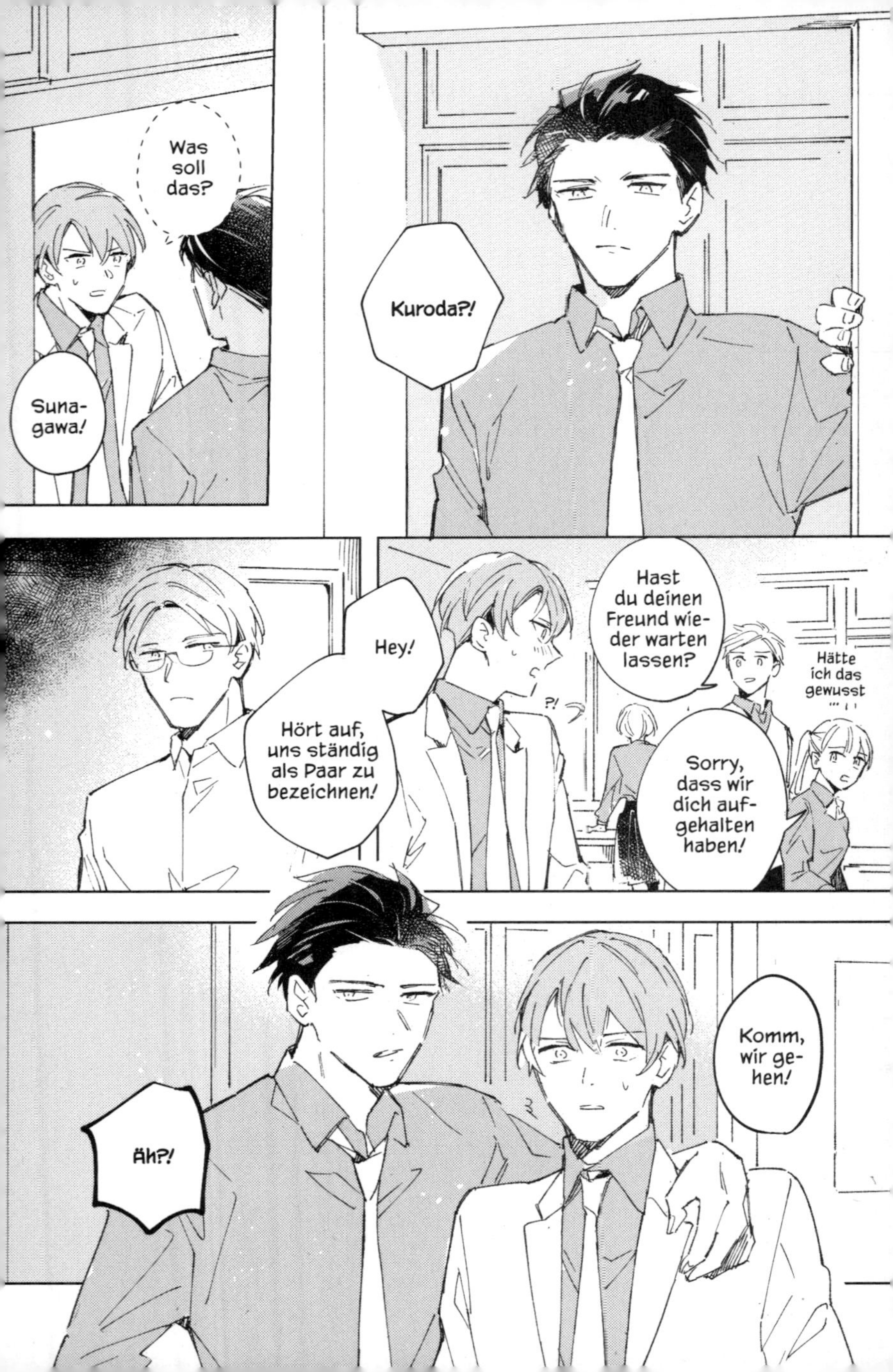
Kuroda?!
Was soll das?
Suna-gawa!
Hätte ich das gewusst ...
Hast du deinen Freund wieder warten lassen?
Sorry, dass wir dich aufgehalten haben!
?!
Hey!
Hört auf, uns ständig als Paar zu bezeichnen!
Komm, wir gehen!
Äh?!

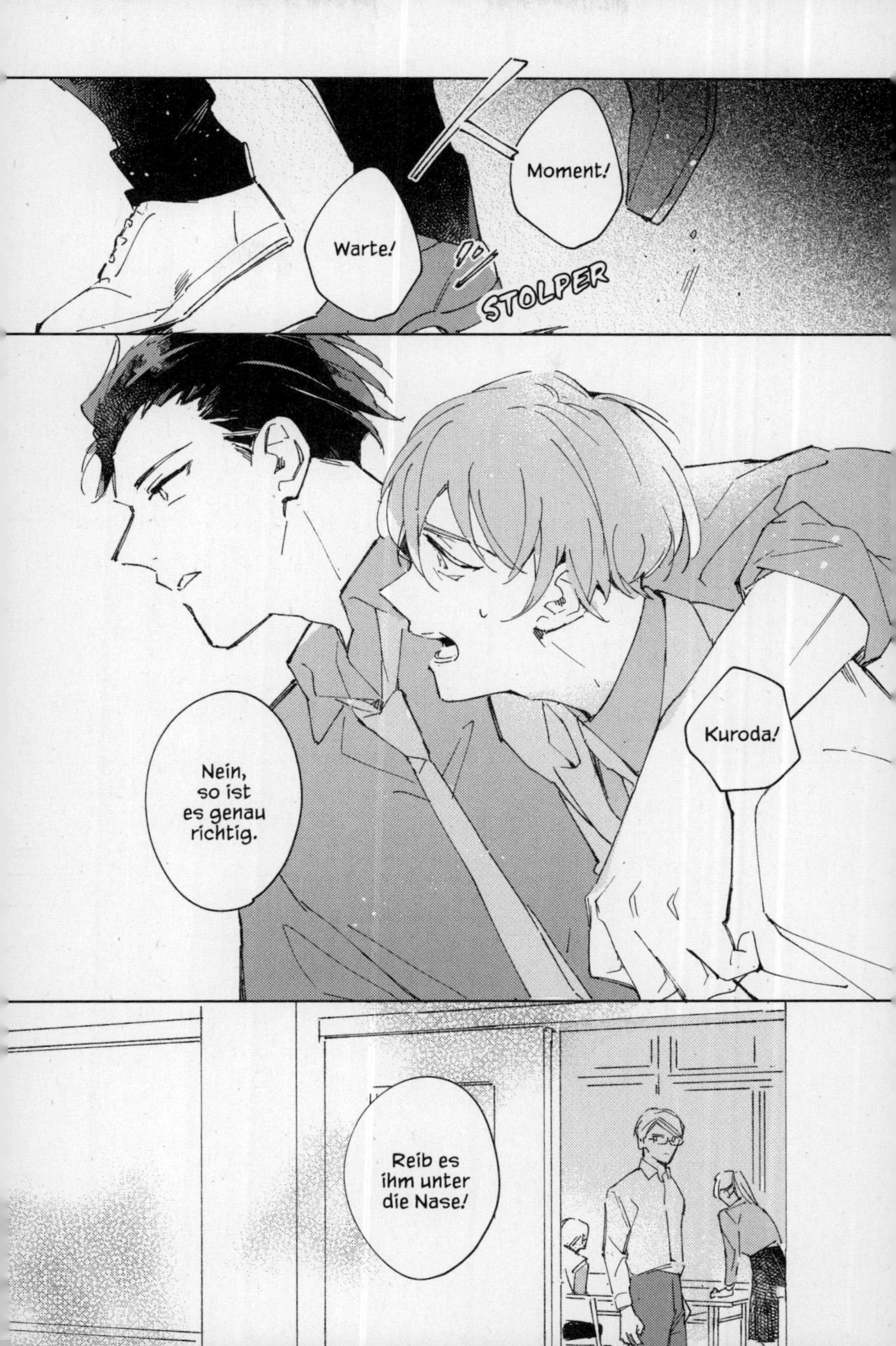
Moment!
Warte!
STOLPER
Kuroda!
Nein, so ist es genau richtig.
Reib es ihm unter die Nase!

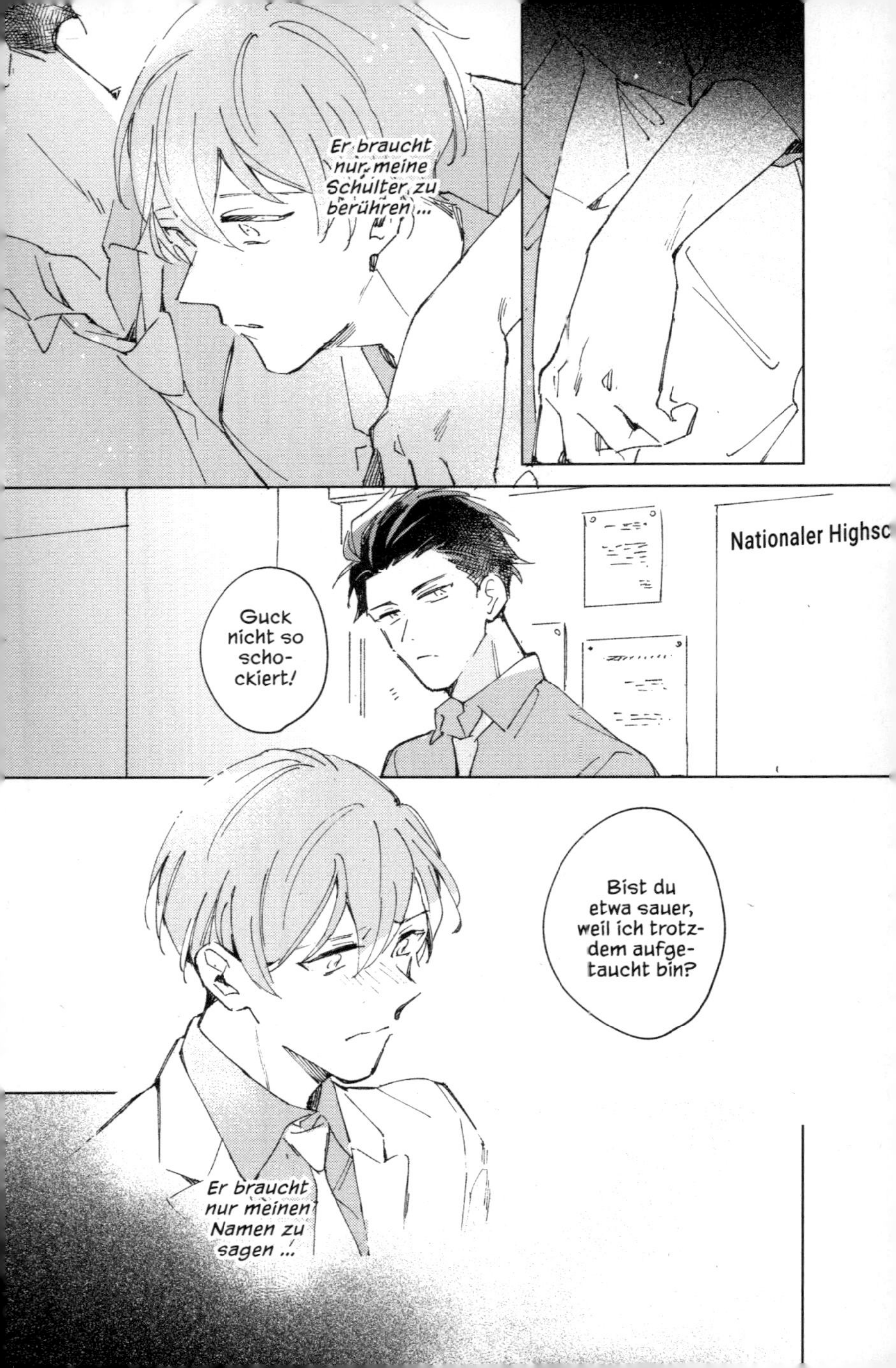
Er braucht nur meine Schulter zu berühren ...
Nationaler Highsc
Guck nicht so schockiert!
Bist du etwa sauer, weil ich trotzdem aufgetaucht bin?
Er braucht nur meinen Namen zu sagen ...

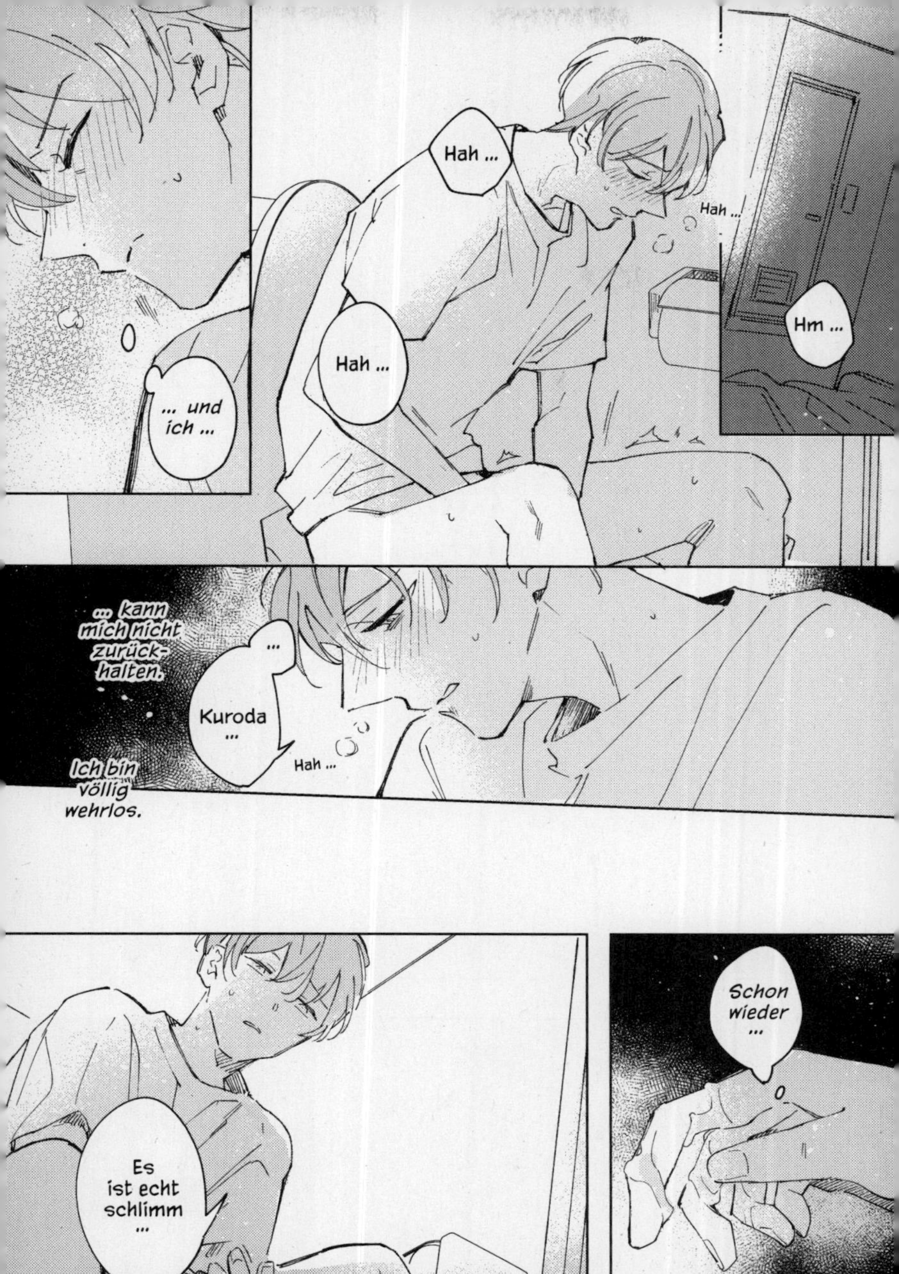
Hm ...
Hah ...
Hah ...
Hah ...
... und ich ...
Hah ...
... Kuroda ...
... kann mich nicht zurückhalten.
Ich bin völlig wehrlos.
Schon wieder ...
Es ist echt schlimm ...

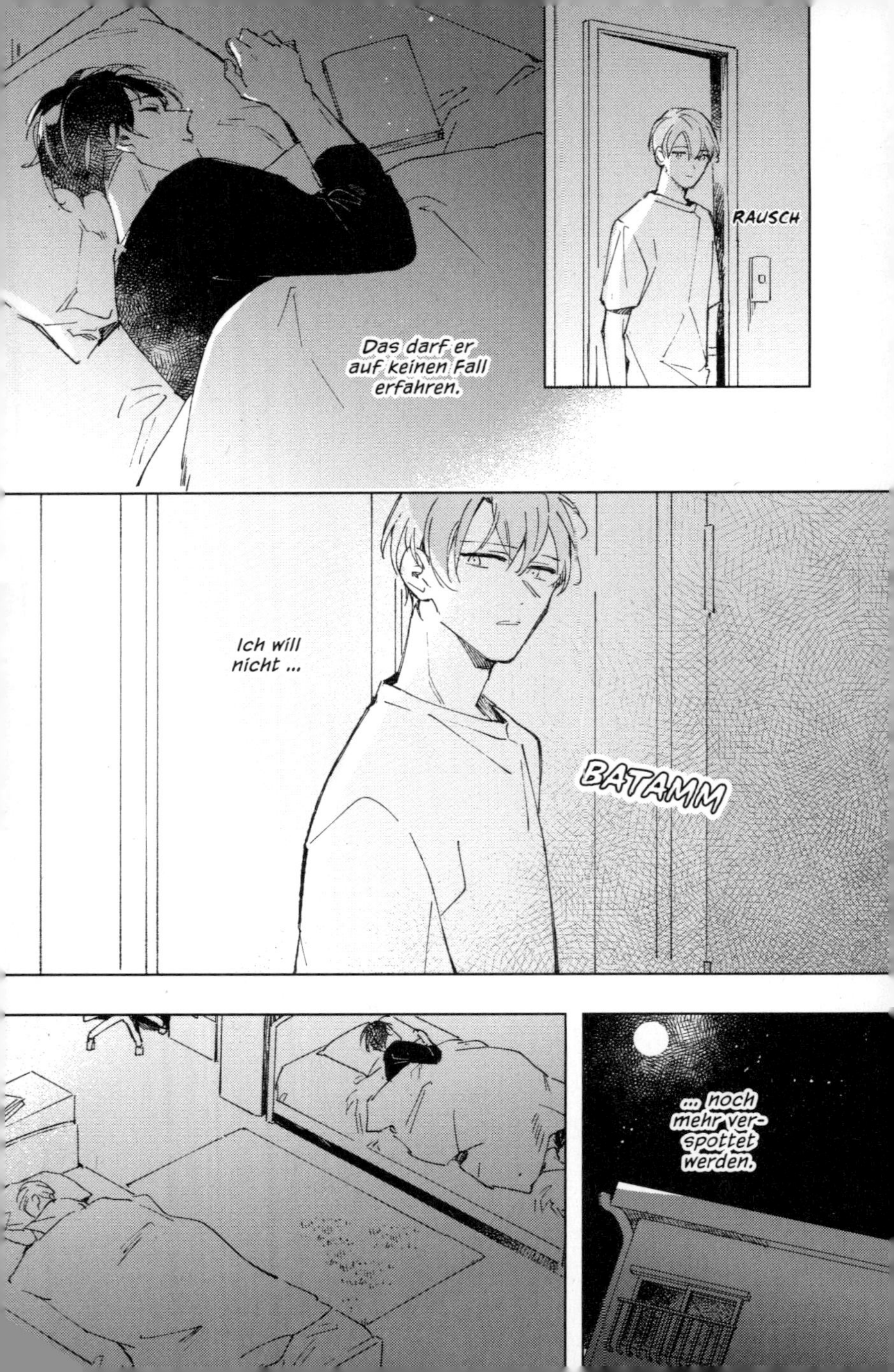

RAUSCH

Das darf er auf keinen Fall erfahren.

Ich will nicht ...

BATAMM

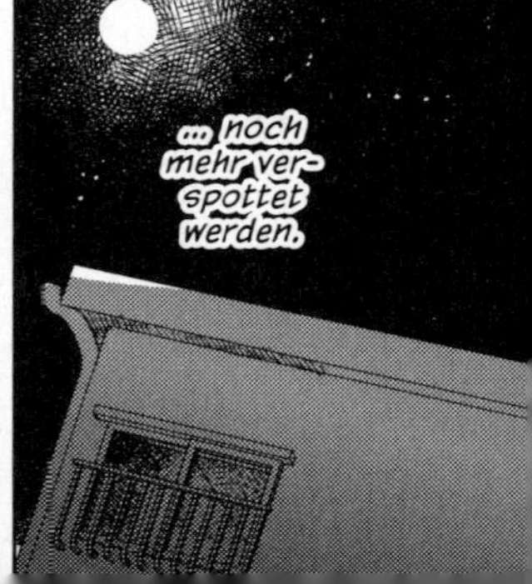

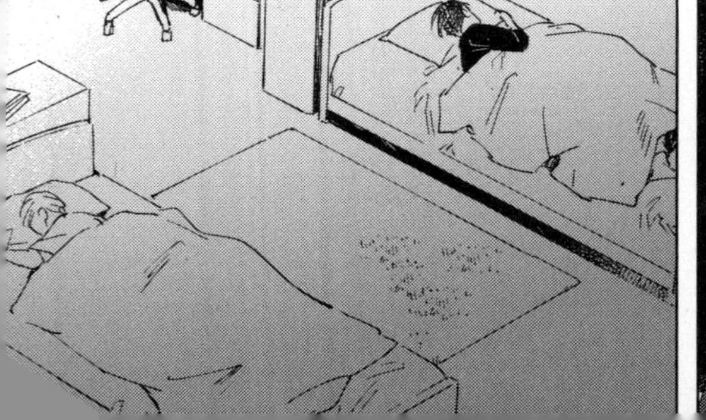

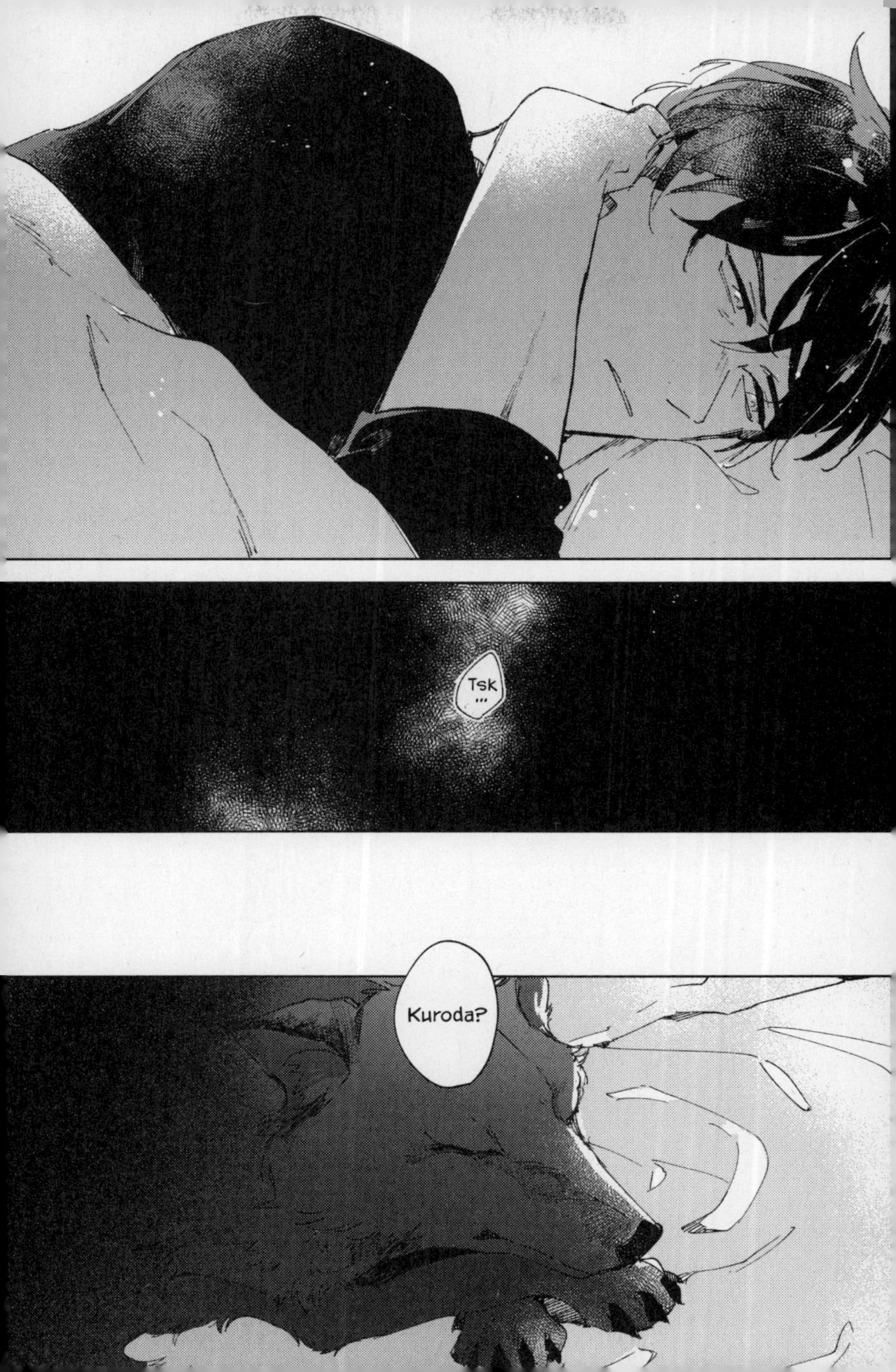

Tsk...

Kuroda?

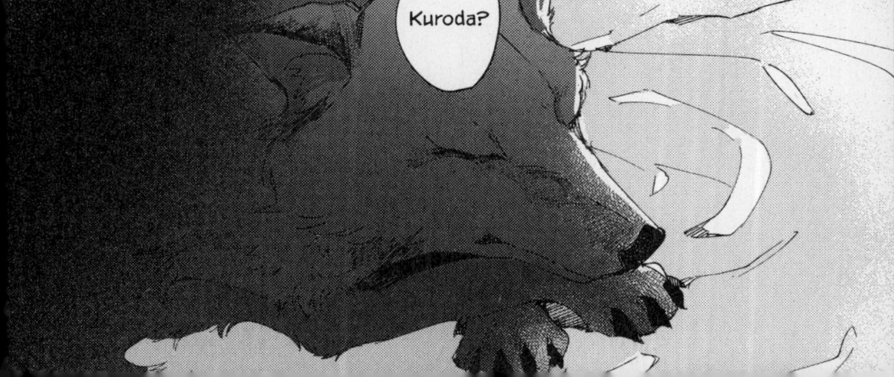

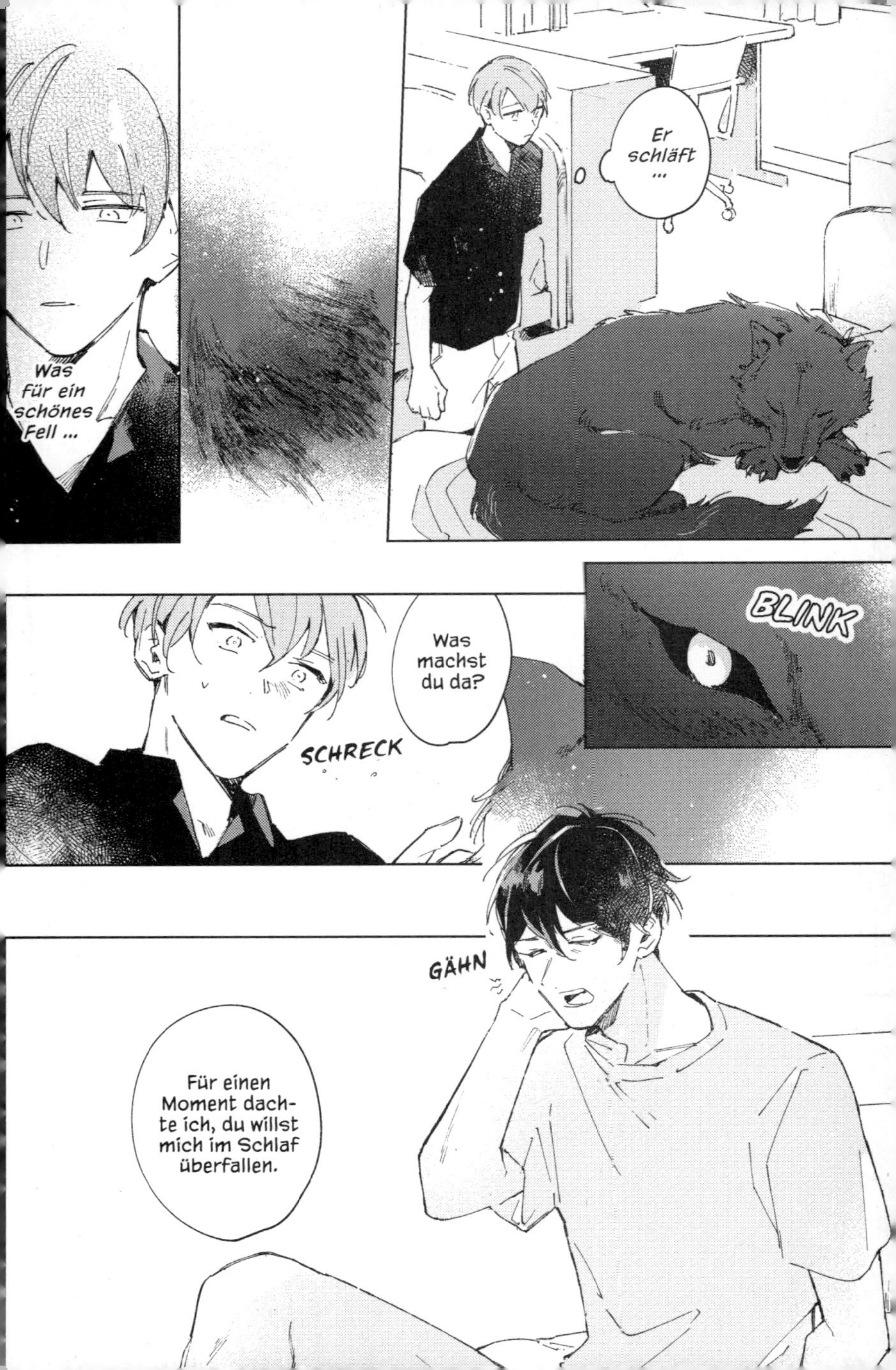
Er schläft ...
Was für ein schönes Fell ...
BLINK
Was machst du da?
SCHRECK
GÄHN
Für einen Moment dach-te ich, du willst mich im Schlaf überfallen.

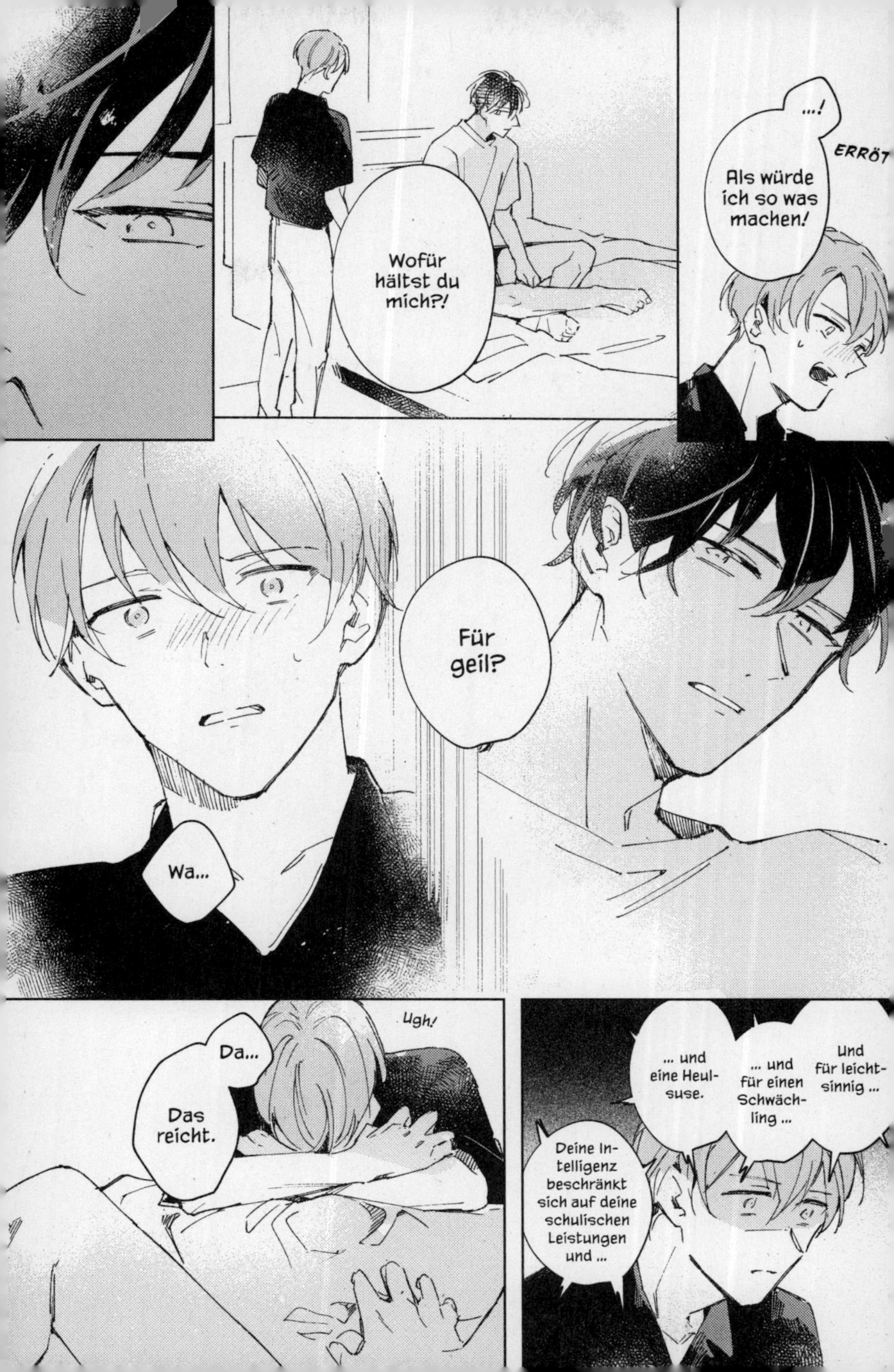

Wofür hältst du mich?!
...!
ERRÖT
Als würde ich so was machen!
Für geil?
Wa...
Ugh!
Da...
Das reicht.
Und für leichtsinnig ...
... und für einen Schwächling ...
... und eine Heulsuse.
Deine Intelligenz beschränkt sich auf deine schulischen Leistungen und ...

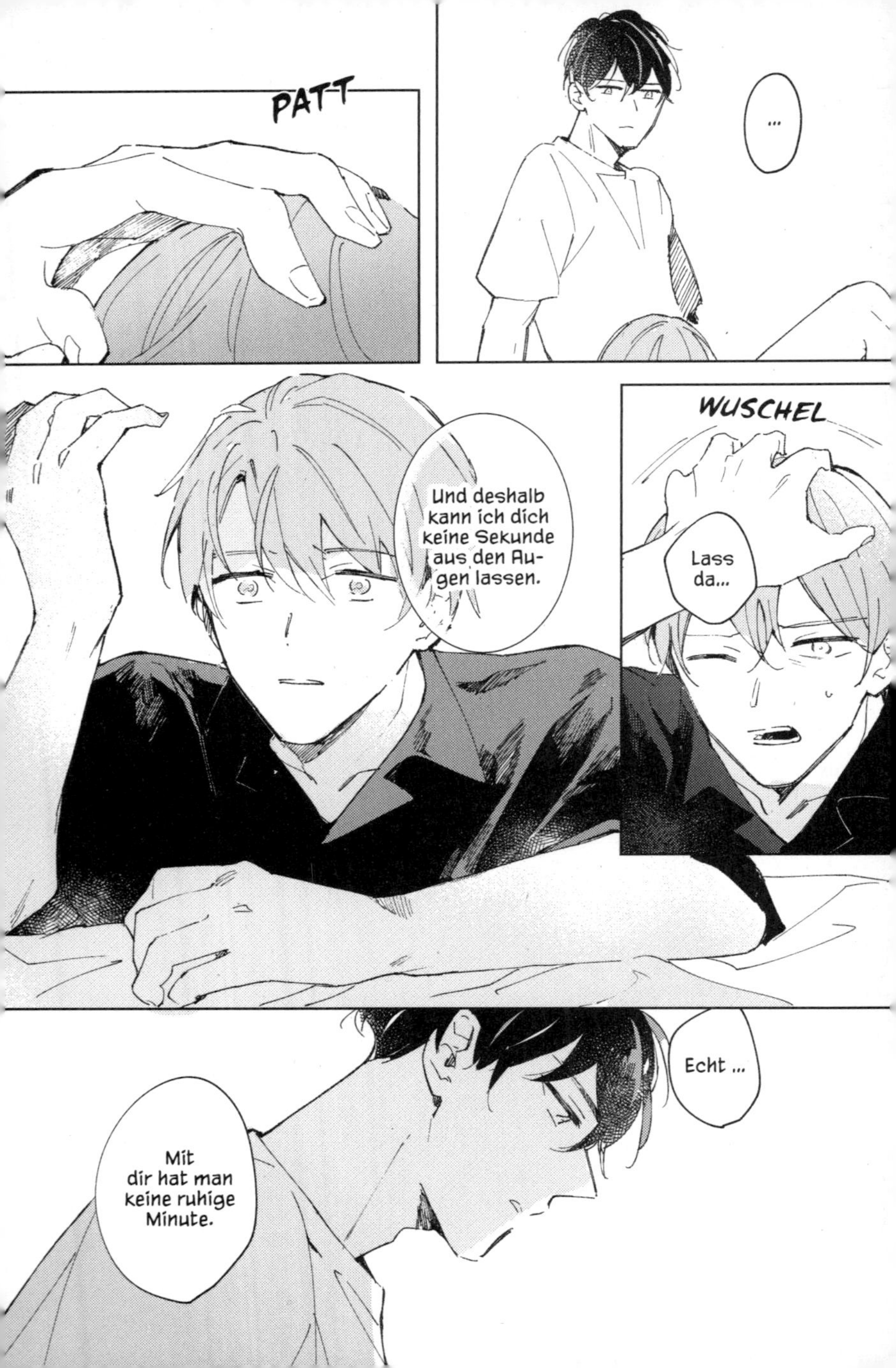
PATT
…
WUSCHEL
Lass da…
Und deshalb kann ich dich keine Sekunde aus den Augen lassen.
Echt …
Mit dir hat man keine ruhige Minute.

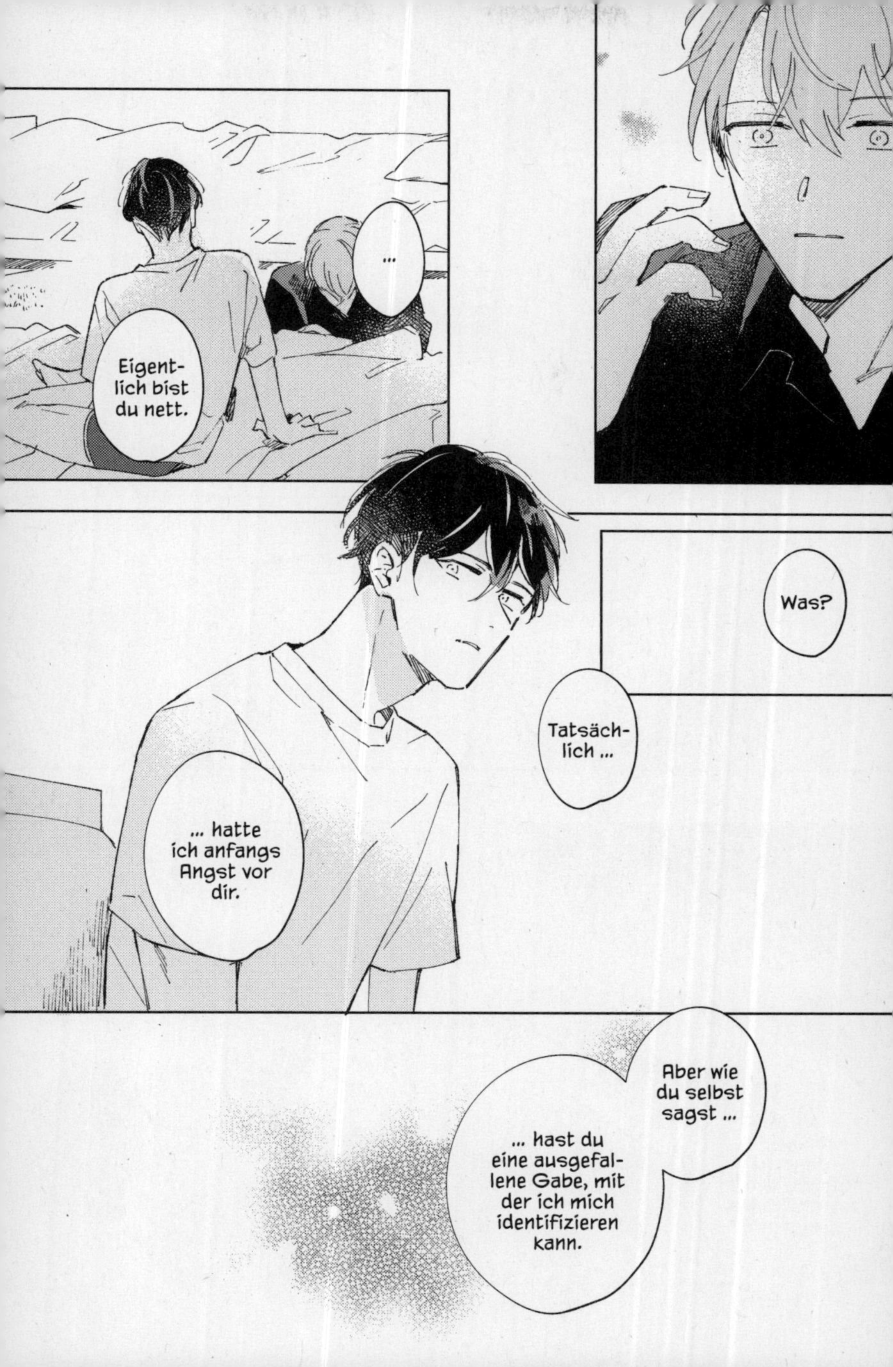
...
Eigentlich bist du nett.
Was?
Tatsächlich ...
... hatte ich anfangs Angst vor dir.
Aber wie du selbst sagst ...
... hast du eine ausgefallene Gabe, mit der ich mich identifizieren kann.

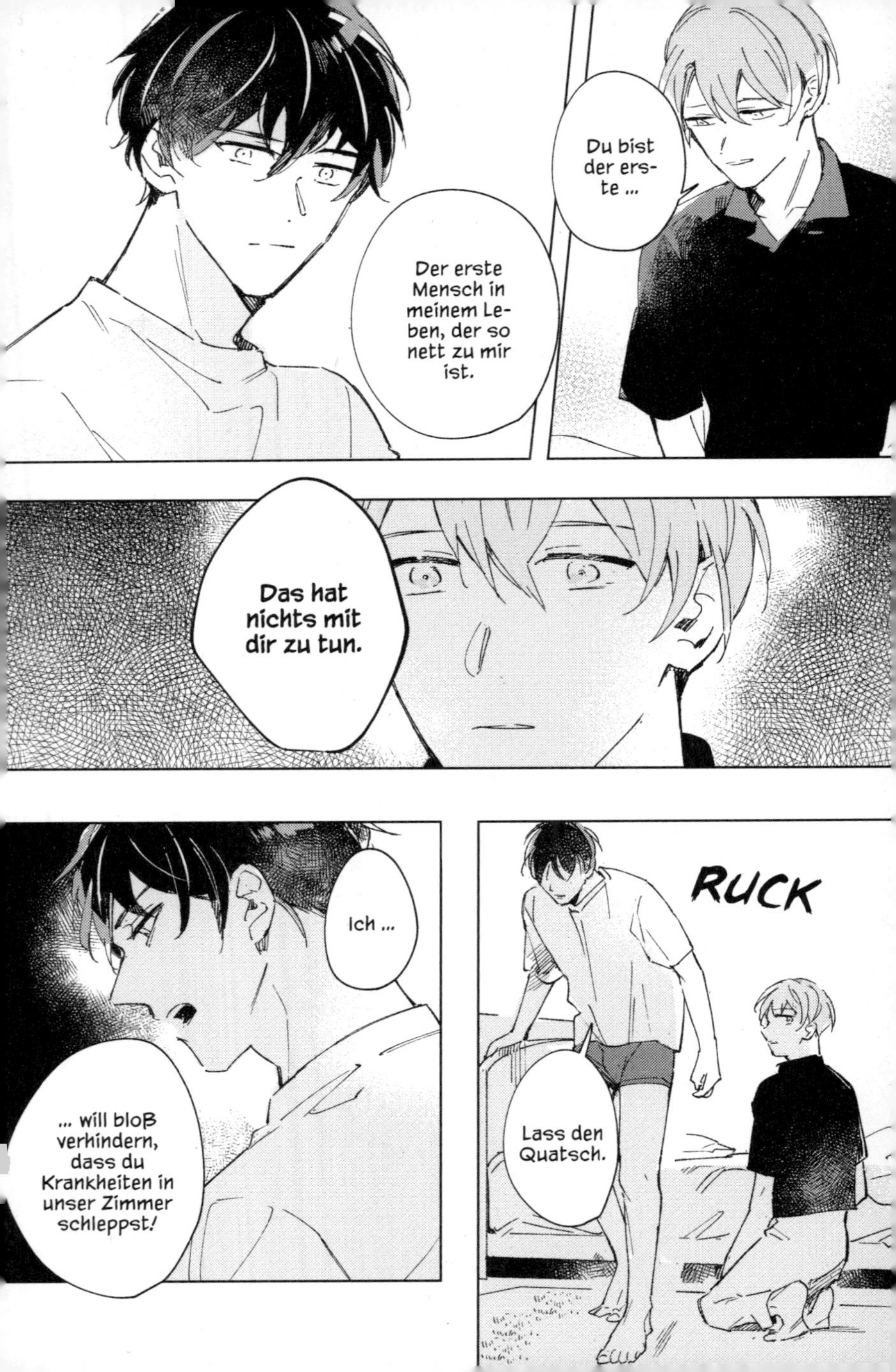

Du bist der erste ...

Der erste Mensch in meinem Leben, der so nett zu mir ist.

Das hat nichts mit dir zu tun.

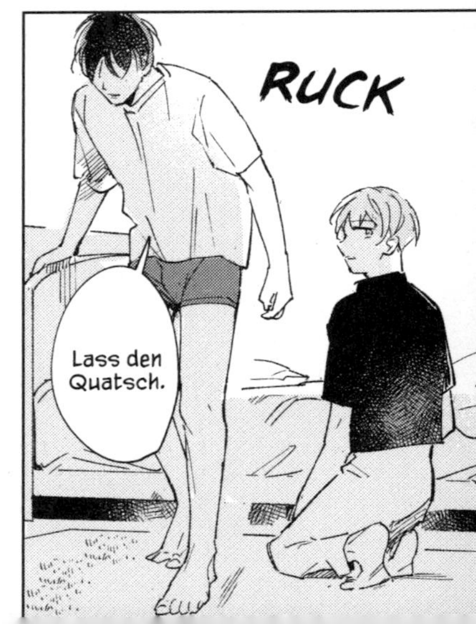

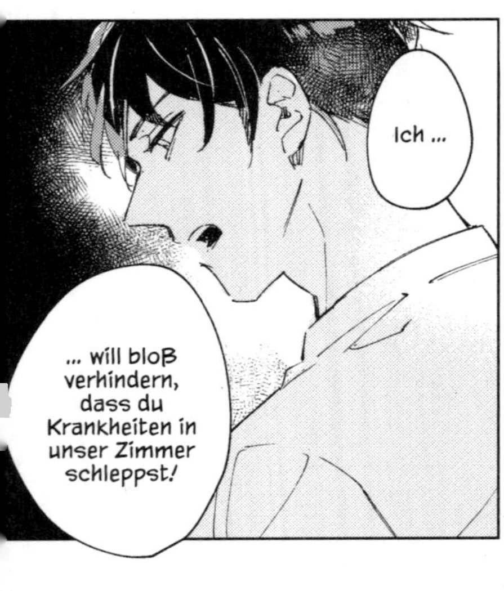

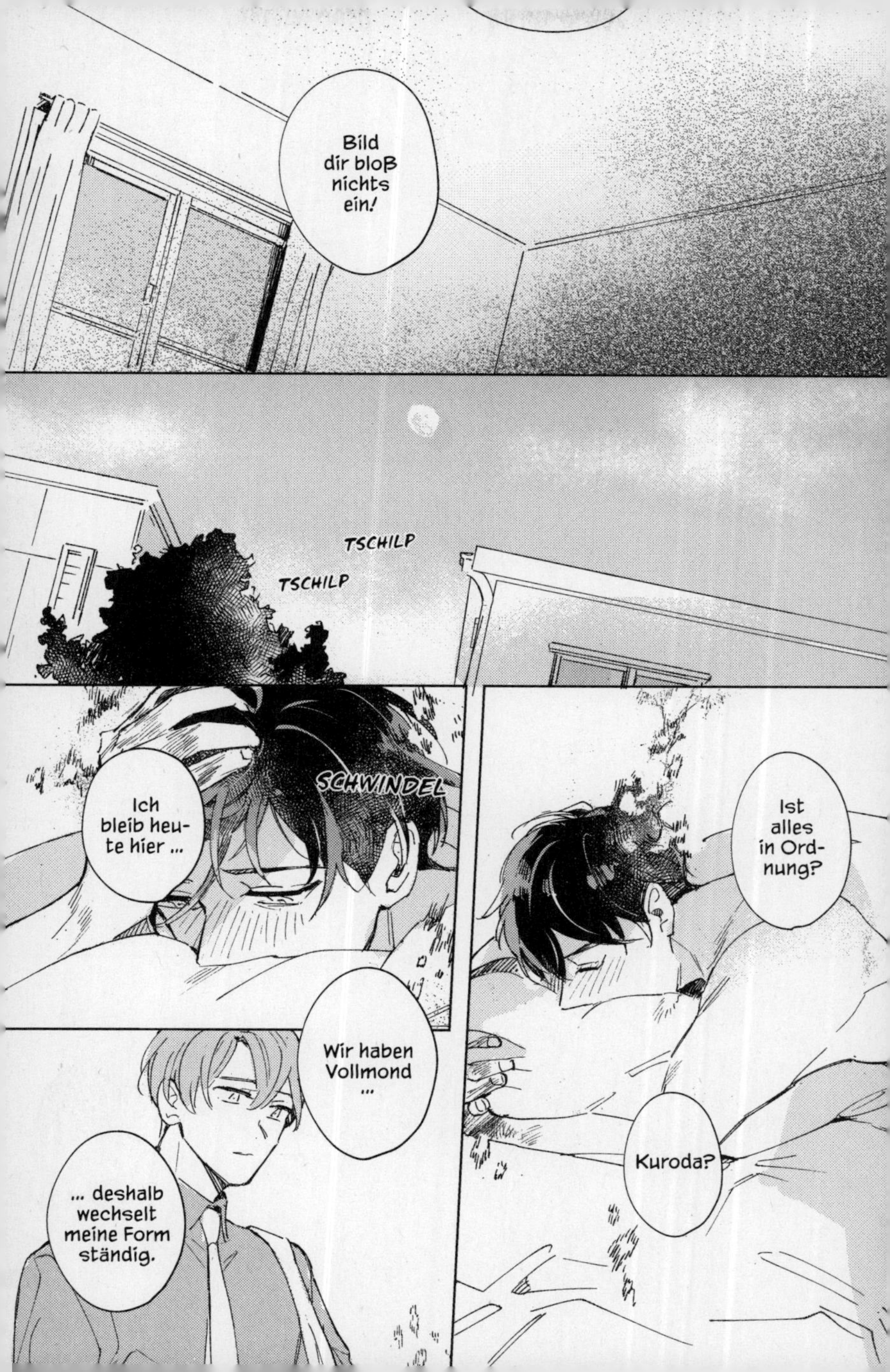
Bild dir bloß nichts ein!
TSCHILP
TSCHILP
Ist alles in Ordnung?
Kuroda?
SCHWINDEL
Ich bleib heute hier ...
Wir haben Vollmond ...
... deshalb wechselt meine Form ständig.

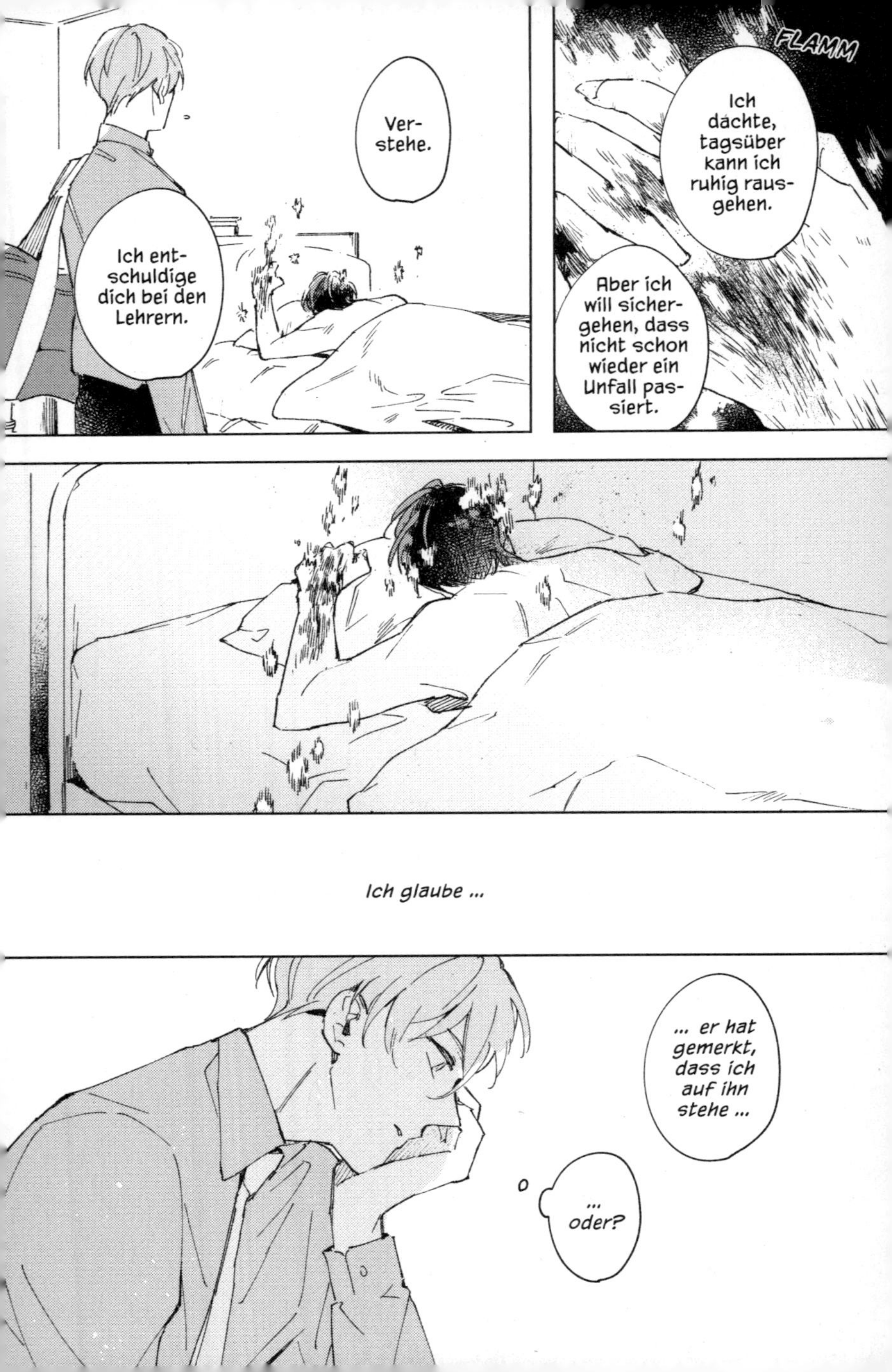

FLAMM

Ich dachte, tagsüber kann ich ruhig rausgehen.

Aber ich will sichergehen, dass nicht schon wieder ein Unfall passiert.

Verstehe.

Ich entschuldige dich bei den Lehrern.

Ich glaube ...

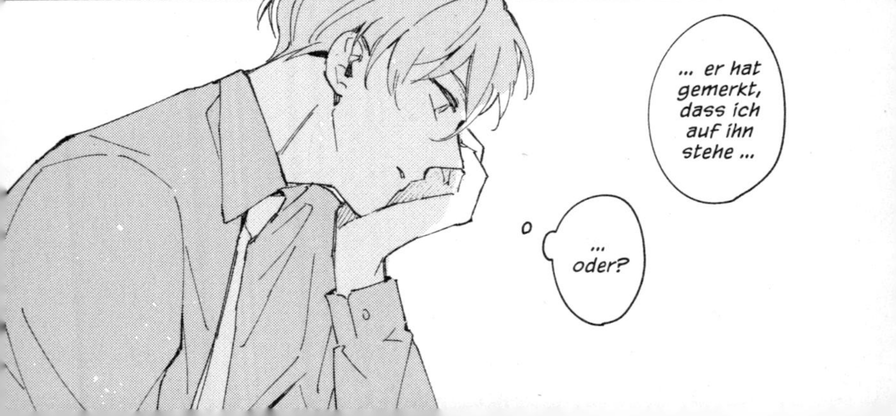

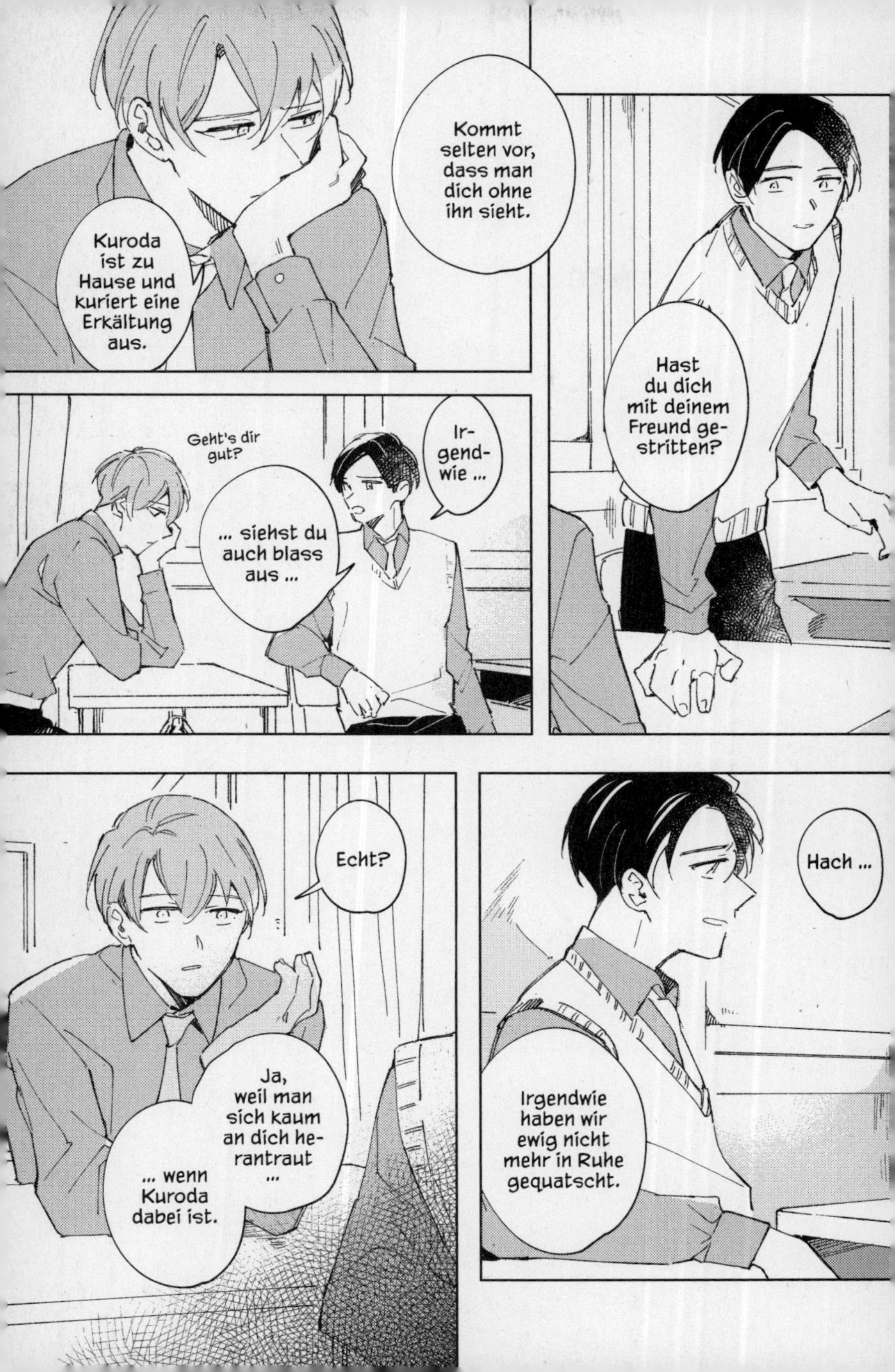

Hast du dich mit deinem Freund gestritten?

Kommt selten vor, dass man dich ohne ihn sieht.

Kuroda ist zu Hause und kuriert eine Erkältung aus.

Irgendwie ...

... siehst du auch blass aus ...

Geht's dir gut?

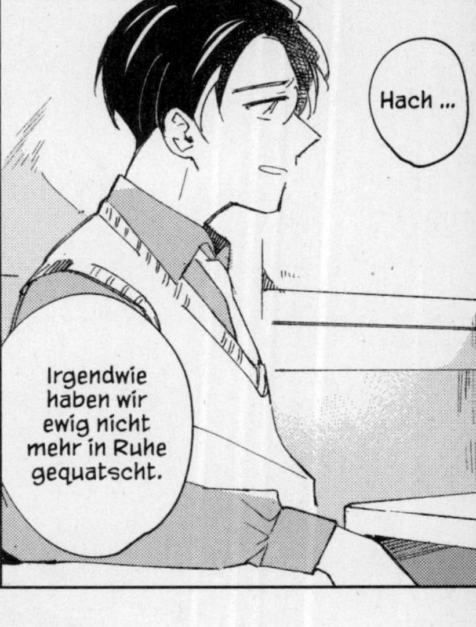

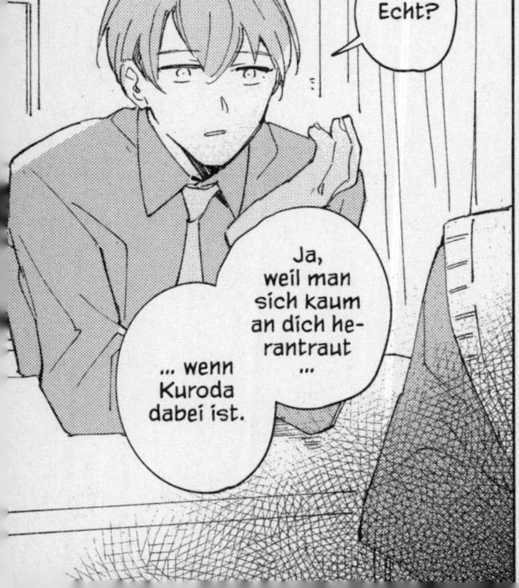

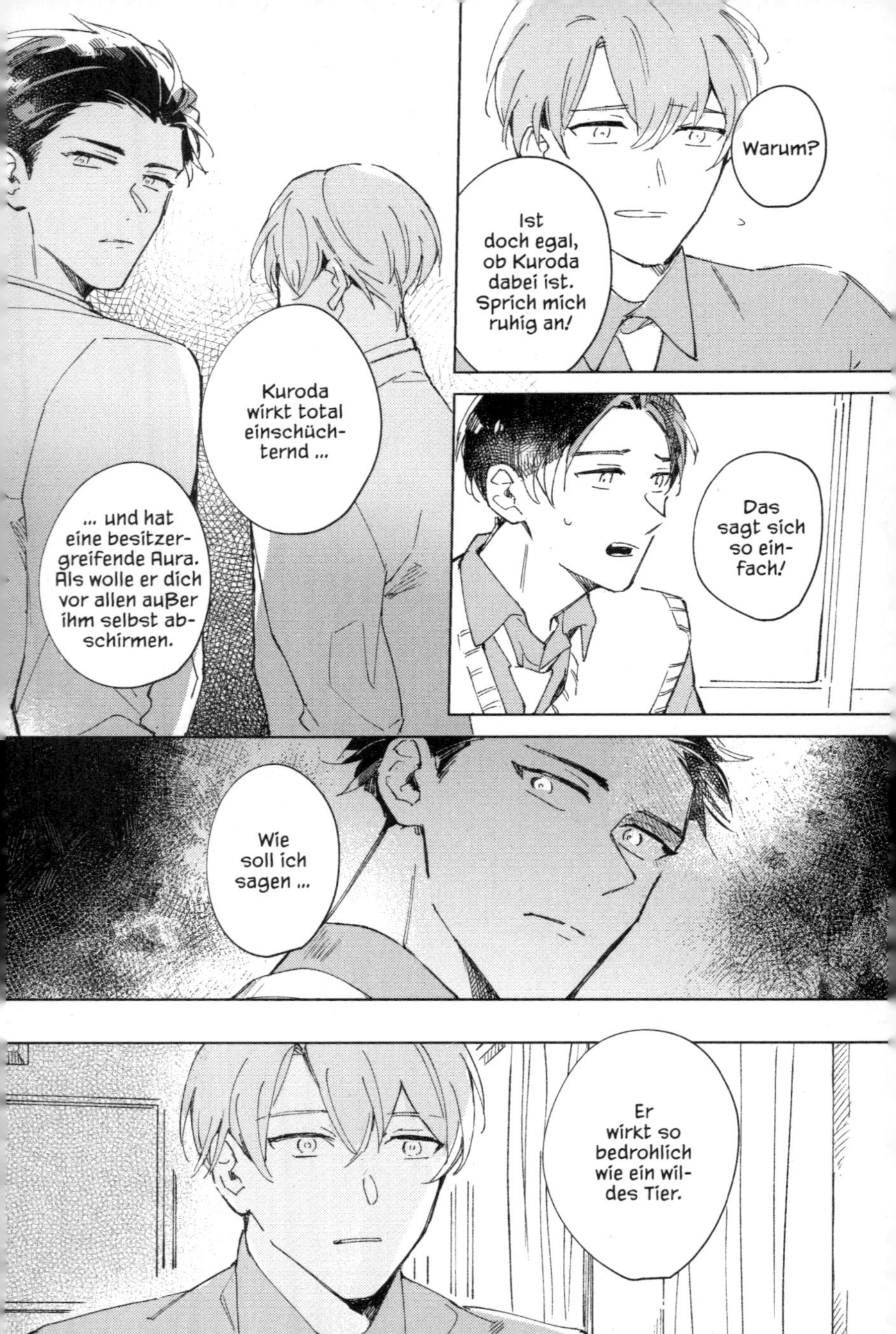
Warum?
Ist doch egal, ob Kuroda dabei ist. Sprich mich ruhig an!
Das sagt sich so einfach!
Kuroda wirkt total einschüchternd ...
... und hat eine besitzergreifende Aura. Als wolle er dich vor allen außer ihm selbst abschirmen.
Wie soll ich sagen ...
Er wirkt so bedrohlich wie ein wildes Tier.

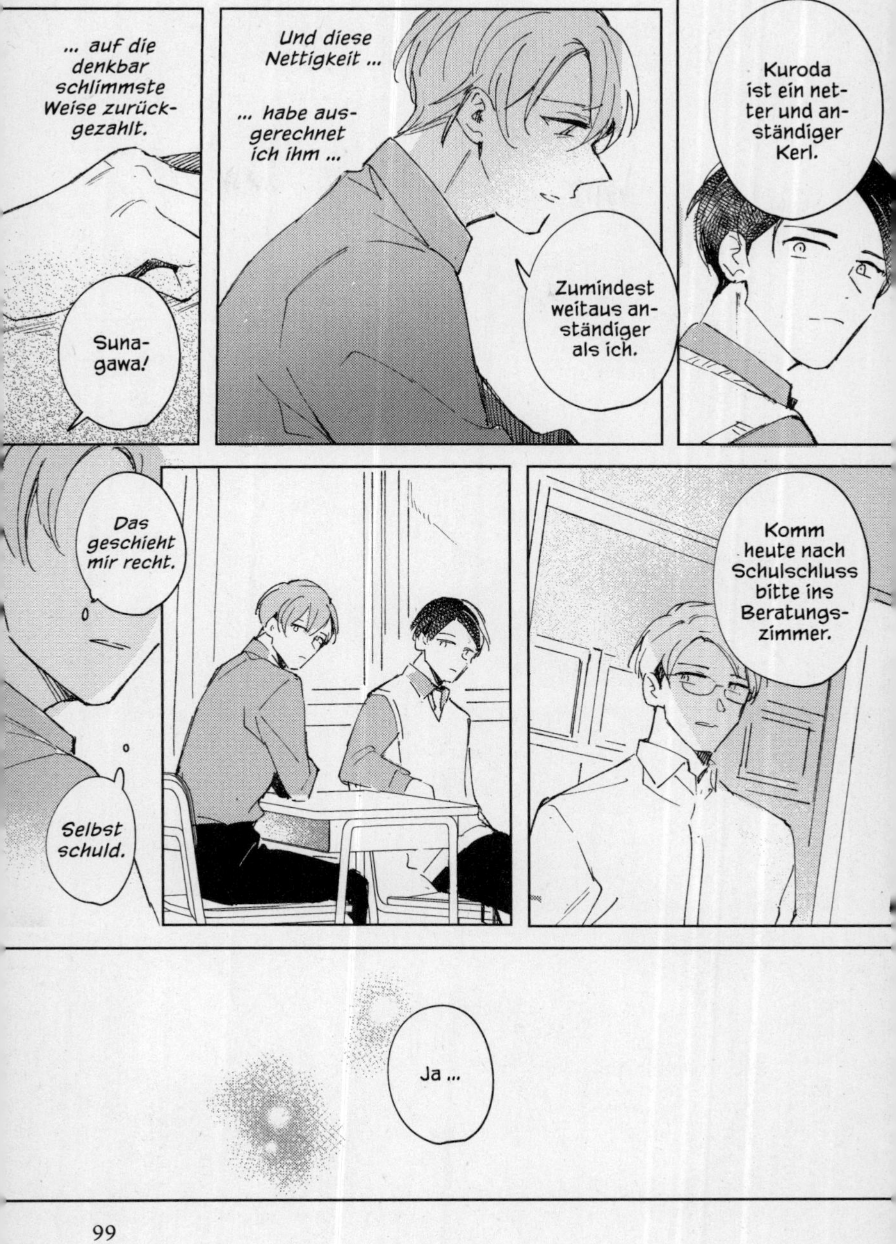

Kuroda ist ein netter und anständiger Kerl.

Zumindest weitaus anständiger als ich.

Und diese Nettigkeit ...

... habe ausgerechnet ich ihm ...

... auf die denkbar schlimmste Weise zurückgezahlt.

Sunagawa!

Komm heute nach Schulschluss bitte ins Beratungszimmer.

Das geschieht mir recht.

Selbst schuld.

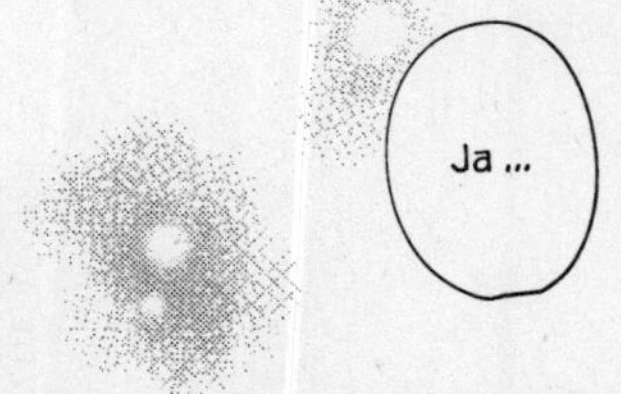

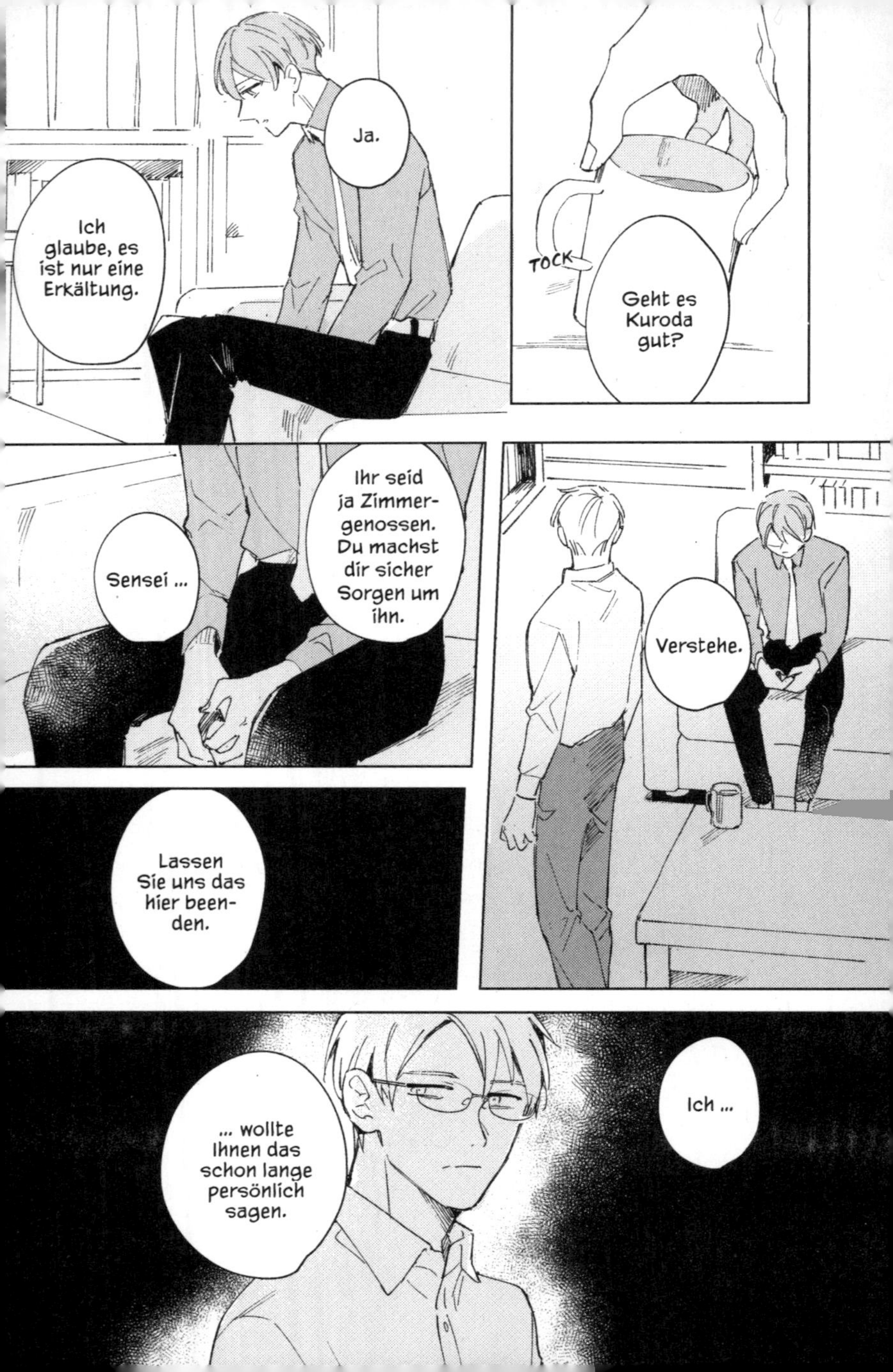

TOCK
Geht es Kuroda gut?
Ja.
Ich glaube, es ist nur eine Erkältung.
Verstehe.
Ihr seid ja Zimmergenossen. Du machst dir sicher Sorgen um ihn.
Sensei ...
Lassen Sie uns das hier beenden.
Ich ...
... wollte Ihnen das schon lange persönlich sagen.

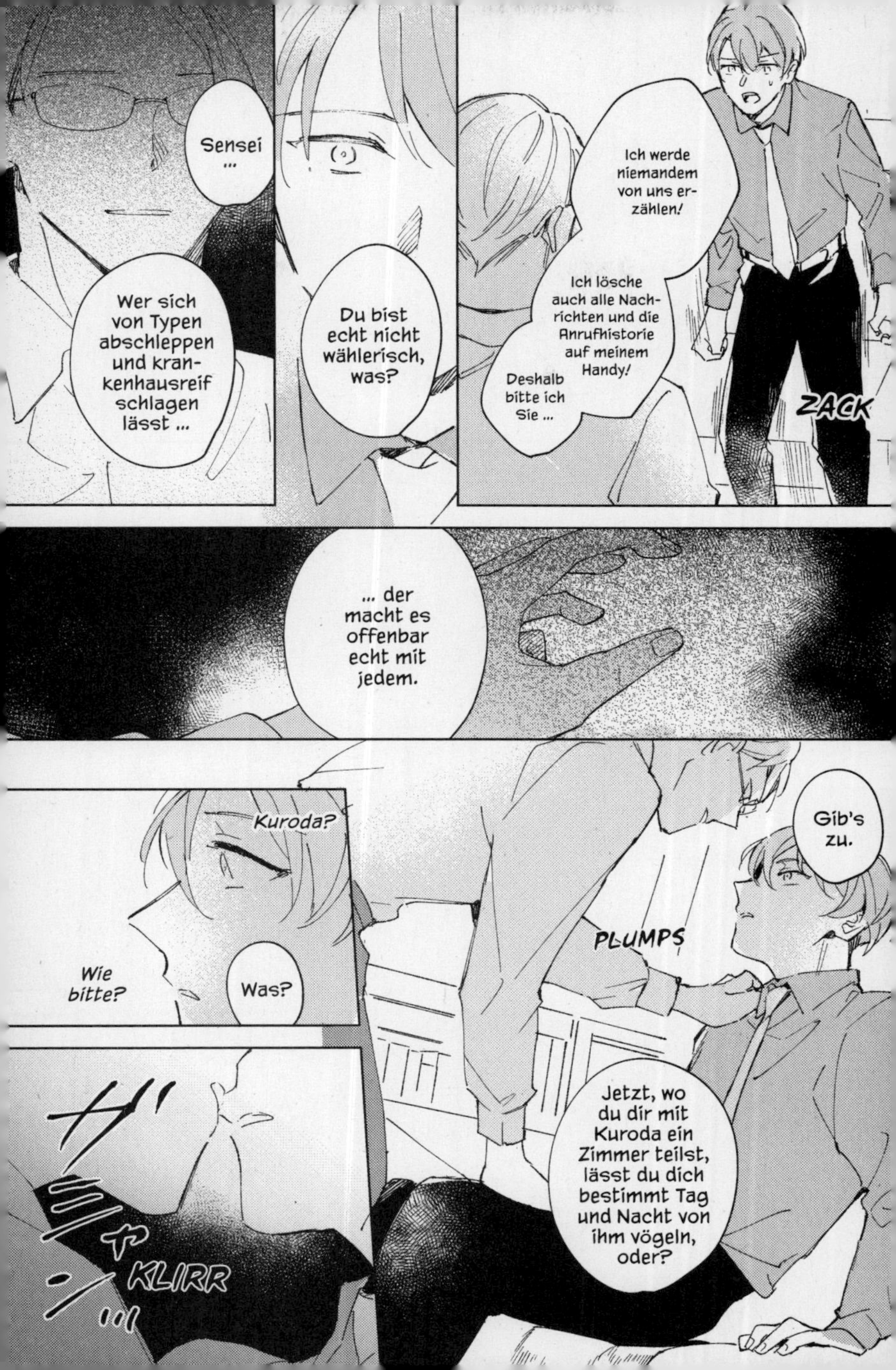
Ich werde niemandem von uns erzählen!
Ich lösche auch alle Nachrichten und die Anrufhistorie auf meinem Handy!
Deshalb bitte ich Sie ...
ZACK
Du bist echt nicht wählerisch, was?
Sensei ...
Wer sich von Typen abschleppen und krankenhausreif schlagen lässt ...
... der macht es offenbar echt mit jedem.
Gib's zu.
PLUMPS
Jetzt, wo du dir mit Kuroda ein Zimmer teilst, lässt du dich bestimmt Tag und Nacht von ihm vögeln, oder?
Kuroda?
Was?
Wie bitte?
KLIRR

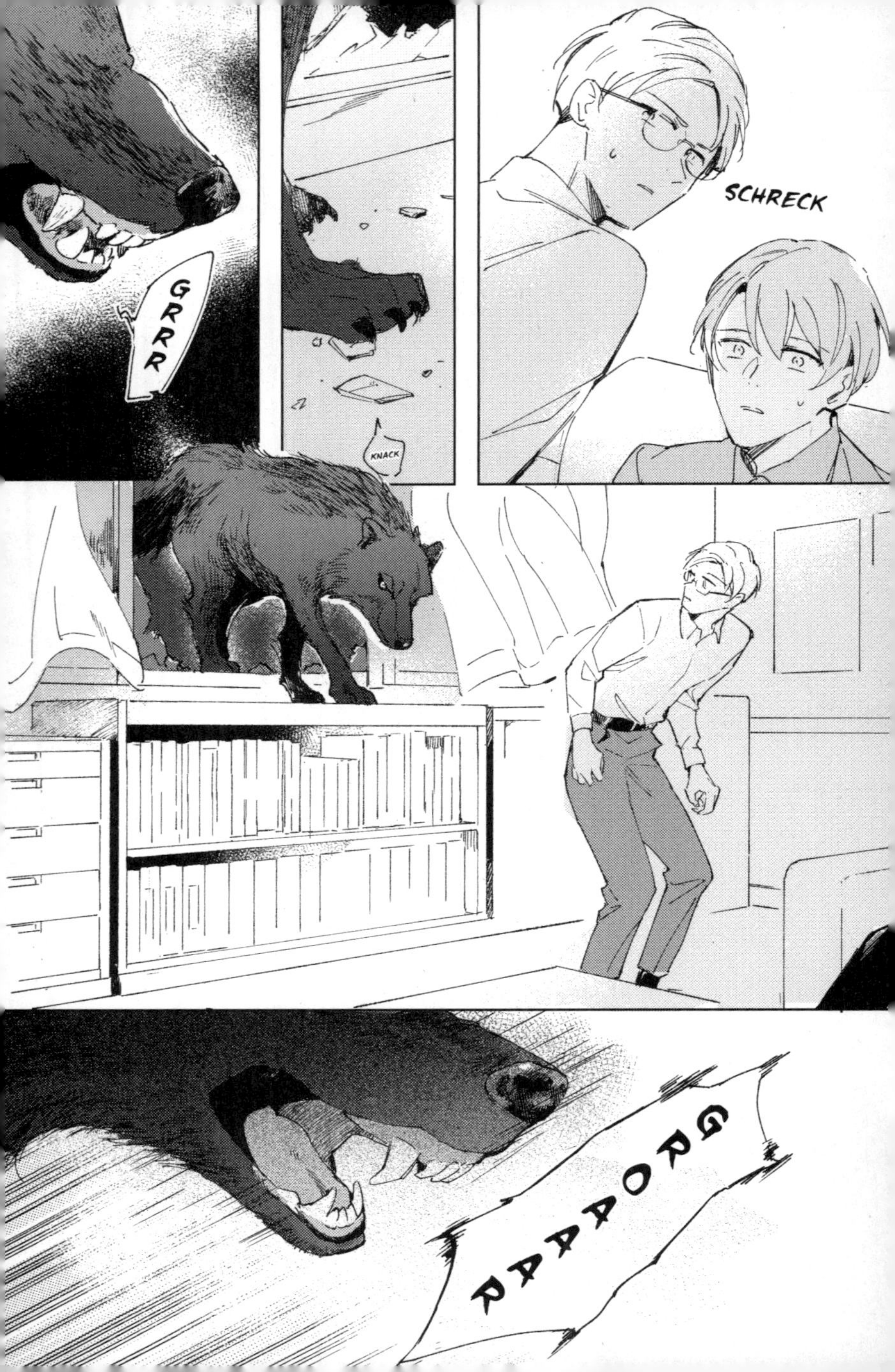
SCHRECK
KNACK
GRRR
GROAAAR

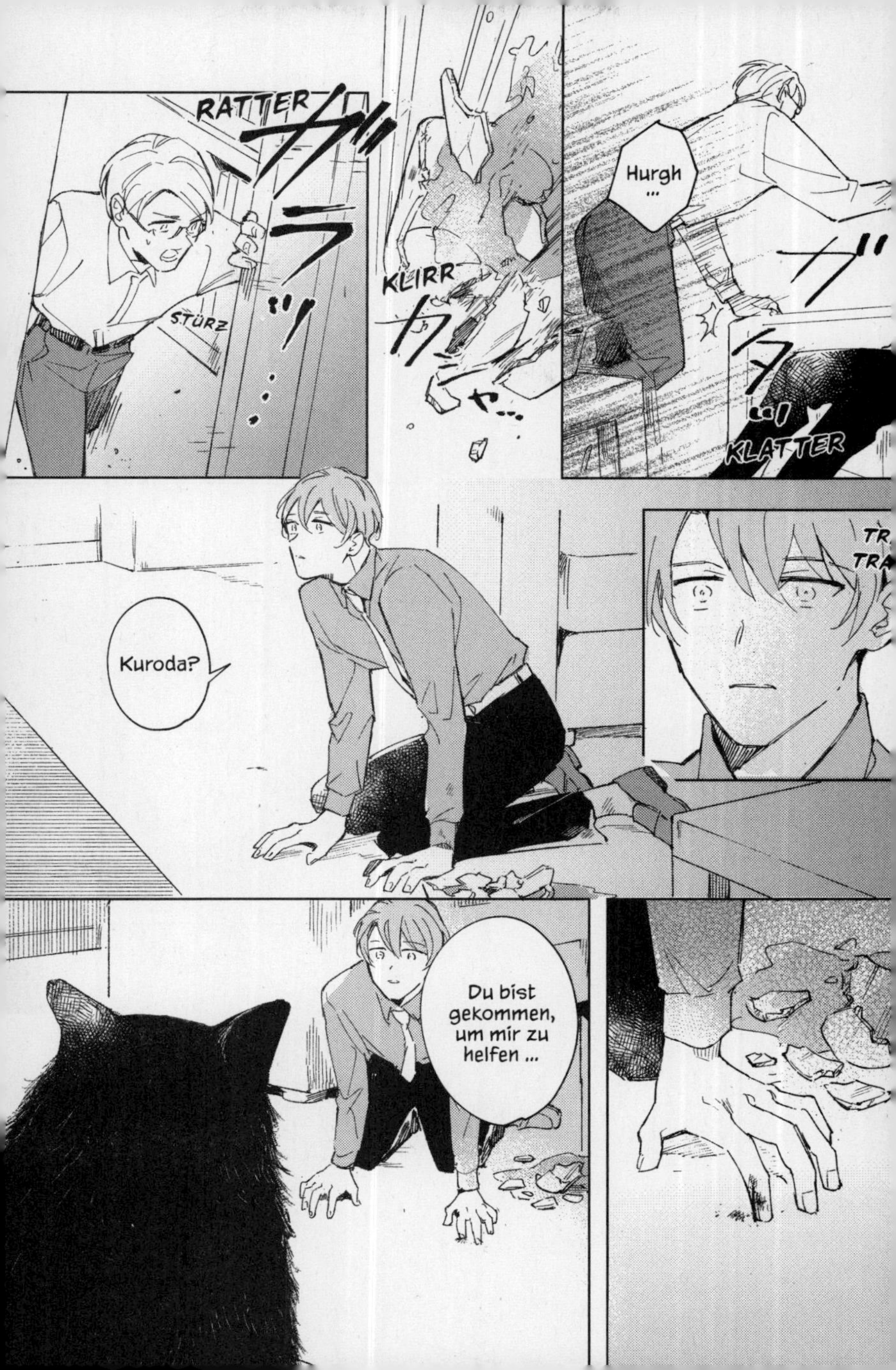
Hurgh ...
KLATTER
KLIRR
RATTER
STÜRZ
Kuroda?
Du bist gekommen, um mir zu helfen ...

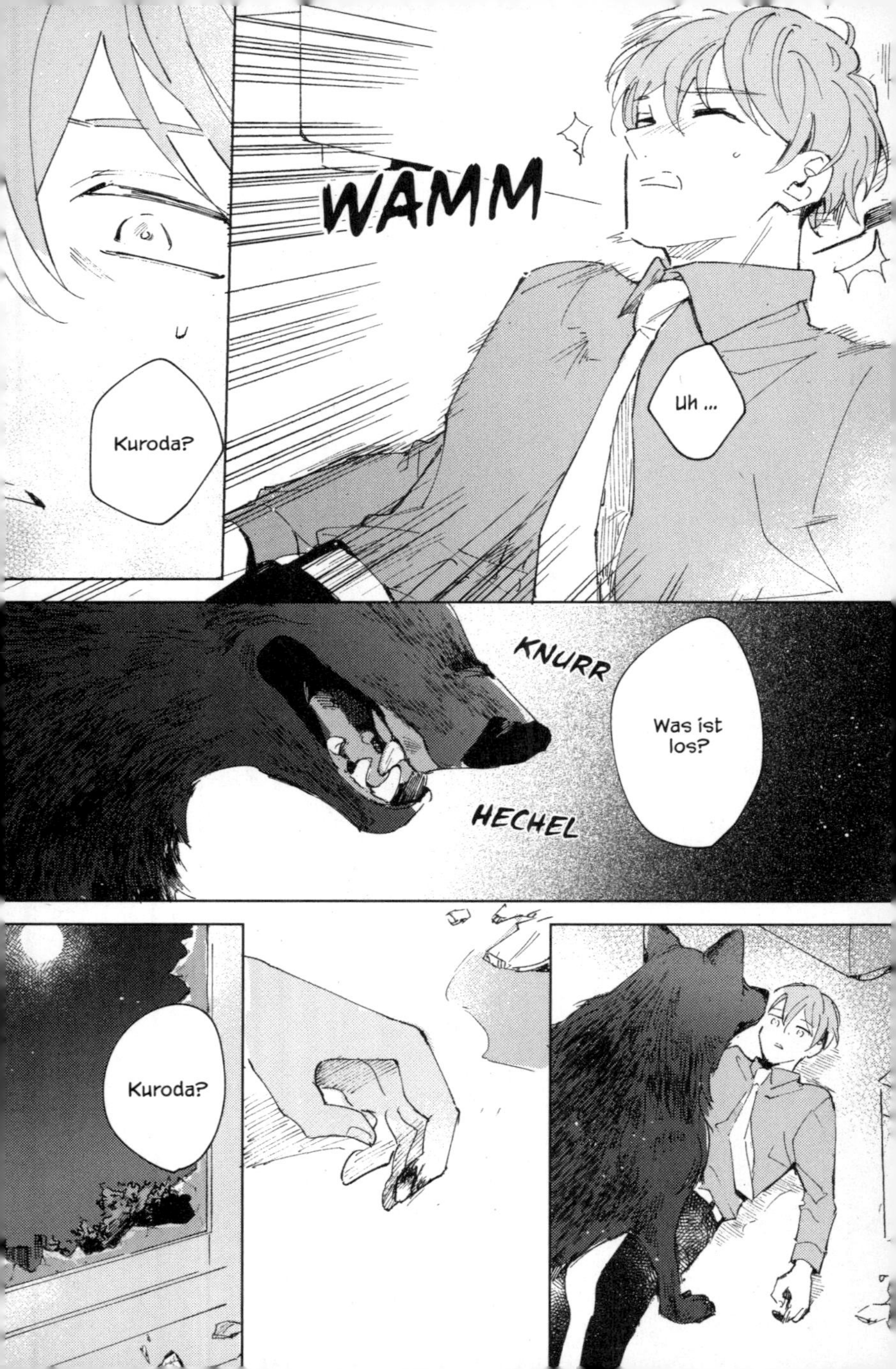
Uh ...
WÄMM
Kuroda?
Was ist los?
KNURR
HECHEL
Kuroda?

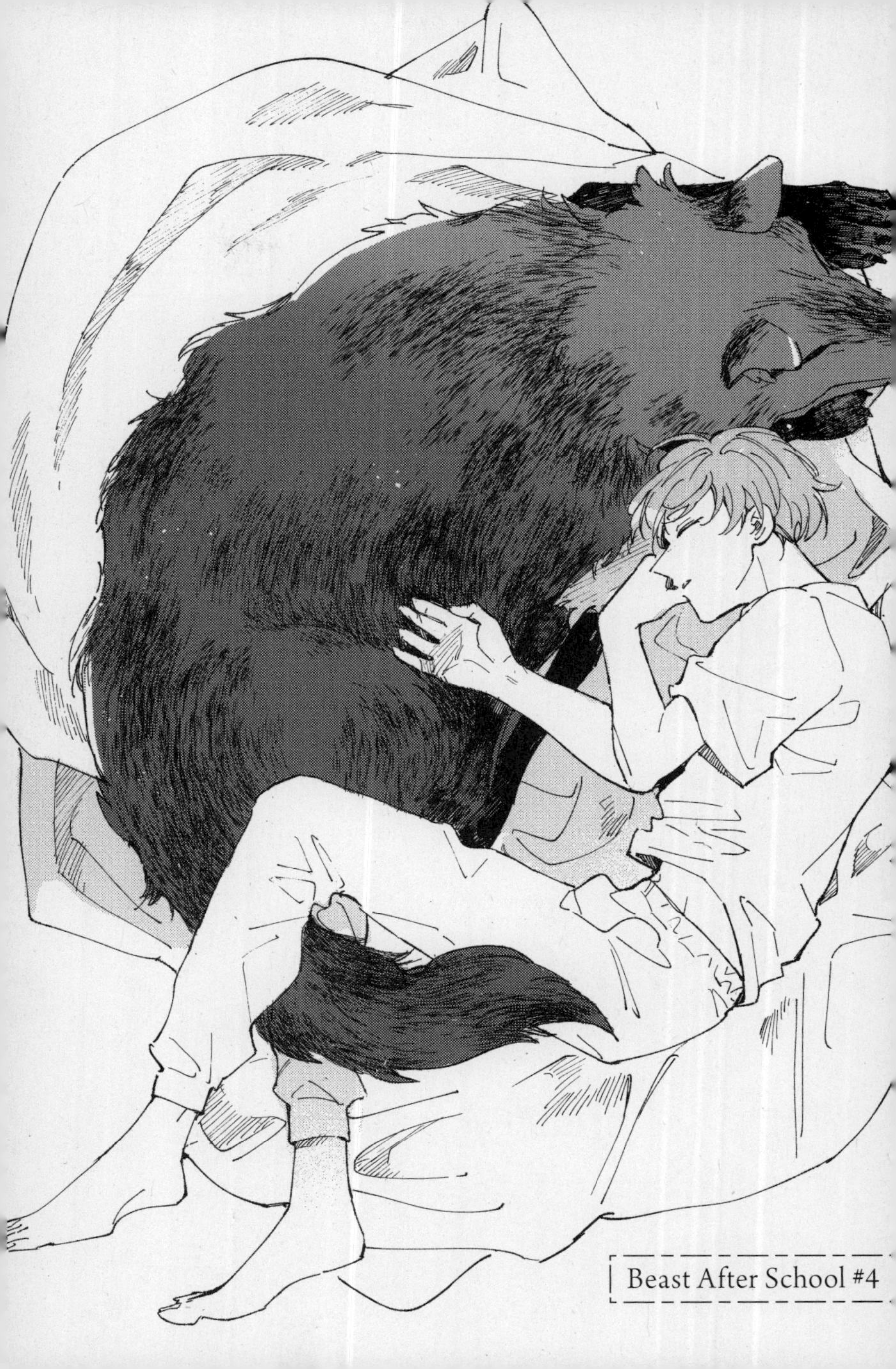
Beast After School #4

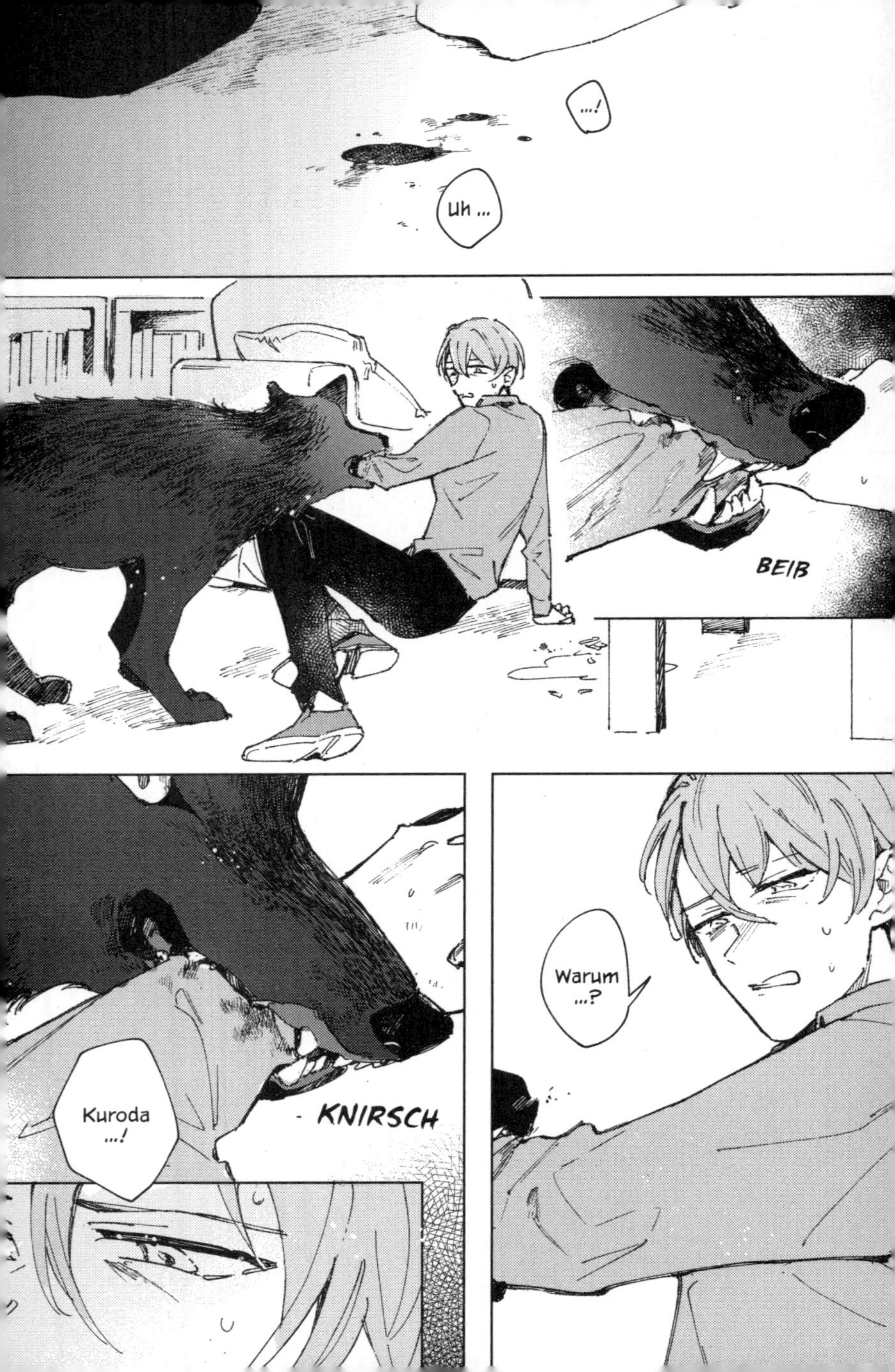
...!
Uh ...
BEIß
Warum ...?
KNIRSCH
Kuroda ...!

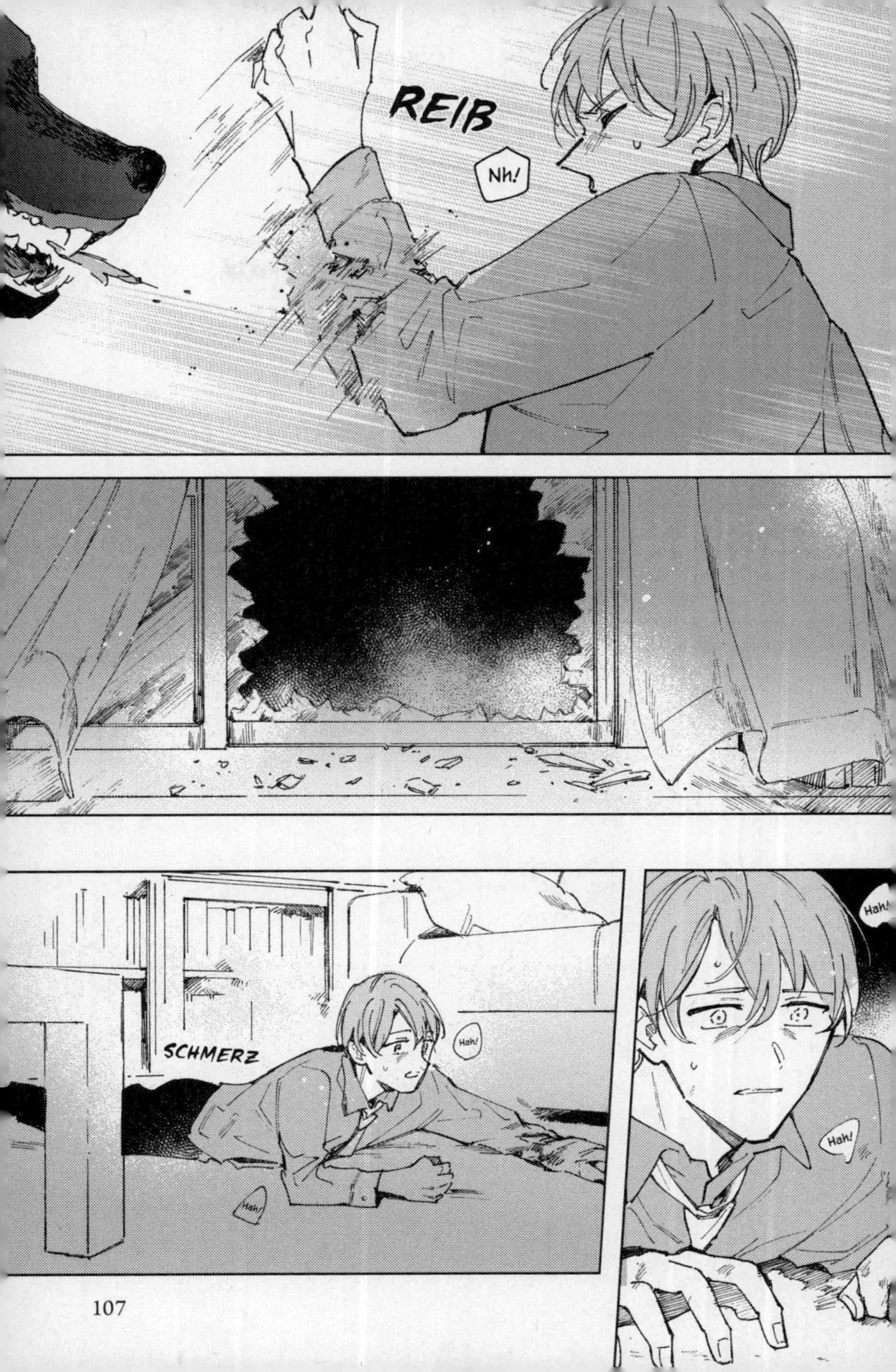

REIB

Nh!

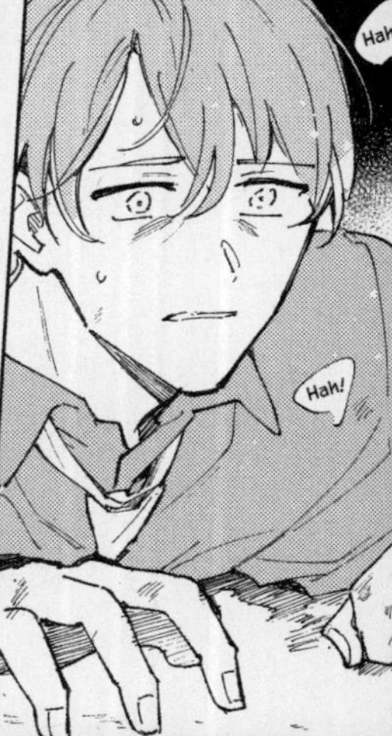

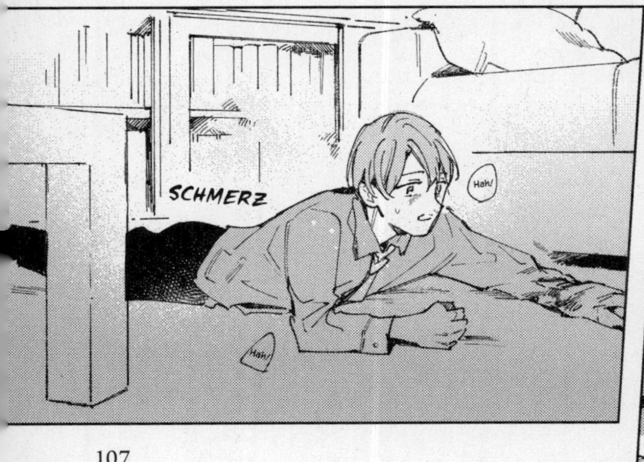

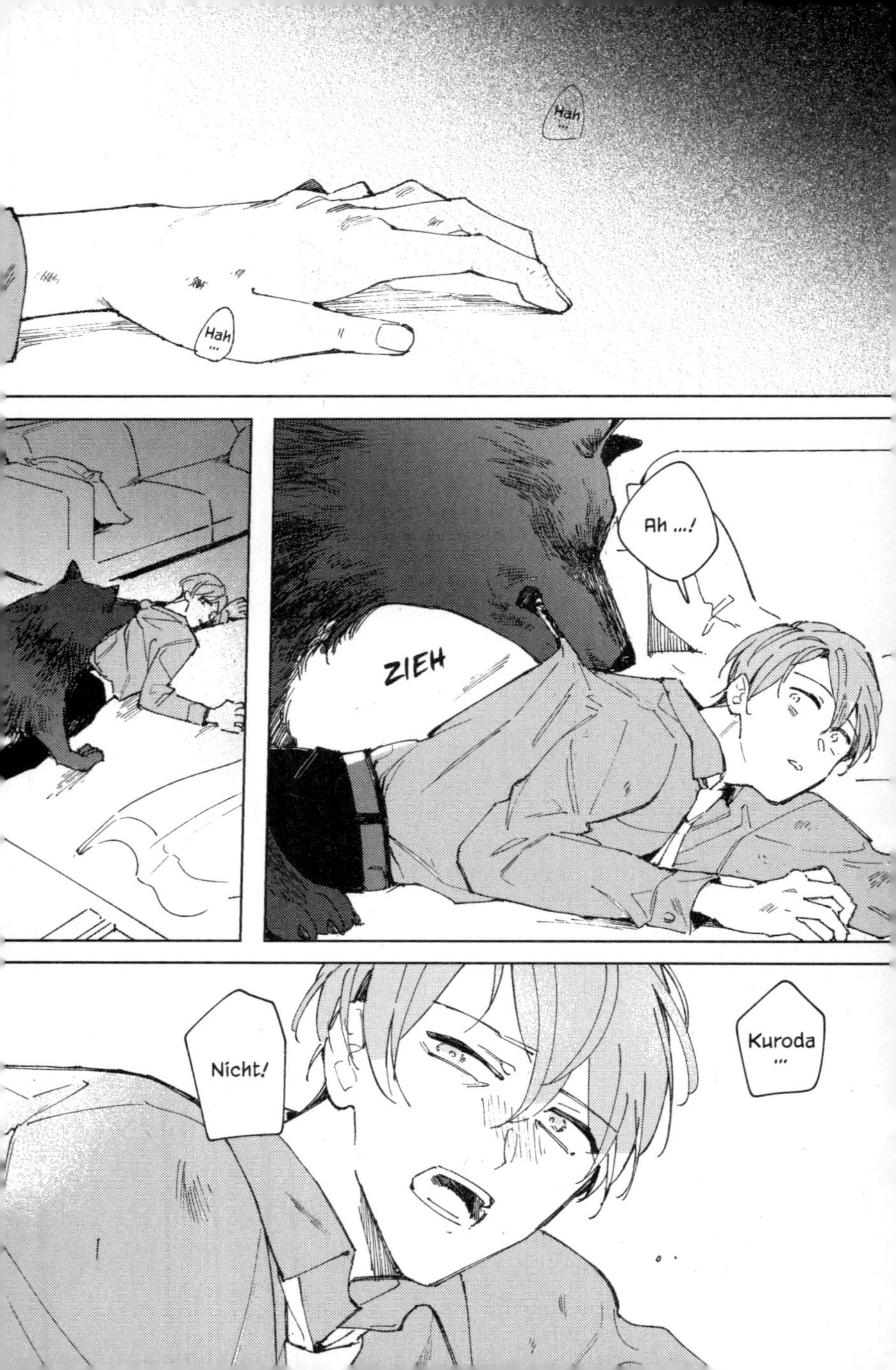
Hah …
Hah …
Ah …!
ZIEH
Kuroda …
Nicht!

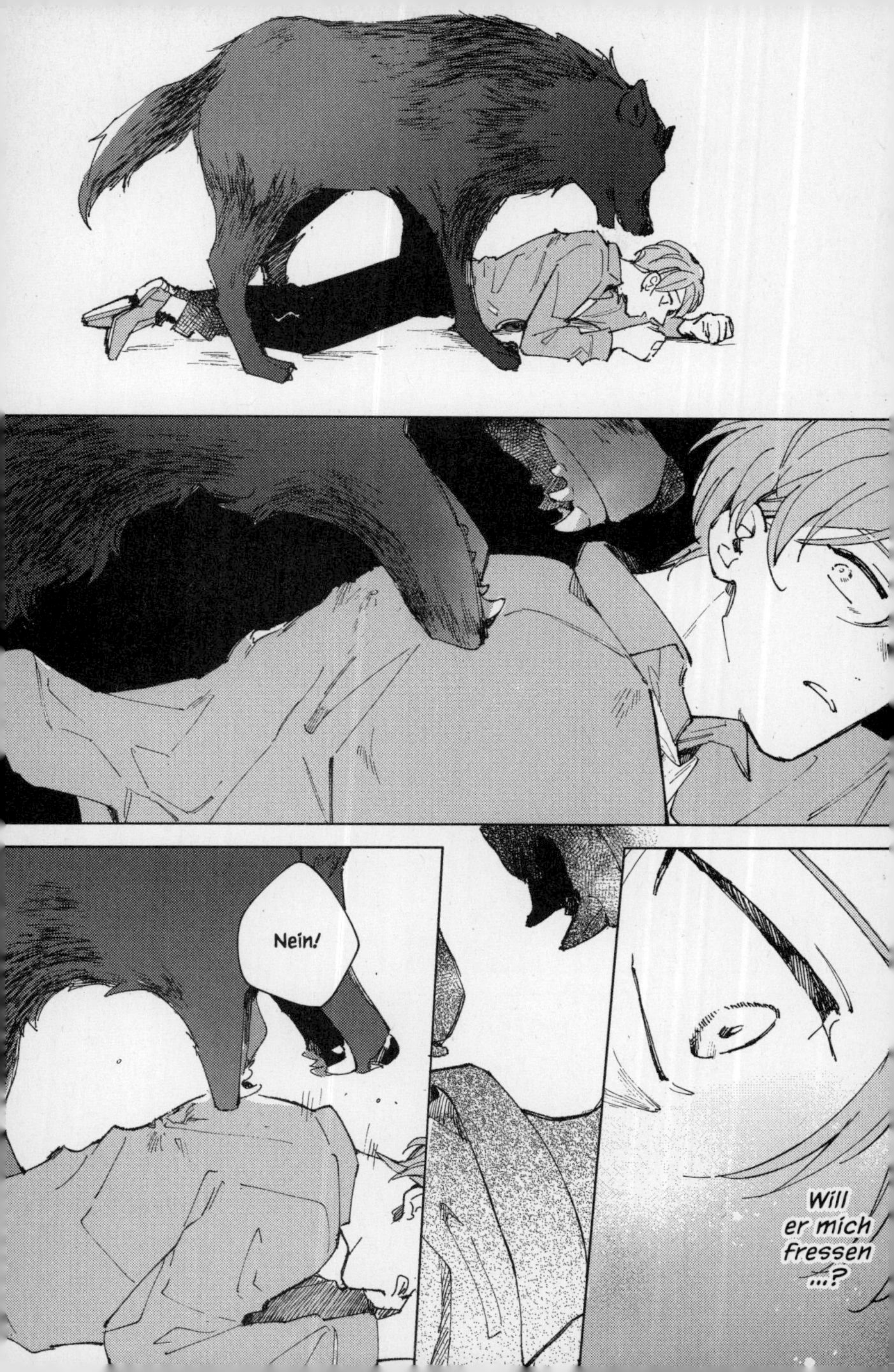
Nein!
Will er mich fressen ...?

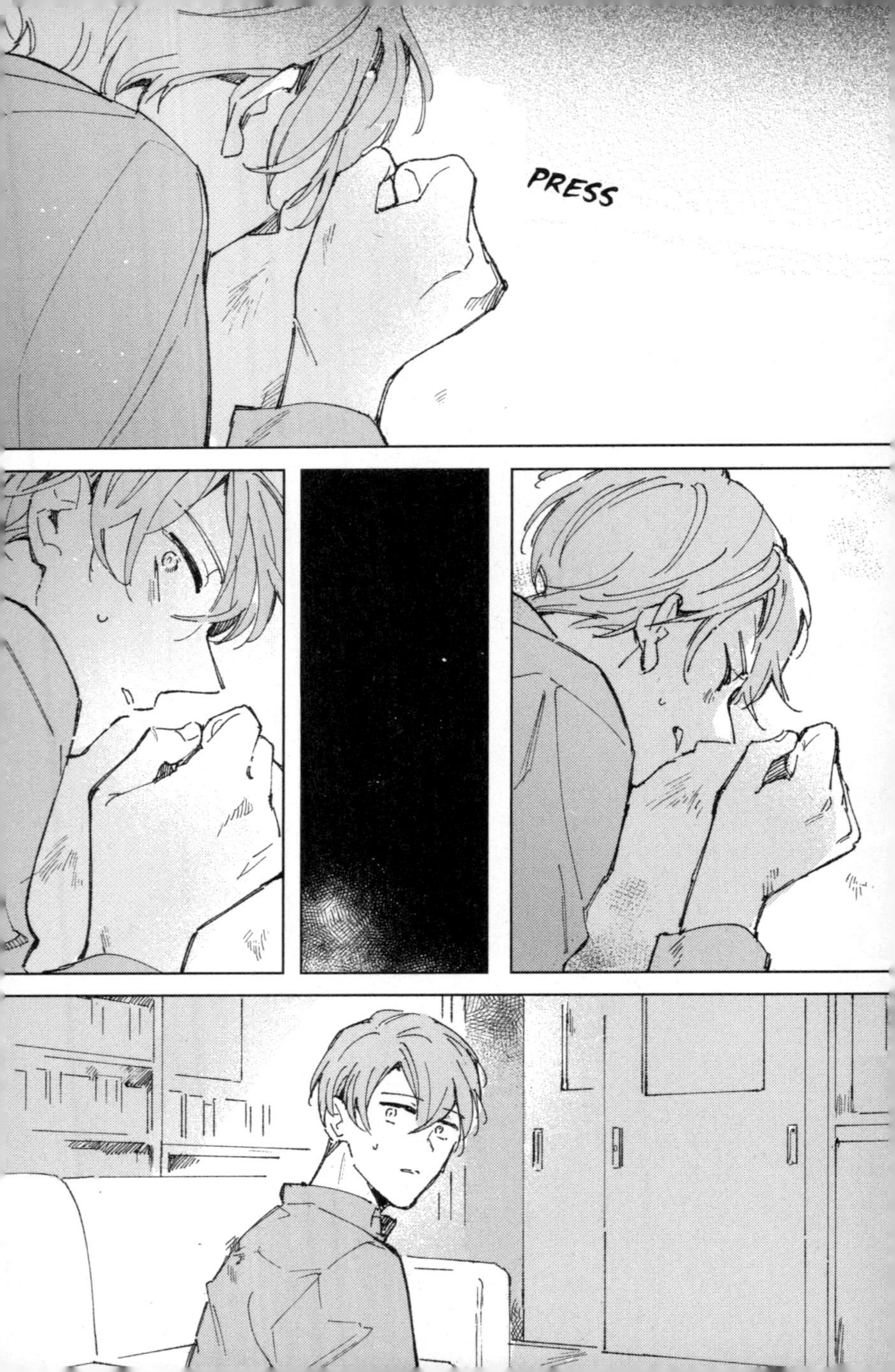
PRESS

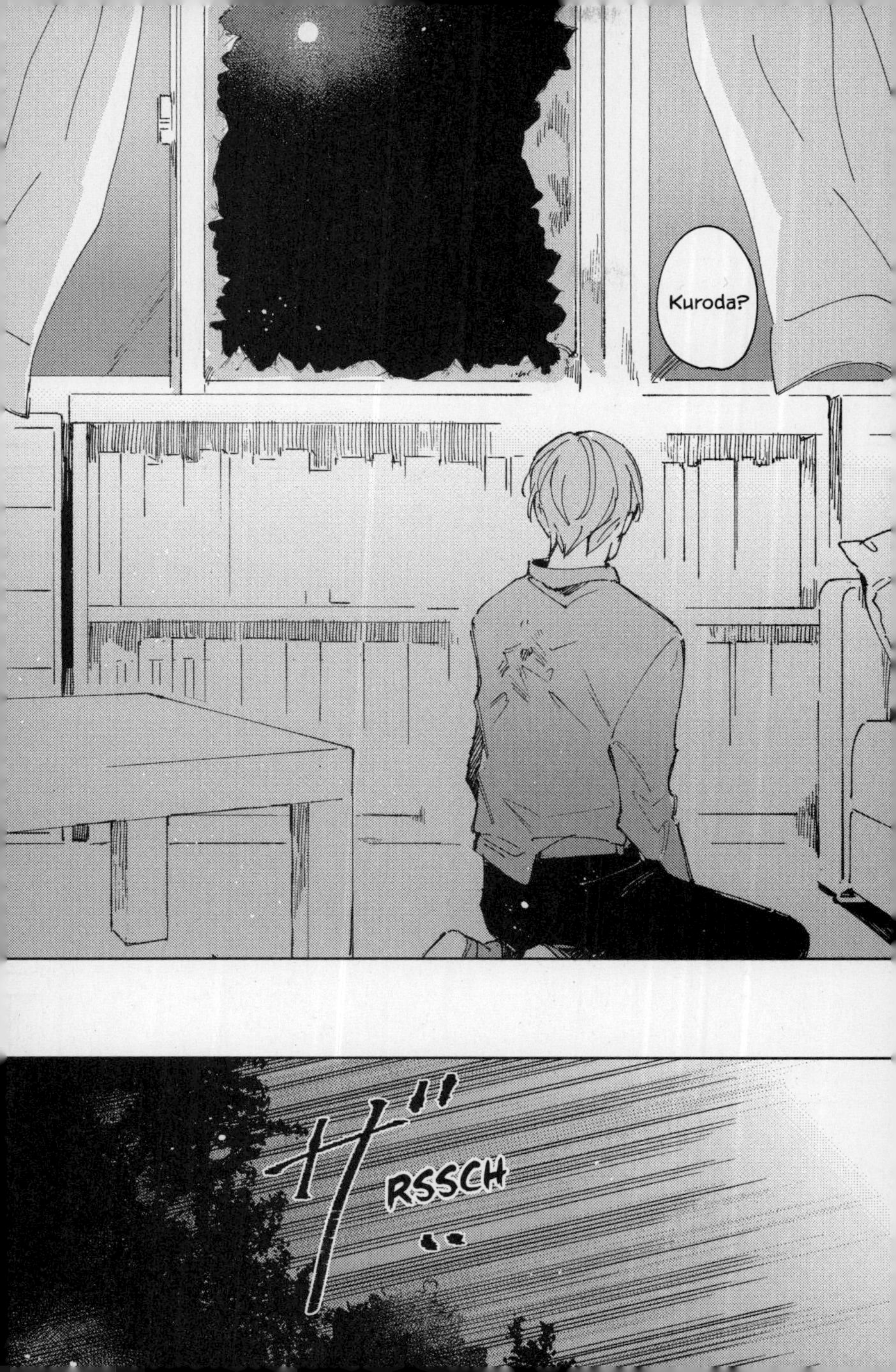
Kuroda?
RSSCH

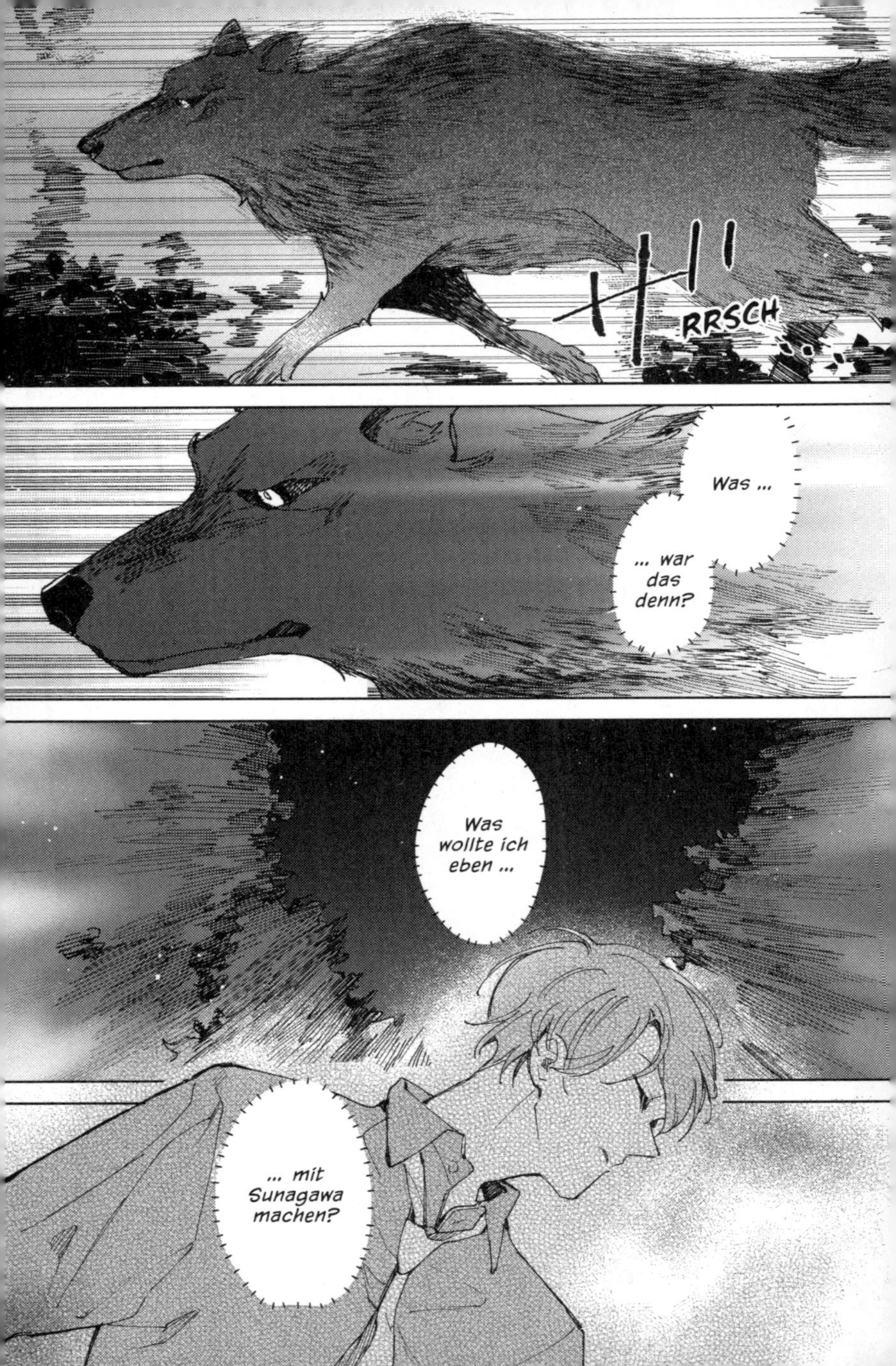
RRSCH
Was ...
... war das denn?
Was wollte ich eben ...
... mit Sunagawa machen?

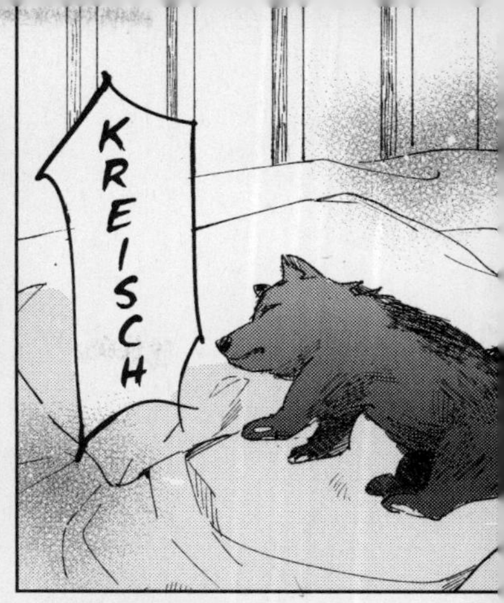
KREISCH

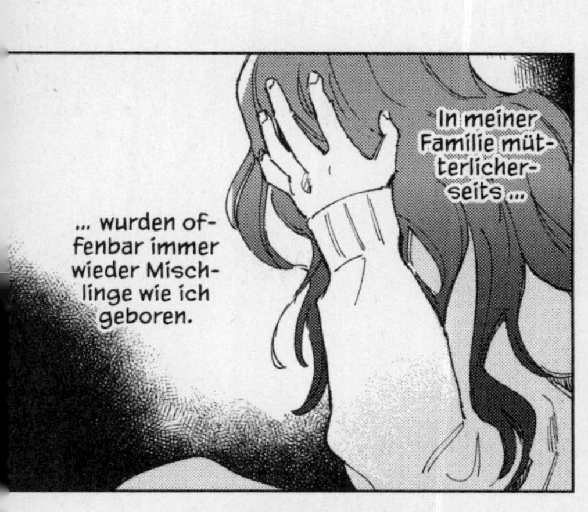
In meiner Familie mütterlicherseits ...
... wurden offenbar immer wieder Mischlinge wie ich geboren.

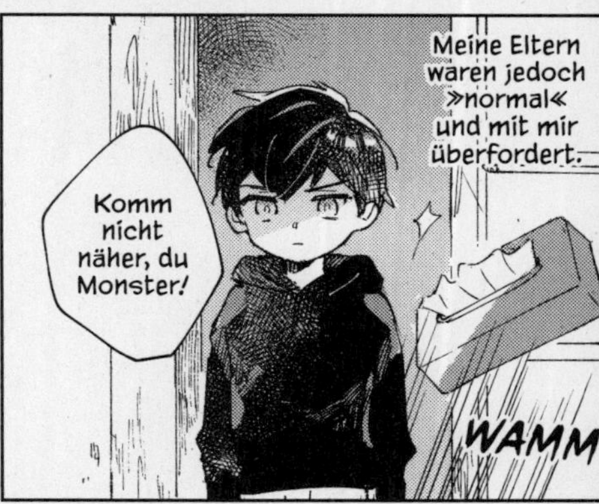
Meine Eltern waren jedoch »normal« und mit mir überfordert.
Komm nicht näher, du Monster!
WAMM

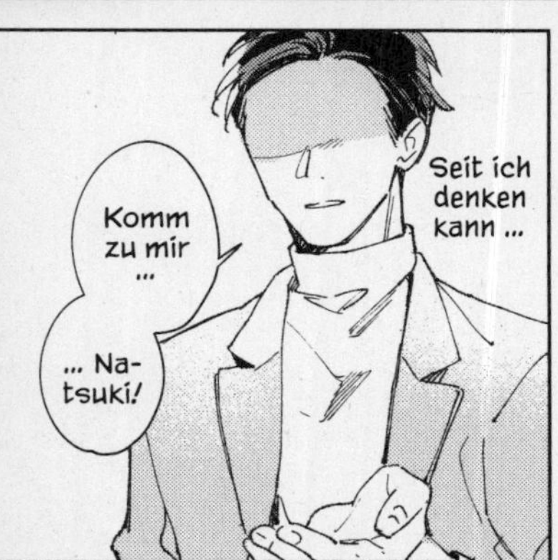
Seit ich denken kann ...
Komm zu mir ...
... Natsuki!

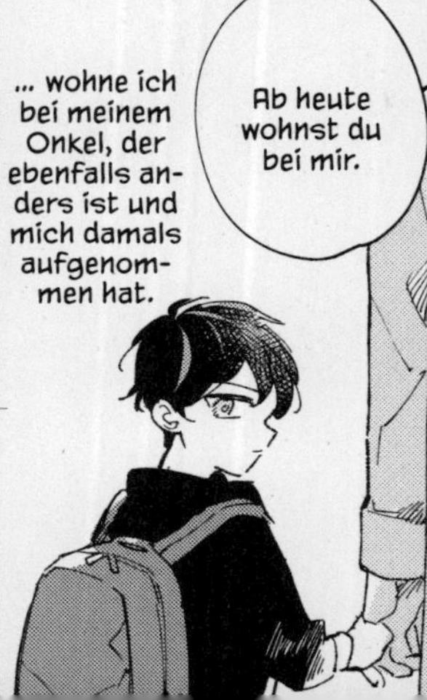
Ab heute wohnst du bei mir.
... wohne ich bei meinem Onkel, der ebenfalls anders ist und mich damals aufgenommen hat.

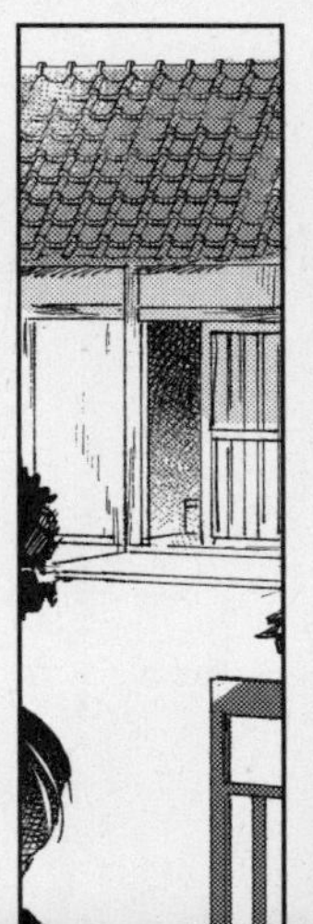

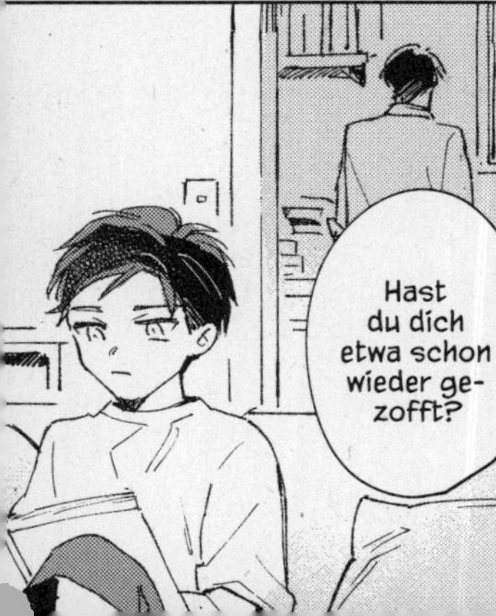
Hast du dich etwa schon wieder gezofft?

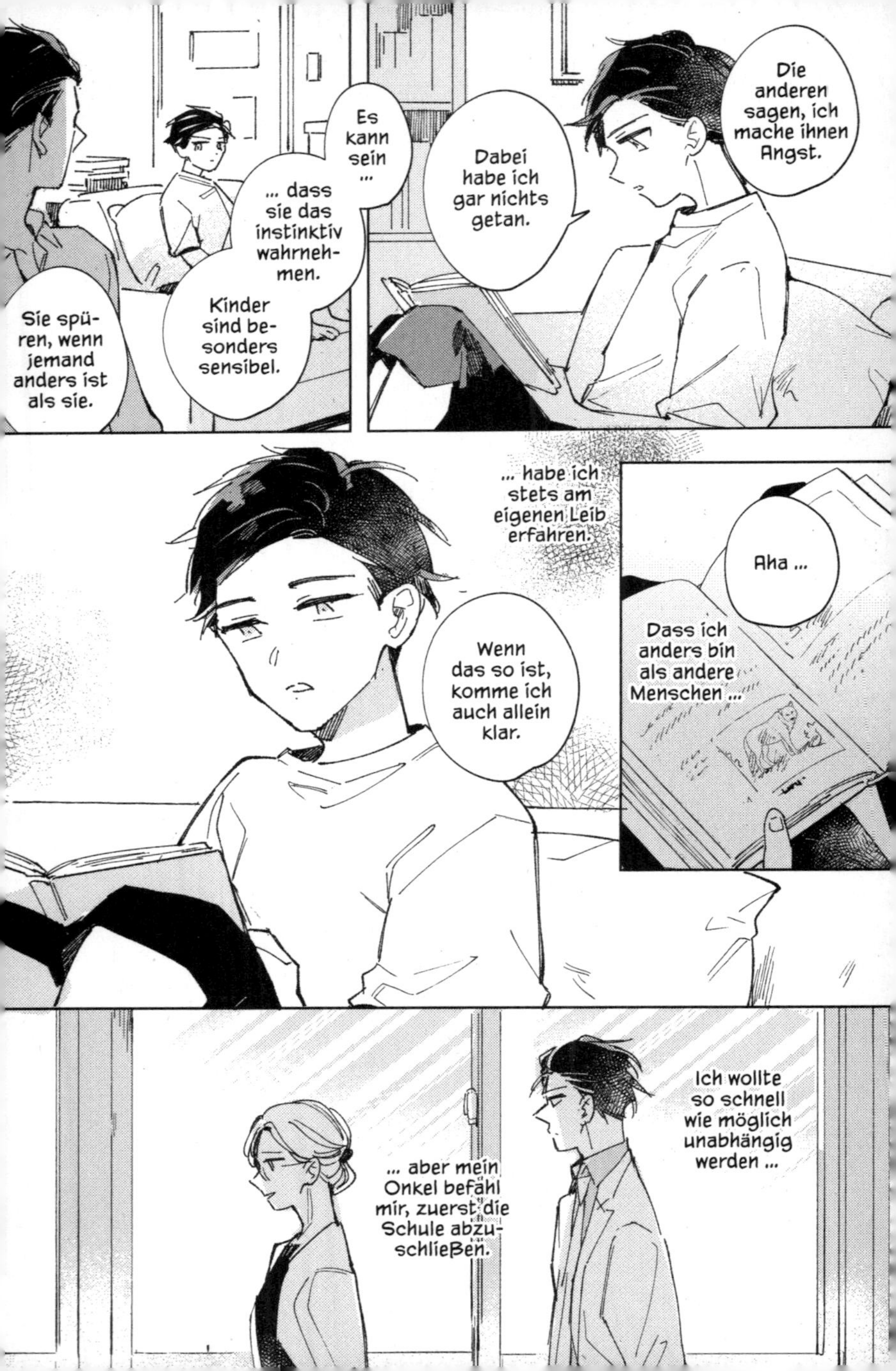
Die anderen sagen, ich mache ihnen Angst.
Dabei habe ich gar nichts getan.
Es kann sein ...
... dass sie das instinktiv wahrnehmen.
Kinder sind besonders sensibel.
Sie spüren, wenn jemand anders ist als sie.
Aha ...
Dass ich anders bin als andere Menschen ...
... habe ich stets am eigenen Leib erfahren.
Wenn das so ist, komme ich auch allein klar.
Ich wollte so schnell wie möglich unabhängig werden ...
... aber mein Onkel befahl mir, zuerst die Schule abzuschließen.

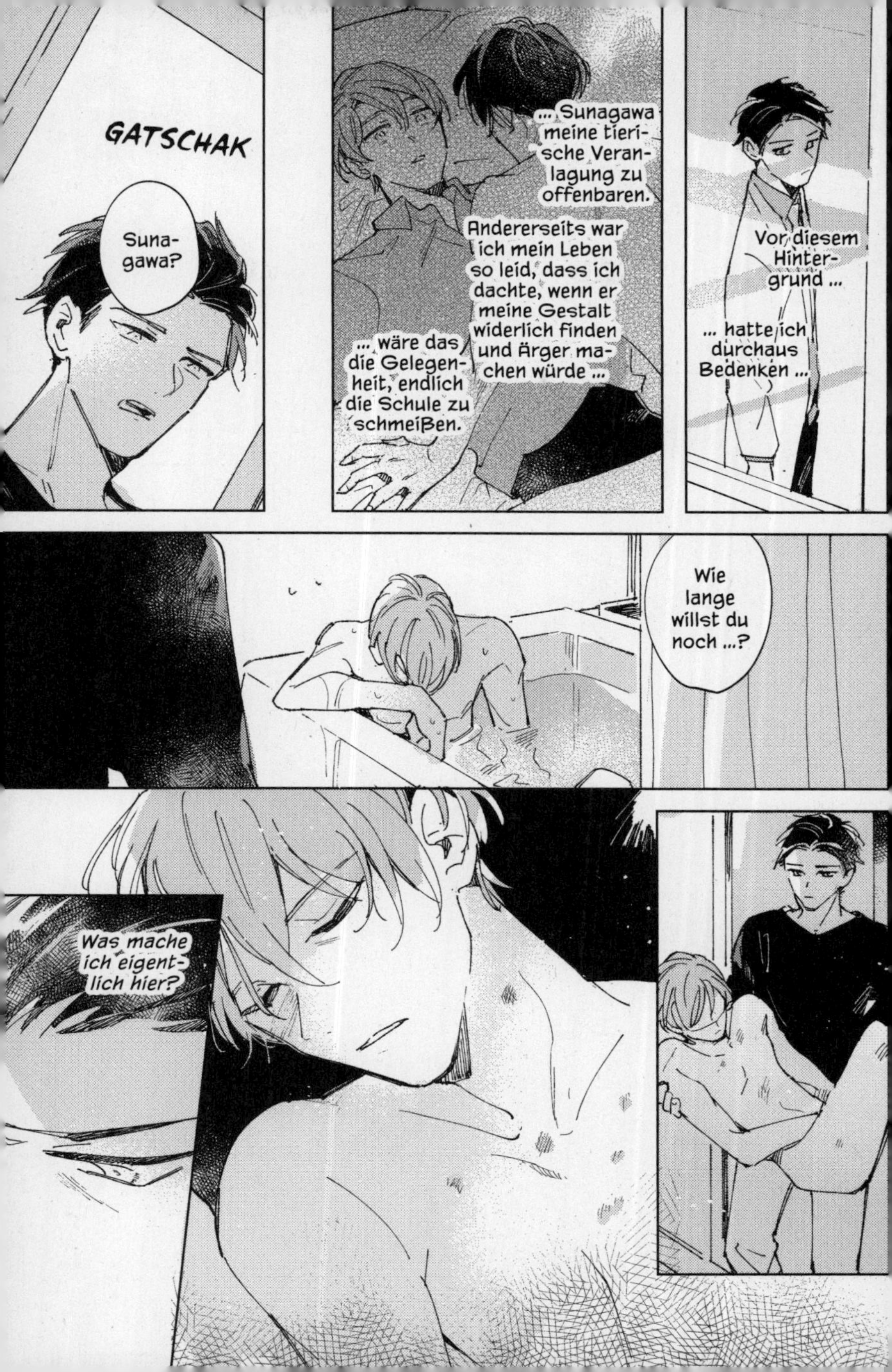

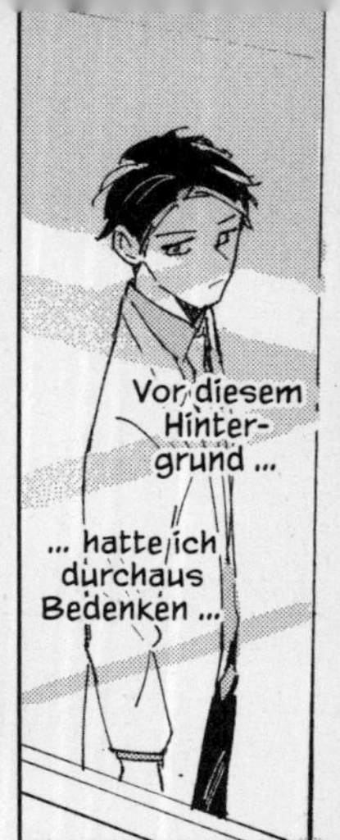

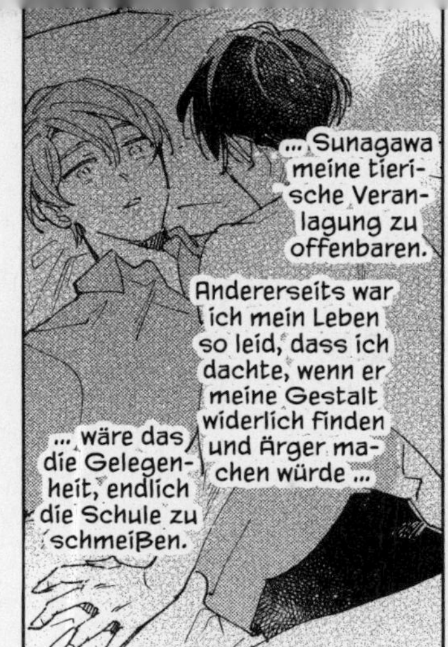

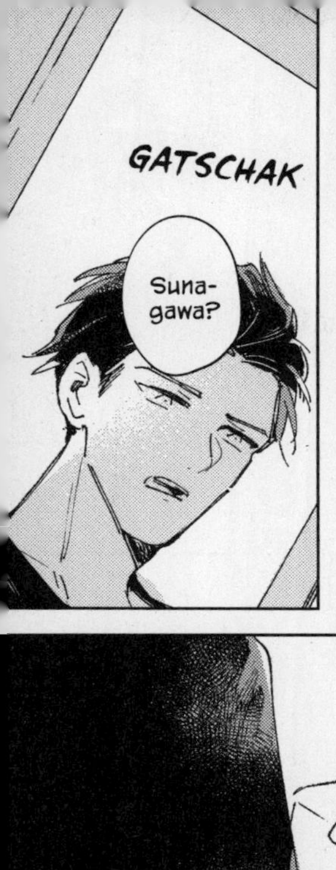

Wie lange willst du noch ...?

Was mache ich eigentlich hier?

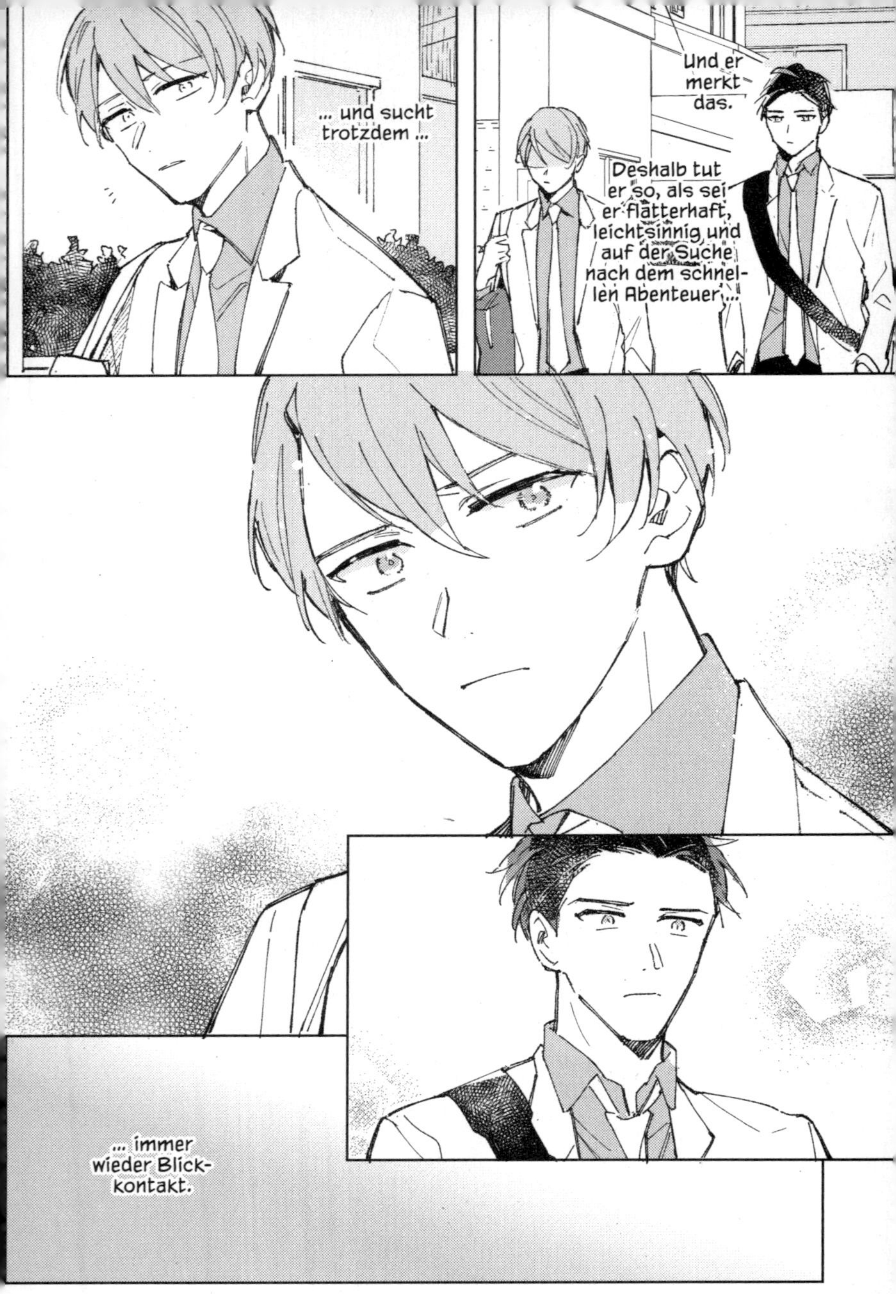
Und er merkt das.
Deshalb tut er so, als sei er flatterhaft, leichtsinnig und auf der Suche nach dem schnellen Abenteuer ...
... und sucht trotzdem ...
... immer wieder Blickkontakt.

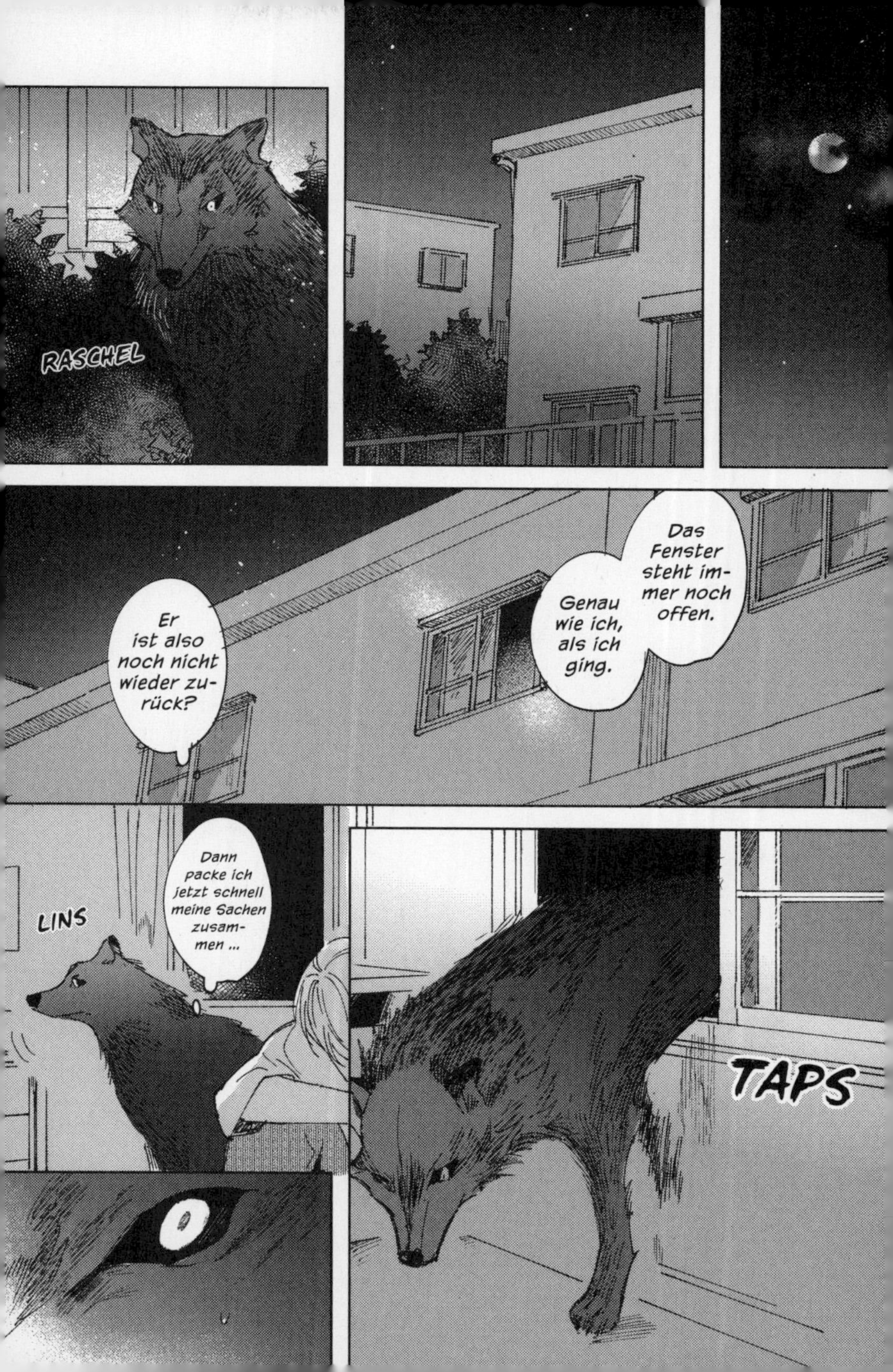

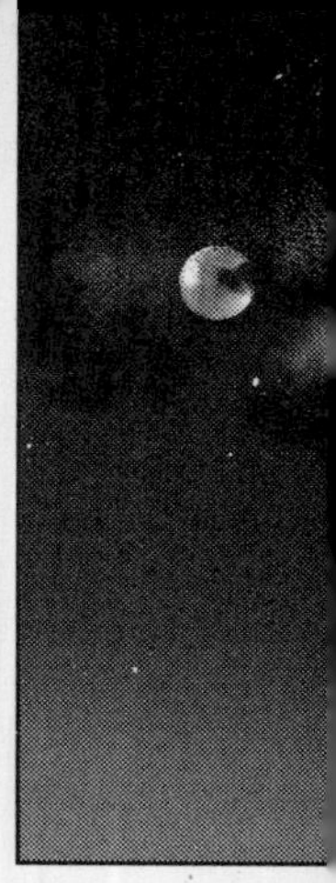

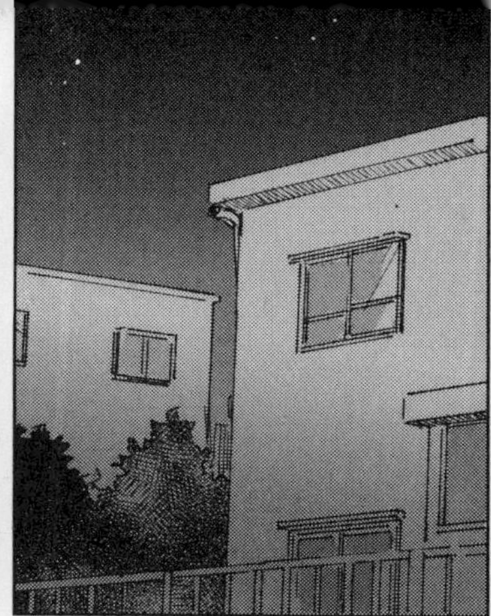

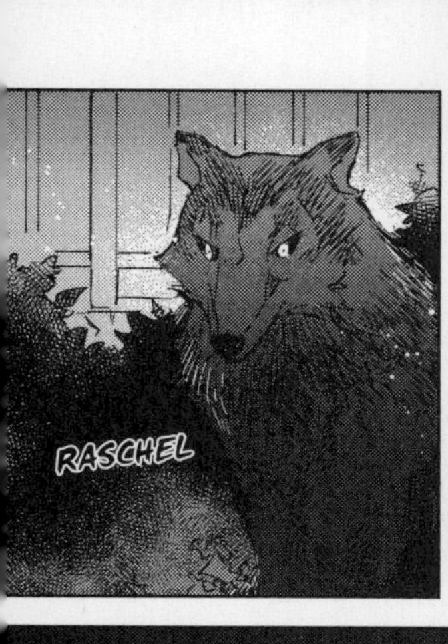
RASCHEL

Das Fenster steht immer noch offen.
Genau wie ich, als ich ging.
Er ist also noch nicht wieder zurück?
TAPS
Dann packe ich jetzt schnell meine Sachen zusammen ...
LINS

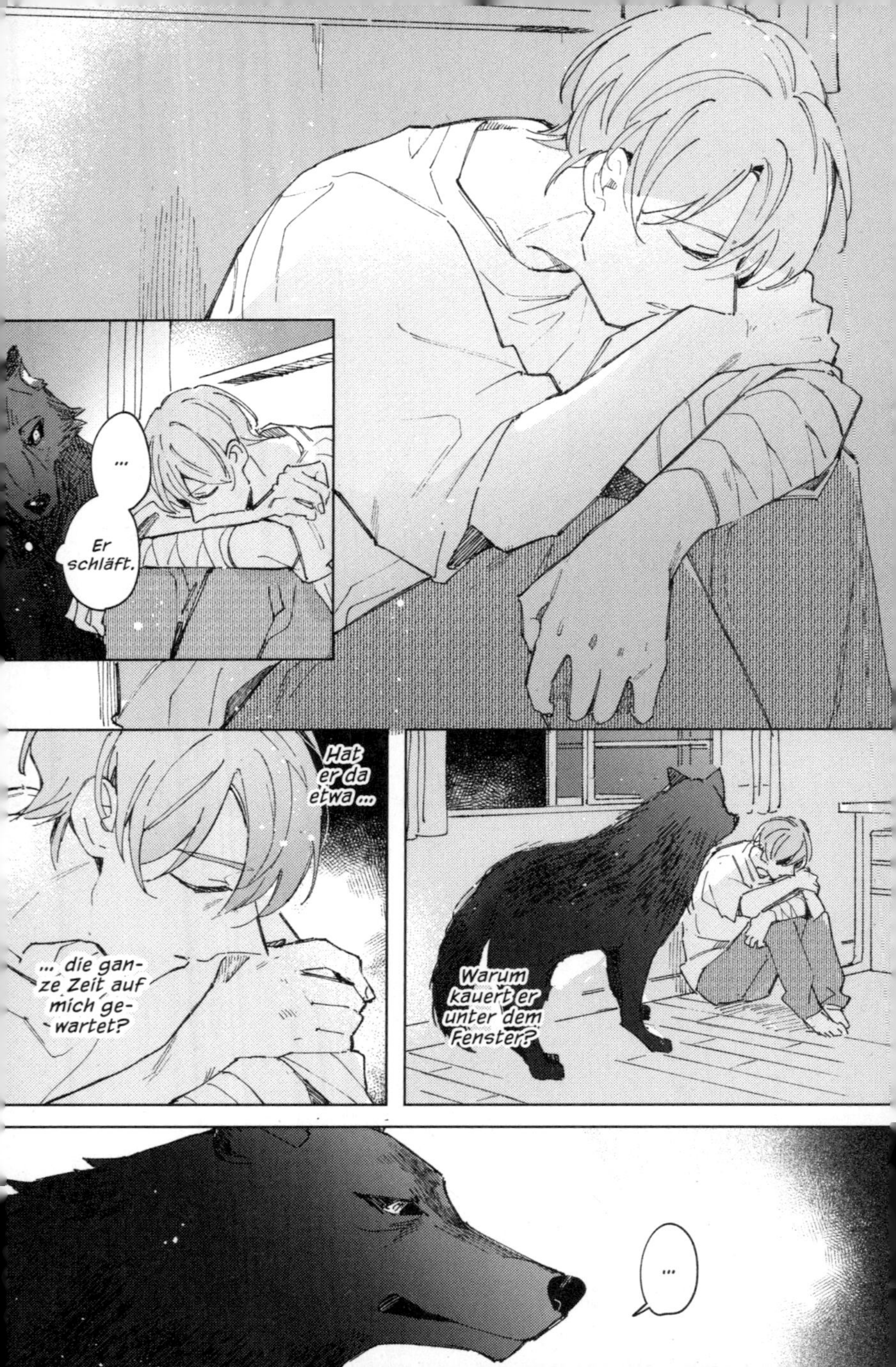
…
Er schläft.
Warum kauert er unter dem Fenster?
Hat er da etwa …
… die ganze Zeit auf mich gewartet?
…

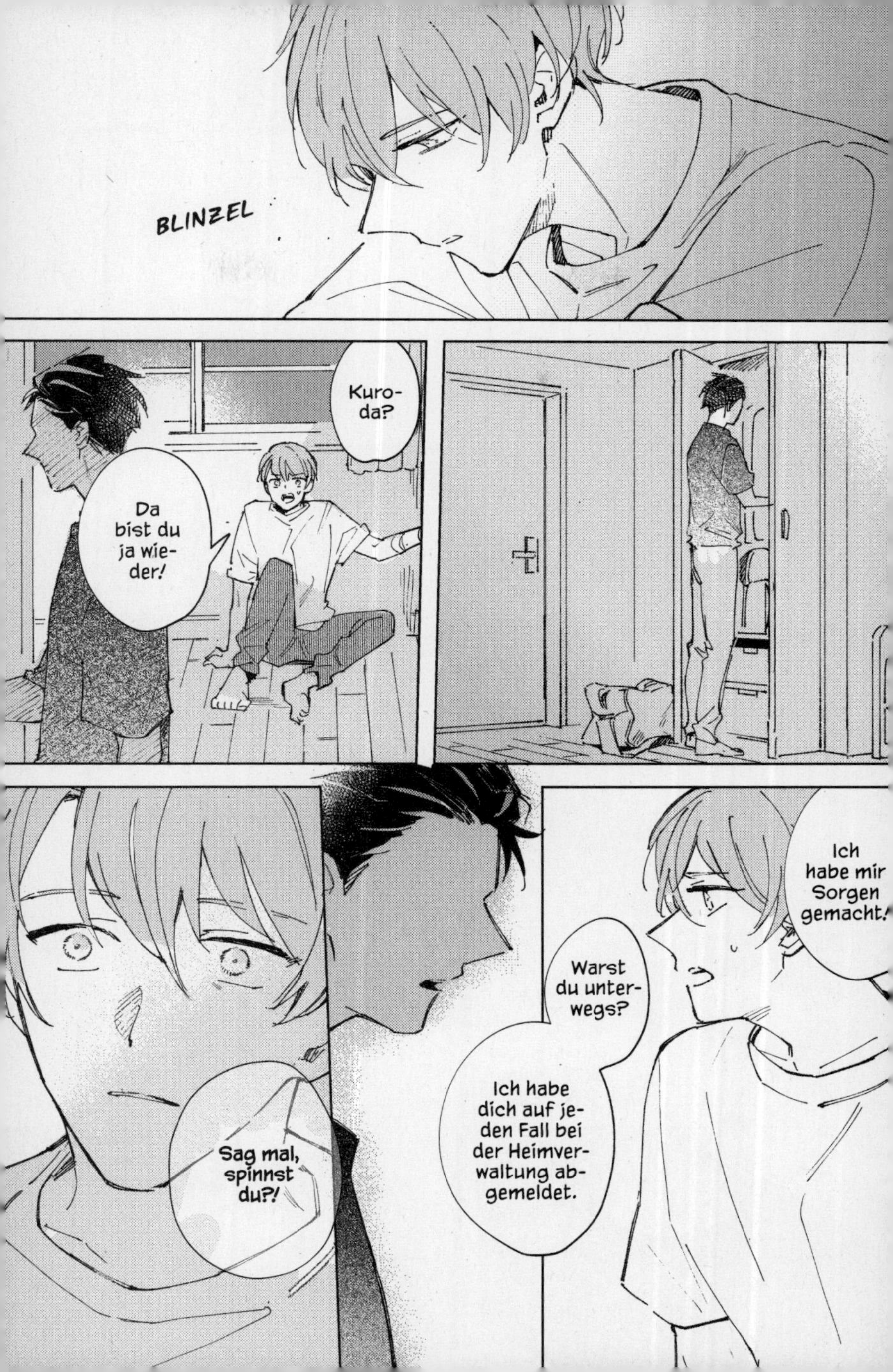
BLINZEL
Kuroda?
Da bist du ja wieder!
Ich habe mir Sorgen gemacht!
Warst du unterwegs?
Ich habe dich auf jeden Fall bei der Heimverwaltung abgemeldet.
Sag mal, spinnst du?!

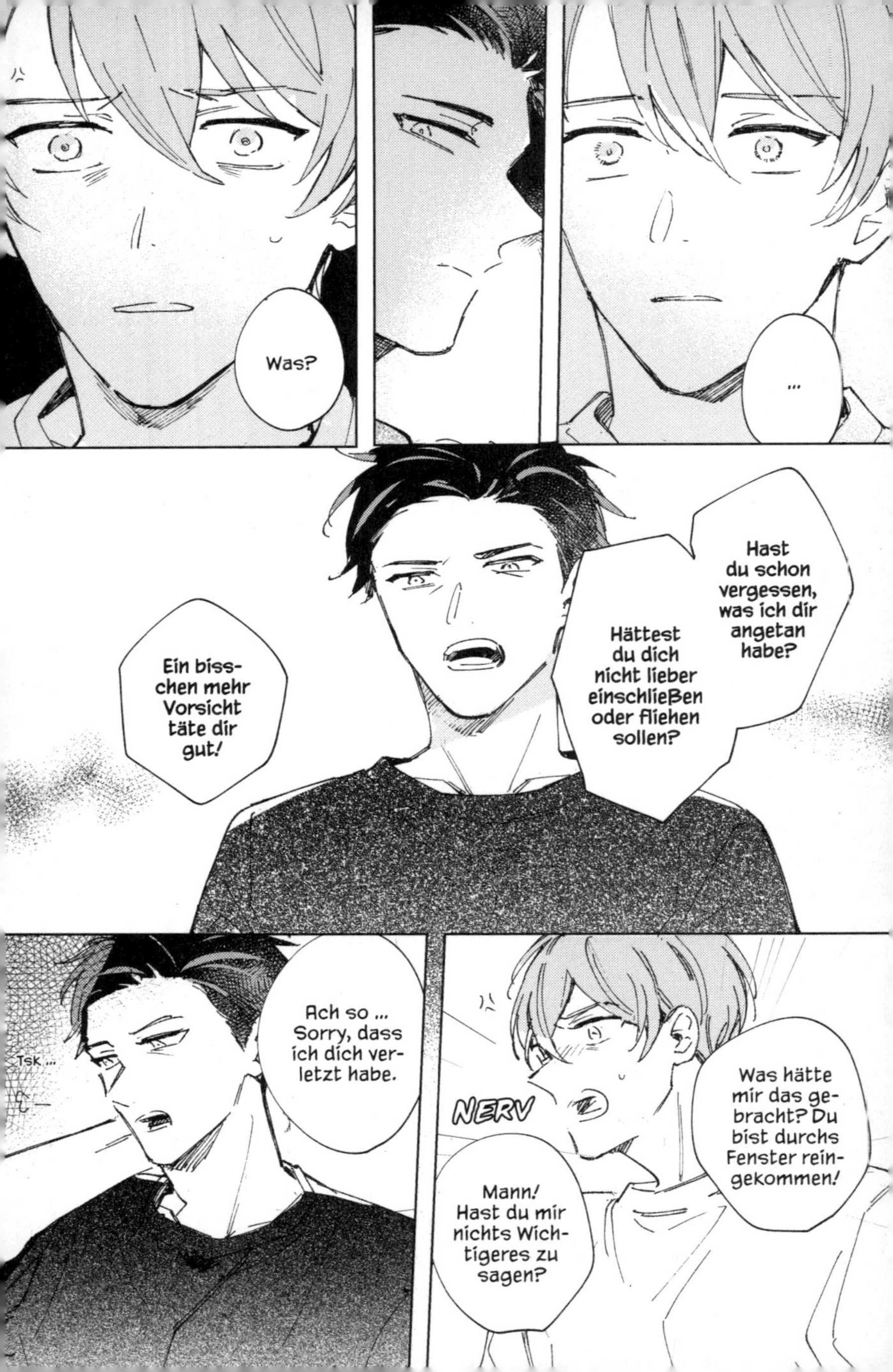
…
Was?
Hast du schon vergessen, was ich dir angetan habe?
Hättest du dich nicht lieber einschließen oder fliehen sollen?
Ein bisschen mehr Vorsicht täte dir gut!
NERV
Was hätte mir das gebracht? Du bist durchs Fenster reingekommen!
Mann! Hast du mir nichts Wichtigeres zu sagen?
Tsk …
Ach so … Sorry, dass ich dich verletzt habe.

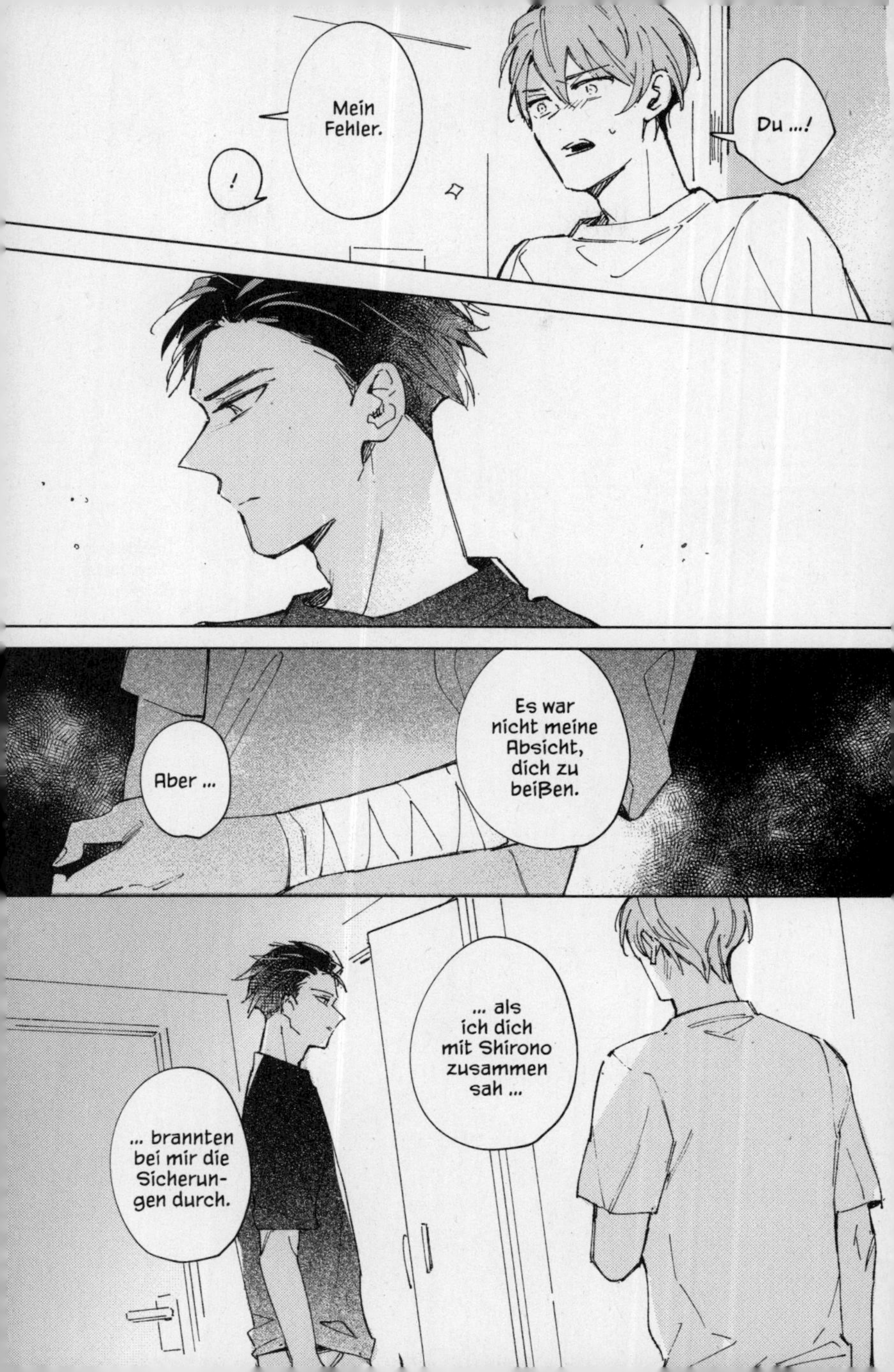
Du ...!
Mein Fehler.
!
Es war nicht meine Absicht, dich zu beißen.
Aber ...
... als ich dich mit Shirono zusammen sah ...
... brannten bei mir die Sicherungen durch.

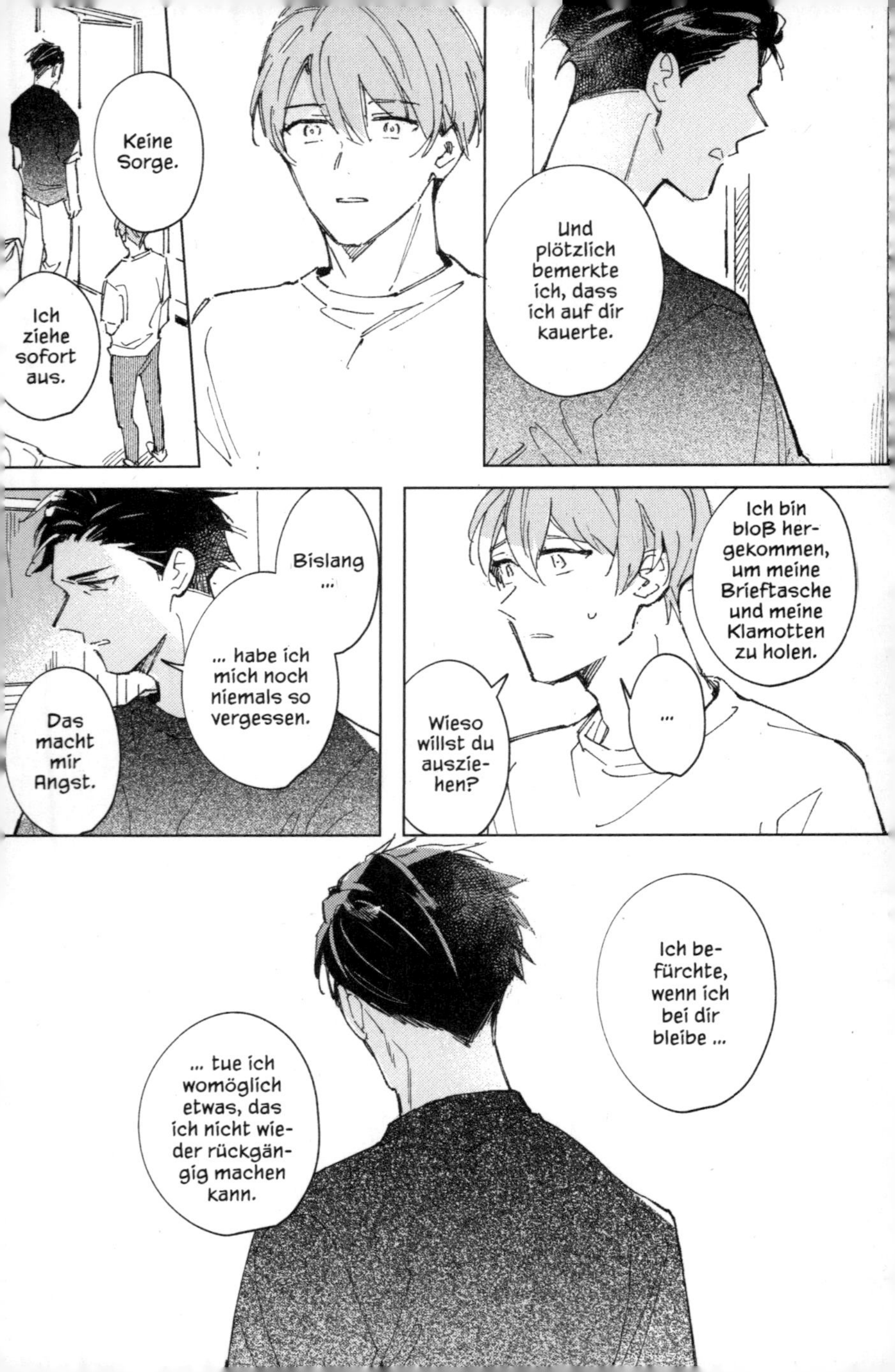
Und plötzlich bemerkte ich, dass ich auf dir kauerte.
Keine Sorge.
Ich ziehe sofort aus.
Ich bin bloß hergekommen, um meine Brieftasche und meine Klamotten zu holen.
...
Wieso willst du ausziehen?
Bislang ...
... habe ich mich noch niemals so vergessen.
Das macht mir Angst.
Ich befürchte, wenn ich bei dir bleibe ...
... tue ich womöglich etwas, das ich nicht wieder rückgängig machen kann.

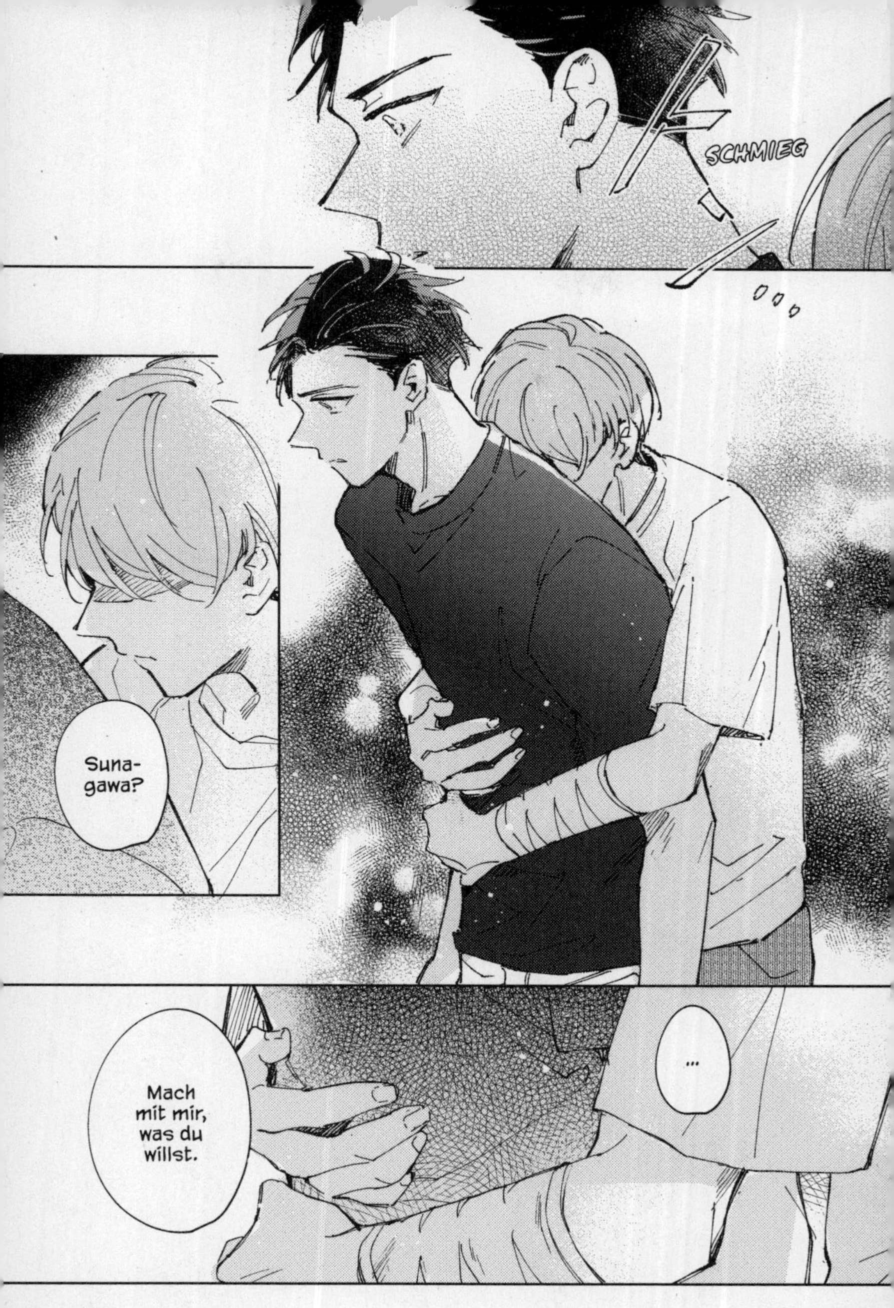
SCHMIEG
Suna-
gawa?
…
Mach
mit mir,
was du
willst.

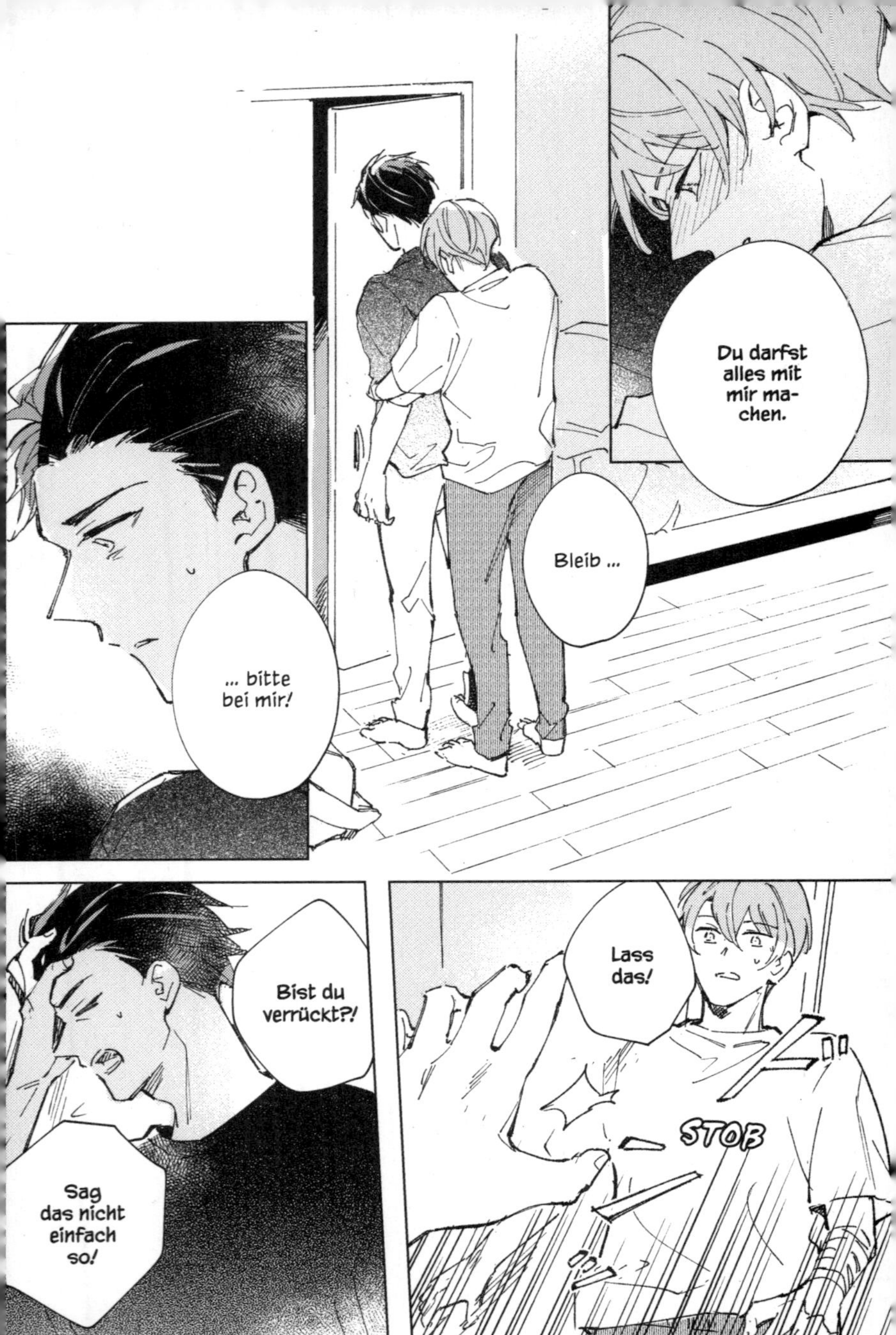
Du darfst alles mit mir machen.
Bleib ...
... bitte bei mir!
Lass das!
STOB
Bist du verrückt?!
Sag das nicht einfach so!

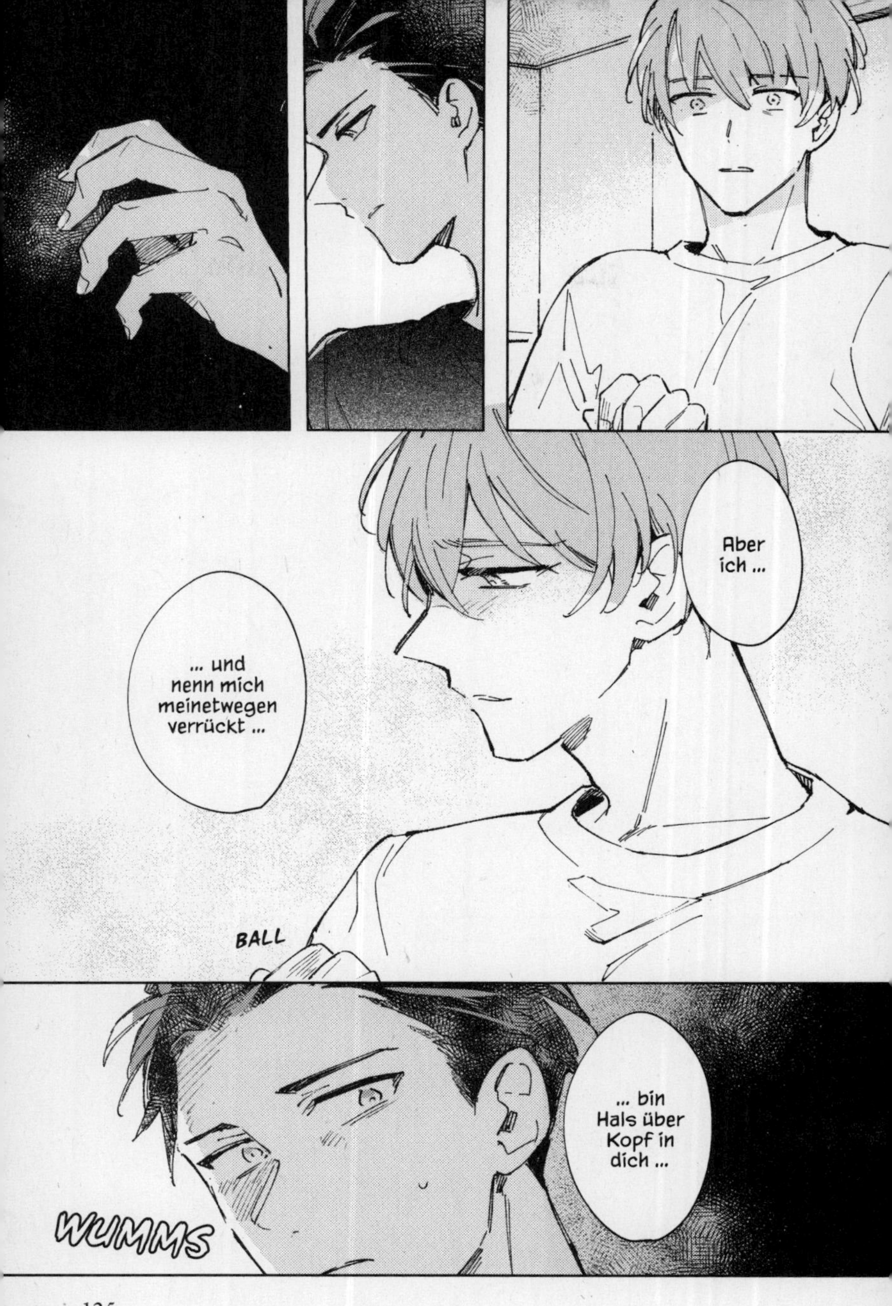
Aber ich ...
... und nenn mich meinetwegen verrückt ...
BALL
... bin Hals über Kopf in dich ...
WUMMS

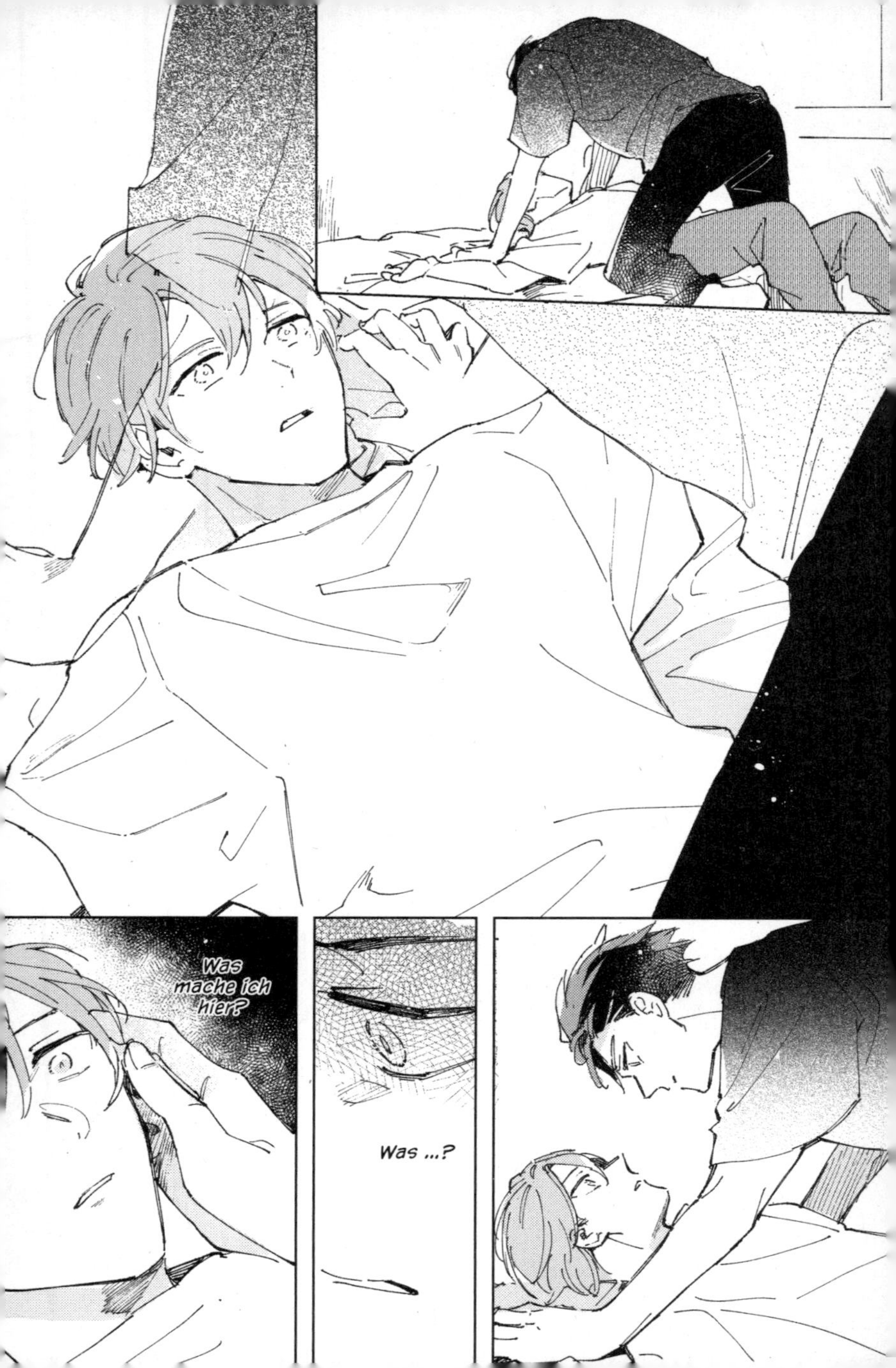
Was mache ich hier?
Was ...?

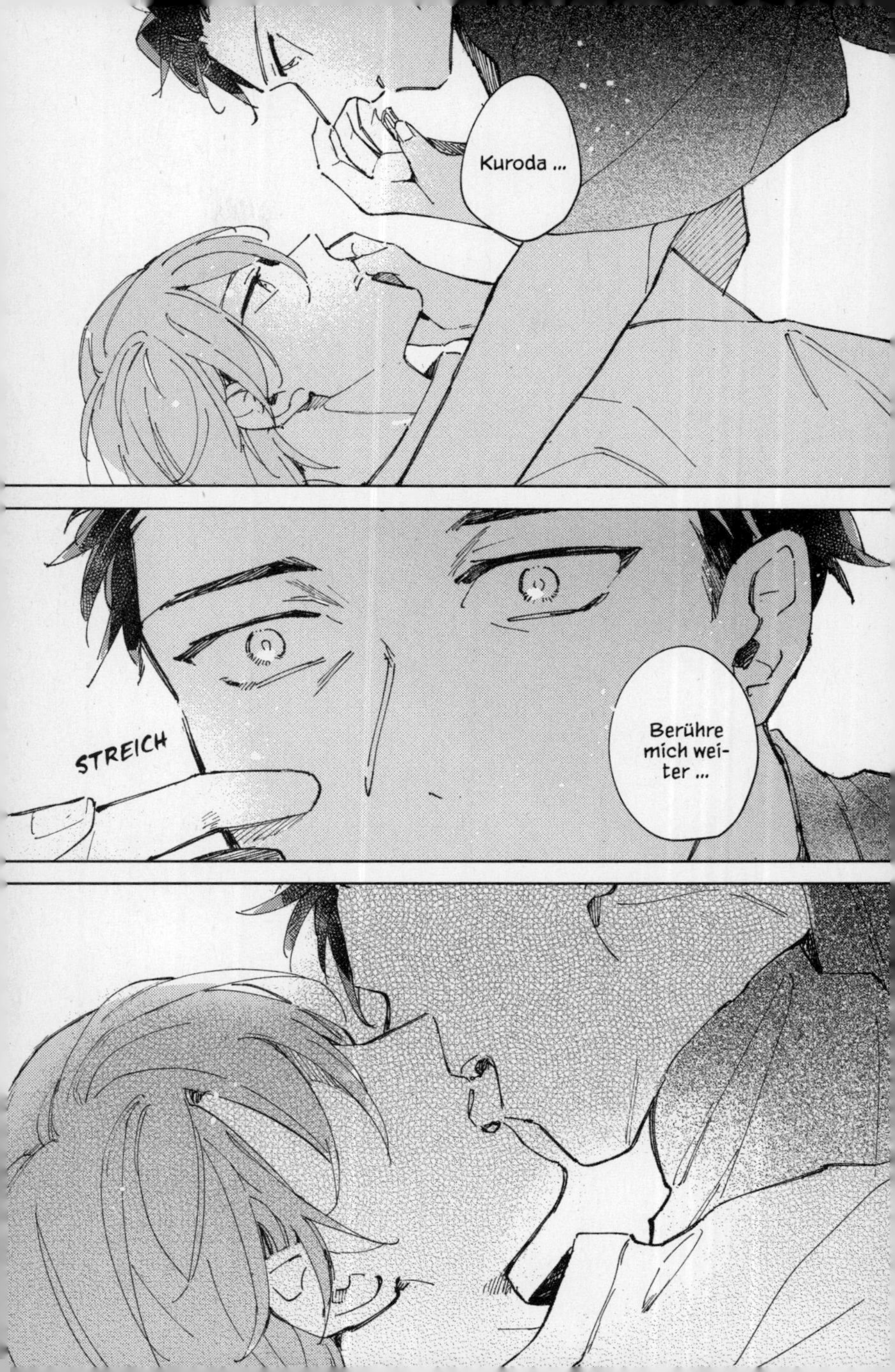
Kuroda ...
Berühre mich wei- ter ...
STREICH

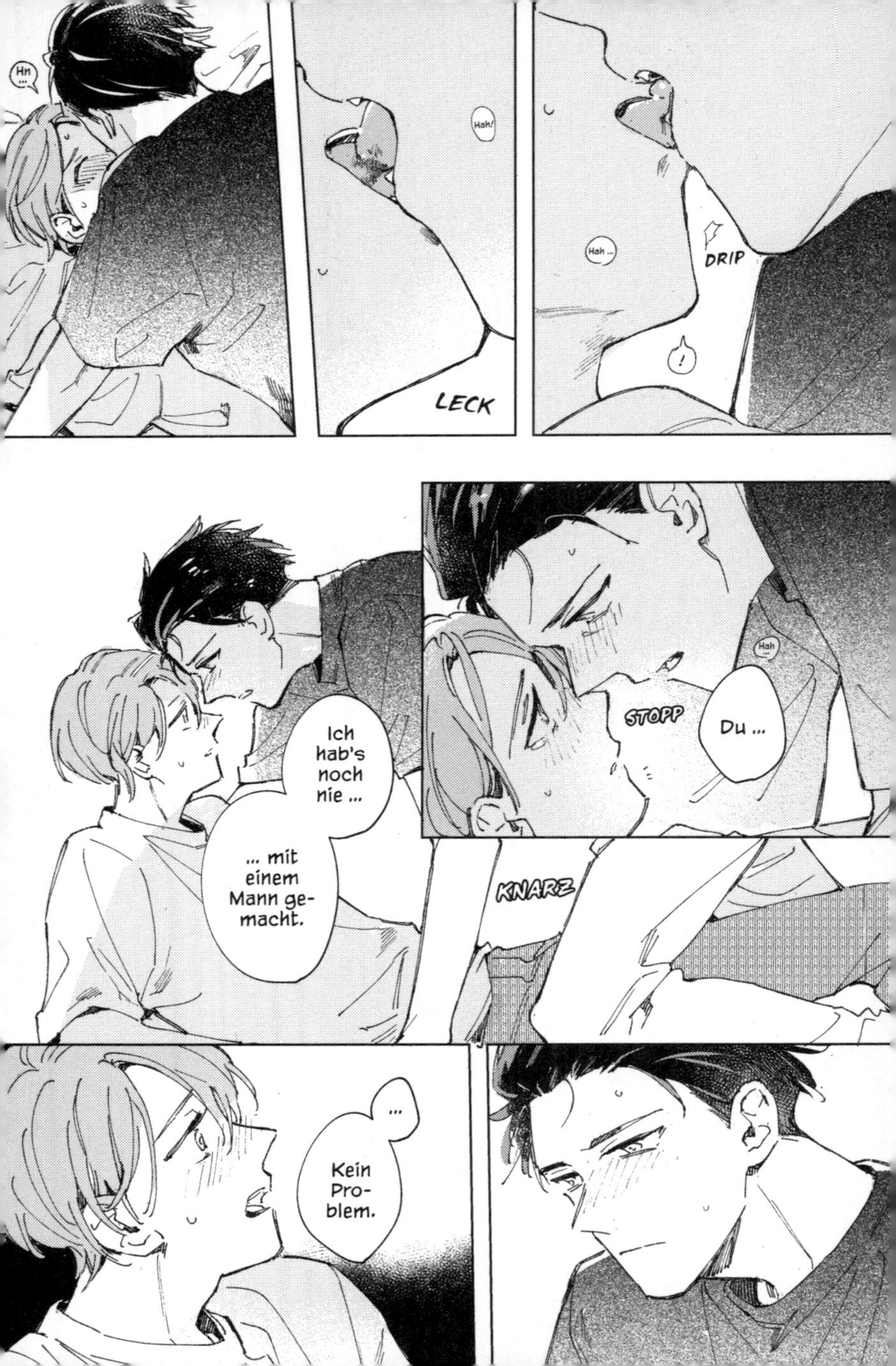
DRIP
Hah ...
!
Hah!
LECK
Hn ...
Hah ...
Du ...
STOPP
Ich hab's noch nie ...
... mit einem Mann gemacht.
KNARZ
...
Kein Problem.

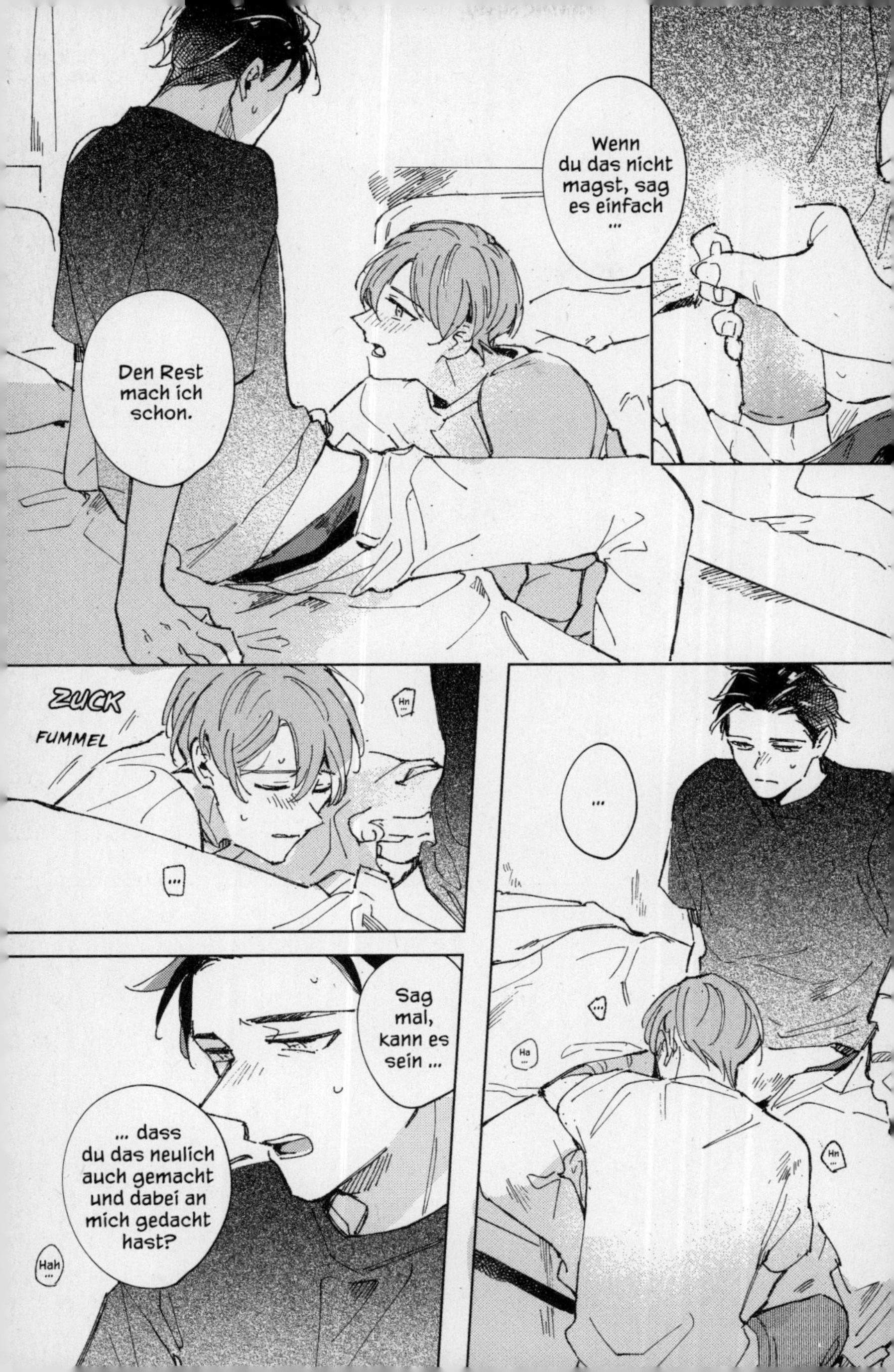

Wenn du das nicht magst, sag es einfach ...
Den Rest mach ich schon.
...
ZUCK
FUMMEL
Hn ...
...
...
Ha ...
Hn ...
Sag mal, kann es sein ...
... dass du das neulich auch gemacht und dabei an mich gedacht hast?
Hah ...

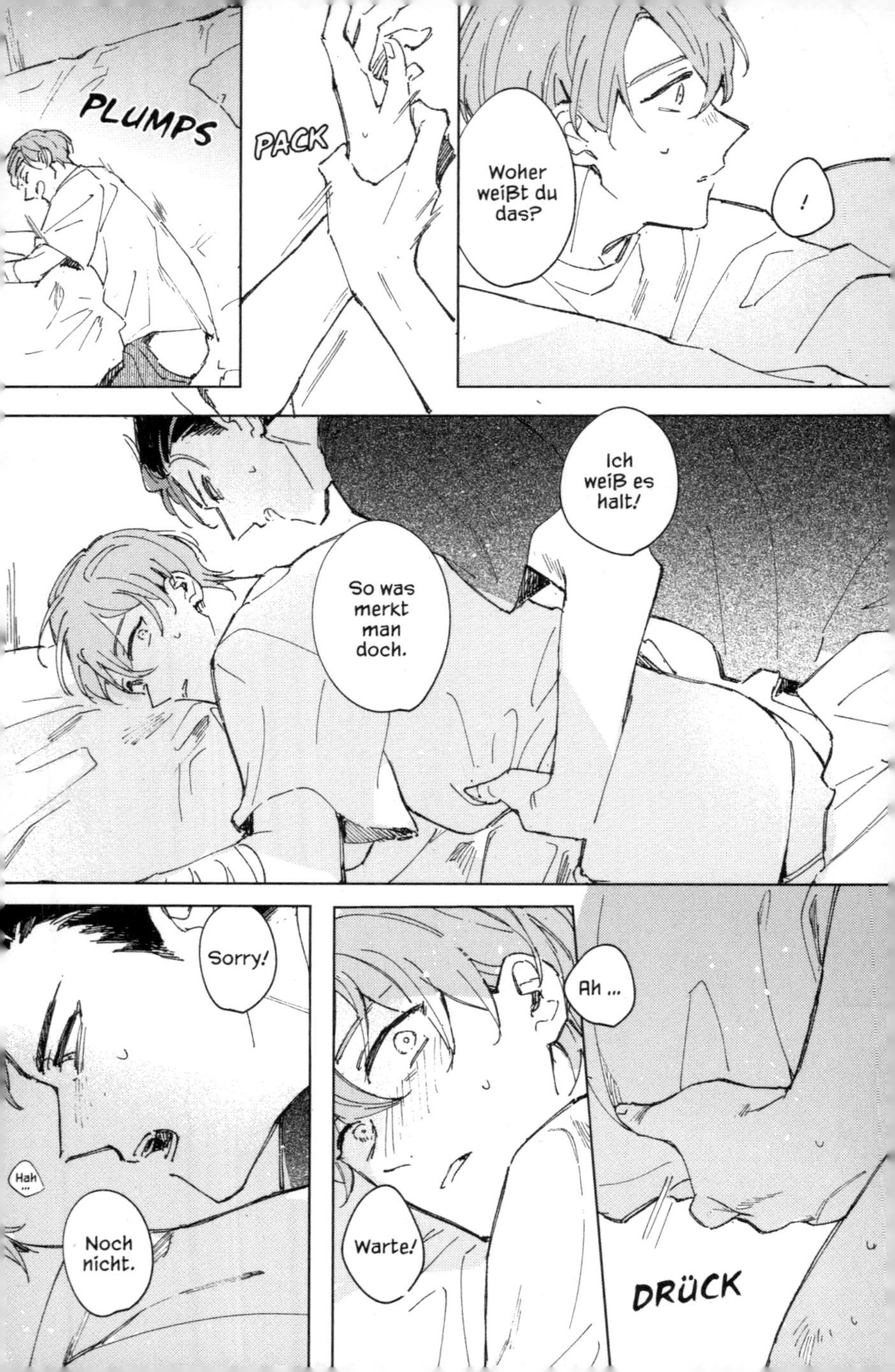
!
Woher weißt du das?
PACK
PLUMPS
Ich weiß es halt!
So was merkt man doch.
Ah ...
DRÜCK
Warte!
Sorry!
Hah ...
Noch nicht.

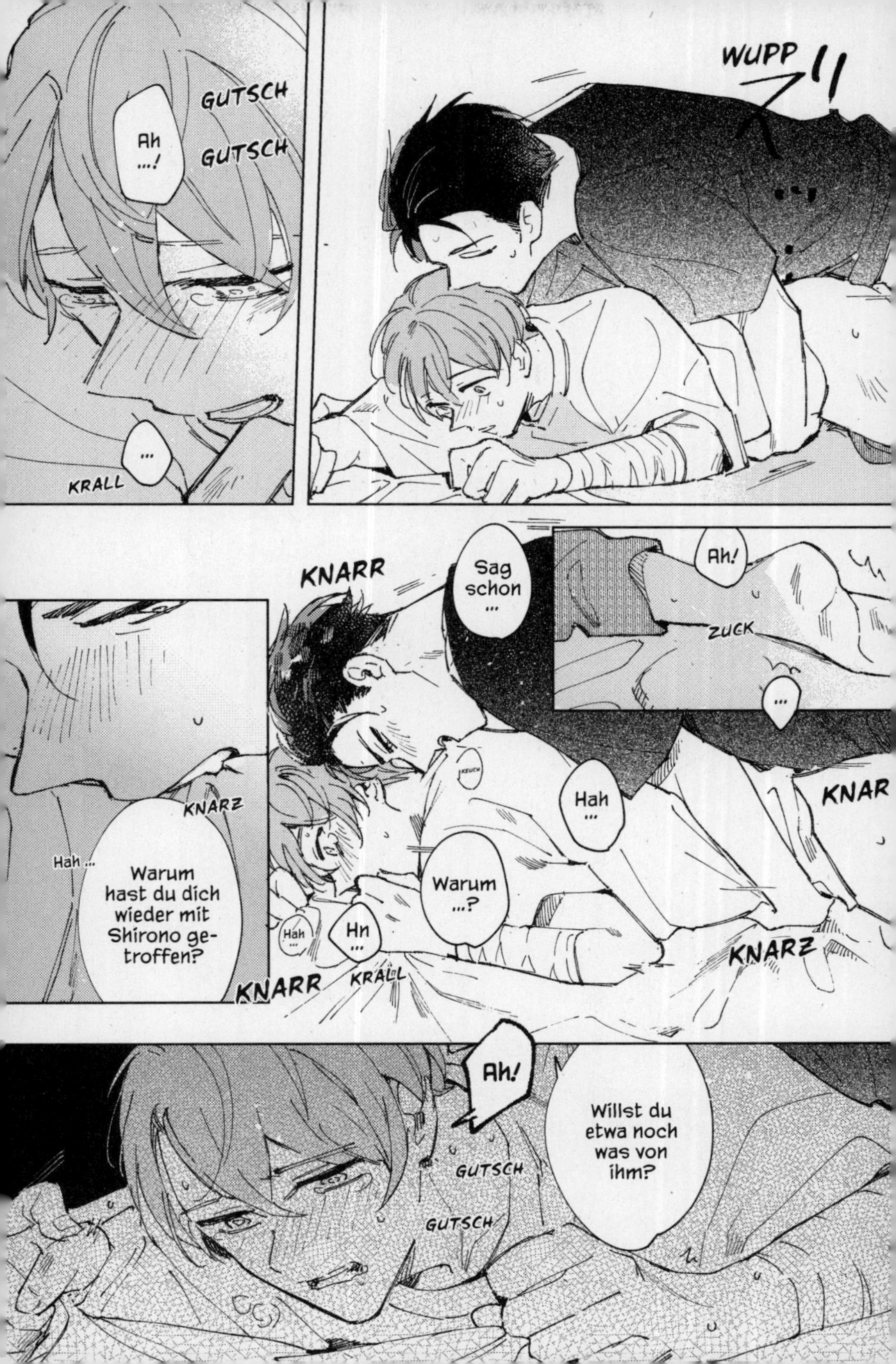
WUPP
GUTSCH
GUTSCH
Ah …!
…
KRALL
Sag schon …
KNARR
Ah!
ZUCK
…
KEUCH
Hah …
KNAR
Warum …?
Hn …
Hah …
KRALL
KNARZ
KNARZ
Hah …
Warum hast du dich wieder mit Shirono getroffen?
KNARR
Ah!
Willst du etwa noch was von ihm?
GUTSCH
GUTSCH

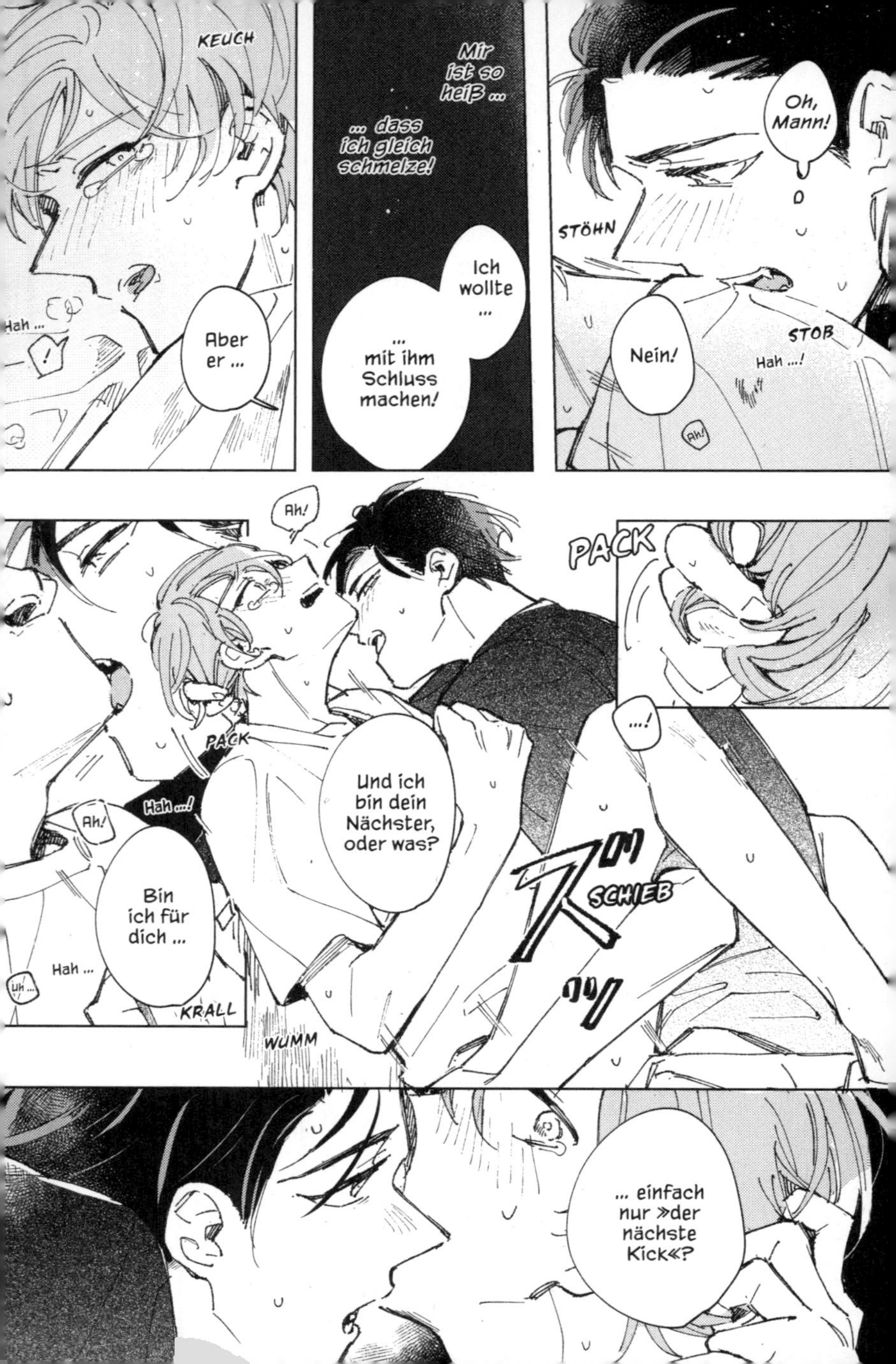
Oh, Mann!
STÖHN
Nein!
STOB
Hah ...!
Ah!
Mir ist so heiß ...
... dass ich gleich schmelze!
Ich wollte ...
... mit ihm Schluss machen!
KEUCH
Aber er ...
Hah ...
!
PACK
...!
Ah!
Und ich bin dein Nächster, oder was?
SCHIEB
WUMM
PACK
Hah ...!
Ah!
Bin ich für dich ...
Hah ...
Uh ...
KRALL
... einfach nur »der nächste Kick«?

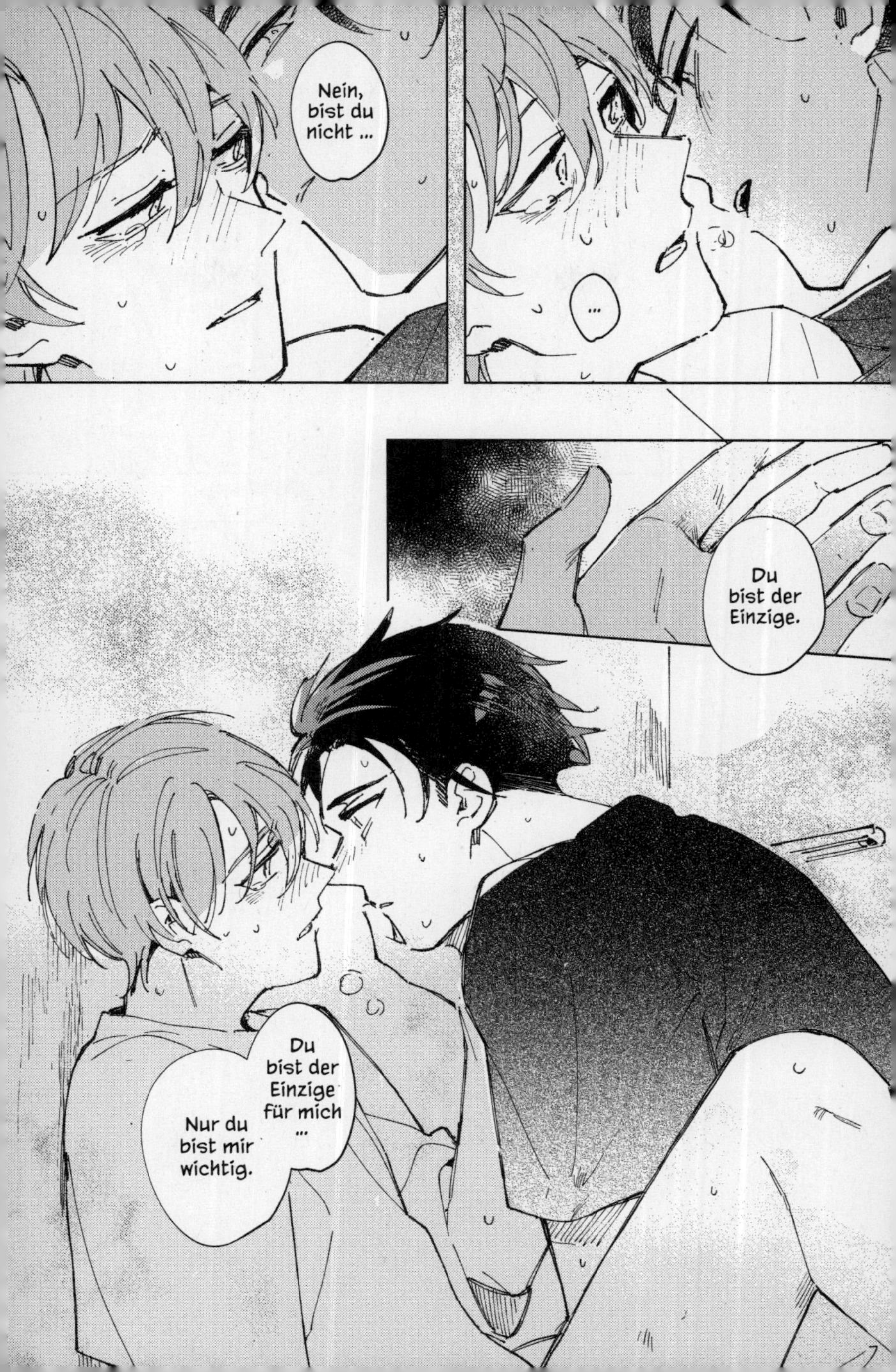
Nein, bist du nicht ...
...
Du bist der Einzige.
Du bist der Einzige für mich ...
Nur du bist mir wichtig.

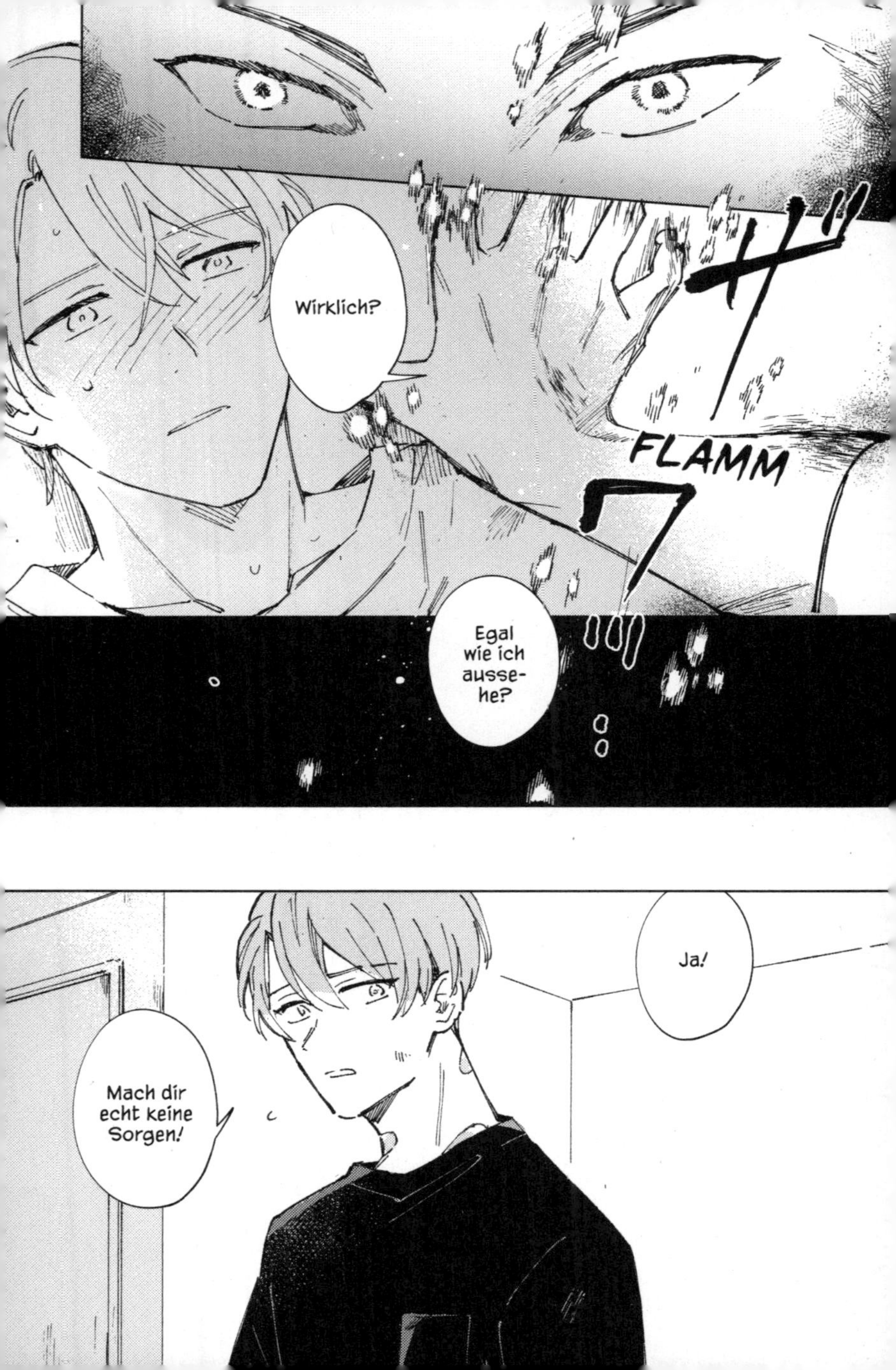
FLAMM
Wirklich?
Egal wie ich ausse-he?
Ja!
Mach dir echt keine Sorgen!

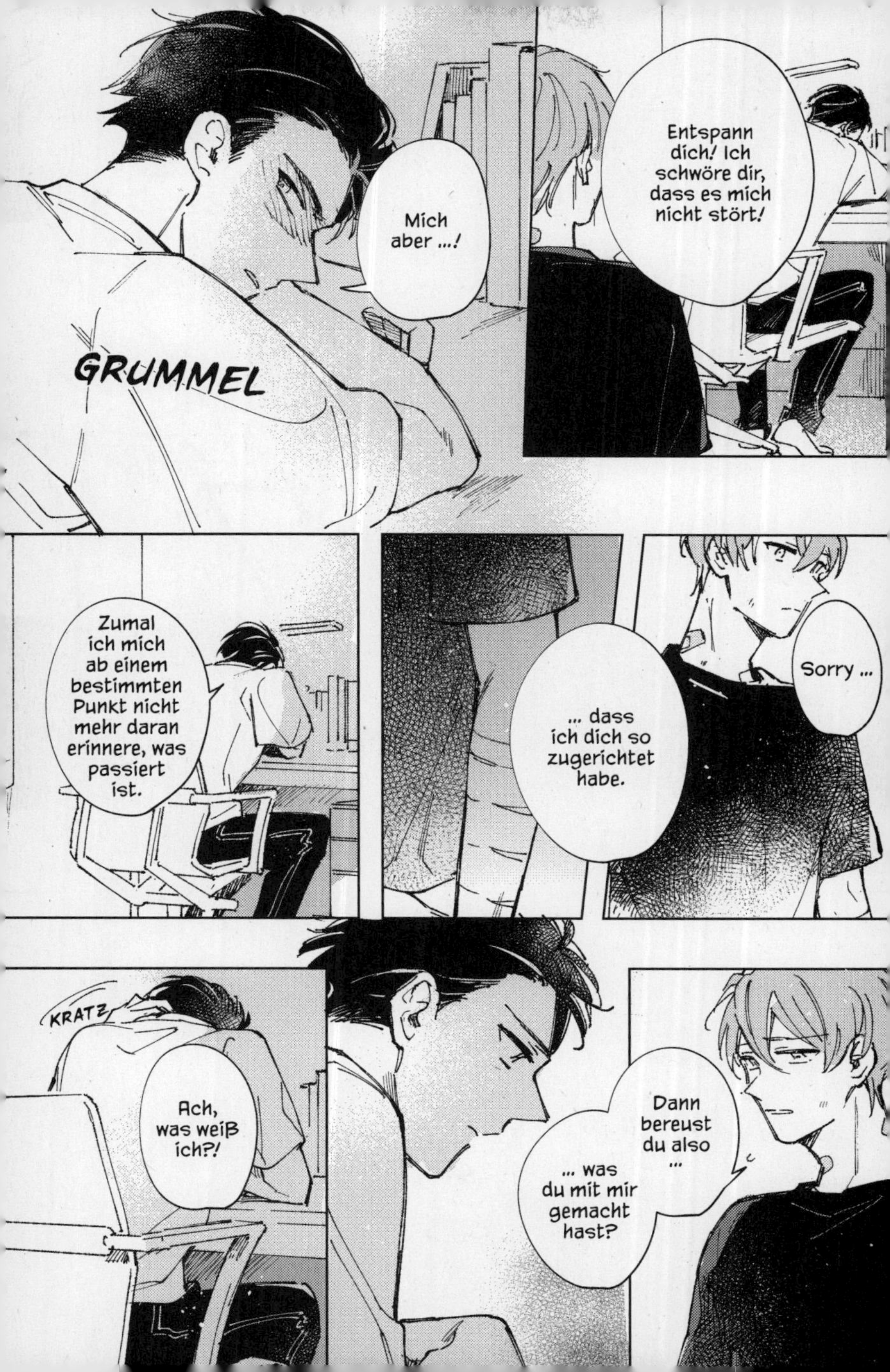
Entspann dich! Ich schwöre dir, dass es mich nicht stört!
Mich aber ...!
GRUMMEL
Sorry ...
... dass ich dich so zugerichtet habe.
Zumal ich mich ab einem bestimmten Punkt nicht mehr daran erinnere, was passiert ist.
Dann bereust du also ...
... was du mit mir gemacht hast?
KRATZ
Ach, was weiß ich?!

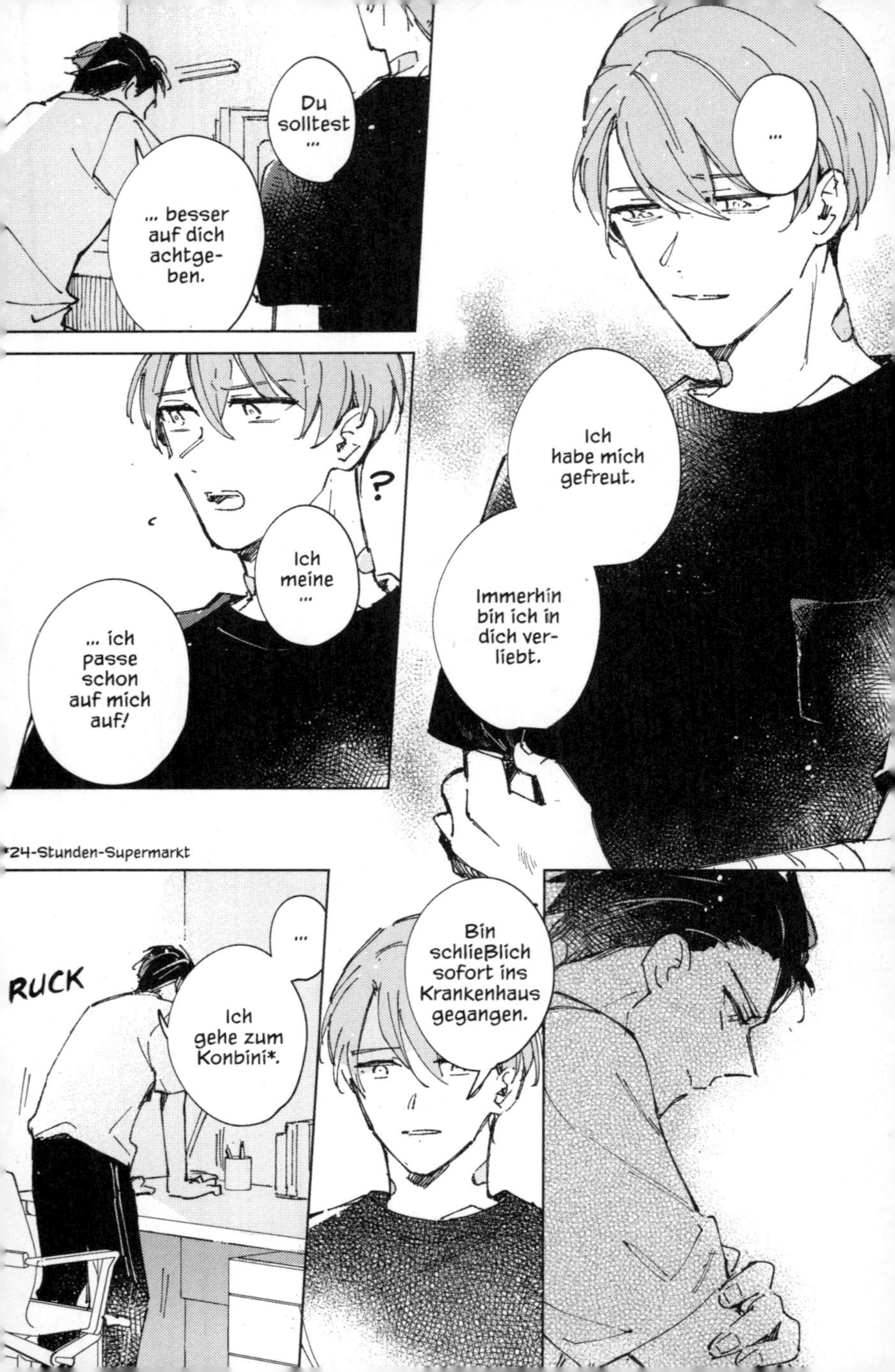

*24-Stunden-Supermarkt

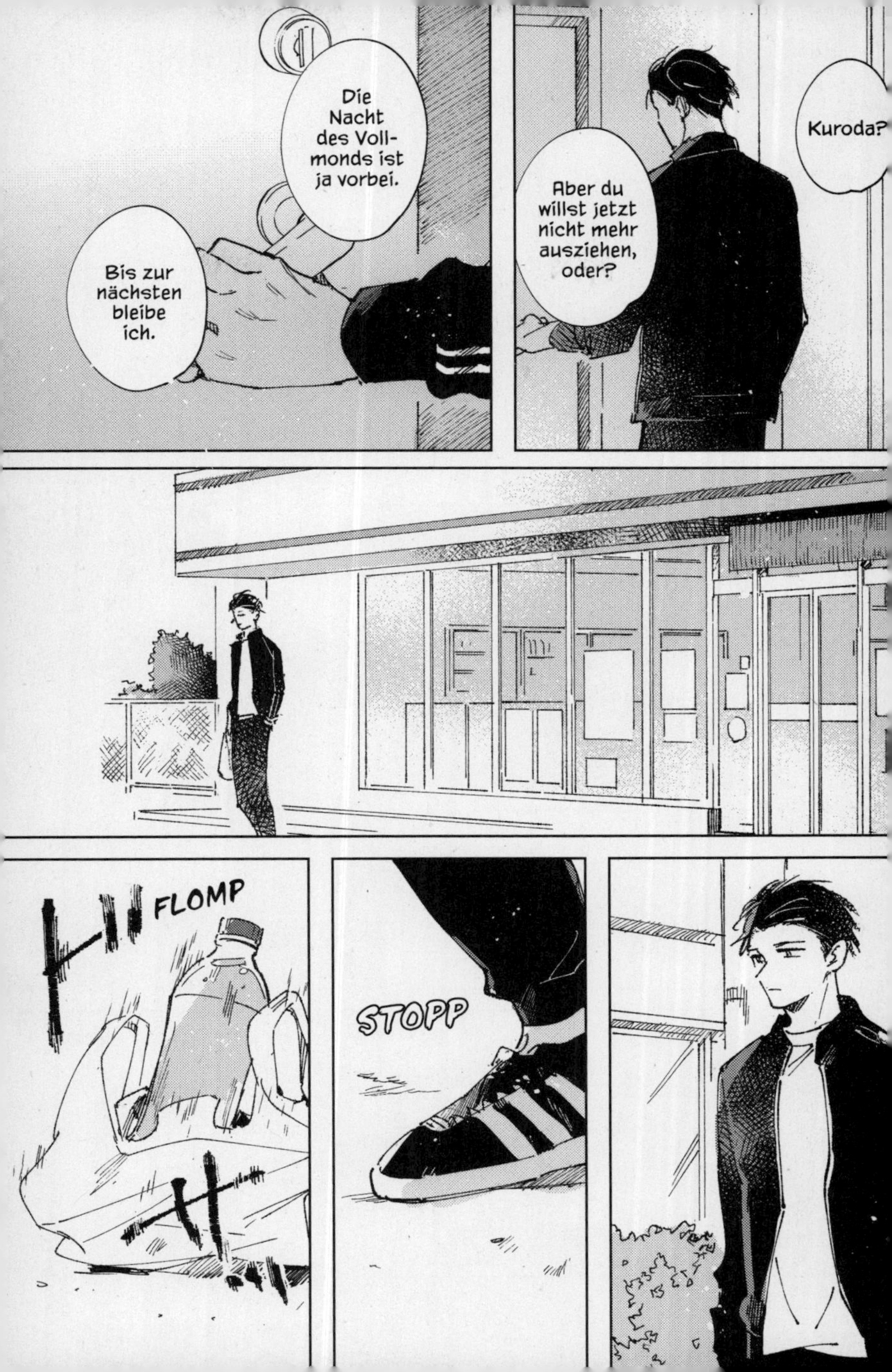

Kuroda?

Aber du willst jetzt nicht mehr ausziehen, oder?

Die Nacht des Vollmonds ist ja vorbei.

Bis zur nächsten bleibe ich.

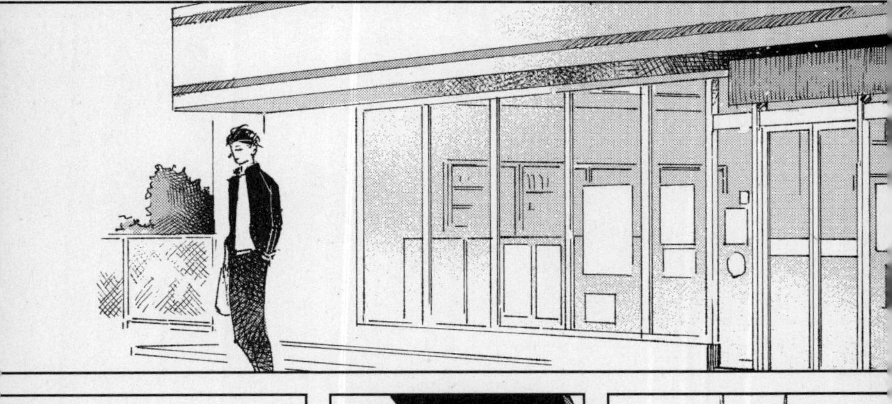

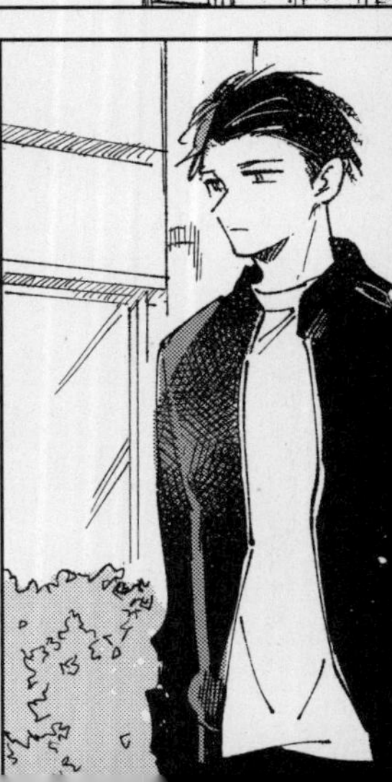

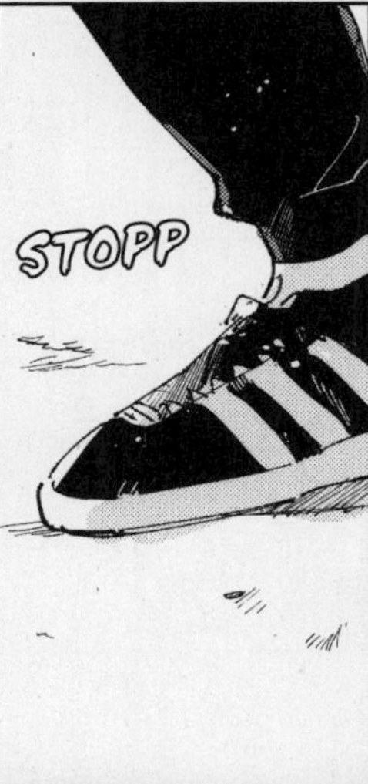

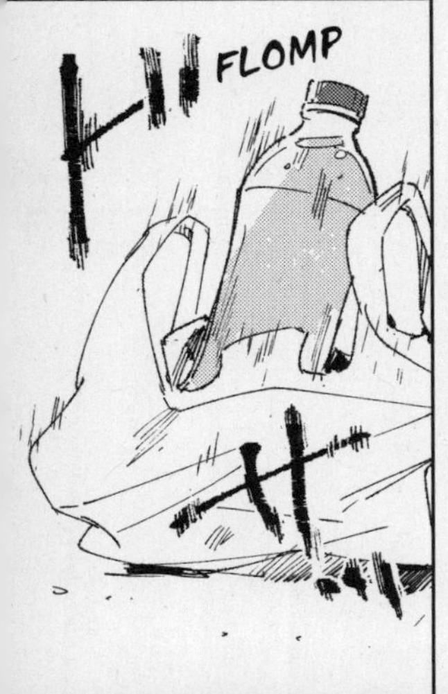

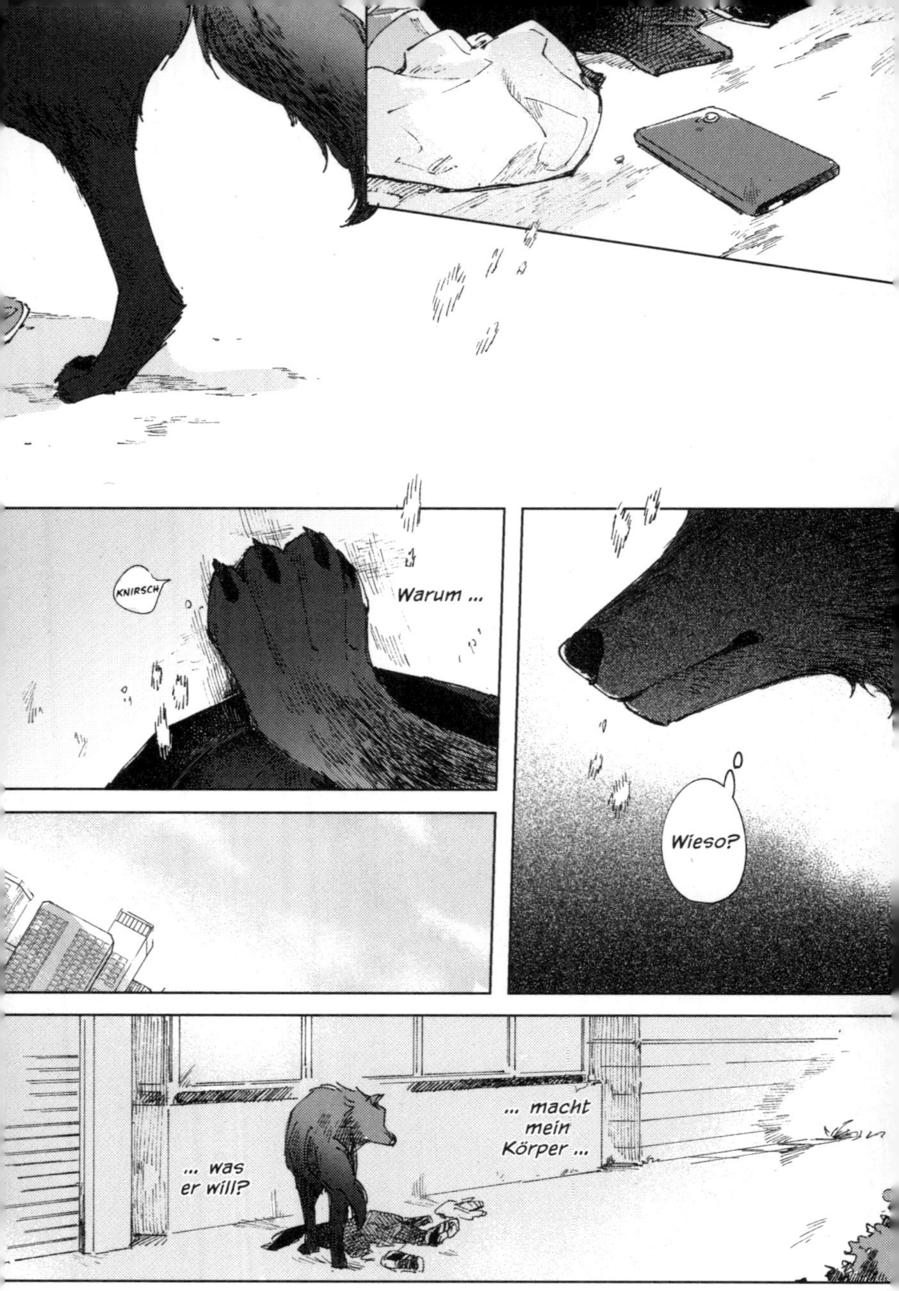

Warum ...
KNIRSCH
Wieso?
... macht mein Körper ...
... was er will?

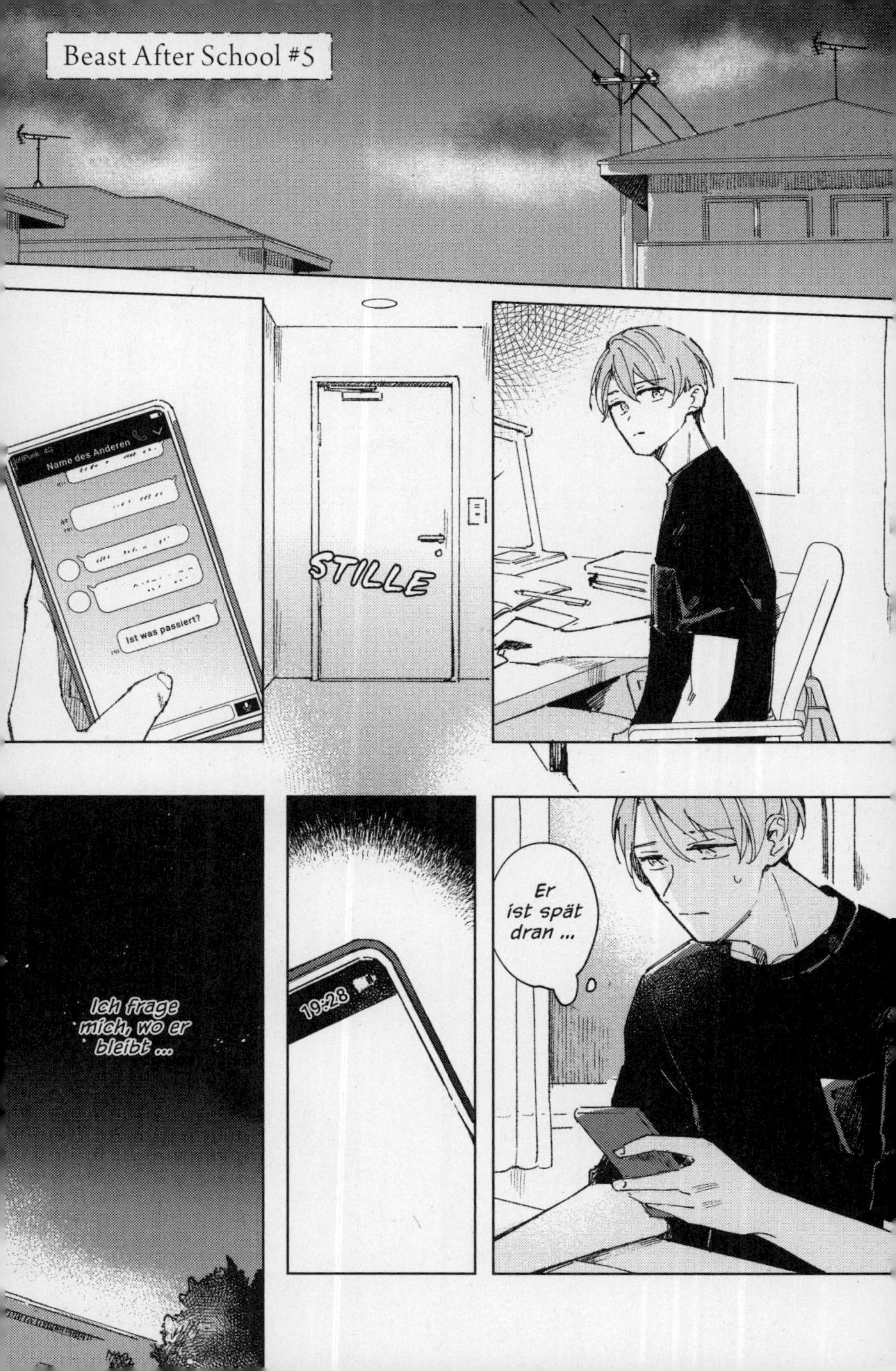
Beast After School #5
STILLE
Name des Anderen
Ist was passiert?
Er ist spät dran ...
19:28
Ich frage mich, wo er bleibt ...

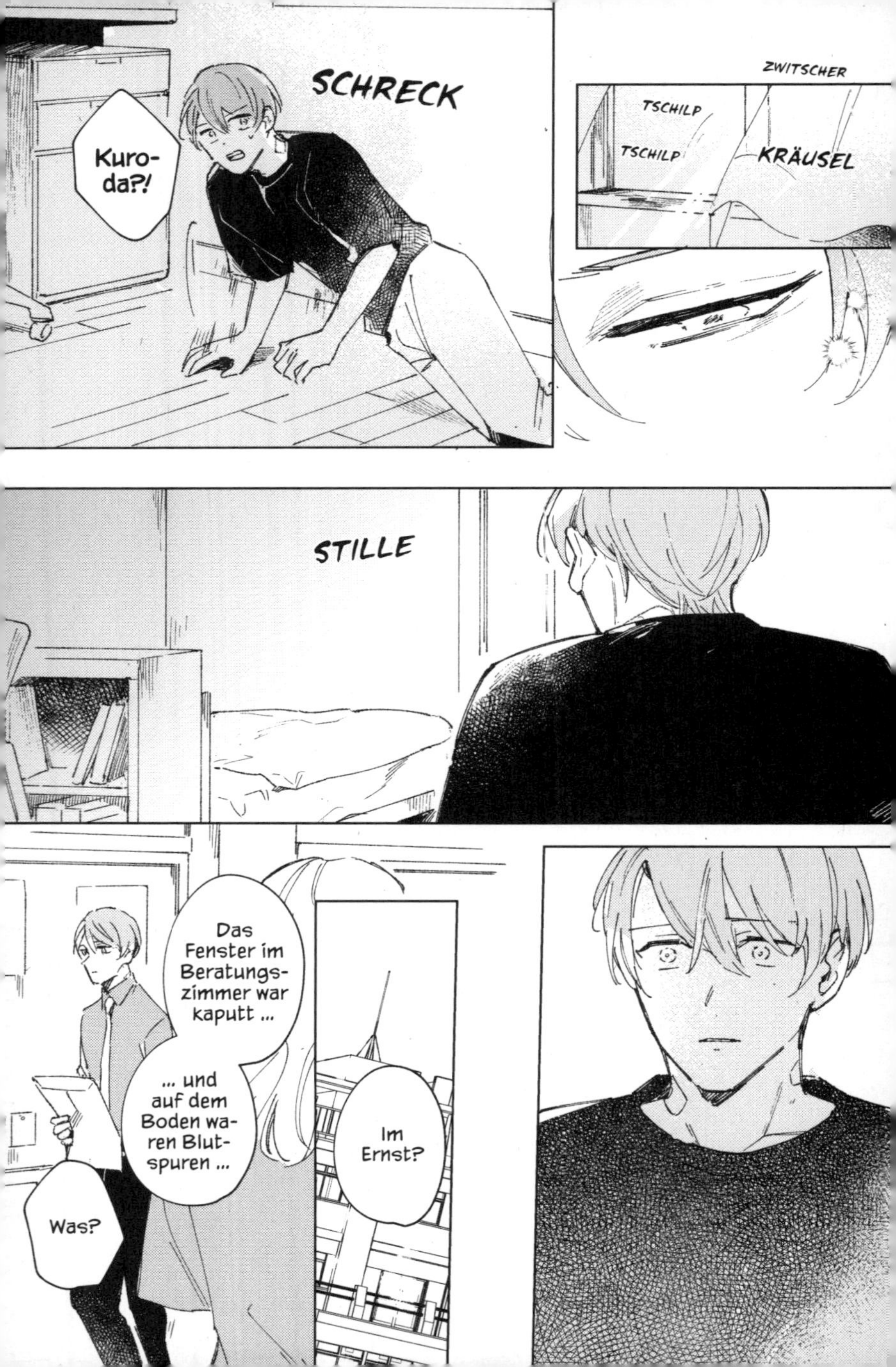
ZWITSCHER
TSCHILP
TSCHILP
KRÄUSEL
SCHRECK
Kuroda?!
STILLE
Im Ernst?
Das Fenster im Beratungszimmer war kaputt ...
... und auf dem Boden waren Blutspuren ...
Was?

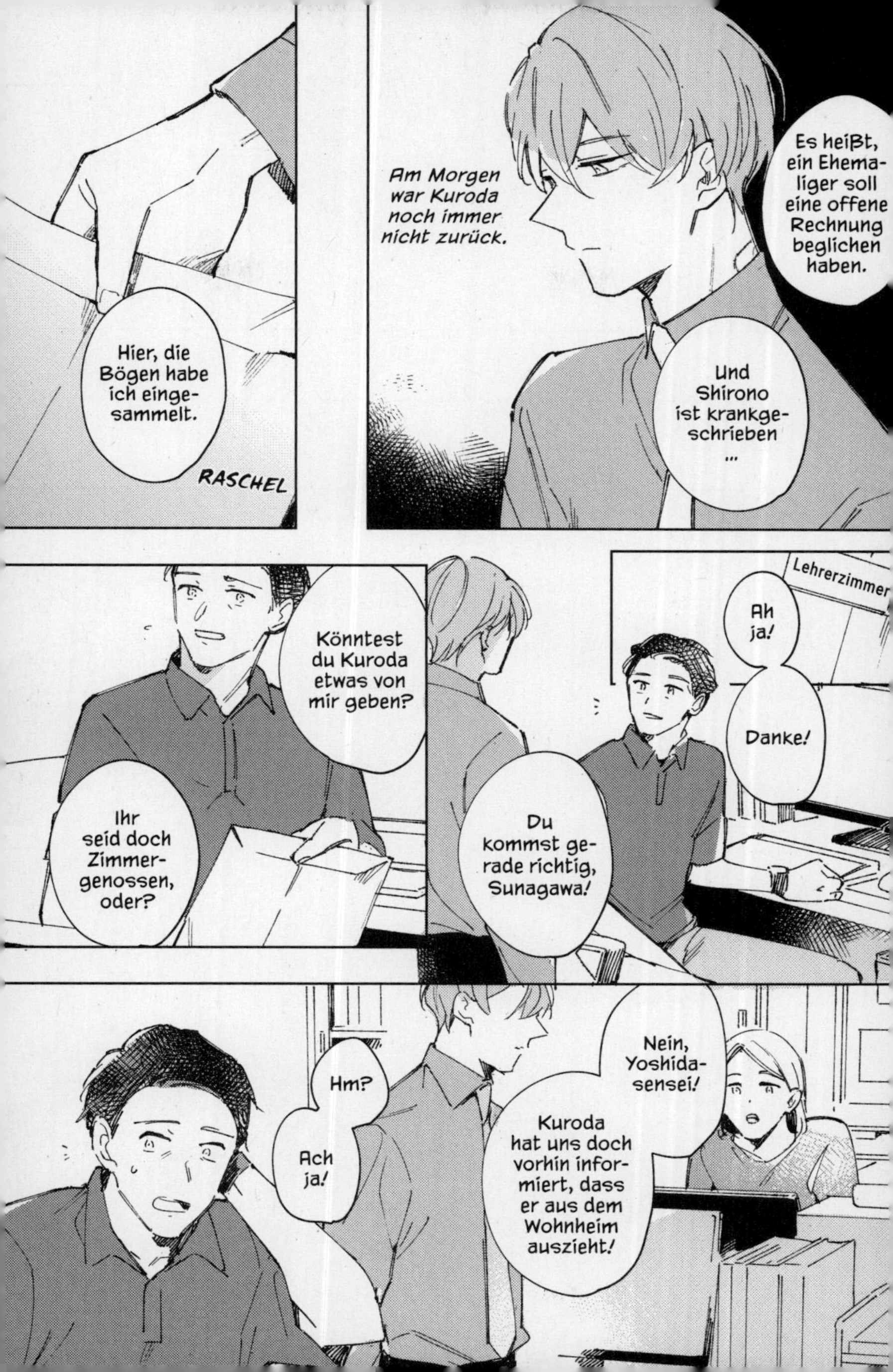
Es heißt, ein Ehemaliger soll eine offene Rechnung beglichen haben.
Am Morgen war Kuroda noch immer nicht zurück.
Und Shirono ist krankgeschrieben …
Hier, die Bögen habe ich eingesammelt.
RASCHEL
Lehrerzimmer
Ah ja!
Danke!
Du kommst gerade richtig, Sunagawa!
Könntest du Kuroda etwas von mir geben?
Ihr seid doch Zimmergenossen, oder?
Nein, Yoshida-sensei!
Kuroda hat uns doch vorhin informiert, dass er aus dem Wohnheim auszieht!
Hm?
Ach ja!

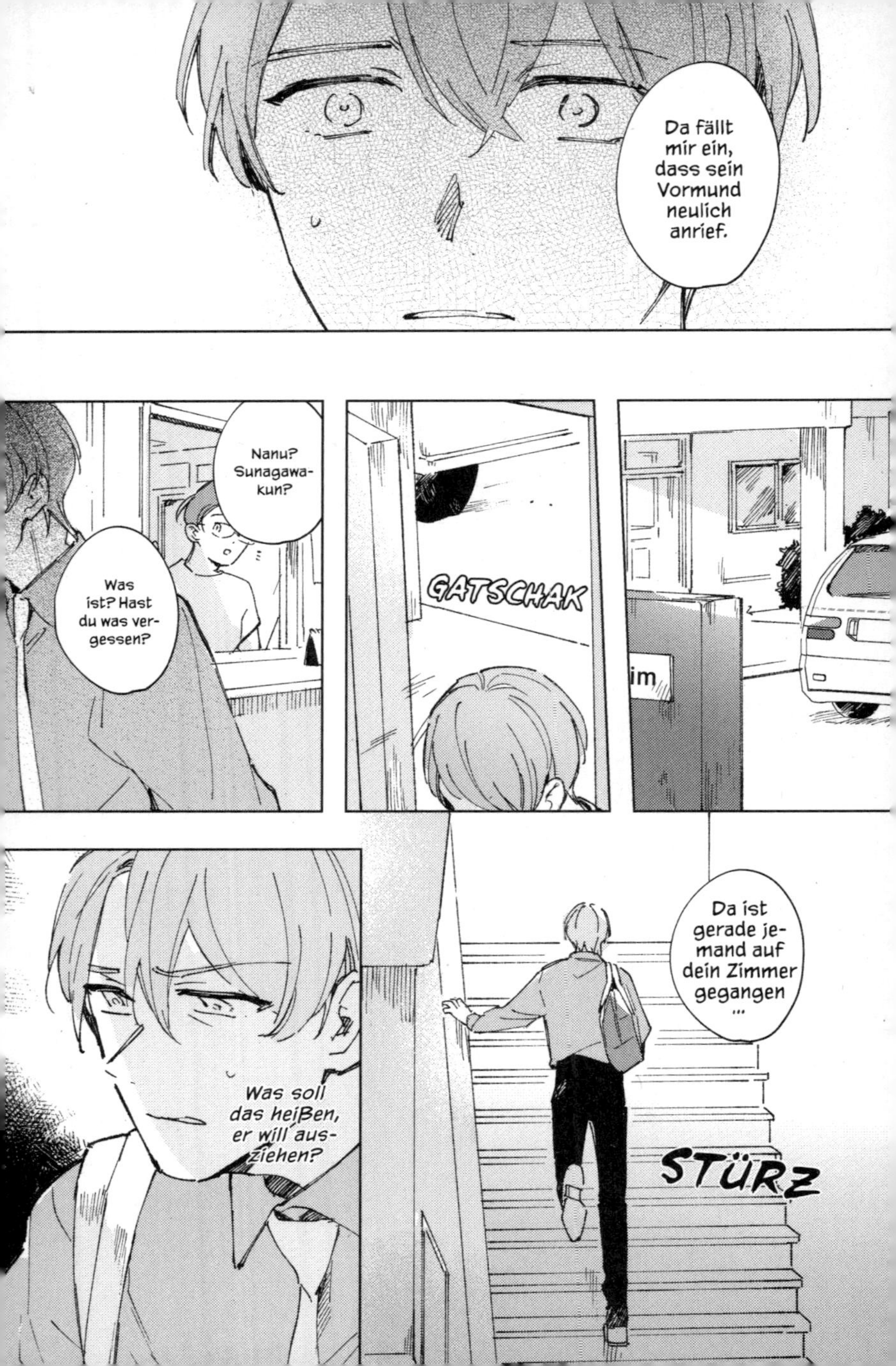
Da fällt mir ein, dass sein Vormund neulich anrief.
GATSCHAK
Nanu? Sunagawa-kun?
Was ist? Hast du was vergessen?
Da ist gerade jemand auf dein Zimmer gegangen ...
STÜRZ
Was soll das heißen, er will ausziehen?

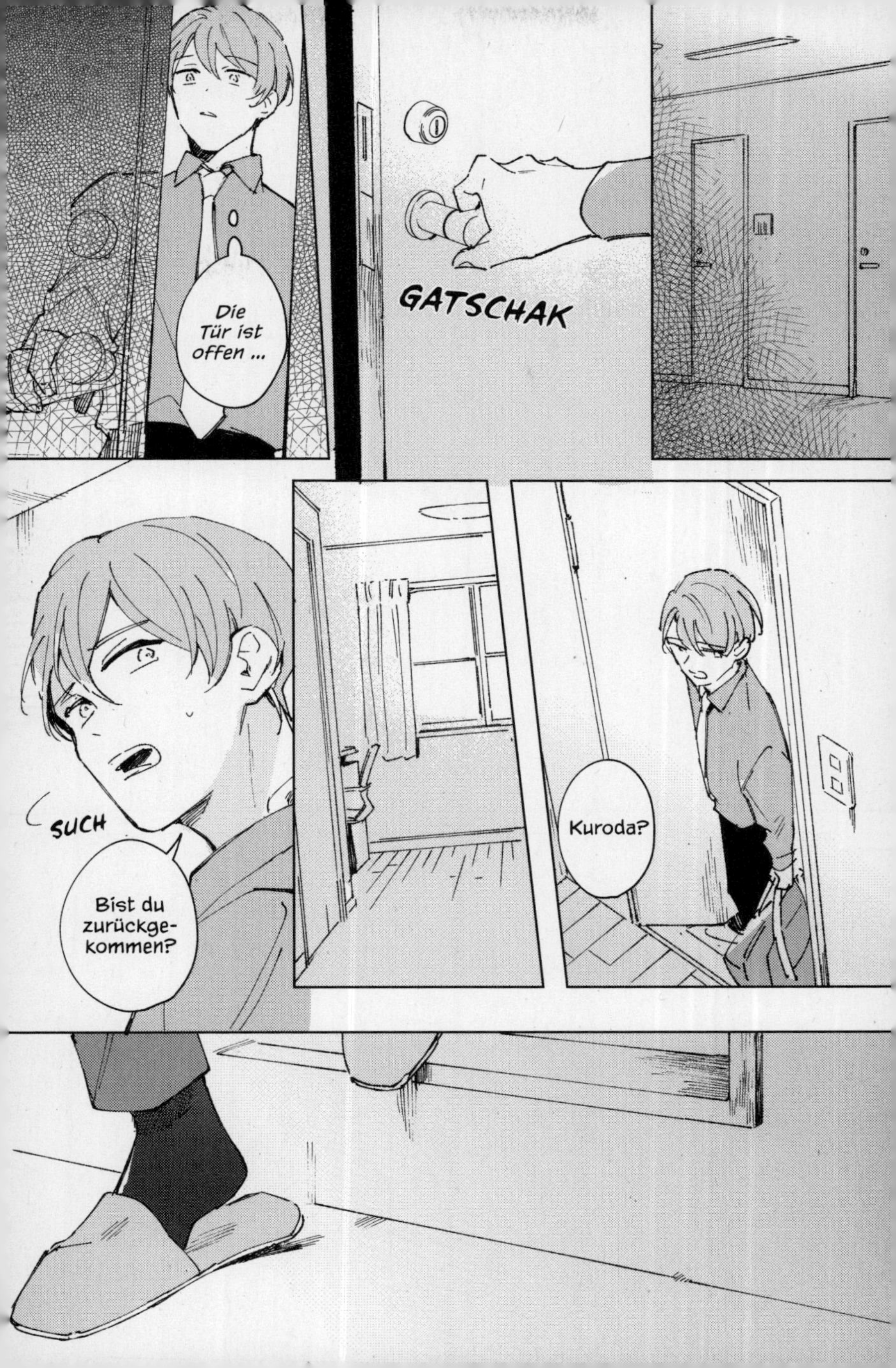
GATSCHAK
Die Tür ist offen ...
Kuroda?
SUCH
Bist du zurückgekommen?

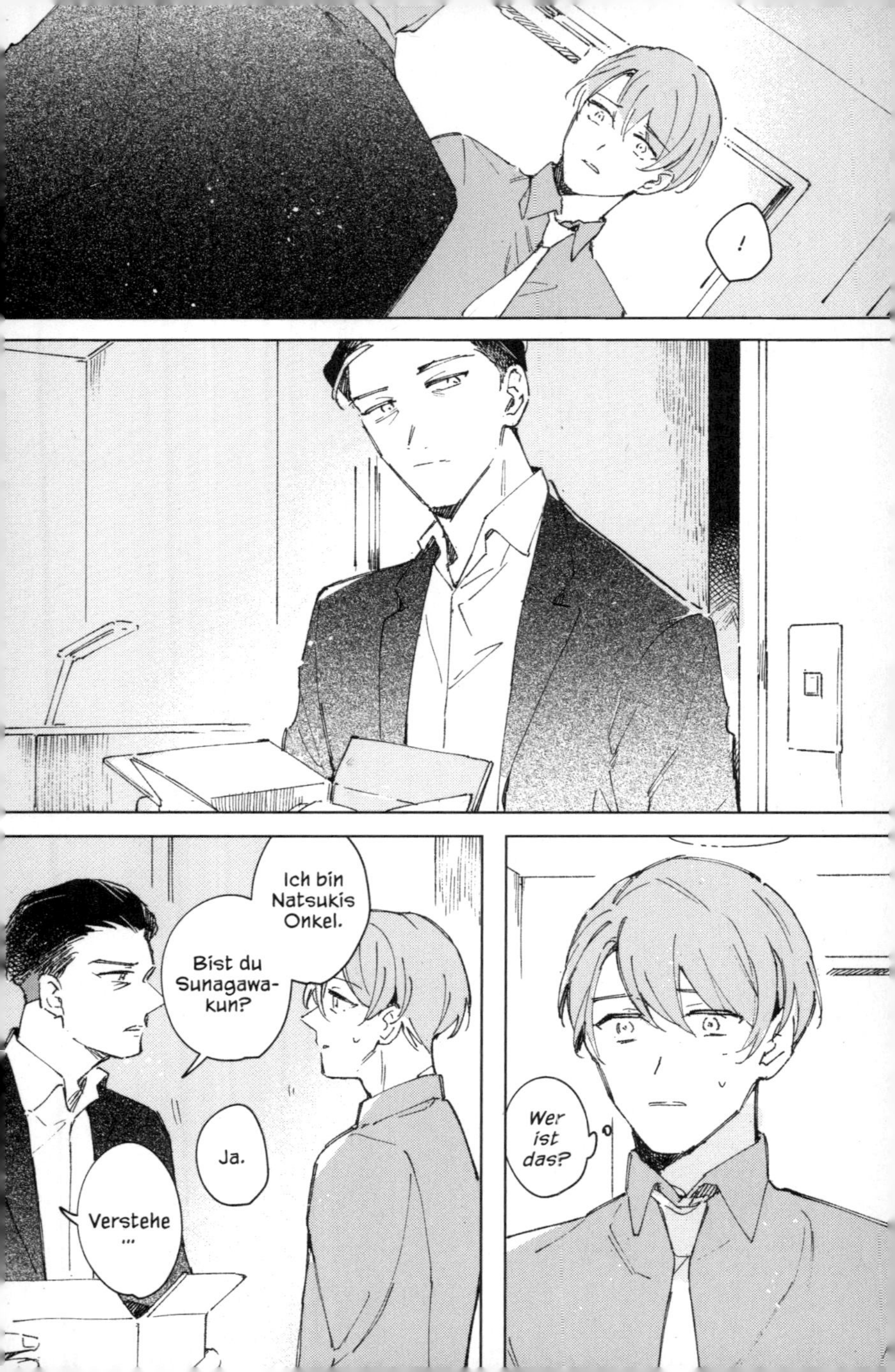
!
Wer ist das?
Ich bin Natsukis Onkel.
Bist du Sunagawa-kun?
Ja.
Verstehe ...

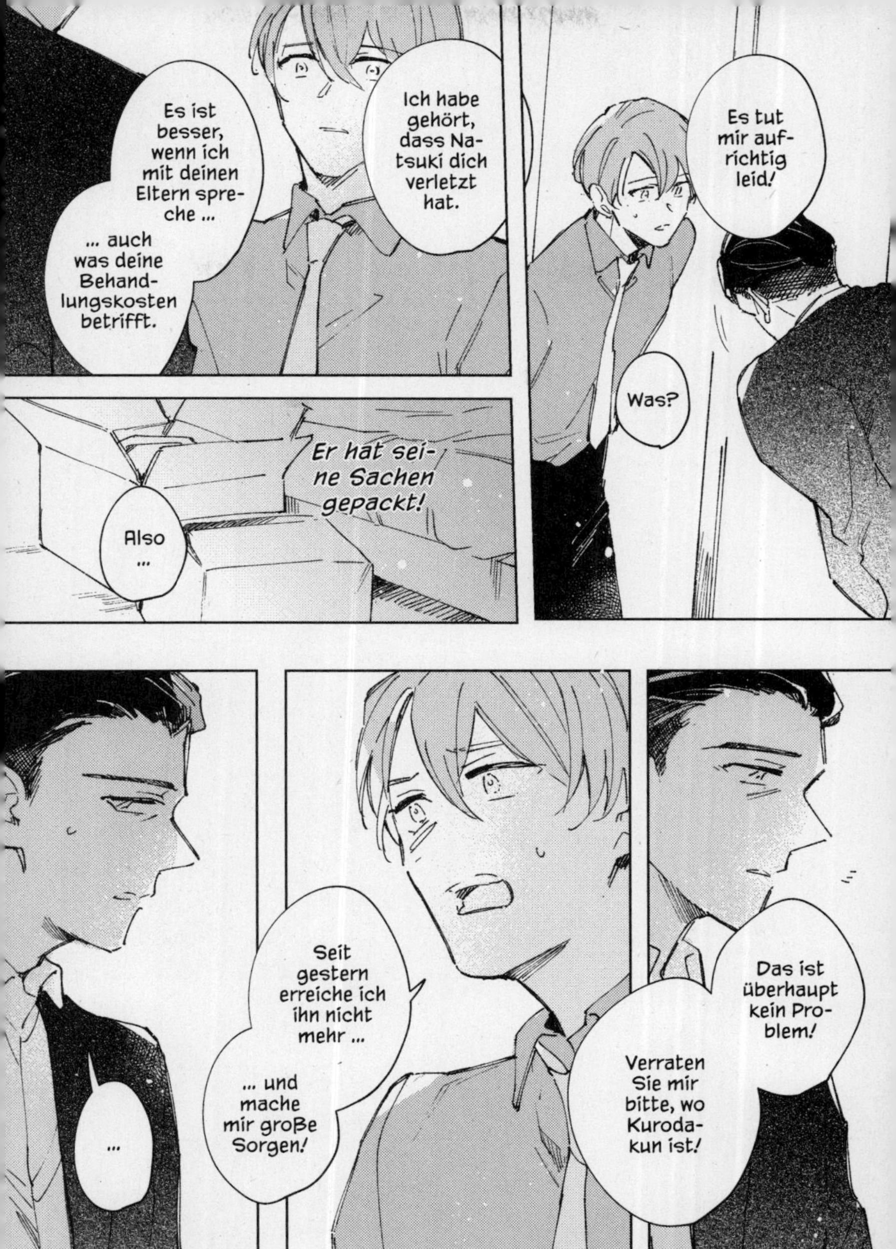
Es tut mir aufrichtig leid!
Was?
Ich habe gehört, dass Natsuki dich verletzt hat.
Es ist besser, wenn ich mit deinen Eltern spreche ...
... auch was deine Behandlungskosten betrifft.
Er hat seine Sachen gepackt!
Also ...
Das ist überhaupt kein Problem!
Verraten Sie mir bitte, wo Kuroda-kun ist!
Seit gestern erreiche ich ihn nicht mehr ...
... und mache mir große Sorgen!
...

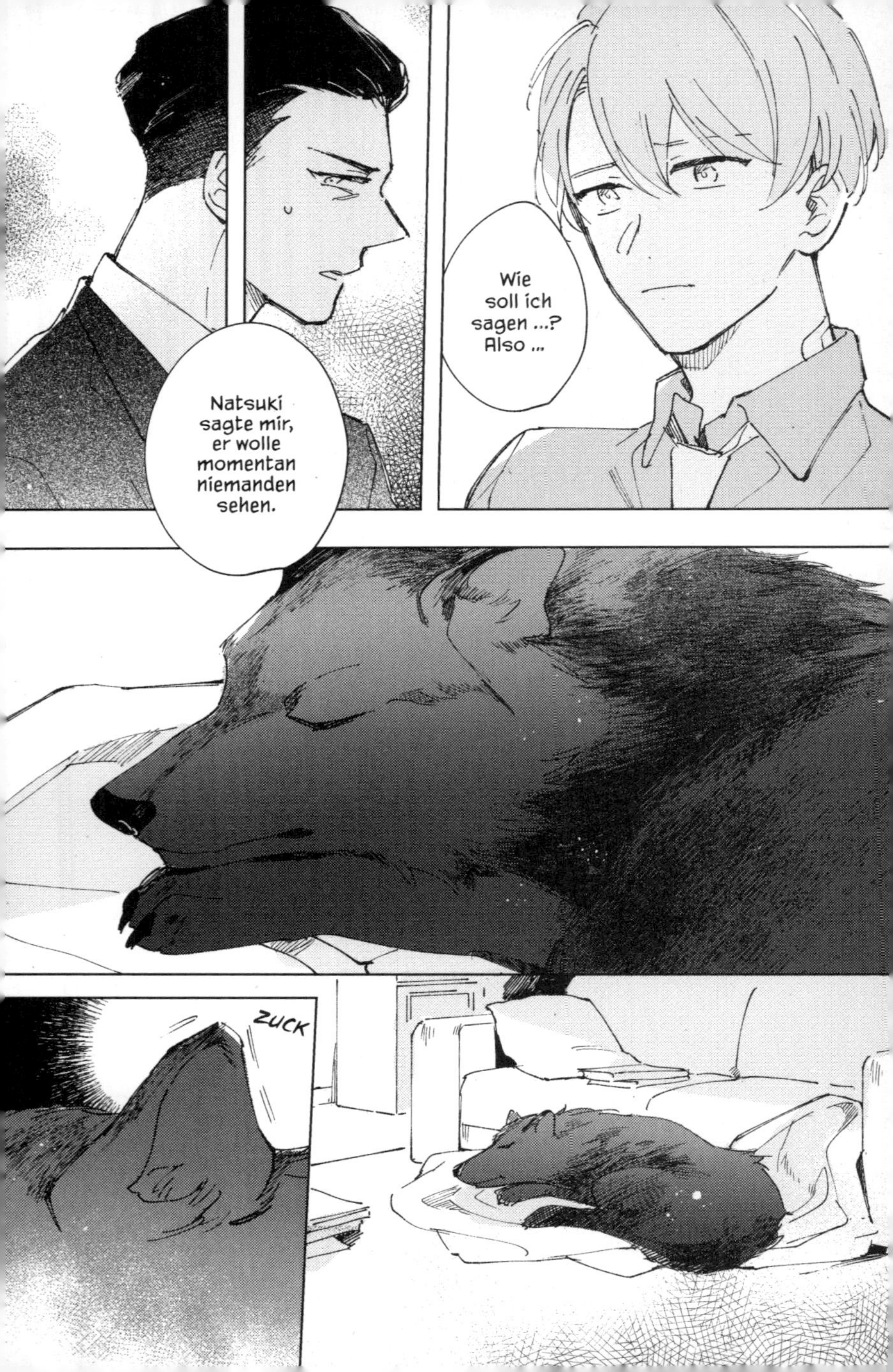
Wie soll ich sagen ...? Also ...
Natsuki sagte mir, er wolle momentan niemanden sehen.
ZUCK

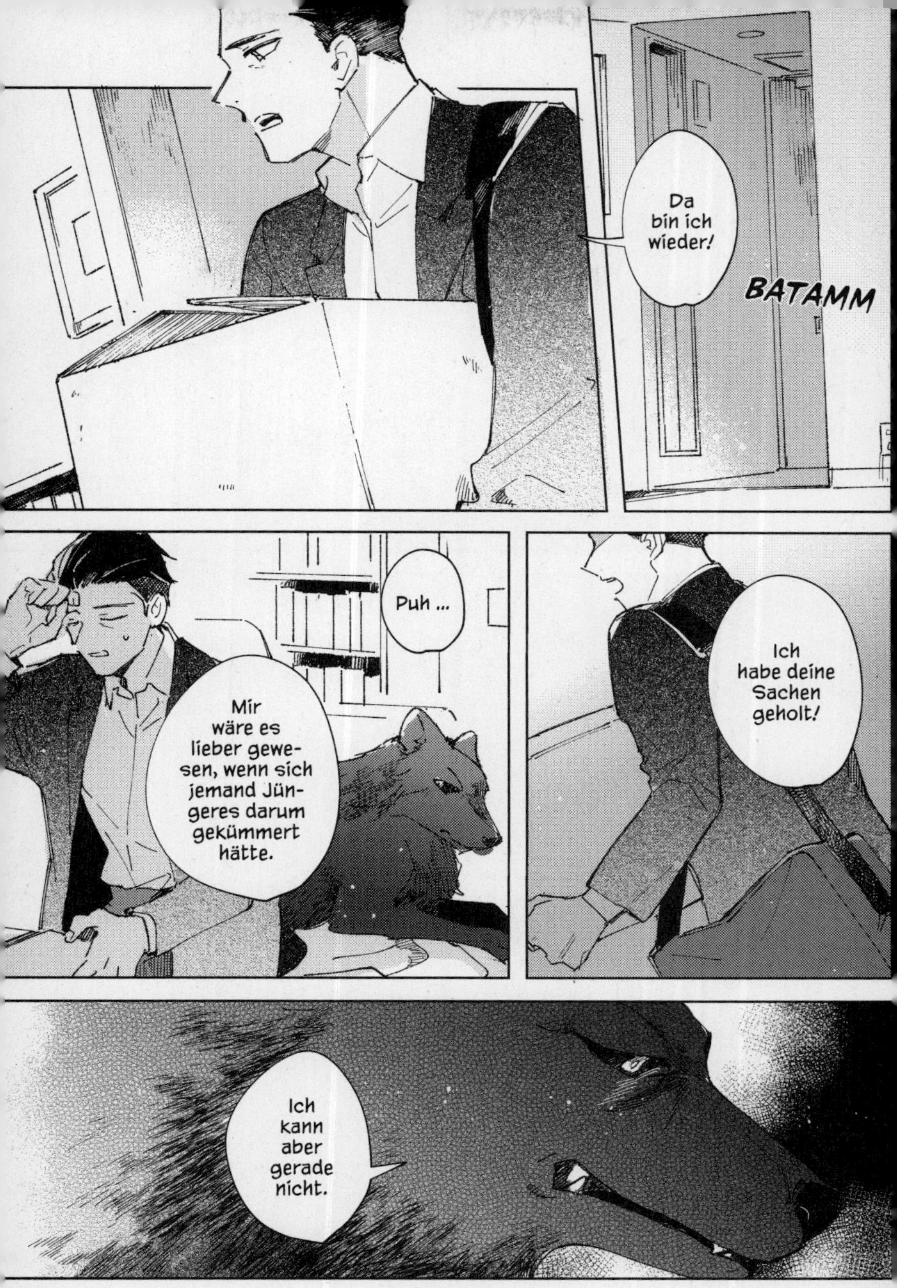

BATAMM

Da bin ich wieder!

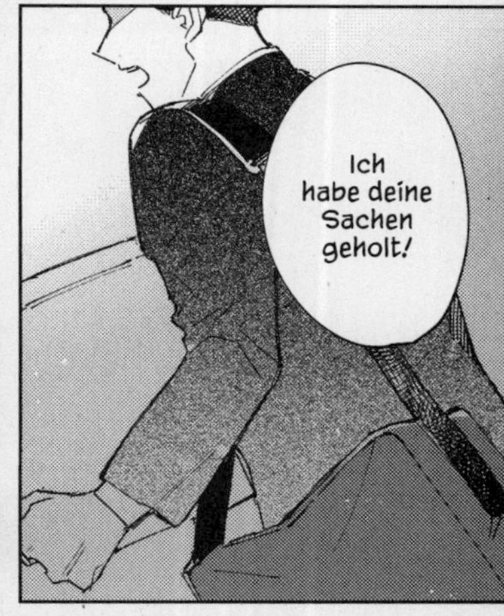

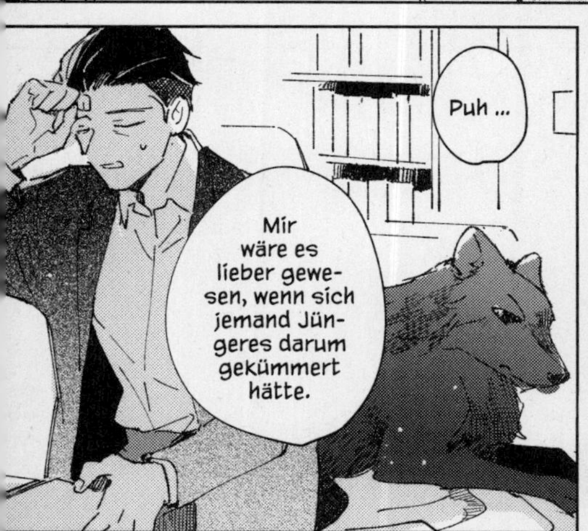

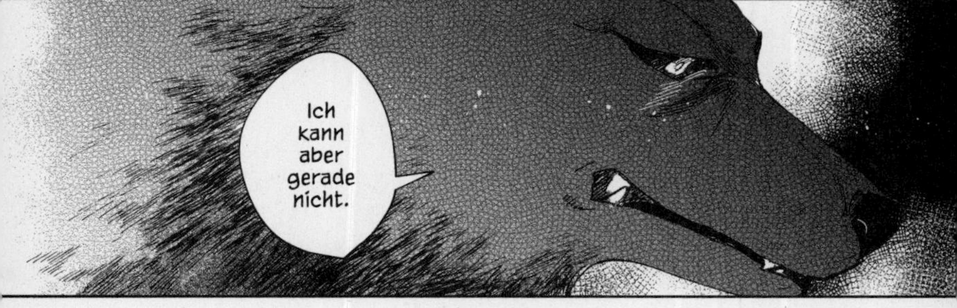

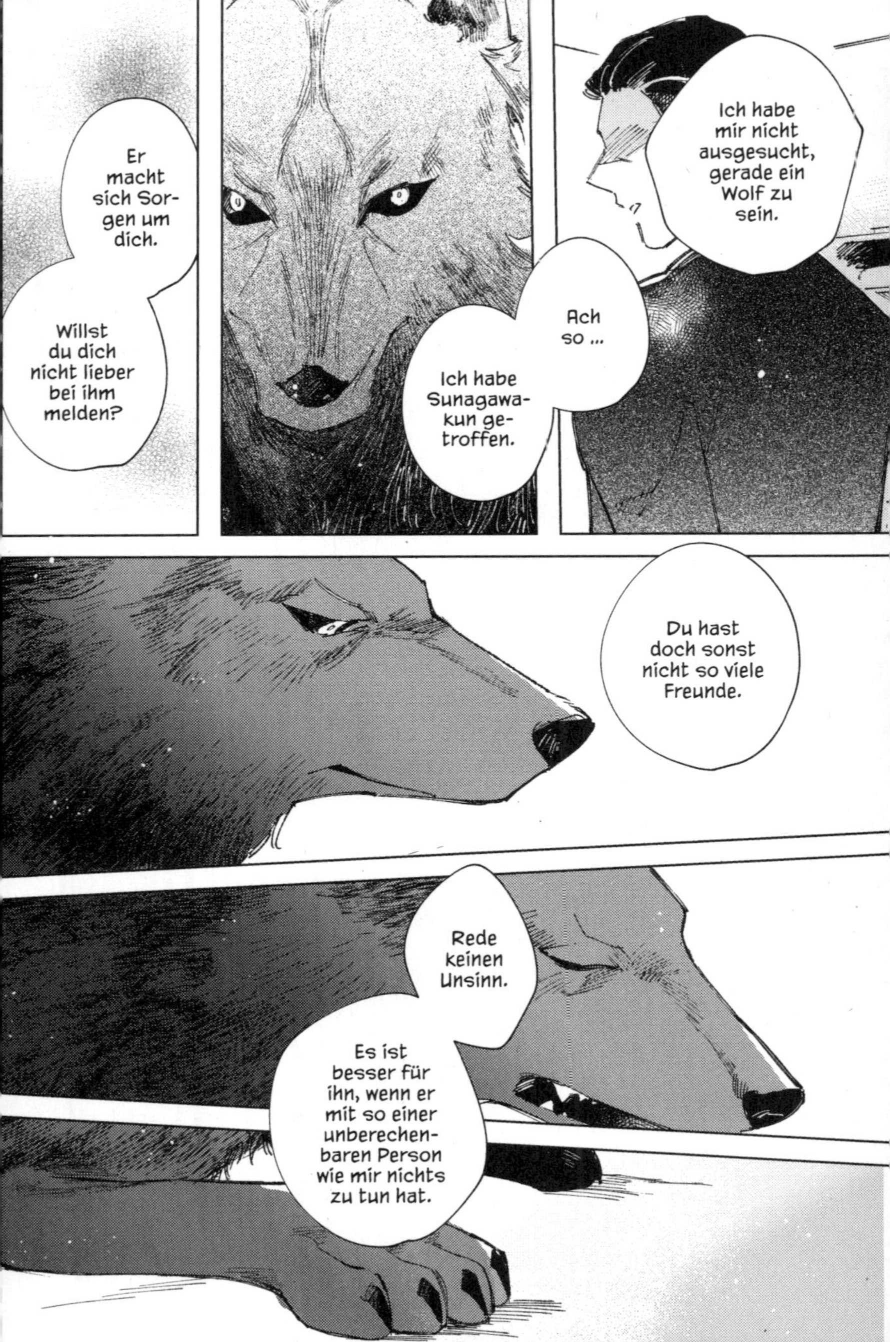
Ich habe mir nicht ausgesucht, gerade ein Wolf zu sein.
Ach so ...
Ich habe Sunagawa-kun getroffen.
Er macht sich Sorgen um dich.
Willst du dich nicht lieber bei ihm melden?
Du hast doch sonst nicht so viele Freunde.
Rede keinen Unsinn.
Es ist besser für ihn, wenn er mit so einer unberechenbaren Person wie mir nichts zu tun hat.

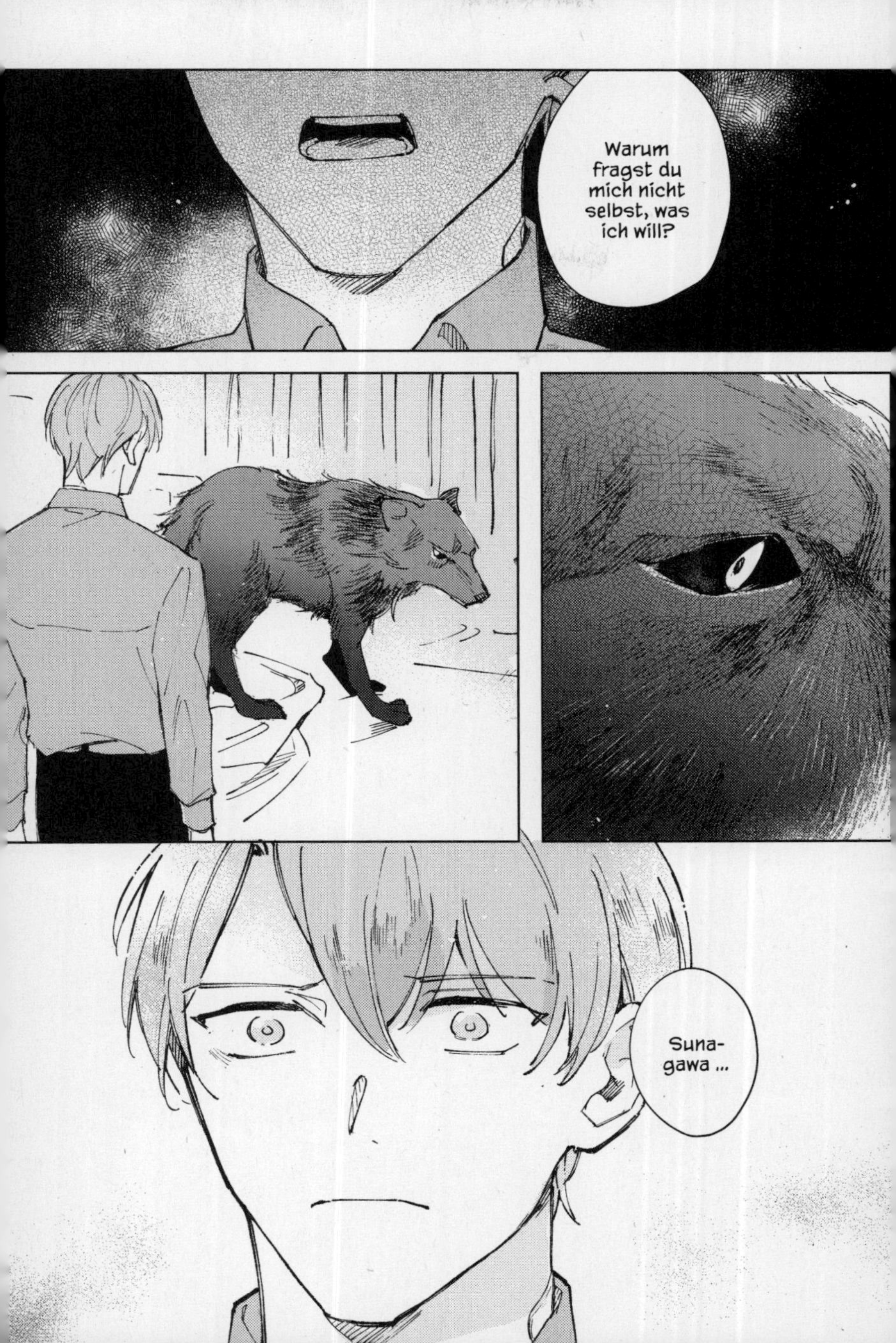
Warum fragst du mich nicht selbst, was ich will?
Suna-gawa ...

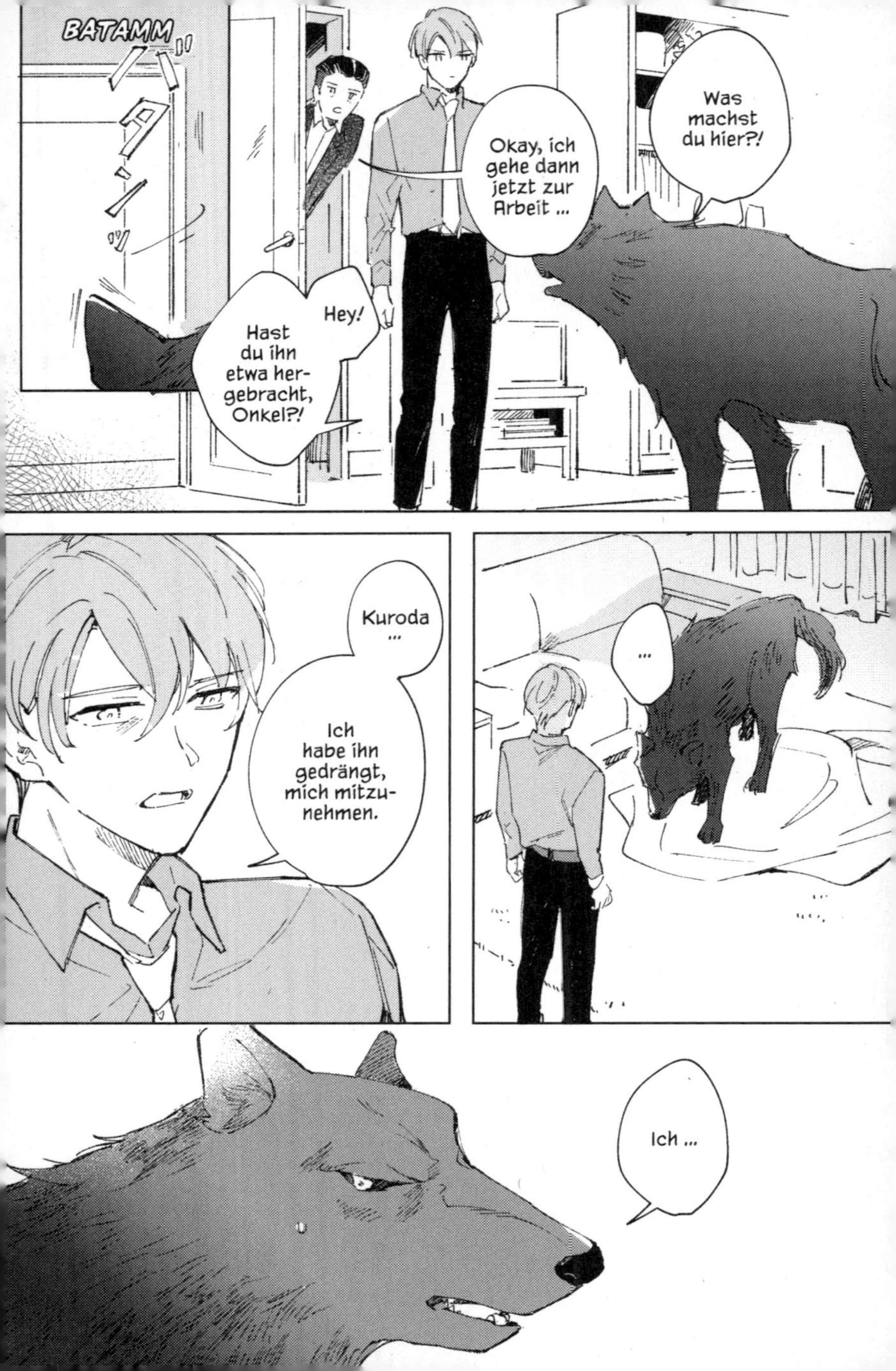
Was machst du hier?!
Okay, ich gehe dann jetzt zur Arbeit ...
BATAMM
Hey!
Hast du ihn etwa hergebracht, Onkel?!
...
Kuroda ...
Ich habe ihn gedrängt, mich mitzunehmen.
Ich ...

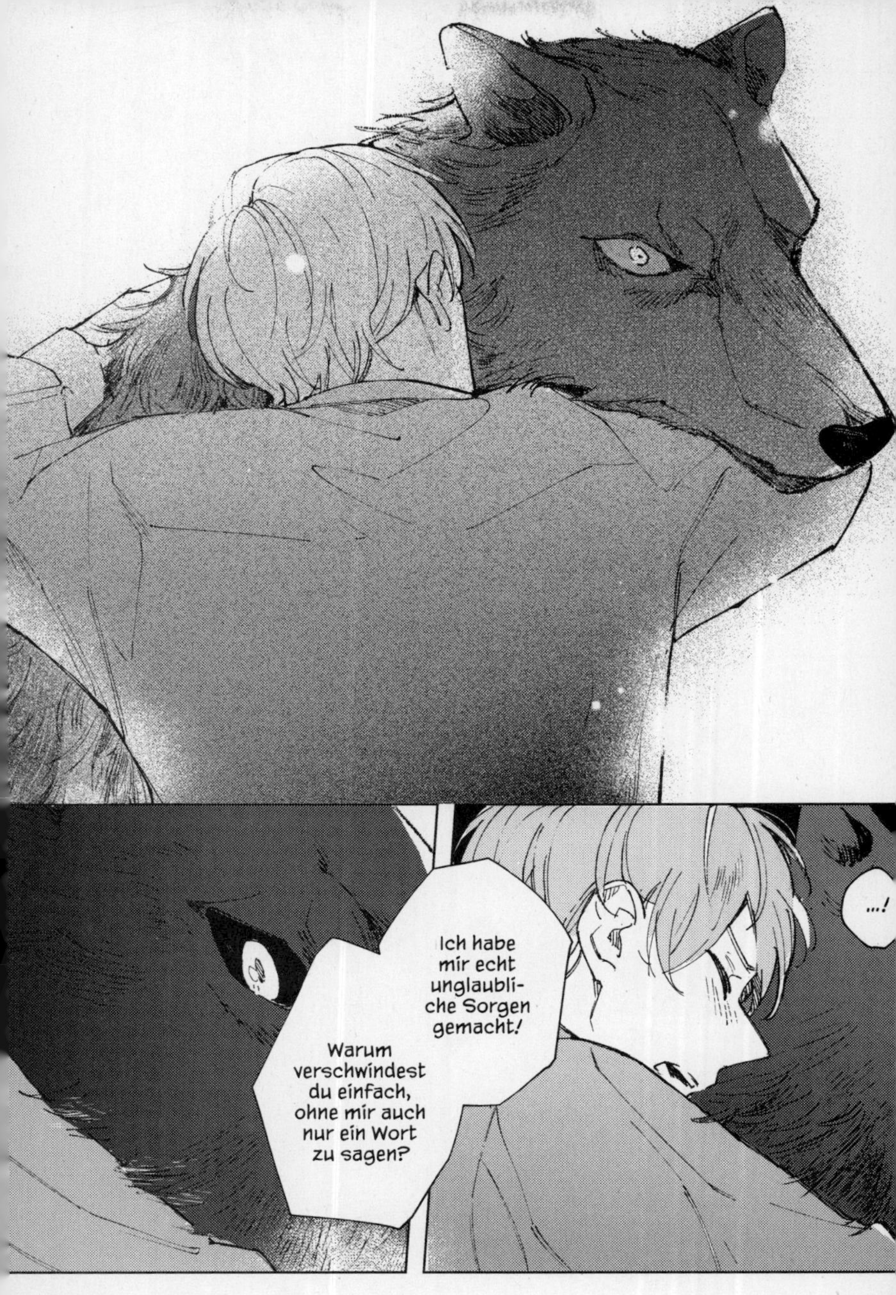
...!
Ich habe mir echt unglaubliche Sorgen gemacht!
Warum verschwindest du einfach, ohne mir auch nur ein Wort zu sagen?

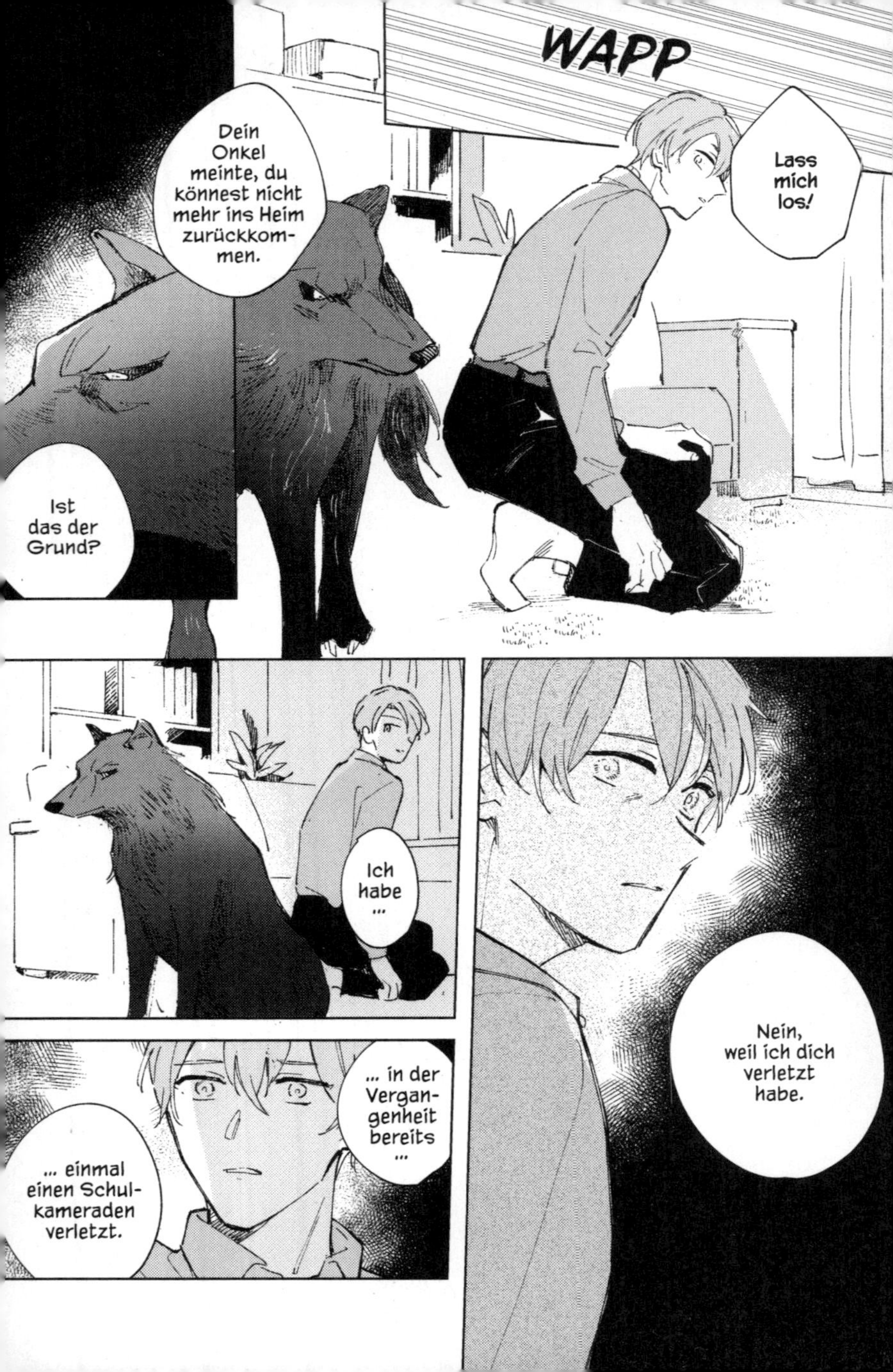
WAPP
Lass mich los!
Dein Onkel meinte, du könnest nicht mehr ins Heim zurückkommen.
Ist das der Grund?
Nein, weil ich dich verletzt habe.
Ich habe ...
... in der Vergangenheit bereits ...
... einmal einen Schulkameraden verletzt.

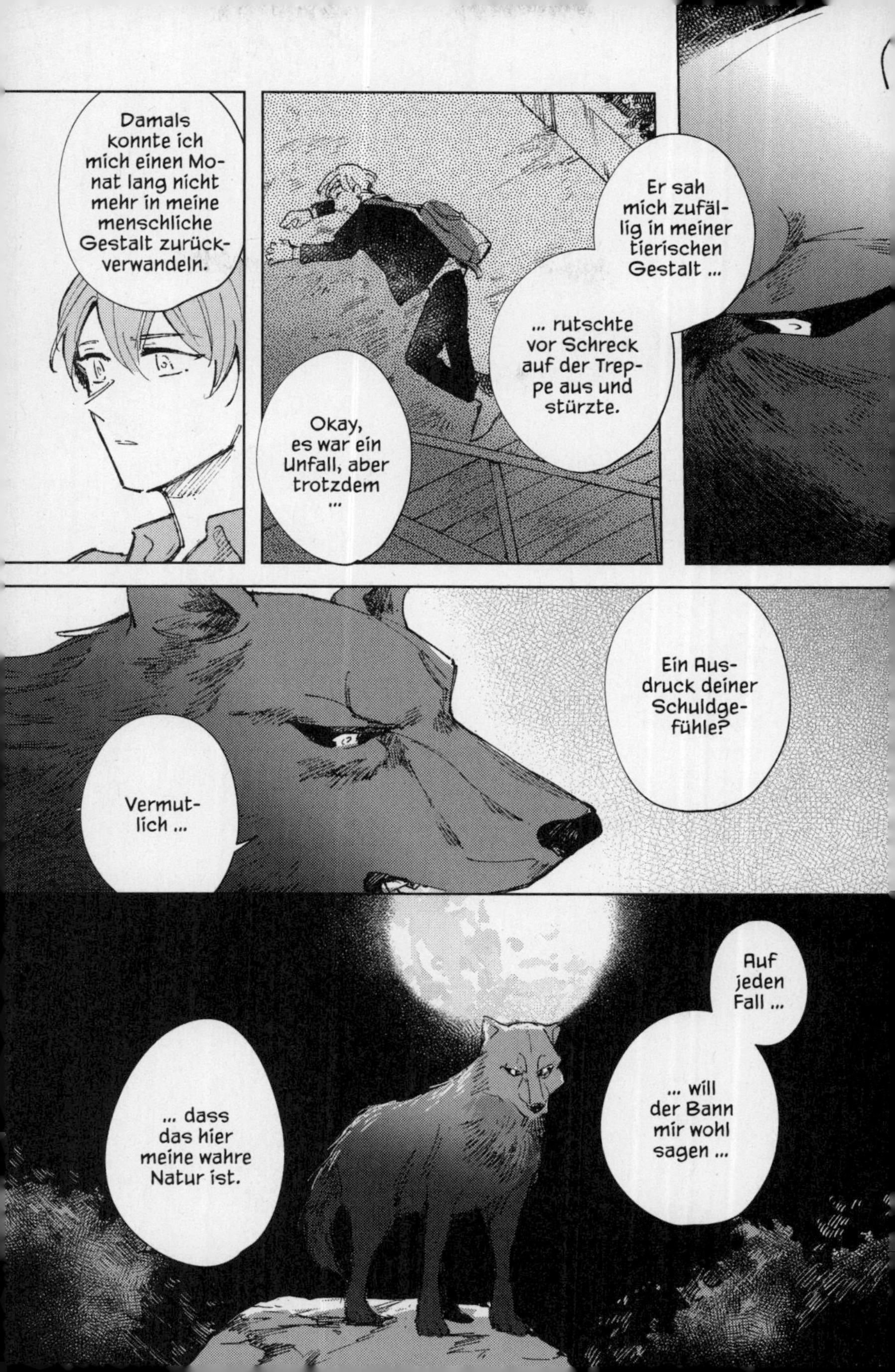

Er sah mich zufällig in meiner tierischen Gestalt ...

... rutschte vor Schreck auf der Treppe aus und stürzte.

Okay, es war ein Unfall, aber trotzdem ...

Damals konnte ich mich einen Monat lang nicht mehr in meine menschliche Gestalt zurückverwandeln.

Ein Ausdruck deiner Schuldgefühle?

Vermutlich ...

Auf jeden Fall ...

... will der Bann mir wohl sagen ...

... dass das hier meine wahre Natur ist.

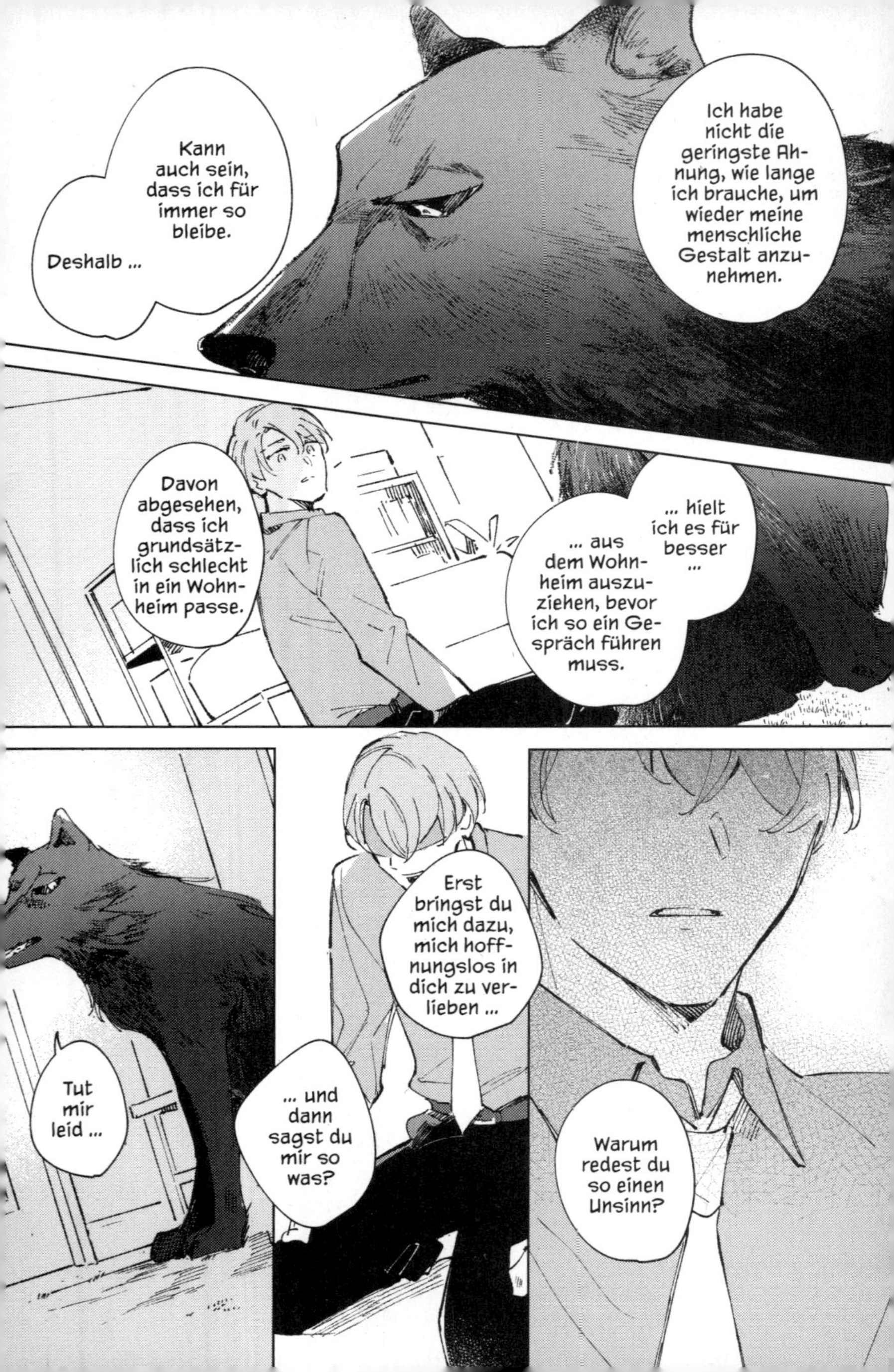
Ich habe nicht die geringste Ahnung, wie lange ich brauche, um wieder meine menschliche Gestalt anzunehmen.
Kann auch sein, dass ich für immer so bleibe.
Deshalb ...
... hielt ich es für besser ...
... aus dem Wohnheim auszuziehen, bevor ich so ein Gespräch führen muss.
Davon abgesehen, dass ich grundsätzlich schlecht in ein Wohnheim passe.
Warum redest du so einen Unsinn?
Erst bringst du mich dazu, mich hoffnungslos in dich zu verlieben ...
... und dann sagst du mir so was?
Tut mir leid ...

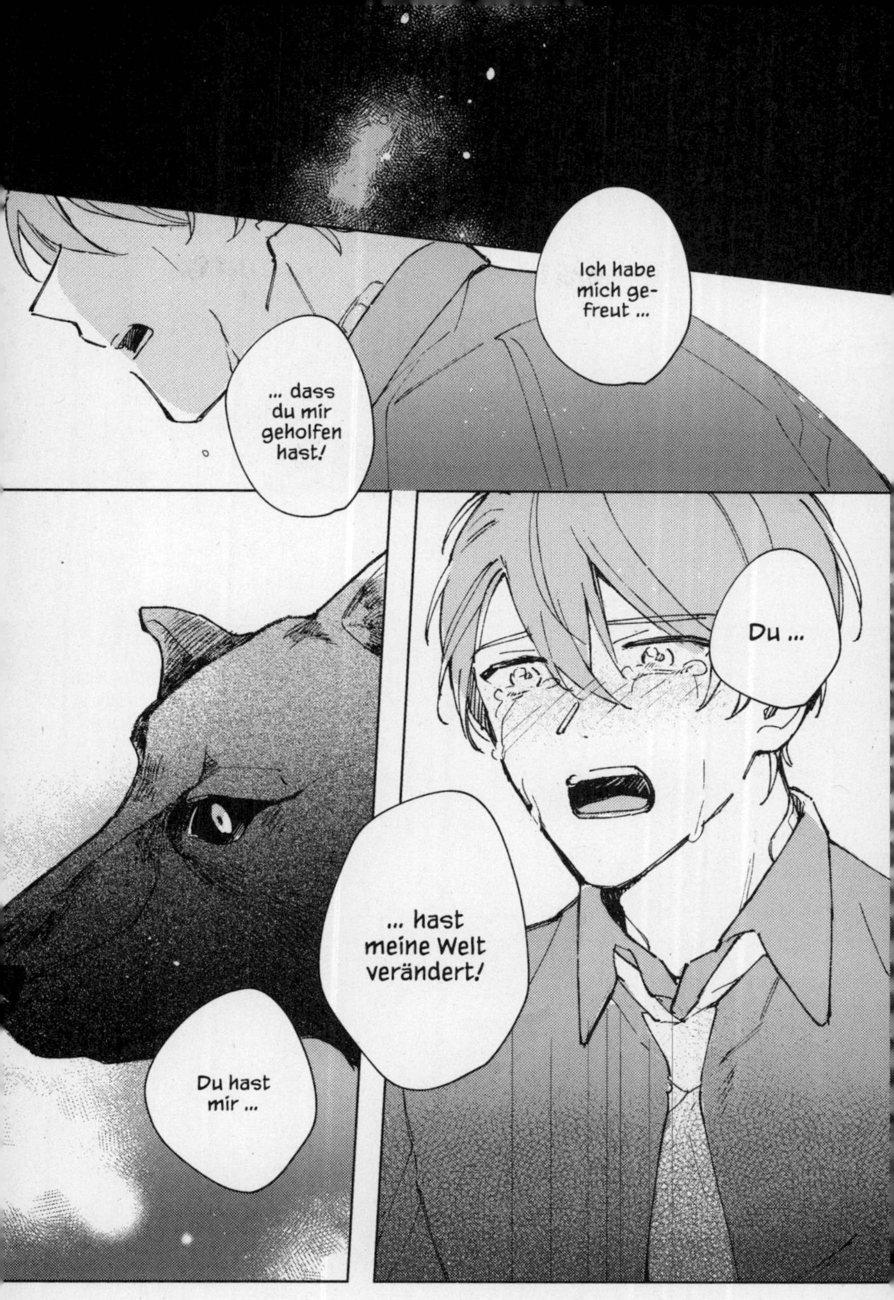
Ich habe mich gefreut ...
... dass du mir geholfen hast!
Du ...
... hast meine Welt verändert!
Du hast mir ...

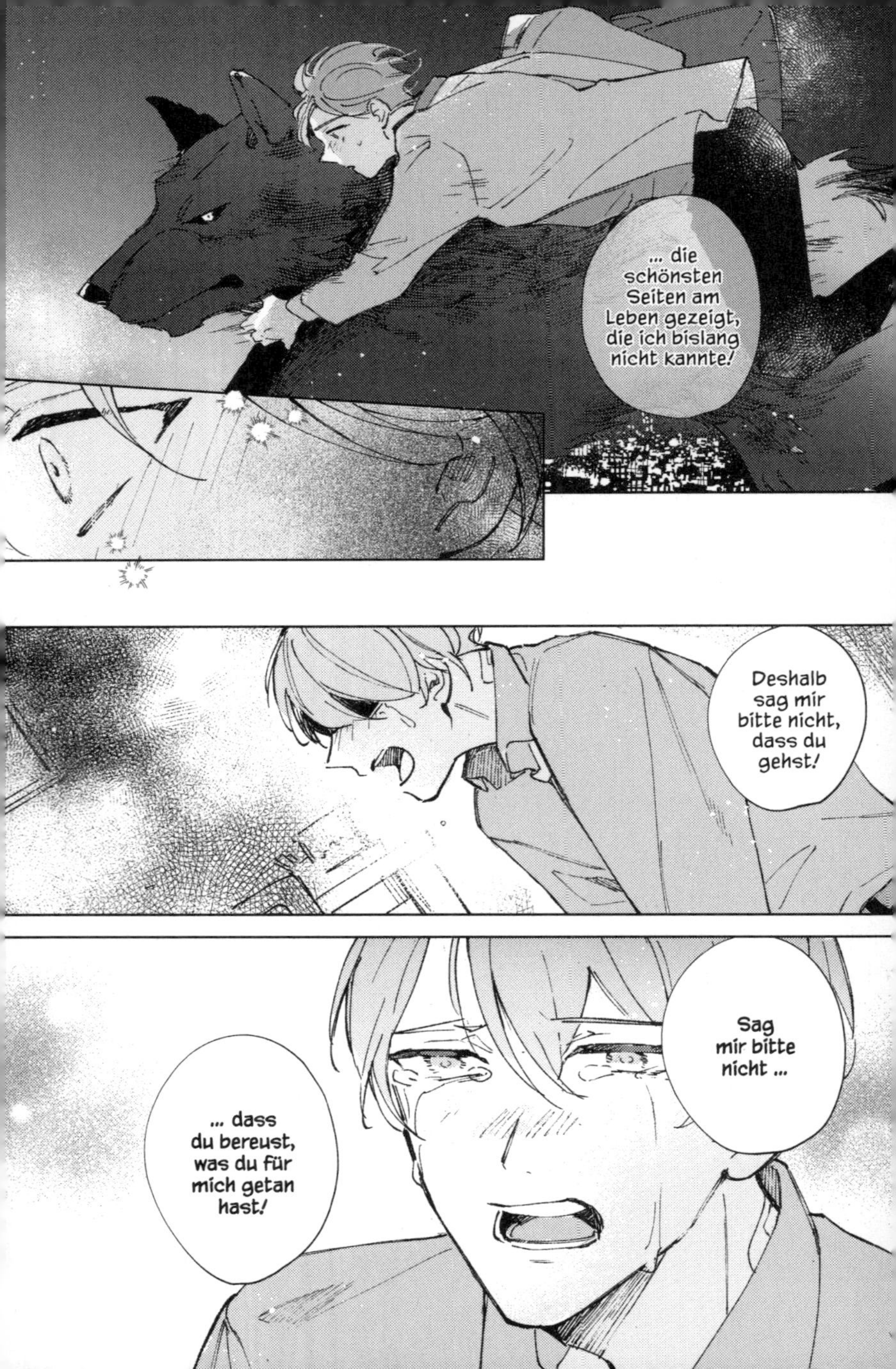
... die schönsten Seiten am Leben gezeigt, die ich bislang nicht kannte!
Deshalb sag mir bitte nicht, dass du gehst!
Sag mir bitte nicht ...
... dass du bereust, was du für mich getan hast!

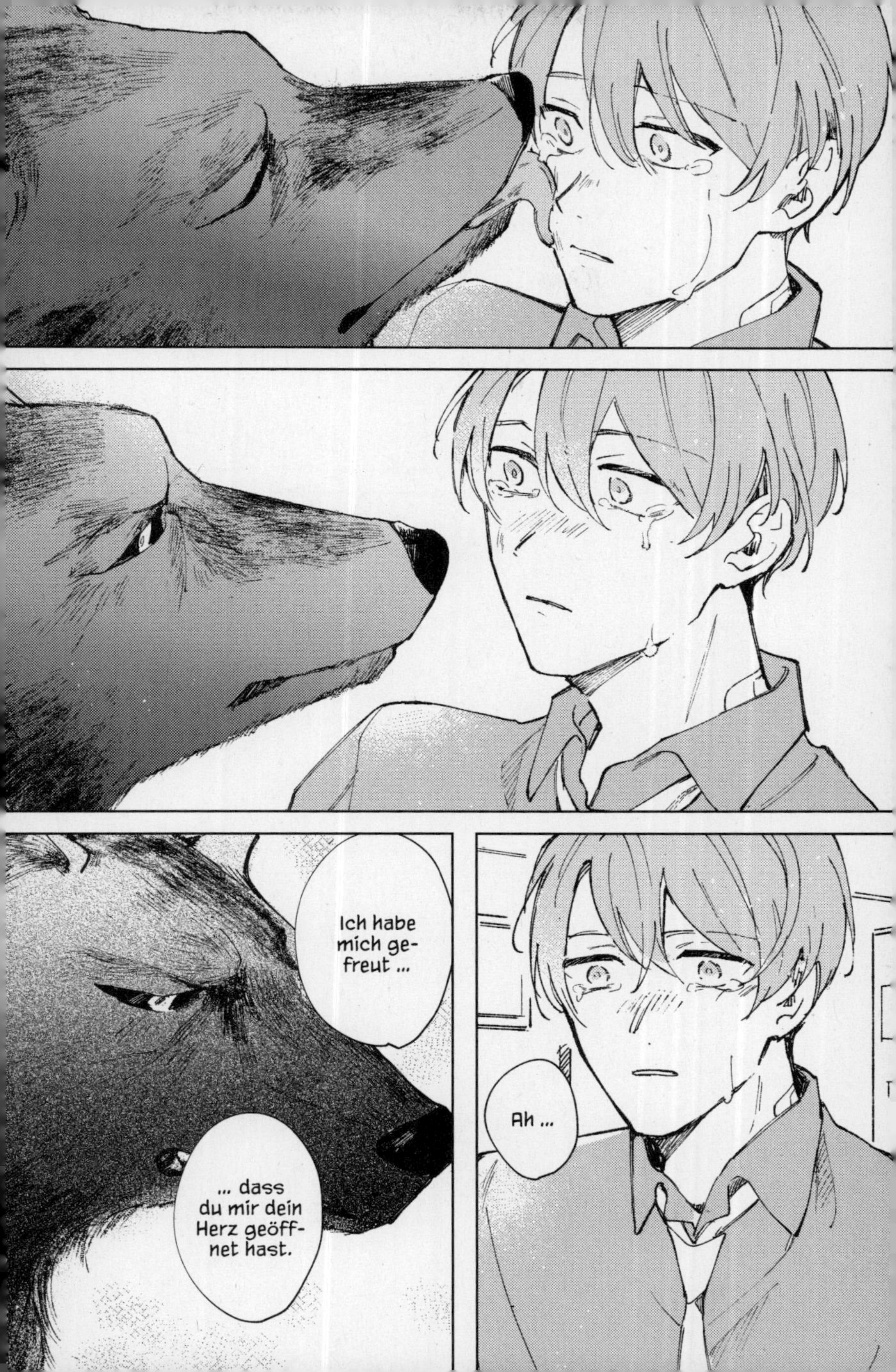
Ich habe mich ge- freut …
Ah …
… dass du mir dein Herz geöff- net hast.

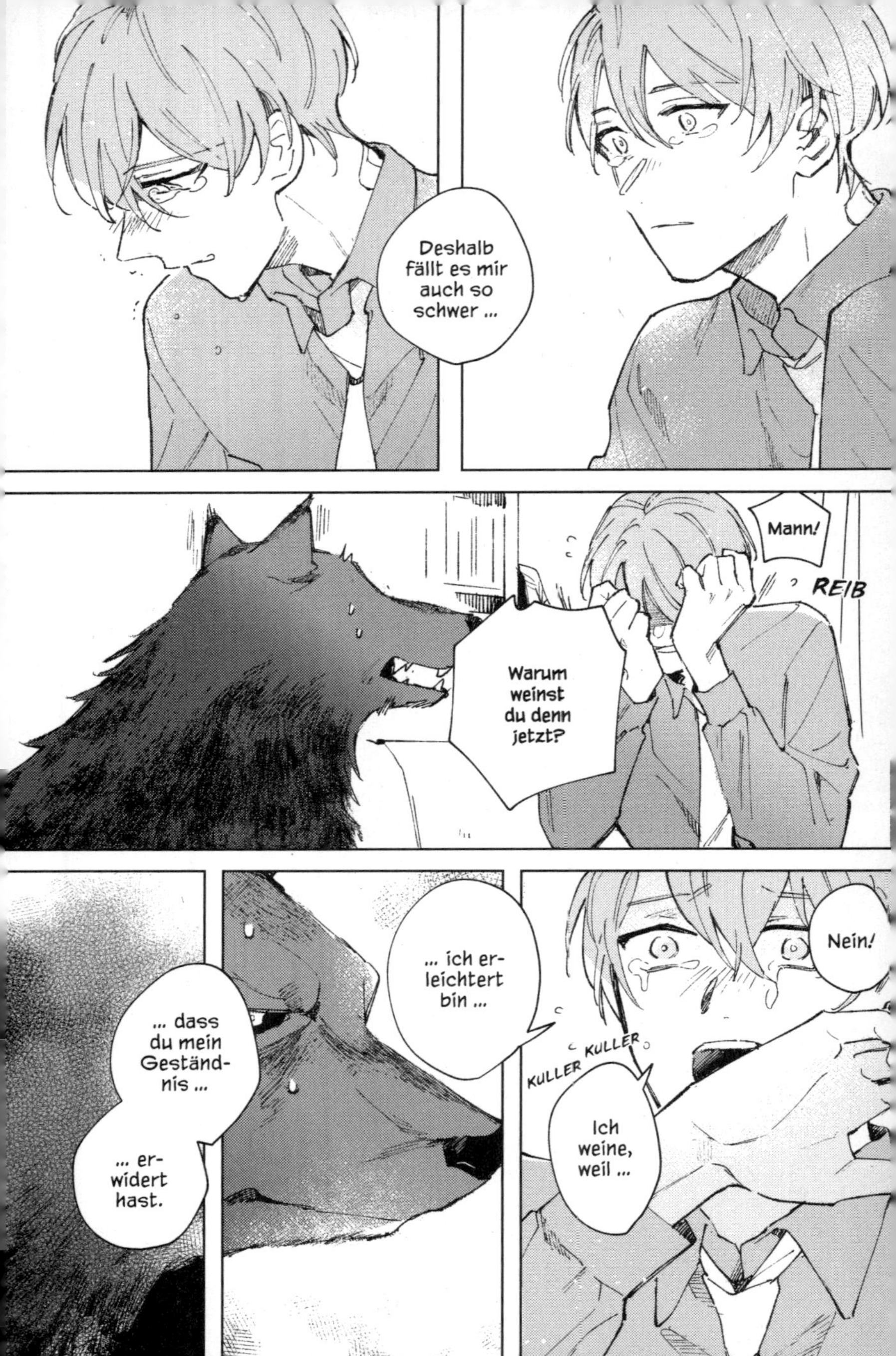
Deshalb fällt es mir auch so schwer ...
Mann!
REIB
Warum weinst du denn jetzt?
Nein!
Ich weine, weil ...
KULLER KULLER
... ich erleichtert bin ...
... dass du mein Geständnis ...
... erwidert hast.

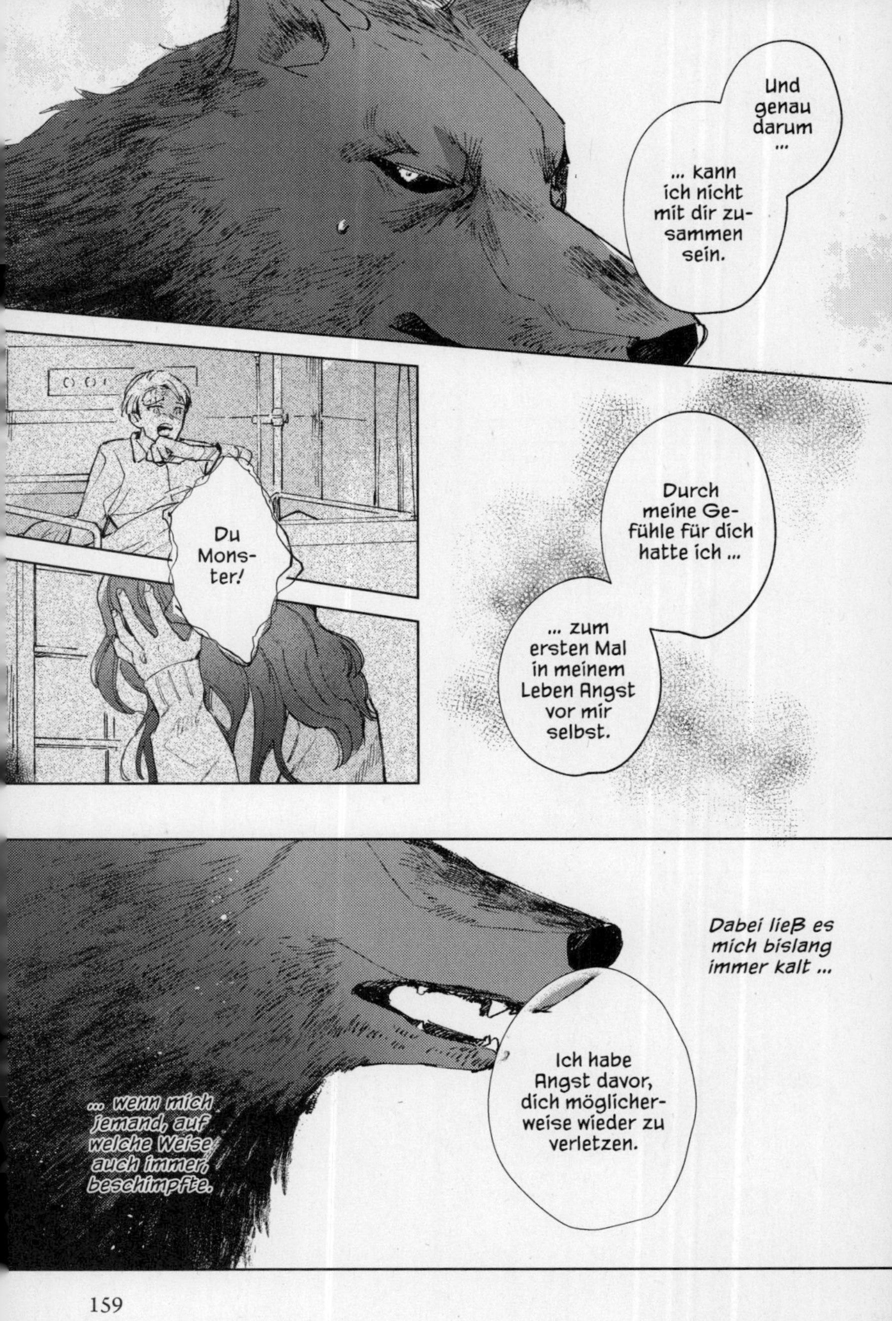
Und genau darum ...
... kann ich nicht mit dir zusammen sein.
Durch meine Gefühle für dich hatte ich ...
Du Monster!
... zum ersten Mal in meinem Leben Angst vor mir selbst.
Dabei ließ es mich bislang immer kalt ...
... wenn mich jemand, auf welche Weise auch immer, beschimpfte.
Ich habe Angst davor, dich möglicherweise wieder zu verletzen.

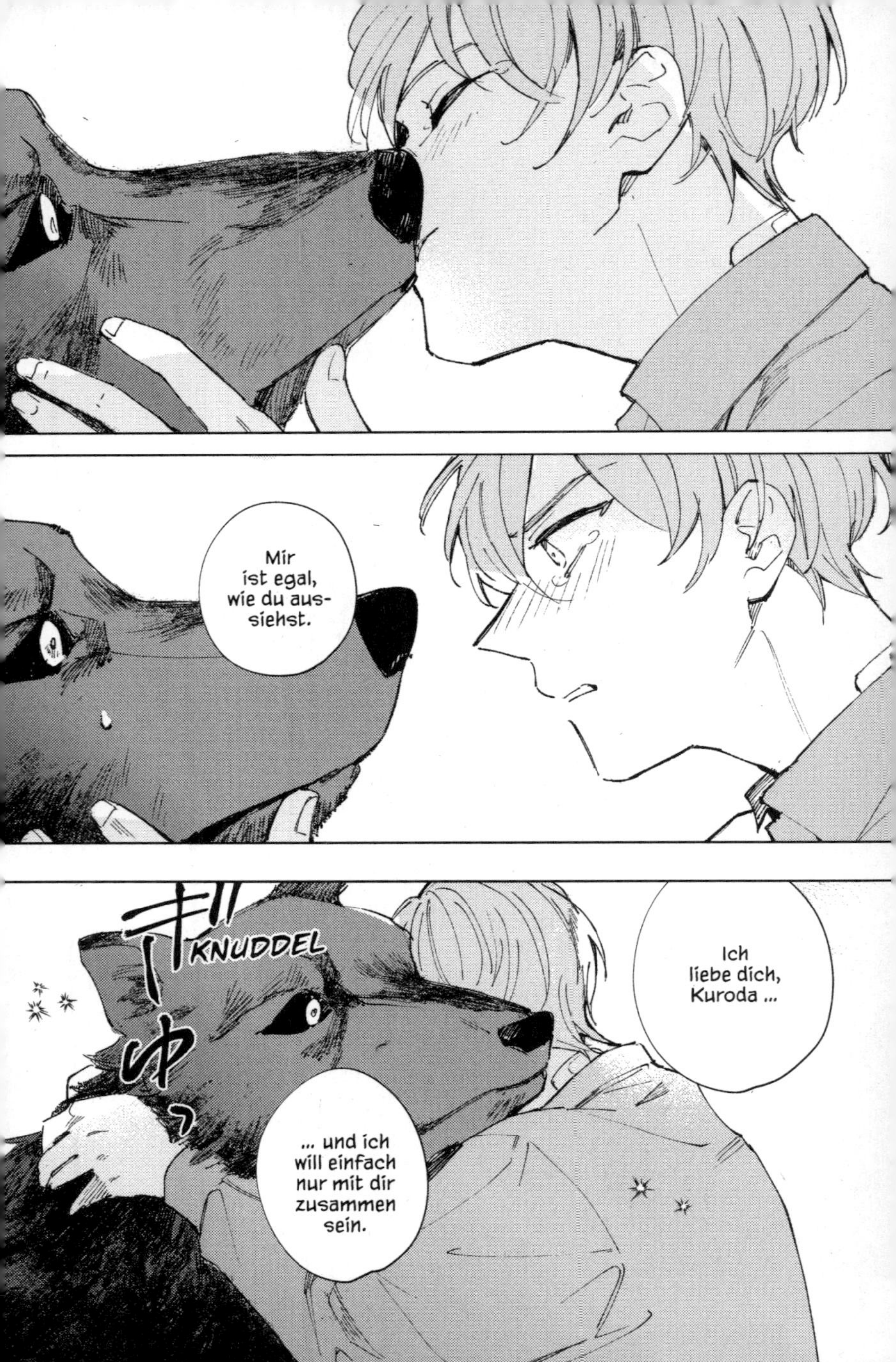
Mir ist egal, wie du aussiehst.
Ich liebe dich, Kuroda ...
KNUDDEL
ぎゅっ
... und ich will einfach nur mit dir zusammen sein.

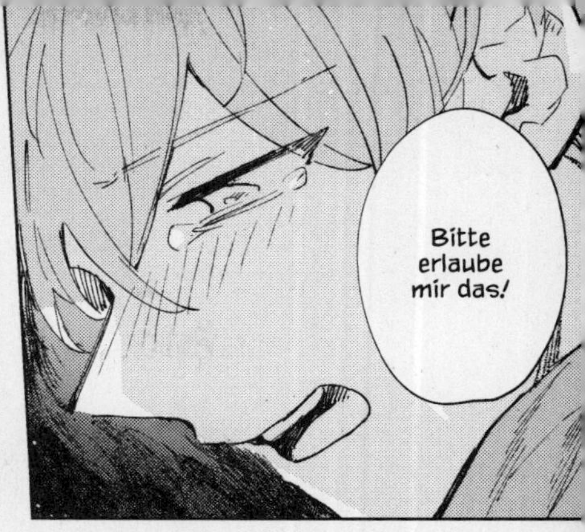

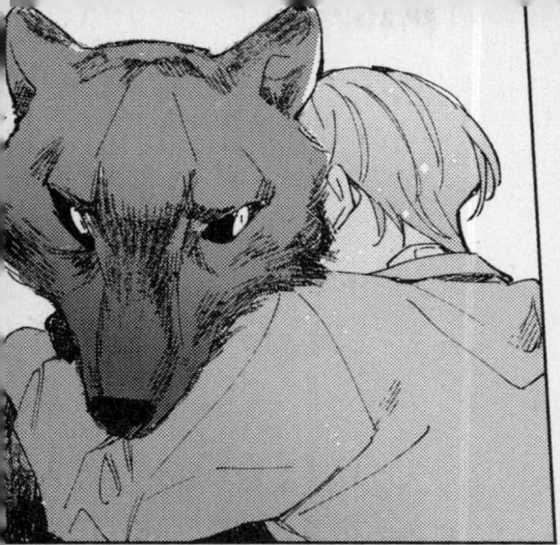

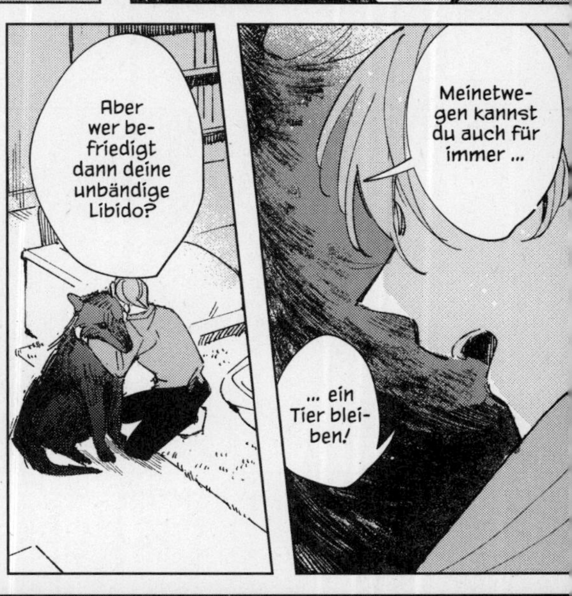

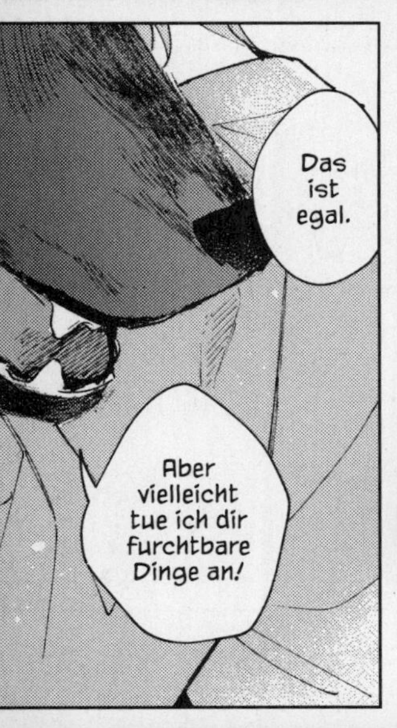

Ich liebe dich trotzdem.

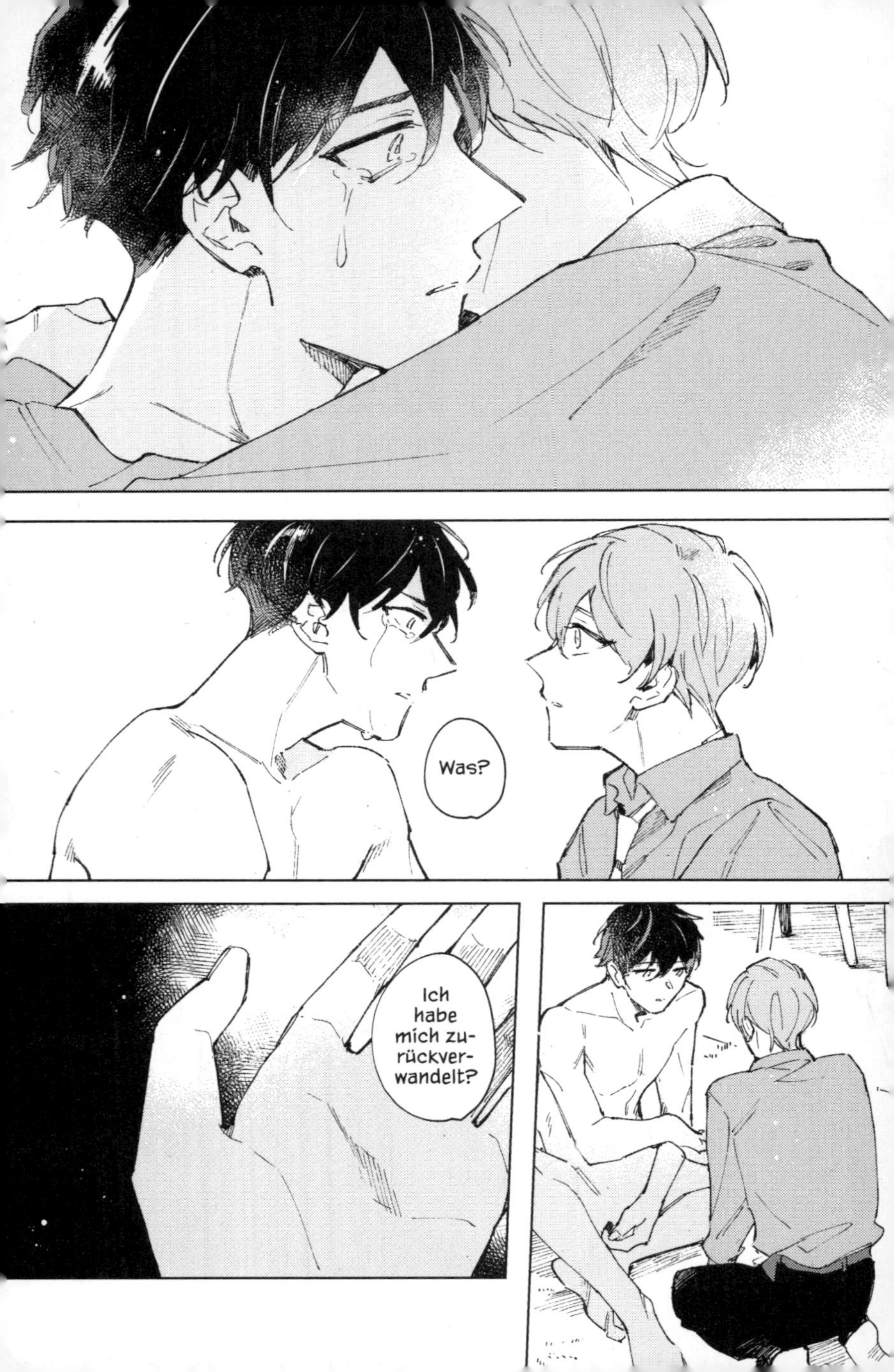
Was?
Ich habe mich zu-rückver-wandelt?

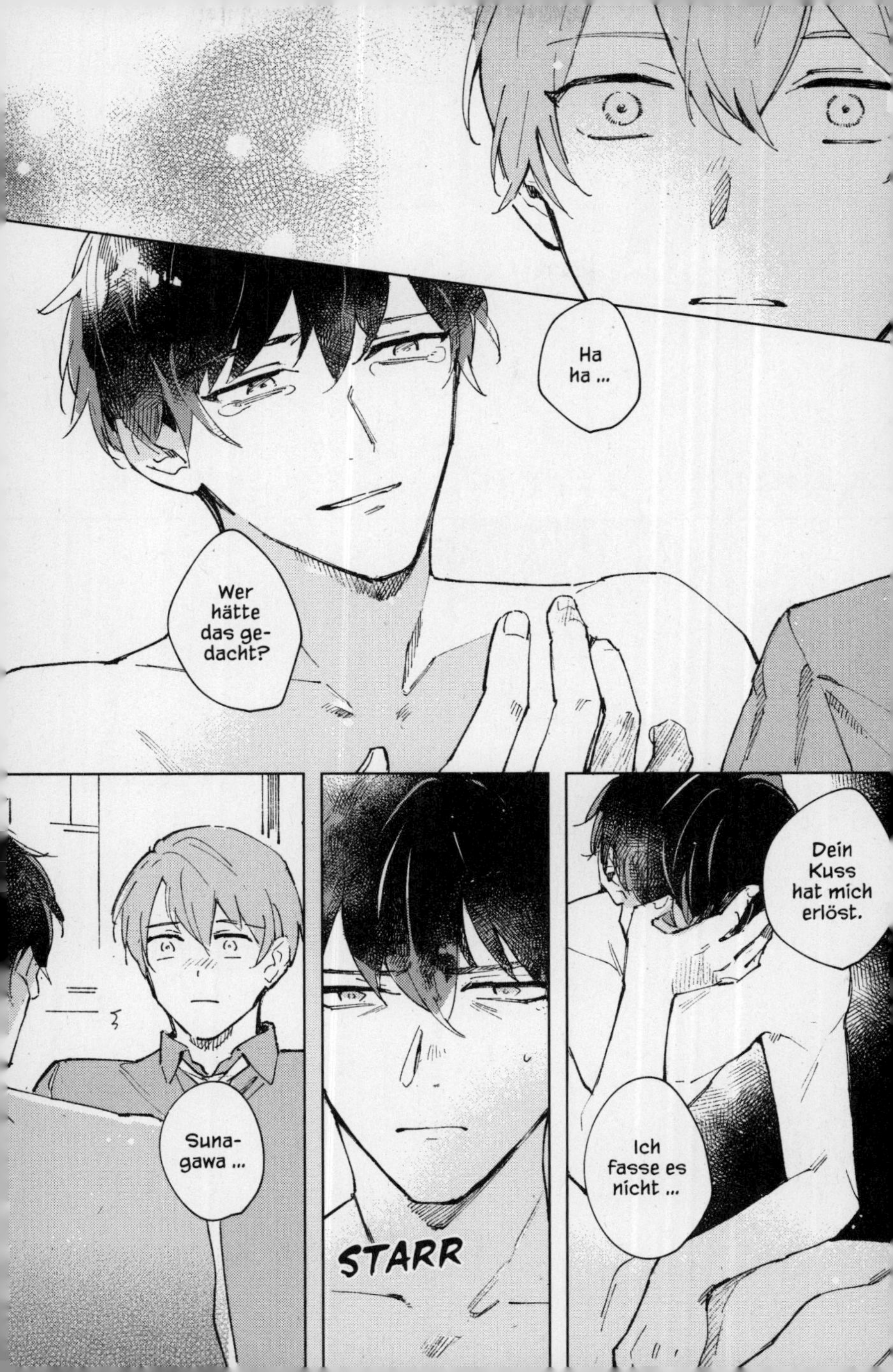
Ha ha ...
Wer hätte das gedacht?
Dein Kuss hat mich erlöst.
Ich fasse es nicht ...
STARR
Suna-gawa ...

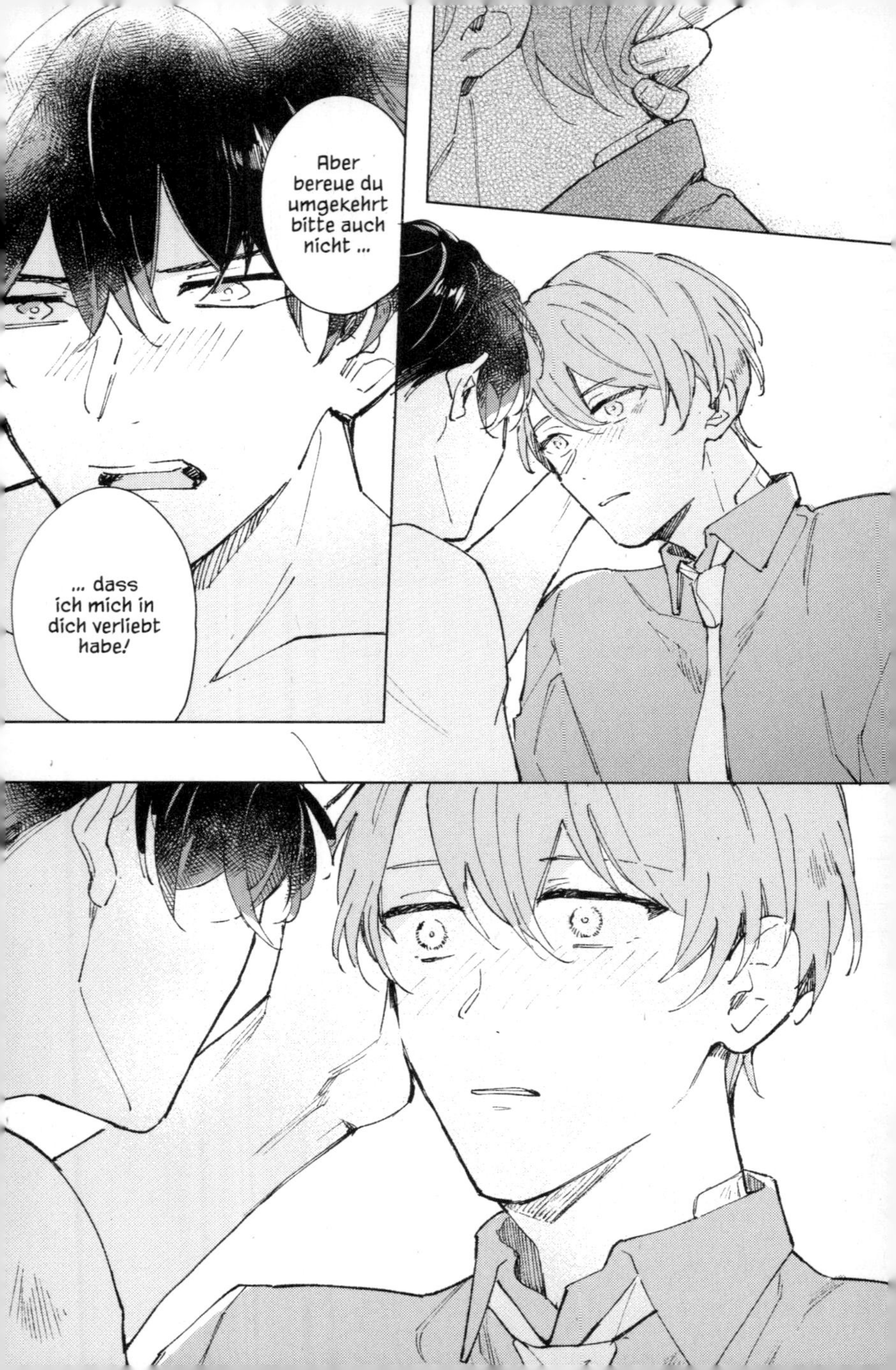
Aber bereue du umgekehrt bitte auch nicht ...
... dass ich mich in dich verliebt habe!

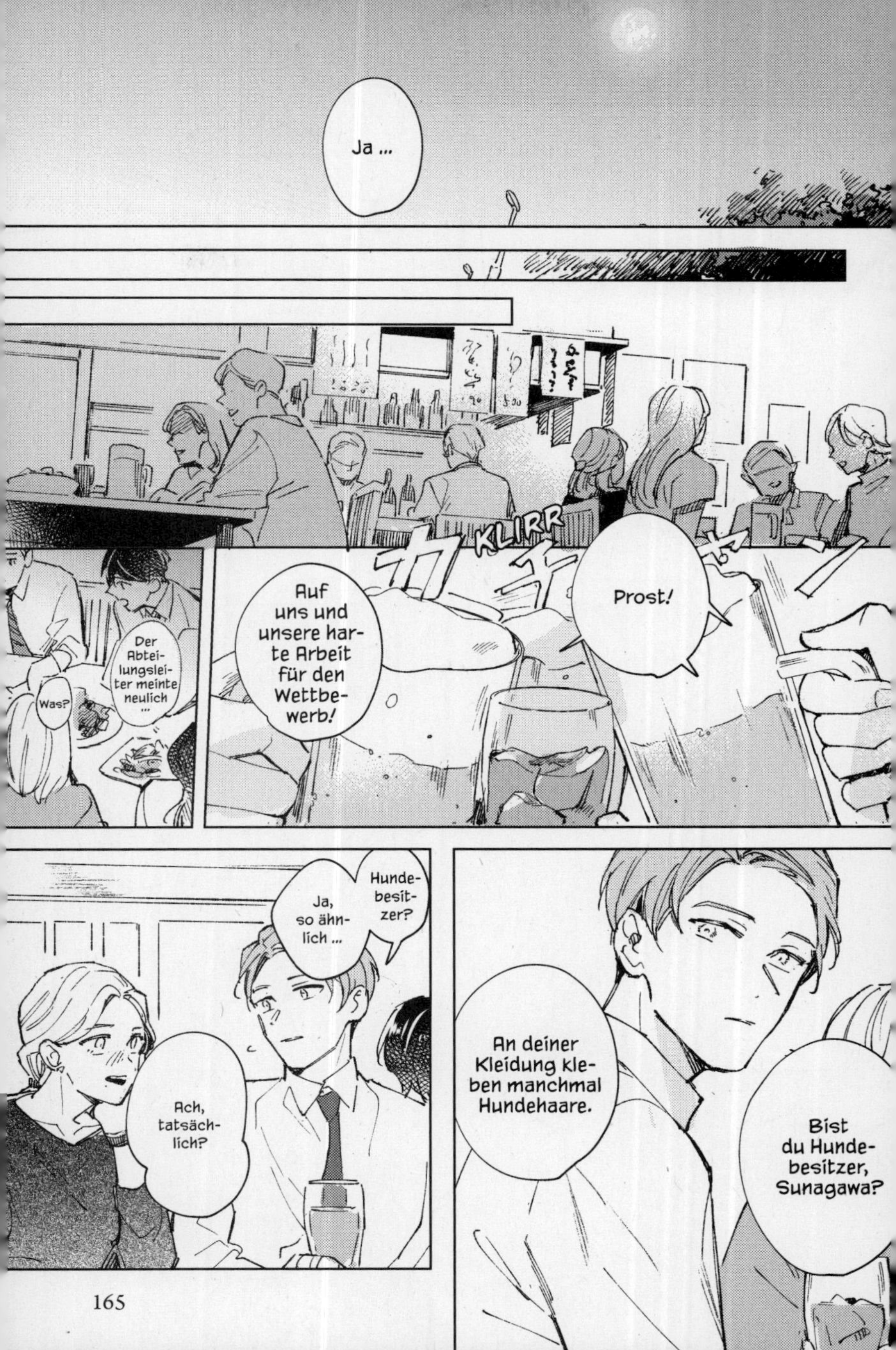
Ja ...
KLIRR
Prost!
Auf uns und unsere harte Arbeit für den Wettbewerb!
Der Abteilungsleiter meinte neulich ...
Was?
Bist du Hundebesitzer, Sunagawa?
An deiner Kleidung kleben manchmal Hundehaare.
Hundebesitzer?
Ja, so ähnlich ...
Ach, tatsächlich?

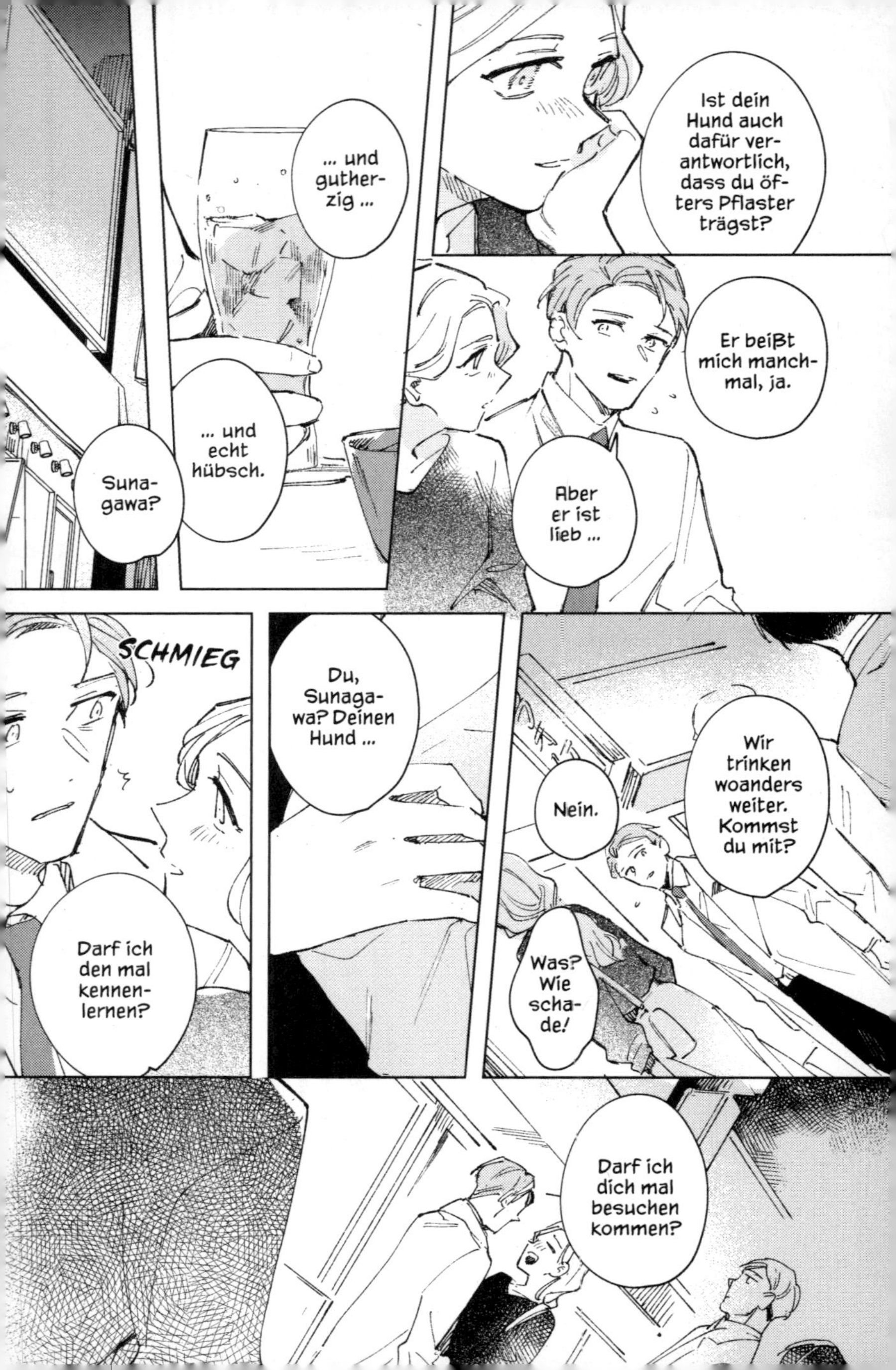
Ist dein Hund auch dafür verantwortlich, dass du öfters Pflaster trägst?
Er beißt mich manchmal, ja.
Aber er ist lieb ...
... und gutherzig ...
... und echt hübsch.
Sunagawa?
Wir trinken woanders weiter. Kommst du mit?
Nein.
Was? Wie schade!
Du, Sunagawa? Deinen Hund ...
SCHMIEG
Darf ich den mal kennenlernen?
Darf ich dich mal besuchen kommen?

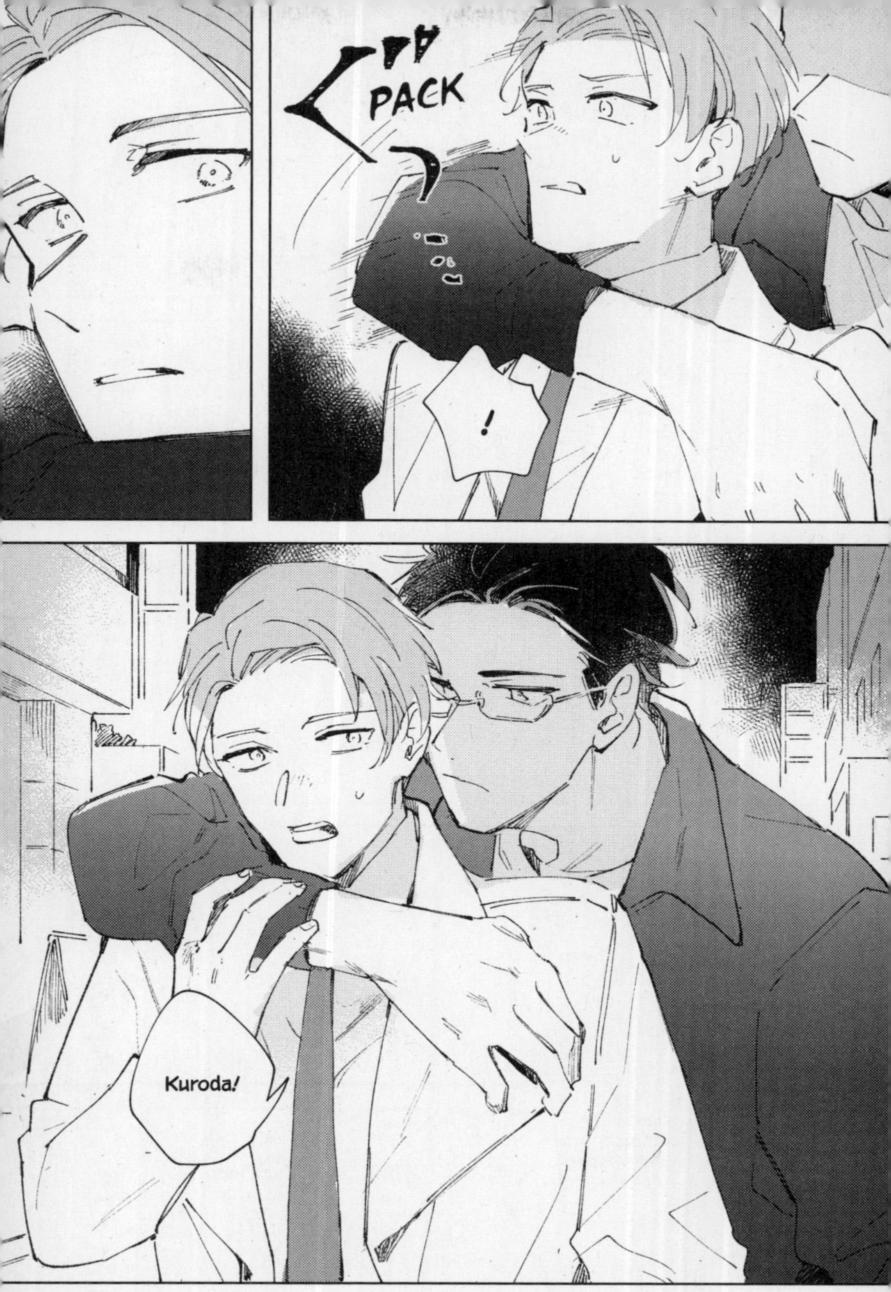

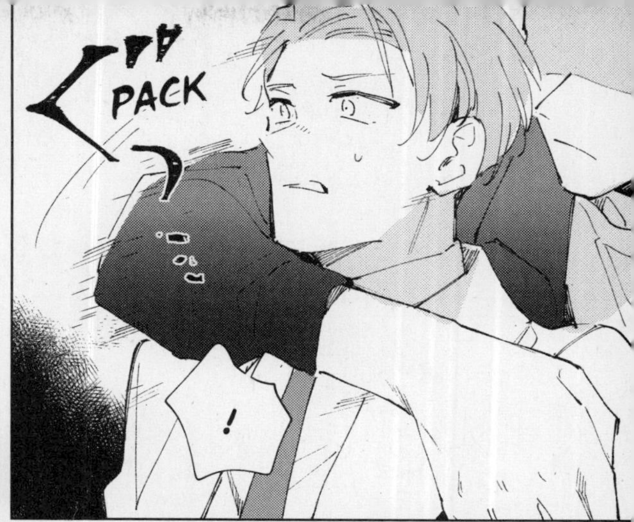

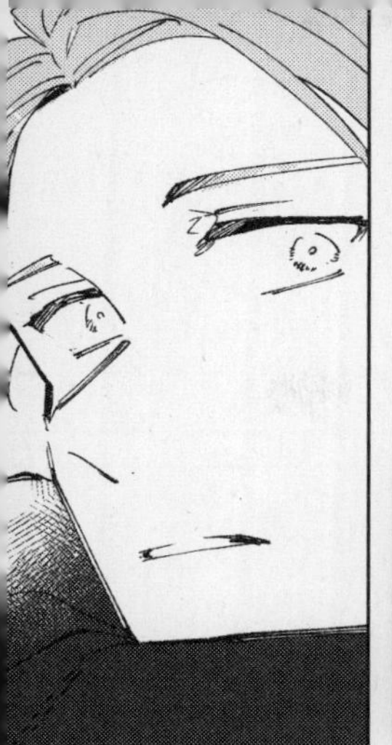

Kuroda!

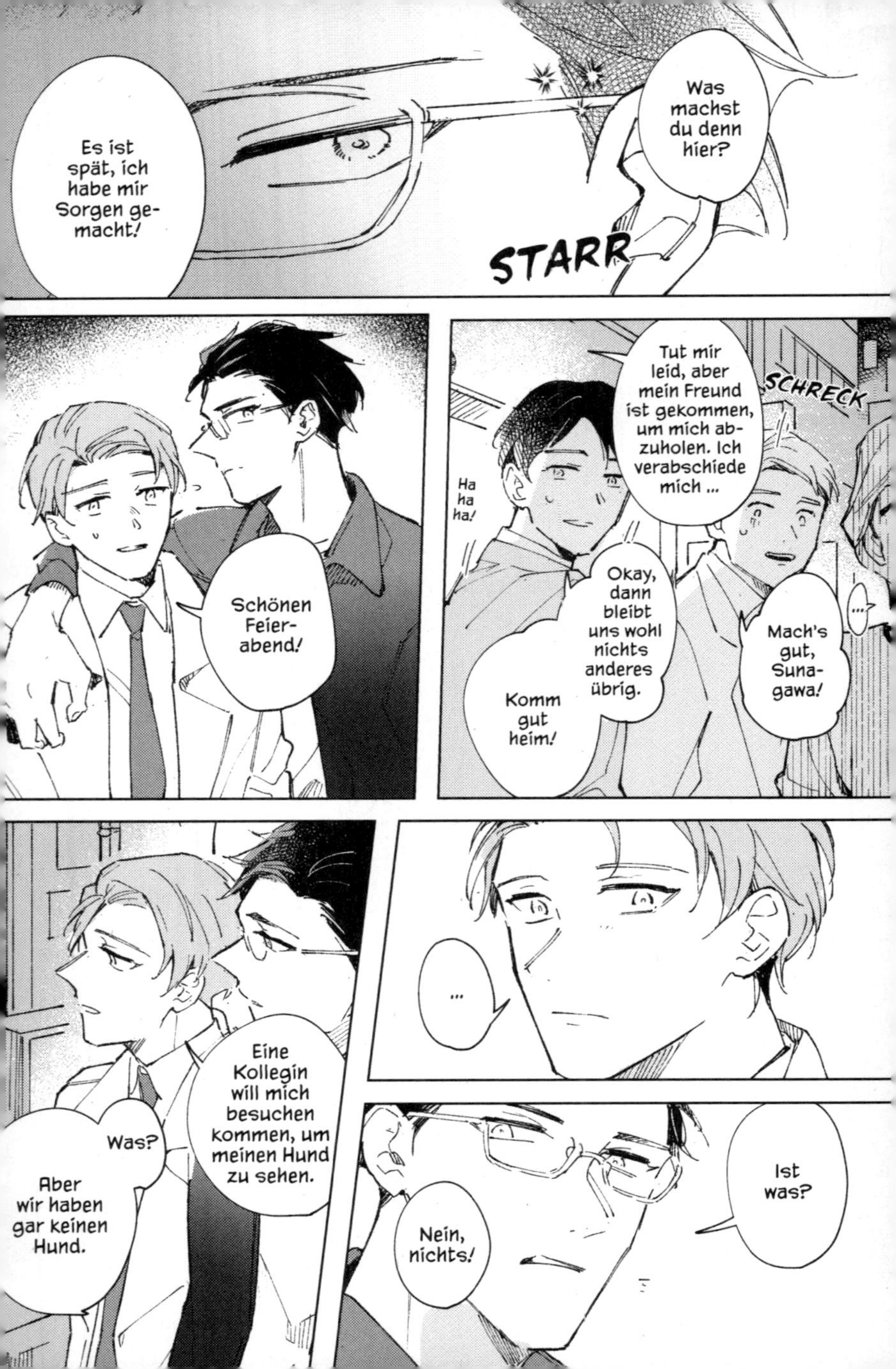
Was machst du denn hier?
STARR
Es ist spät, ich habe mir Sorgen gemacht!
SCHRECK
Tut mir leid, aber mein Freund ist gekommen, um mich abzuholen. Ich verabschiede mich …
Ha ha ha!
…
Mach's gut, Sunagawa!
Okay, dann bleibt uns wohl nichts anderes übrig.
Komm gut heim!
Schönen Feierabend!
…
Eine Kollegin will mich besuchen kommen, um meinen Hund zu sehen.
Was?
Aber wir haben gar keinen Hund.
Ist was?
Nein, nichts!

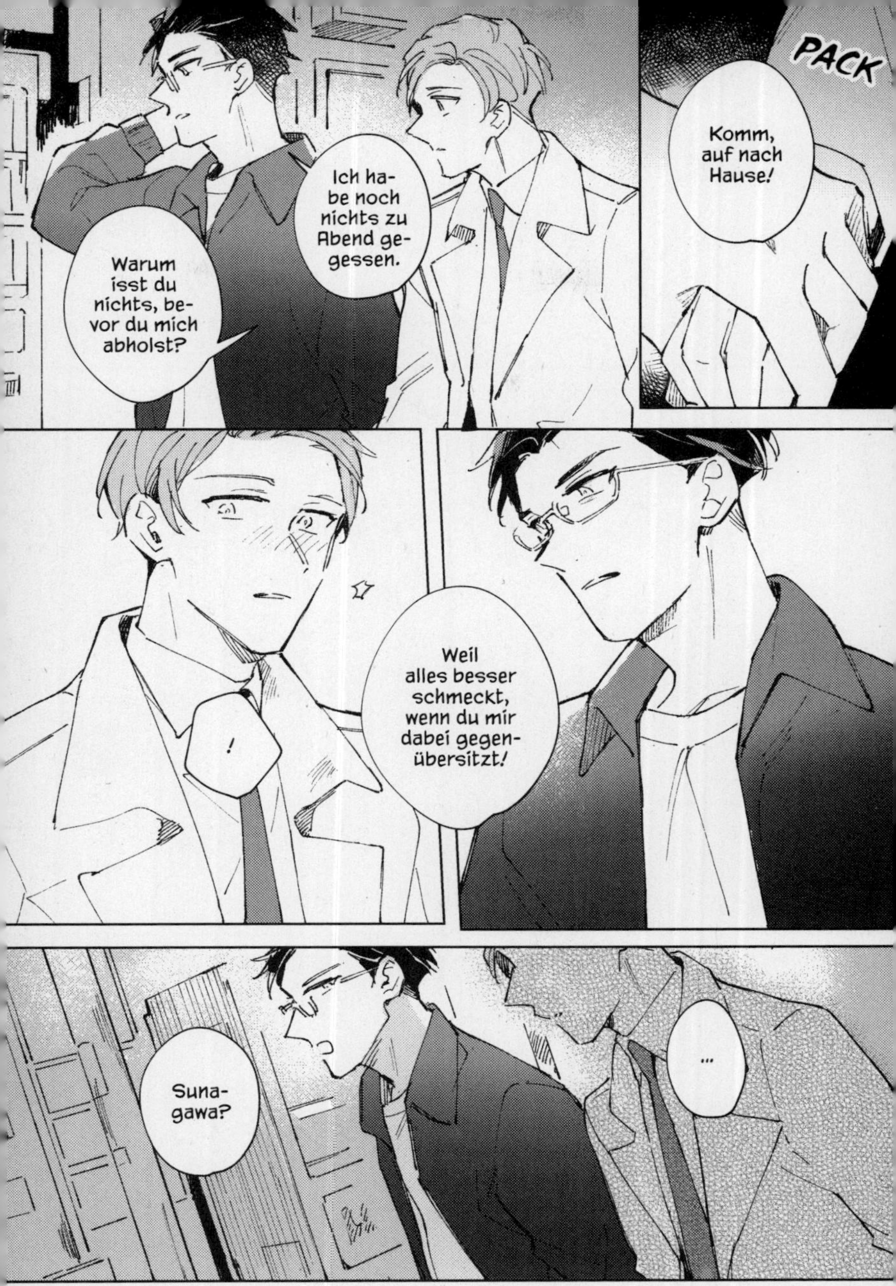
PACK
Komm, auf nach Hause!
Ich habe noch nichts zu Abend gegessen.
Warum isst du nichts, bevor du mich abholst?
Weil alles besser schmeckt, wenn du mir dabei gegenübersitzt!
!
...
Sunagawa?

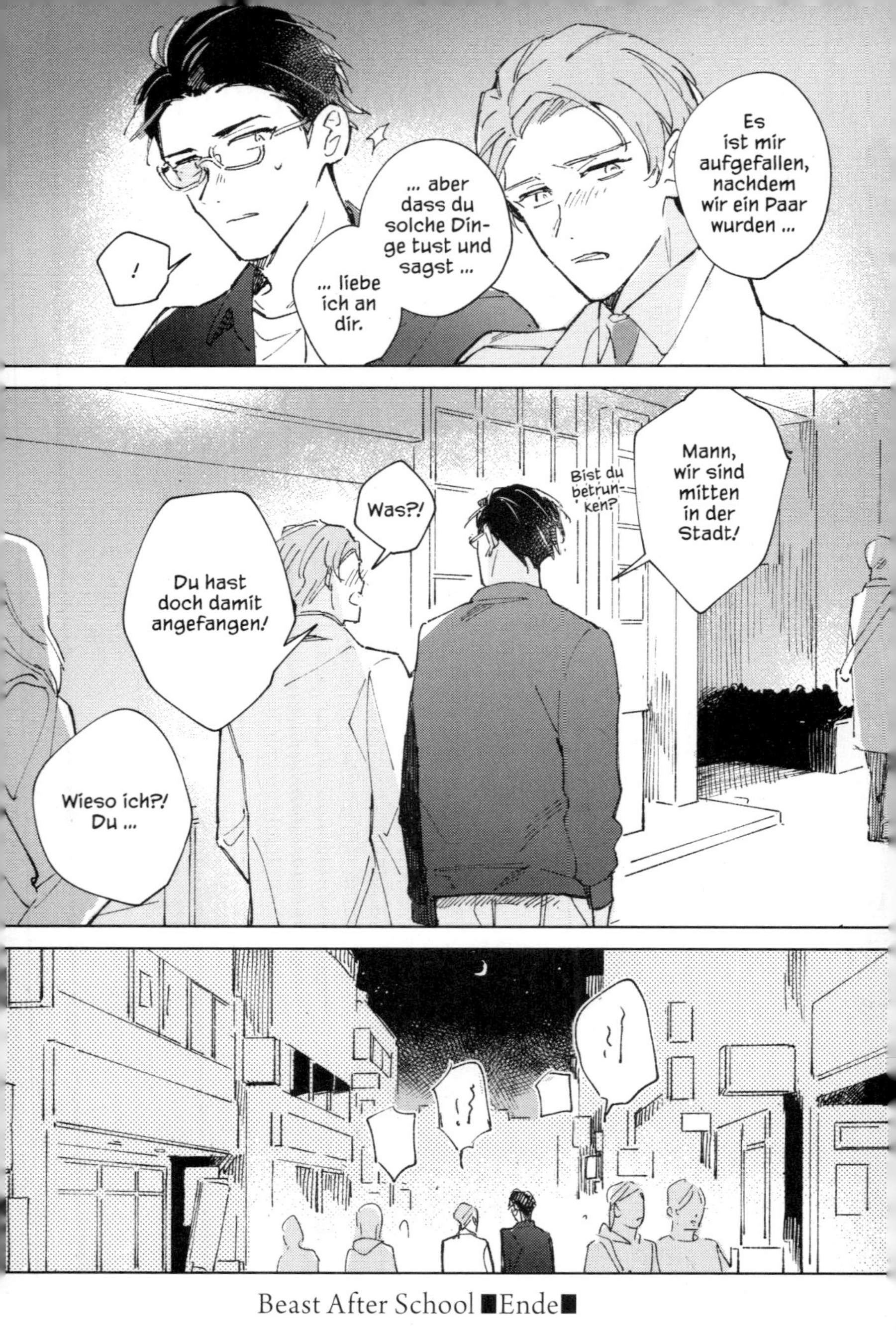

Es ist mir aufgefallen, nachdem wir ein Paar wurden ...
... aber dass du solche Dinge tust und sagst ...
... liebe ich an dir.
!

Mann, wir sind mitten in der Stadt!
Bist du betrunken?
Was?!
Du hast doch damit angefangen!
Wieso ich?! Du ...

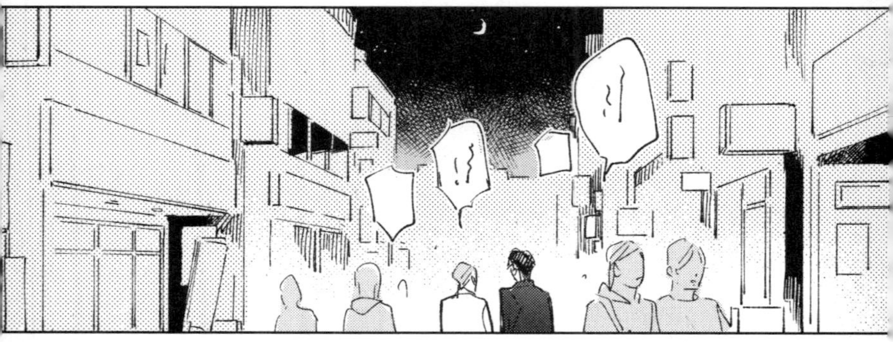

Beast After School ■Ende■

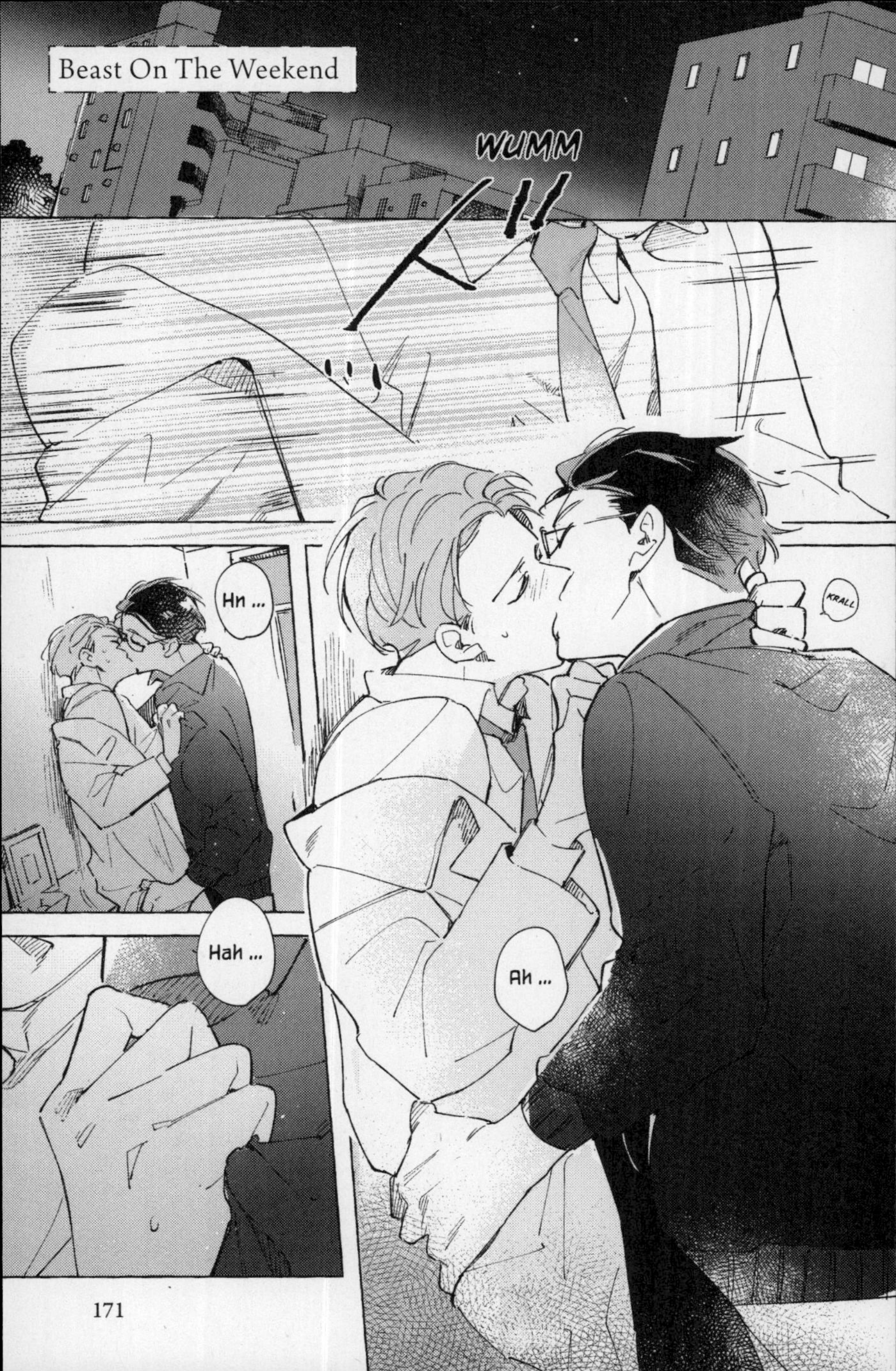
Beast On The Weekend
WUMM
Hn ...
KRALL
Hah ...
Ah ...

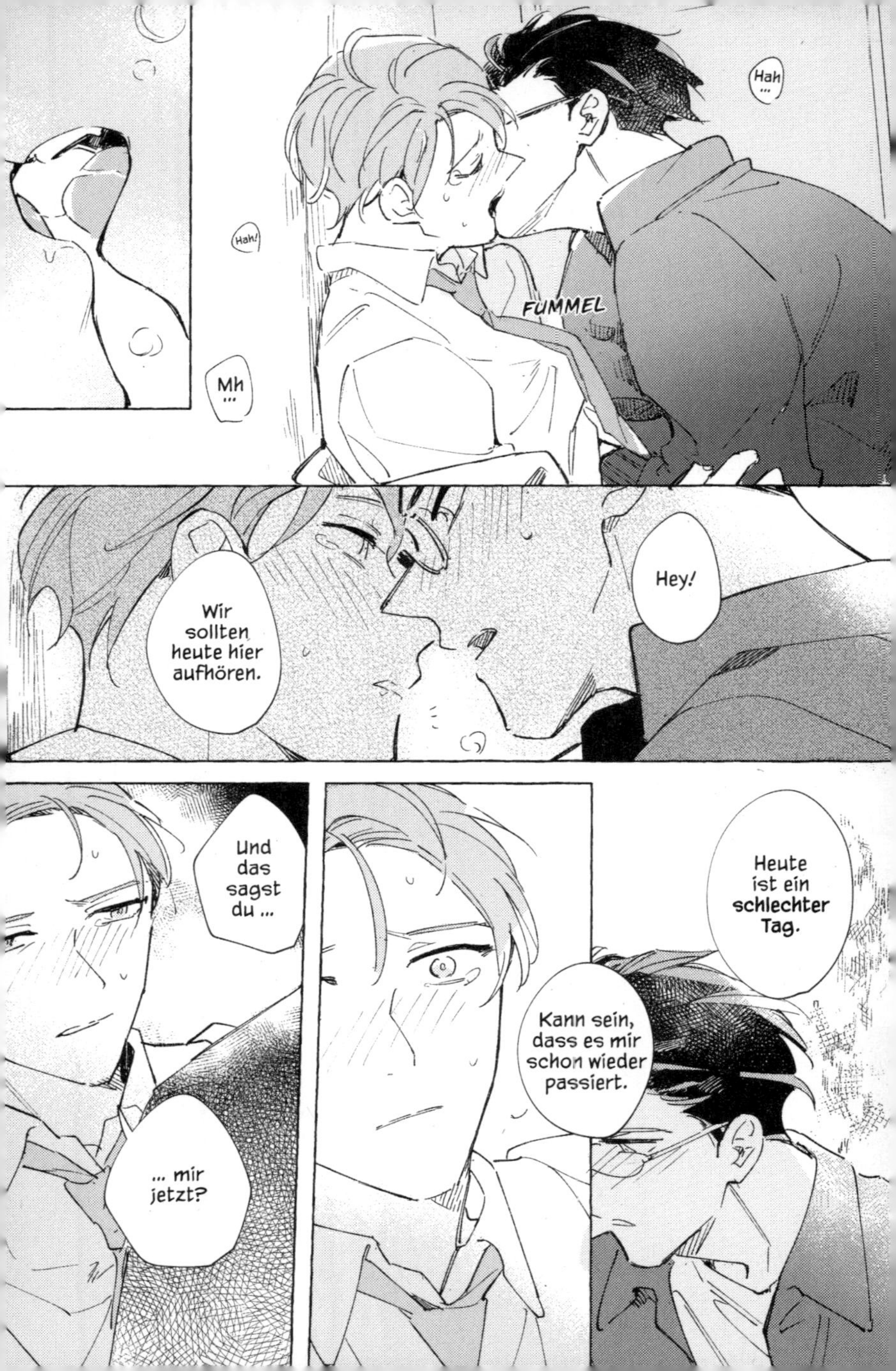
Hah ...
FUMMEL
Hah!
Mh ...
Hey!
Wir sollten heute hier aufhören.
Heute ist ein schlechter Tag.
Kann sein, dass es mir schon wieder passiert.
Und das sagst du ...
... mir jetzt?

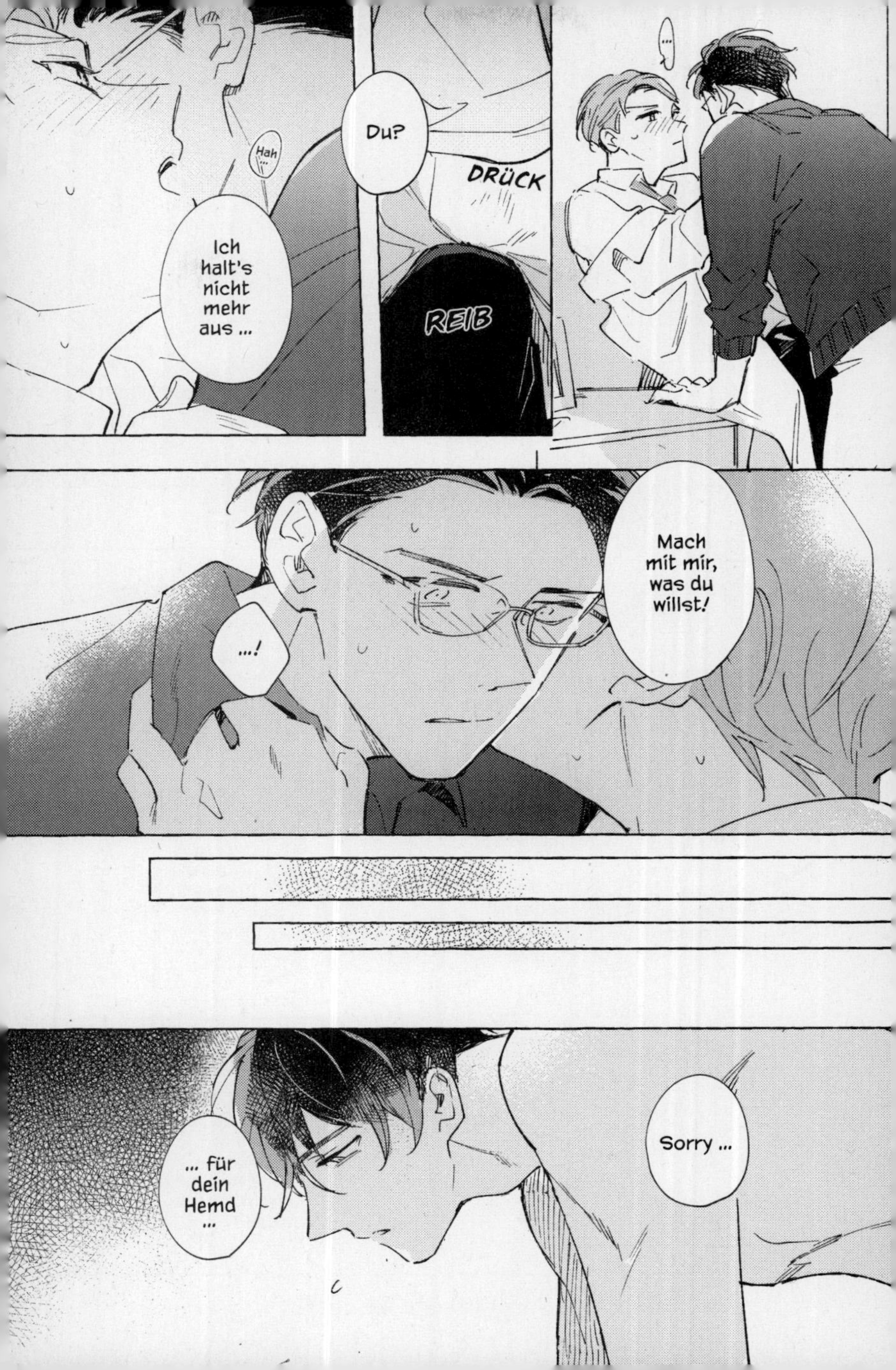
...
Du?
DRÜCK
REIB
Hah ...
Ich halt's nicht mehr aus ...
Mach mit mir, was du willst!
...!
Sorry ...
... für dein Hemd ...

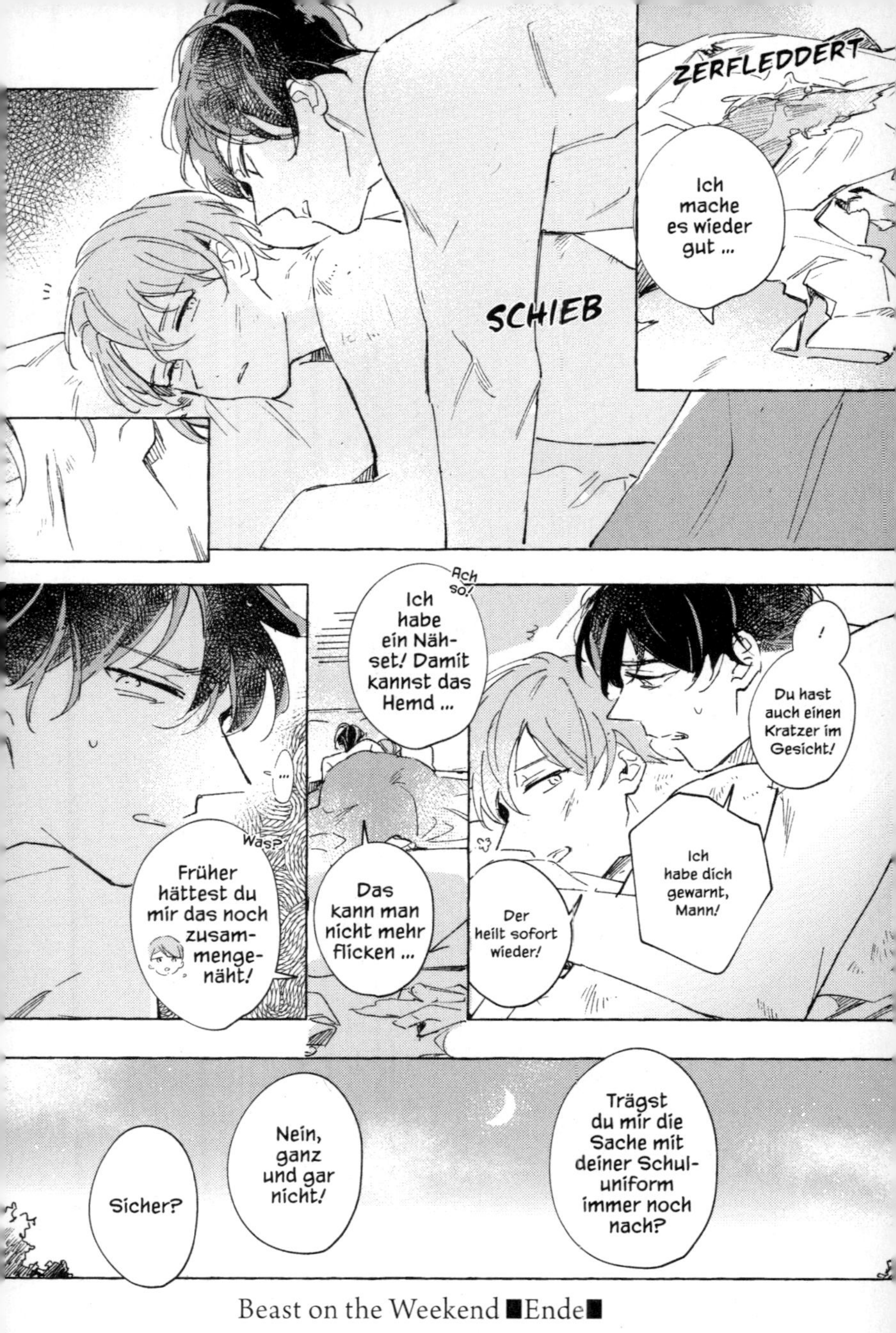

Beast on the Weekend ■Ende■

Beast

After

Schoo

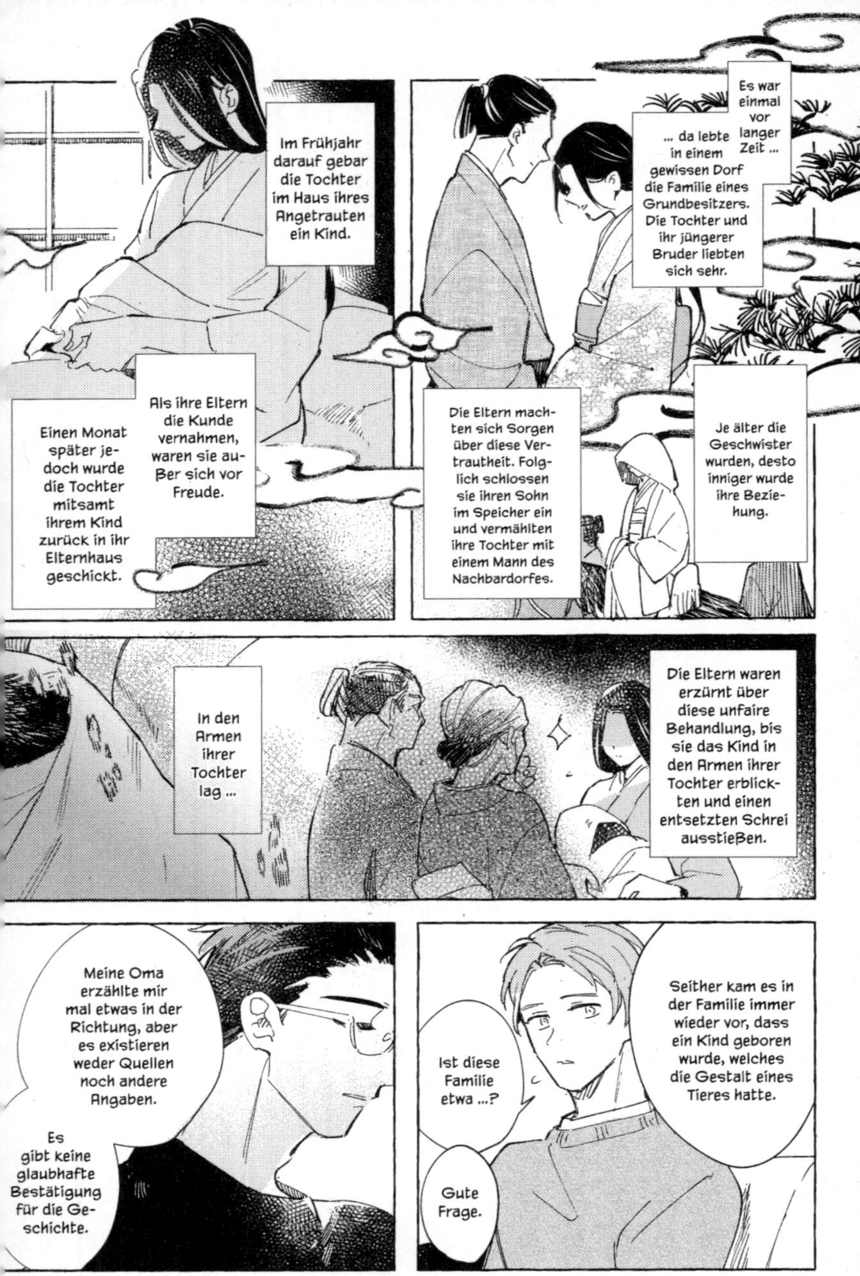
Es war einmal vor langer Zeit ...
... da lebte in einem gewissen Dorf die Familie eines Grundbesitzers. Die Tochter und ihr jüngerer Bruder liebten sich sehr.
Je älter die Geschwister wurden, desto inniger wurde ihre Beziehung.
Die Eltern machten sich Sorgen über diese Vertrautheit. Folglich schlossen sie ihren Sohn im Speicher ein und vermählten ihre Tochter mit einem Mann des Nachbardorfes.
Im Frühjahr darauf gebar die Tochter im Haus ihres Angetrauten ein Kind.
Als ihre Eltern die Kunde vernahmen, waren sie außer sich vor Freude.
Einen Monat später jedoch wurde die Tochter mitsamt ihrem Kind zurück in ihr Elternhaus geschickt.
Die Eltern waren erzürnt über diese unfaire Behandlung, bis sie das Kind in den Armen ihrer Tochter erblickten und einen entsetzten Schrei ausstießen.
In den Armen ihrer Tochter lag ...
Seither kam es in der Familie immer wieder vor, dass ein Kind geboren wurde, welches die Gestalt eines Tieres hatte.
Ist diese Familie etwa ...?
Gute Frage.
Meine Oma erzählte mir mal etwas in der Richtung, aber es existieren weder Quellen noch andere Angaben.
Es gibt keine glaubhafte Bestätigung für die Geschichte.

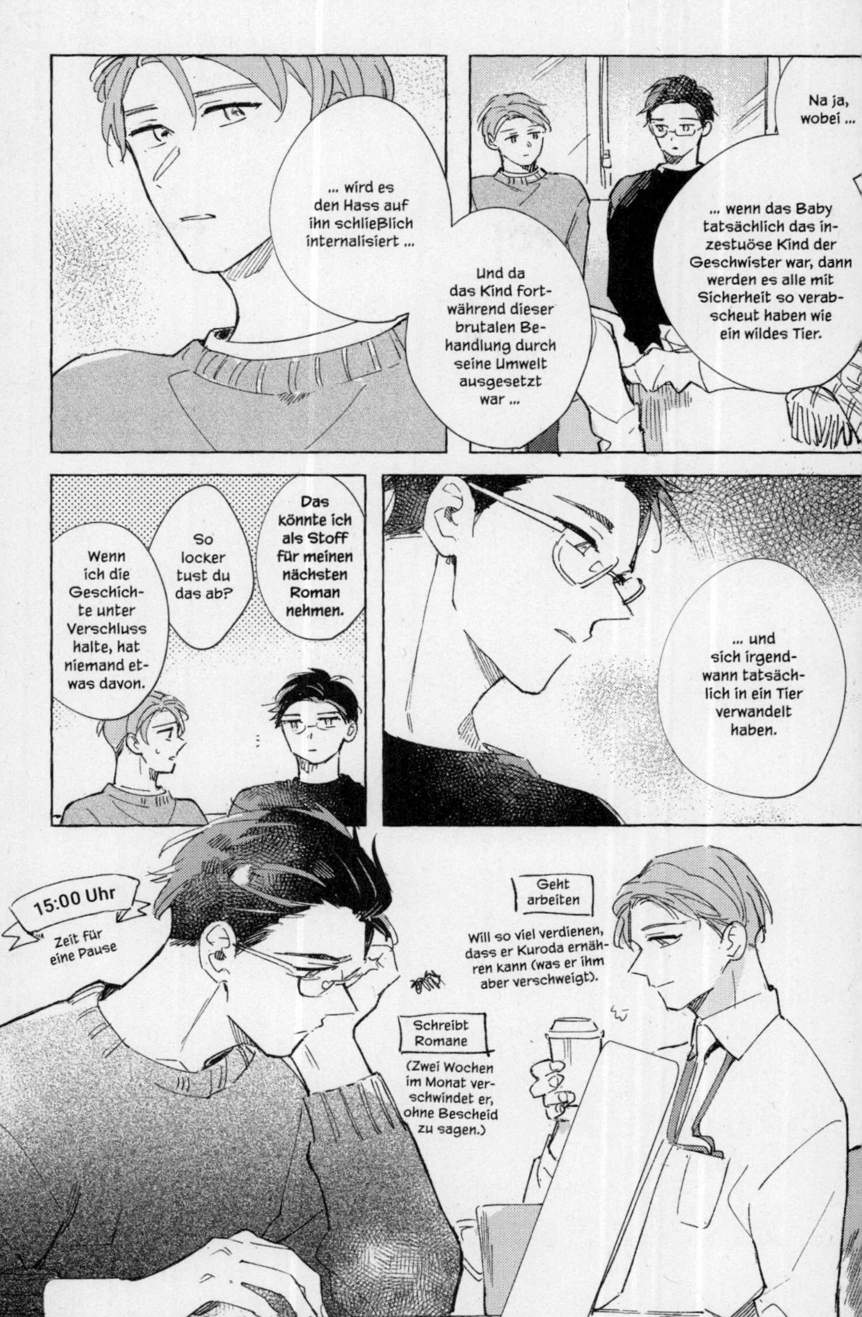
Na ja, wobei ...
... wenn das Baby tatsächlich das inzestuöse Kind der Geschwister war, dann werden es alle mit Sicherheit so verabscheut haben wie ein wildes Tier.
Und da das Kind fortwährend dieser brutalen Behandlung durch seine Umwelt ausgesetzt war ...
... wird es den Hass auf ihn schließlich internalisiert ...
... und sich irgendwann tatsächlich in ein Tier verwandelt haben.
Das könnte ich als Stoff für meinen nächsten Roman nehmen.
So locker tust du das ab?
Wenn ich die Geschichte unter Verschluss halte, hat niemand etwas davon.
Geht arbeiten
Will so viel verdienen, dass er Kuroda ernähren kann (was er ihm aber verschweigt).
15:00 Uhr
Zeit für eine Pause
Schreibt Romane
(Zwei Wochen im Monat verschwindet er, ohne Bescheid zu sagen.)

Beast After School

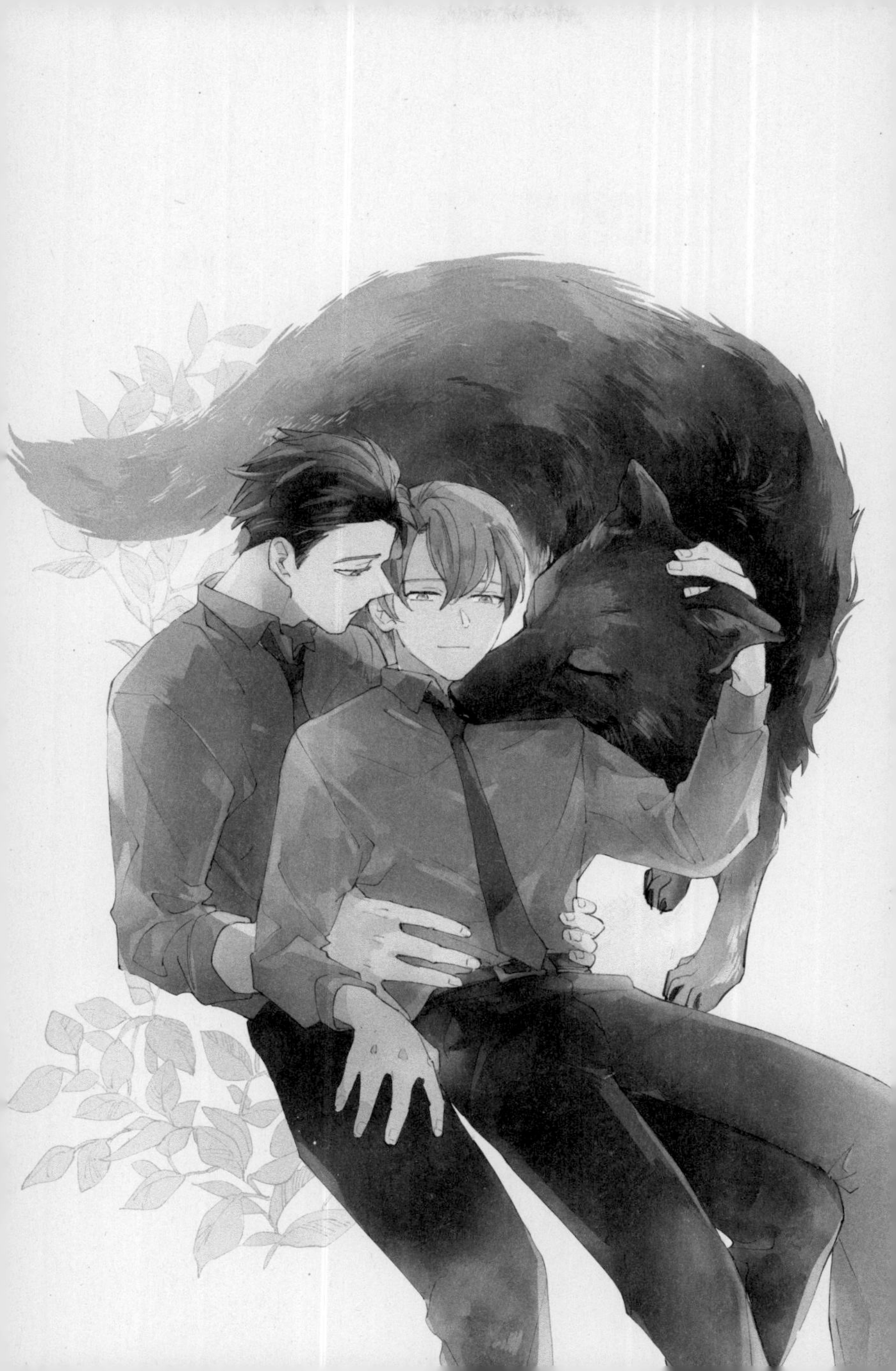

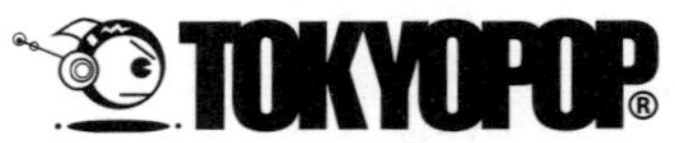

TOKYOPOP GmbH
Hamburg

TOKYOPOP
1. Auflage, 2023
Deutsche Ausgabe/German Edition

Aus dem Japanischen von Maria Römer

HOKAGO NO KEMONOTACHI

First published in Japan in 2022 by
KADOKAWA CORPORATION, Tokyo.
German translation rights arranged with
KADOKAWA CORPORATION, Tokyo
through TUTTLE-MORI AGENCY, INC., Tokyo.

Redaktion: Lisa Duty, Benjamin Spinrath
Lettering: Vibrant Publishing Studio
Herstellung: Alina Kronenberg
Druck und buchbinderische Verarbeitung:
CPI – Clausen & Bosse GmbH, Leck
Printed in Germany

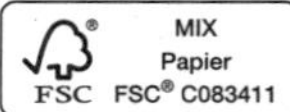

Wir achten auf die Umwelt.
Dieses Produkt besteht aus FSC®-zertifizierten und anderen kontrollierten Materialien.

ISBN 978-3-8420-9098-9

www.tokyopop.de

Beast

After

School

WOLFSGRAU UND GEHEIMNISVOLL

Machi Suehiro

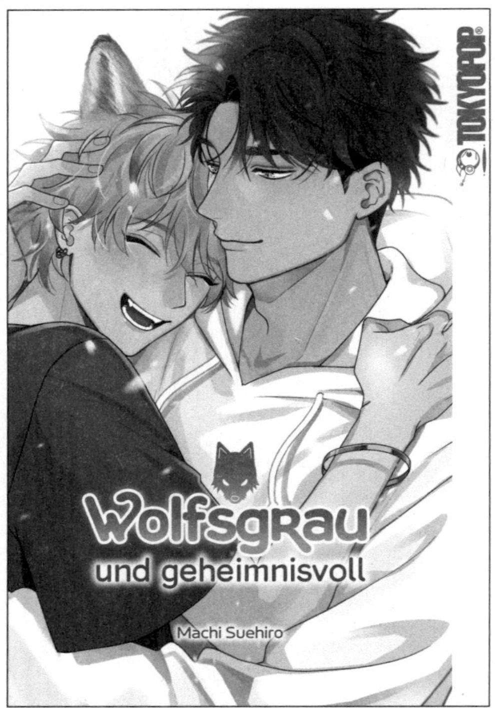

Auch einsame Wölfe kuscheln gern

Wie gern würde sich Doktorand Shiroki nach einem anstrengenden Tag zu Hause entspannen. Wäre da nicht sein Nachbar Hayato, der regelmäßig einen tierischen Radau veranstaltet. Als plötzlich Shirokis Katze ausbüxt und auf den Nachbarbalkon flüchtet, muss er widerwillig bei Hayato klopfen. Da ihm jedoch niemand die Tür öffnet, lässt er sich selbst ein und entdeckt so seinen bewusstlosen Nachbarn – doch warum hat der plötzlich die Ohren und den Schwanz eines Wolfes?!

FUCHSROT WIE DIE EIFERSUCHT

Machi Suehiro

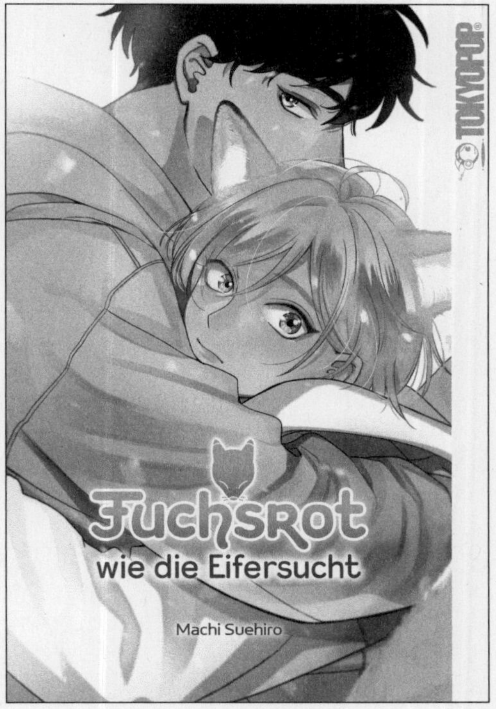

Fuchs, hast du mein Herz gestohlen?

Akihas Familie wird seit Generationen von einem Fuchsgeist heimgesucht – und er selbst bleibt davon ebenfalls nicht verschont. Fühlt sich Akiha unsicher, übernimmt der Fuchs die Kontrolle über seinen Körper und sorgt für peinliche Situationen. In einem Tempel, der von Verwandten geführt wird, versucht der junge Student den Fluch loszuwerden. Doch Yukuri, der Sohn des Tempelvorstehers, scheint es dem frechen Fuchs angetan zu haben, und so denkt dieser gar nicht daran zu verschwinden!

SIMPLIFIED PERVERT ROMANCE

Neg Sekihara / Nanako Semori

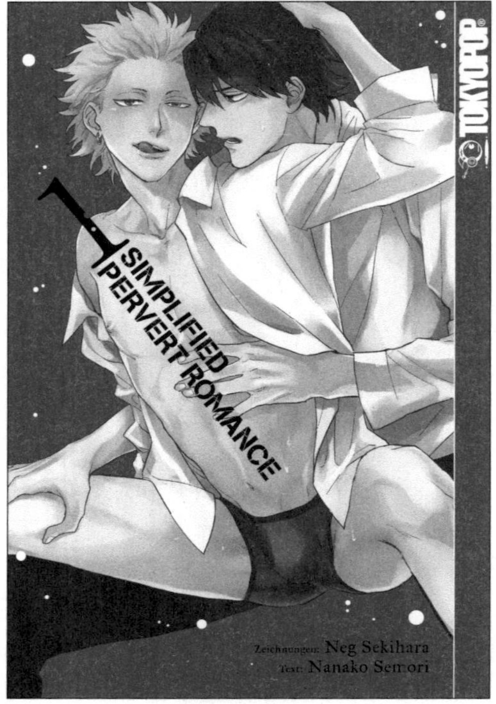

Wer ist hier pervers?!

Schon am ersten Tag an der neuen Schule ist Yuki Kashima genervt von seinem neuen Mitschüler Ryoji Sanada. Während Yuki sich lieber Gedanken darüber machen würde, wie er seine masochistischen Gelüste durch eine schöne Schlägerei befriedigen kann, starrt und quatscht Ryoji ihn ständig an, bis Yuki schließlich der Geduldsfaden reißt! Er bedrängt Ryoji sexuell und hofft auf Gegenwehr und damit auf lustvolle Schmerzen. Doch entgegen seiner Erwartungen ist dieser alles andere als abgeneigt ...

BLUE LUST

Hinako

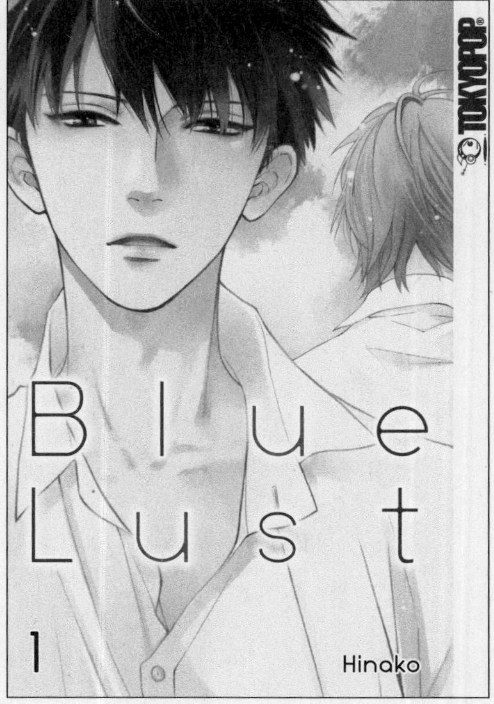

Warum machen wir dieselben Fehler immer wieder?

Durch Zufall kann Hayato seinen neuen Mitschüler Soma von einem Selbstmordversuch abhalten. In der Folge entwickelt er eine Art Beschützerinstinkt gegenüber dem kontaktscheuen Jungen und hilft ihm dabei, sich sozial zu integrieren. In der Mittelschule hatte Hayato einen schwulen Freund geoutet, der somit zum Mobbingopfer wurde, was ihm noch nachhängt. Doch als Soma mehr von ihm will, sieht sich Hayato mit einer ähnlichen Situation wie damals konfrontiert ...

DIE NATUR EINER REINEN SEELE

Syaku

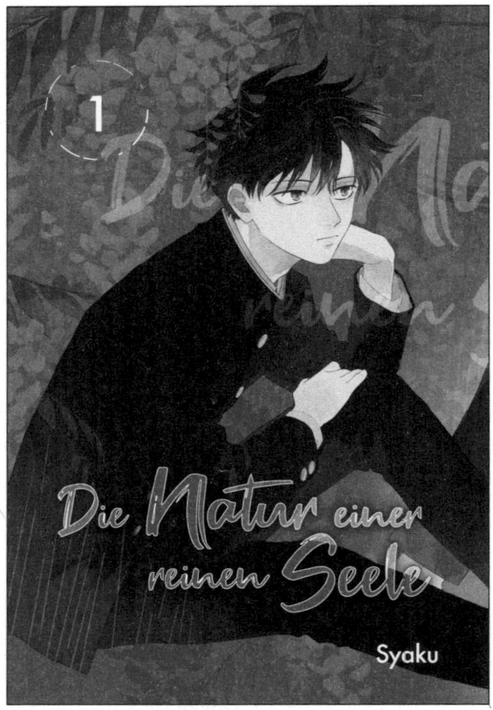

Mein unsterblicher Lehrer

Yashio führt ein Einsiedlerleben wider Willen: Er wohnt allein in den Bergen, umgeben von dichten Wäldern. Als er in diesen erneut die Orientierung verloren hat, steht plötzlich ein Unbekannter vor ihm, der sich als unsterbliches Mononoke vorstellt. Toki, wie sich dieses Geisterwesen nennt, macht es sich zur Aufgabe, ihn in die Welt der Rituale und Zeremonien einzuführen. Denn laut Toki sei Yashio »unrein« und müsse lernen, sich und seine Umwelt wertzuschätzen. Das ist der Start einer ungewöhnlichen Wohngemeinschaft ... Abgeschlossen in zwei Bänden.

EIN BUND FÜRS LEBEN

Syaku

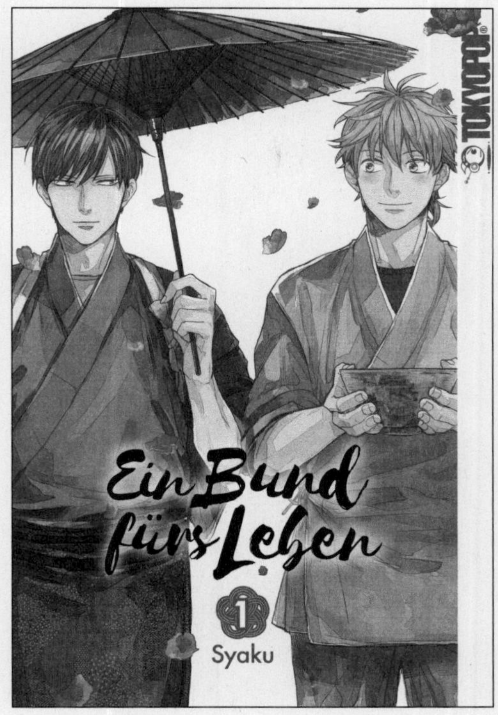

Eine Geschichte über Familie, Liebe und gutes Essen

Im Restaurant Yoshimi verwöhnt Koch Makoto seine Gäste mit traditionellen Köstlichkeiten. Immer an seiner Seite ist der lebhafte Kota, der von Kindesbeinen an hier ein- und ausgeht. Als eines Tages ein unbekannter Mann das Lokal betritt, ist Kota überrascht, wie vertraut Makoto mit dem Fremden umgeht. Eifersucht beginnt an ihm zu nagen und er sorgt sich, dass die engen Bande zu Makoto sich auflösen und er ihn verlieren könnte ...

THE GRANDMASTER OF DEMONIC CULTIVATION – MANHUA

Mo Xiang Tong Xiu / Luo Di Cheng Qiu

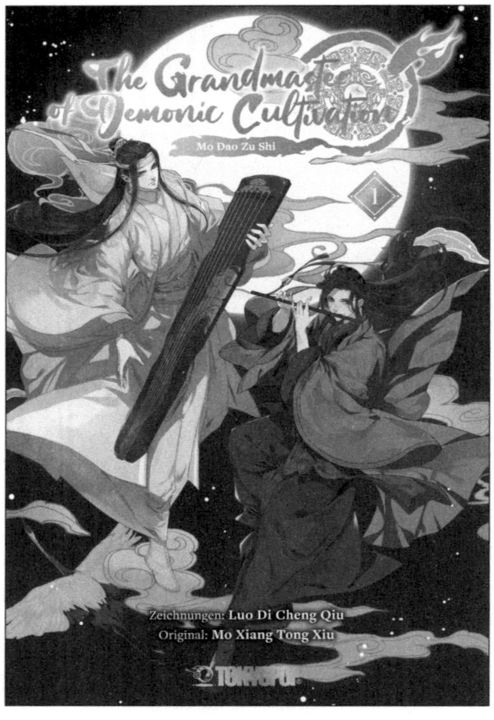

Wei Wuxian ist einer der mächtigsten Männer seiner Generation. Seine dämonischen Fähigkeiten versetzen die Menschen jedoch in Angst und Schrecken, sodass die Nachricht über seinen Tod eine Welle des Jubels und der Erleichterung auslöst. Jahre vergehen, bis Wei Wuxian durch ein Opferritual zurück in die Welt der Lebenden – in den Körper eines Fremden – beschworen wird. Während er versucht, seine wahre Identität geheim zu halten, wird er mit dunklen Machenschaften konfrontiert, die er nicht ignorieren kann. In all dem Chaos begegnet ihm plötzlich ein vertrautes Gesicht aus seinem früheren Leben: der attraktive und rechtschaffene Lan Wangji. Fortan stellen sie sich gemeinsam den bösartigen Geistern und feindseligen Clanmitgliedern, um die in dichten Nebel gehüllten Wahrheiten ans Licht zu bringen!

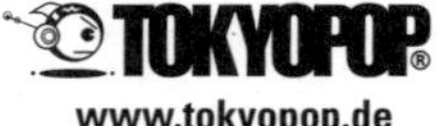

www.tokyopop.de

NO GOD IN EDEN

Yuma Ichinose

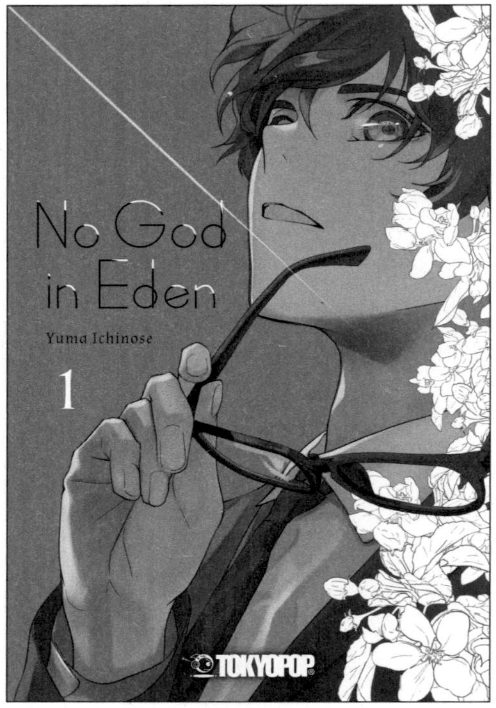

Schöpfungsgeschichte x Omegaverse

Nishio, der mit seiner lebhaften Art sonst immer für gute Laune sorgt, fühlt sich schon den ganzen Morgen kraftlos. Als im Sportunterricht auch noch ein Schwindelgefühl dazukommt, will ihn sein Mitschüler Takai ins Krankenzimmer bringen. Doch für Nishio ist selbst dieser Weg zu weit, und so machen die beiden an einem Geräteschuppen Halt. Auf einmal benebelt ein köstlicher Duft Takais Sinne. Erschreckt bemerkt er, dass Nishio in Ekstase gerät, die auch auf ihn übergreift ...

KIRAIDE ISASETE

Hijiki

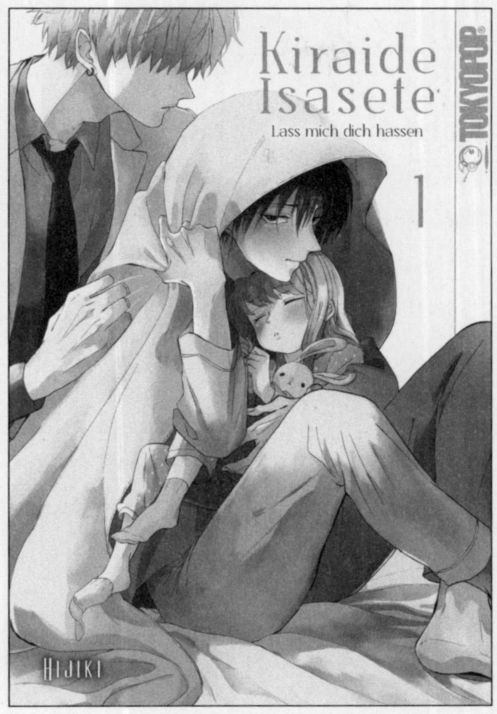

Sehnsucht nach Geborgenheit

Sein Dasein als Omega und auch sein Stand als alleinerziehender Vater bestimmen Naotos Leben in einer Welt, die von Vorurteilen geprägt ist. Auch wenn er alles dafür gibt, seiner Tochter Shizuku ein ruhiges Zuhause zu bieten, fühlt er sich nicht mehr in der Lage, die Last des Alltags allein schultern zu können. Trotz einer traumatischen Erfahrung mit Alphas und seiner Abneigung gegen das Konzept der Paarbindung besucht er eine Single-Party. Dort lernt er den jungen Alpha Hazuki kennen, der felsenfest davon überzeugt ist, dass Naoto sein Schicksalspartner ist ...

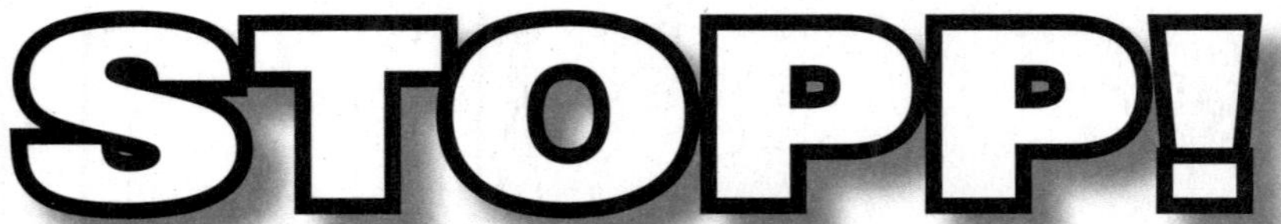

**Dies ist die letzte Seite des Buches!
Du willst dir doch nicht den Spaß verderben
und das Ende zuerst lesen, oder?**

Um die Geschichte unverfälscht und originalgetreu mitverfolgen zu können, musst du es wie die Japaner machen und von rechts nach links lesen. Deshalb schnell das Buch umdrehen und loslegen!

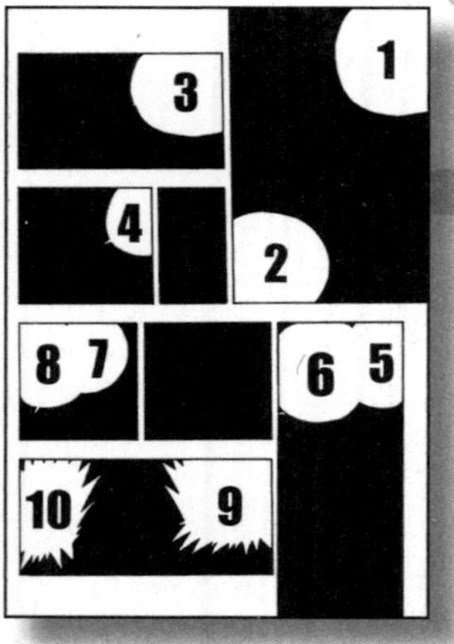

So geht's:

Wenn dies das erste Mal sein sollte, dass du einen Manga in den Händen hältst, kann dir die Grafik helfen, dich zurechtzufinden: Fang einfach oben rechts an zu lesen und arbeite dich nach unten links vor. Viel Spaß dabei wünscht dir TOKYOPOP®!